Christoph Hust (Hg.)
Digitale Spiele

Edition Kulturwissenschaft | Band 145

Christoph Hust (Hg.)
Unter Mitarbeit von Ineke Borchert

Digitale Spiele

Interdisziplinäre Perspektiven zu Diskursfeldern, Inszenierung und Musik

[transcript]

Bibliografische Information der Deutschen Nationalbibliothek
Die Deutsche Nationalbibliothek verzeichnet diese Publikation in der Deutschen Nationalbibliografie; detaillierte bibliografische Daten sind im Internet über http://dnb.d-nb.de abrufbar.

Umschlaggestaltung: Maria Arndt, Bielefeld
Lektorat & Satz: Ineke Borchert & Christoph Hust
Druck: Majuskel Medienproduktion GmbH, Wetzlar
Print-ISBN 978-3-8376-4002-1
PDF-ISBN 978-3-8394-4002-5

Gedruckt auf alterungsbeständigem Papier mit chlorfrei gebleichtem Zellstoff.
Besuchen Sie uns im Internet: *http://www.transcript-verlag.de*
Bitte fordern Sie unser Gesamtverzeichnis und andere Broschüren an unter: *info@transcript-verlag.de*

Inhalt

Vorwort | 9

DISKURSFELDER

Das Computerspiel als Forschungsgegenstand der Philosophie
Daniel Martin Feige | 15

Digitale Spiele: Kunstdiskurse
Stephan Schwingeler | 35

Coincidentia oppositorum?
Kontingenz und Berechenbarkeit im Computerspiel
Markus Rautzenberg | 47

Videospiele und Genderforschung
Hanna Fink | 57

Die Vulnerabilität des Anderen
Marginalisierungen des Non-Playable Characters in digitalen Spielen
Arno Görgen | 73

Vom Nutzen und Nachteil einer Historie digitaler Spiele
Josef Köstlbauer · Eugen Pfister | 89

Videospiele als politisches Medium
Martin Roth | 107

Sammeln und dokumentieren
Retro-Spiele und die Spiele-Geschichte der DDR
René Meyer | 125

INSZENIERUNG

Die Reise ins Labyrinth
Wie interaktive digitale Literatur erzählt
Andreas Capek | 139

Videospiele als Populärkultur
Narrativität, Interaktivität und kulturelle Arbeit in HEAVY RAIN
Stefan Schubert | 155

Videospiele(n) als Aufführung(en) und Aufführungen in Videospielen
Britta Neitzel | 179

Gaming-Strategien im Theater:
Spiel-Situationen, dokumentiert und notiert
Methodische Überlegungen zur (Aufführungs-)Analyse
Barbara Büscher | 193

›Put theater at play‹: Spielanordnungen im Theater
Aktuelle Tendenzen und methodische Fragen an
Aufführungen als Spiel-Situationen
Juliane Männel | 205

OPERA FATAL und die Folgen: ein Erfahrungsbericht
Jasmin Solfaghari | 219

Wenn Captain Morgan vor der Schatzinsel Schiffe versenken spielt
Wahrheit und Fiktion in Piratenspielen
Clarissa Renner | 227

LAYERS OF FEAR – ein Spiel mit Stereotypen?
Alexandra Vinzenz | 249

Musik

Sidology
Zur Geschichte und Technik des C64-Soundchips
Klaus Rettinghaus | 269

Hardwaremusik
Yvonne Stingel-Voigt | 281

Dem Spieler folgend – Monkey Island 2: LeChuck's Revenge und der Beginn der adaptiven Videospielmusik
Asita Tamme | 295

Musik als dynamischer und interaktiver Bestandteil im Spielverlauf
The Legend of Zelda: Ocarina of Time und Twilight Princess
Daniel Ernst | 311

Musik im Grafikadventure Loom
Alexander Faschon | 325

Mediale Echokammern
Überlegungen zur Musik in Prince of Persia und Assassin's Creed
Christoph Hust | 337

Höranalytische Perspektiven auf die Musik Amon Tobins
Untersuchungen zu Tom Clancy's Splinter Cell: Chaos Theory und inFAMOUS
Krystoffer Dreps | 367

Nachwort

Musik und Computerspiele, oder:
Wie das »Ludo-« in die Musikologie kam
Melanie Fritsch | 385

ANHANG

Über die Autorinnen und Autoren | 399

Personenregister | 409

Titelregister | 415

Vorwort

Die vorliegende Sammlung von Texten zu digitalen Spielen – also Computer- und Videospielen für Konsolen, PCs und mobile Plattformen – zeigt, wie vielfältig dieses Gebiet aktuell ist. Das gilt sowohl für die Spiele als auch für die Forschung, die sich mit ihnen beschäftigt. Mit wachsender Selbstverständlichkeit sind digitale Spiele zum Teil des gegenwärtigen Medienangebots geworden. Für viele gehören sie zu der Kultur, mit der sie sich alltäglich umgeben. So wie die Spiele von aktuellen Titeln bis zu Retrospielen, vom Casual Gaming bis zum Core Gaming und in zahlreichen Genres ausdifferenziert sind, so unterschiedlich sind die Erkenntnisinteressen, Methoden und Ergebnisse der Forschung. Entsprechend divers ist die Gruppe derer, die im vorliegenden Band schreiben: Sie kommen aus der Wissenschaft, der Kunst und dem Journalismus.

Viele Beiträge gehen auf die Tagung *Videospiele: interdisziplinäre Perspektiven* zurück, die im Dezember 2016 am Leipziger Zentrum für Musikwissenschaft stattfand. Für die Druckfassung wurden die Vorträge des Symposions mit weiteren Texten ergänzt, so dass es sich gleichwohl nicht um einen Kongressbericht im engeren Sinne handelt.

Die Maßgabe des Bandes war, digitale Spiele aus der Perspektive unterschiedlicher Disziplinen zu beleuchten. So sind beispielsweise aus der Philosophie und der Kunstgeschichte, der Amerikanistik und der Japanologie, der Musikwissenschaft und der Dramaturgie – die Liste könnte fortgesetzt werden – Beiträge enthalten. Außerhalb des klassischen universitären Fächerkanons stehen die Texte der Opernregisseurin Jasmin Solfaghari und des Journalisten, Spiele- und Technik-Sammlers René Meyer, die aus Sicht ihrer jeweiligen Praxis Erfahrungsberichte beigesteuert haben. In der Wahl der untersuchten Gegenstände sind von Fallstudien bis zu Reflexionen zur Methodik vielfältige Zugänge gewählt worden. Zugleich hat der Hintergrund einer Musik- und Theaterhochschule unübersehbare Spuren hinterlassen: Erörterungen zur Aufführung und Inszenierung sowie zur Musik sind umfangreich vertreten.

Die Dreigliederung des Buchs ist als ein mögliches Angebot zur Orientierung zu verstehen. Am Beginn stehen Überlegungen zur Methodik verschiedener akademischer Disziplinen, gefolgt von Diskussionen zu Narration, Aufführung und Inszenierung sowie von Untersuchungen zur Musik. Dabei reicht das Spektrum im ersten Teil von der philosophischen Reflexion (Feige, Rautzenberg) über Diskursfelder aus der Kunstwissenschaft (Schwingeler), Genderforschung (Fink), Ethik (Görgen), Geschichtswissenschaft (Köstlbauer/Pfister) und Politik (Roth) bis zu Überlegungen zur Sammlung und Archivierung von Technik und Spielen (Meyer). Der zweite Abschnitt beginnt mit Gedanken zu Erzählstrategien und narrativer Inszenierung (Capek, Schubert), um sich dann dem Konnex von Spiel und Aufführung zuzuwenden (Neitzel, Büscher, Männel, Solfaghari). Im Anschluss stehen Untersuchungen zur Inszenierung von Topoi, die exemplarisch an den Beispielen von Piraten- (Renner) und Horrorspielen (Vinzenz) geschehen. Im dritten Teil wird zunächst Musik in digitalen Spielen von den Hardwaregrundlagen (Rettinghaus) und dem kreativen Umgang damit (Stingel-Voigt) bis zu Softwarelösungen (Tamme) und ihren interaktiven Einsatzmodi (Ernst) thematisiert. Es folgen Fallstudien zur Integration von Musik in den Spieleplot (Faschon), zum Umgang mit orientalistischen Stereotypen (Hust) und gleichsam unter der Lupe eine detaillierte Analyse der Musik von Amon Tobin (Dreps). Abschließend ordnet das Nachwort von Melanie Fritsch einige Beiträge in den Kontext der Game Studies, insbesondere der Ludomusicology, ein und gibt Ausblicke auf Desiderate der Forschung.

Die Texte werden darüber hinaus von zahlreichen roten Fäden verklammert. Um einige davon zu nennen: Sowohl Andreas Capek als auch Asita Tamme thematisieren die Spezifik des nicht-linearen Erzählens, einmal aus Sicht der Literatur-, einmal aus der der Musikwissenschaft. Daniel Martin Feige und Stephan Schwingeler diskutieren beide die Frage, ob und ggf. wann Computerspiele als Kunst bezeichnet werden können (und Barbara Büscher und Juliane Männel geben weitere Beispiele für die Verbindung von Games zur interaktiven Kunst, zur Performance und zum Theater), Daniel Martin Feige, Markus Rautzenberg und Martin Roth kommen unter ganz verschiedenen Prämissen auf Gewaltdarstellungen in Games zu sprechen. Zudem werden einige Spiele in mehreren Beiträgen unter verschiedenen Blickwinkeln thematisiert; diese Fälle werden durch das Register erschlossen. – So ist in der Summe ein Querschnitt durch unterschiedliche Fragen und methodische Ansätze der Spieleforschung entstanden, der – obwohl thematische Lücken unvermeidlich waren – hoffentlich möglichst vielen Leserinnen und Lesern Angebote zur Lektüre und zum eigenen Weiterdenken macht und insgesamt ein breites Spektrum von Erkenntnisinteressen und Methoden vorstellt.

Mir bleibt die angenehme Aufgabe, mich zu bedanken. Der Dank gilt in erster Linie den Autorinnen und Autoren, die mit viel Engagement ihre Beiträge verfasst und die Drucklegung begleitet haben. Danken möchte ich ferner der Hochschule für Musik und Theater »Felix Mendelssohn Bartholdy« Leipzig, insbesondere deren Leitung, für die ideelle, organisatorische und finanzielle Unterstützung, ebenso der Universität Leipzig, mit der die Hochschule im Rahmen des Zentrums für Musikwissenschaft als Veranstalter des Symposions kooperierte. Auch denen, die Publikationsrechte für die Abbildungen erteilt haben, gebührt Dank, ebenso dem transcript Verlag für die Aufnahme des Buchs in sein Programm. Carolin Bierschenk war eine unerschütterlich hilfsbereite und stets kompetente Ansprechpartnerin. Mein ganz besonderer Dank gilt Ineke Borchert für ihre fabelhafte Hilfe bei der Redaktion und beim Satz!

Leipzig und Boppard, im Herbst 2017 — Christoph Hust

SPOILER ALERT!

In einigen Texten werden Plottwists und Lösungswege beschrieben.

Diskursfelder

Das Computerspiel als Forschungsgegenstand der Philosophie

Daniel Martin Feige

Ehedem als Freizeitbeschäftigung vermeintlich sozial unterentwickelter männlicher Jugendlicher gescholten und später anhand des polemischen Kampfbegriffs »Killerspiele« als Ursache einer diagnostizierten gesamtgesellschaftlichen Verrohung bezichtigt, machen Computerspiele heute einen insgesamt unproblematischen Bestandteil unserer Alltagskultur aus. Zwar sind sie noch immer nicht vom Vorwurf einer prinzipiell überflüssigen Freizeitbeschäftigung exkulpiert, doch bemüht sich gerade die Generation der seit Mitte der 1970er Jahre Geborenen und mit dem Medium Aufgewachsenen darum, dem Computerspiel eine gesamtgesellschaftliche Anerkennung angedeihen zu lassen, die etwa mit derjenigen des Films vergleichbar ist: dass das Computerspiel nicht allein eine lässliche Freizeitsünde ist, sondern es – wie heute zweifelsohne der Film – ein in politischer, sozialer wie ästhetischer Hinsicht relevantes Medium sei. In dieser Frage hat in den letzten Jahren ein Paradigmenwechsel stattgefunden: Vor wenigen Jahren noch undenkbar, ist das Reboot von Doom (id Software/Bethesda Softworks, 2016) im Erscheinungsjahr ebenso unaufgeregt wie in weiten Teilen positiv in Feuilletons deutscher Zeitungen besprochen worden.

Im Zuge seiner steigenden gesellschaftlichen Relevanz wie dem Verschwinden polemischer Grundsatzverurteilungen ist das Computerspiel in den letzten Jahren zunehmend in den Fokus der wissenschaftlichen Forschung gerückt. In der Philosophie ist in jüngerer Zeit zumindest ein erwachendes Interesse am Computerspiel zu erkennen. Im Folgenden wird es mir nicht darum gehen, so etwas wie den Forschungsstand der philosophischen Diskussion zum Computerspiel zu referieren – von einem solchen zu sprechen wäre auch etwas euphemistisch. Vielmehr wird es mir darum gehen, Fragen, die sich angesichts des Computerspiels aus philosophischer Perspektive stellen, ebenso wie den Beitrag, den ihre Beantwortung für ein angemessenes Verständnis des Gegenstands leisten könnte, zu beleuchten.

Das soll in zwei Schritten geschehen. Im ersten Schritt möchte ich klären, was für einen philosophischen Zugang zum Computerspiel charakteristisch ist. Dazu wird es nötig sein, etwas zu der Frage zu sagen, um was für eine Wissenschaft es sich bei der Philosophie überhaupt handelt. Philosophische Forschungsbeiträge werden heute gemeinhin entweder der theoretischen oder der praktischen Philosophie zugeordnet. Entsprechend möchte ich zugleich skizzieren, welche Arten von Fragen sich mit Blick auf das Computerspiel aus der Perspektive der theoretischen wie der praktischen Philosophie stellen. Im zweiten Schritt werde ich in exemplarischer Weise einige Fragen diskutieren, die sich in einem Bereich der Philosophie stellen, der zu der just genannten Einteilung in theoretische und praktische Philosophie quer liegt: im Bereich der philosophischen Ästhetik. Insgesamt ist in der Ästhetik von allen Bereichen der Philosophie bislang am intensivsten über das Computerspiel diskutiert worden.[1] Im Rahmen der Entwicklung von Thesen zur Ästhetik des Computerspiels wird sich zugleich zeigen, auf welche Fragen die Philosophie Antworten geben kann und in welchen Fragen aufgrund der Art von Wissenschaft, die sie ist, letztlich keine Antworten zu erwarten sind.

Philosophie als Reflexionswissenschaft

Dass sich Philosophen und Philosophinnen mit Computerspielen beschäftigen, mag Leser_innen, die nicht näher mit den Debatten der akademischen Philosophie vertraut sind, verwundern. Hat es die Philosophie nicht mit den ganz großen Themen und den ganz grundsätzlichen Fragen zu tun und sind Computerspiele demgegenüber nicht ein ausgesprochen spezieller und letztlich kontingenter Gegenstand? In der Tat beschäftigt sich die Philosophie mit grundlegenden Fragen, aber in ihrer akademischen Gestalt hat sie wenig mit vielen alltagssprachlichen

1 Vgl. als exemplarische Arbeiten Grant Tavinor, *The Art of Videogames*, New York: Wiley & Sons 2009; Aaron Meskin und Jon Robson, *Video Games as Self-Involving Interactive Fictions*, in: *The Journal of Aesthetics and Art Criticism* 74/2, 2016, S. 165–177. Einen Seitenblick auf Computerspiele wirft auch Dominic McIver Lopes, *A Philosophy of Computer Art*, London und New York: Routledge 2010, hier vor allem in Kapitel 7: *Atari to Art*, S. 103–120. Vgl. zudem meinen eigenen Versuch zum Thema: Daniel M. Feige, *Computerspiele. Eine Ästhetik*, Berlin: Suhrkamp 2015.

Verwendungen des Worts »Philosophie« – sofern man etwa an die Redeweise von ›Unternehmensphilosophie‹ oder dem Vorwurf des leeren Räsonierens, wenn man etwa behauptet, etwas sei einem ›zu philosophisch‹, denkt – zu tun. Denn Philosophie als Wissenschaft hat mit einer besonderen Form der Erkenntnisgewinnung wie mit besonderen Erkenntnissen zu tun. Von anderen Wissenschaften unterscheidet sie sich darin, dass sie eine Reflexionswissenschaft ist: Sie produziert keine Erkenntnisse erster Ordnung, sondern vielmehr Erkenntnisse über Erkenntnisse. Dadurch ist eine philosophische Erkundung des Computerspiels ein anderes Projekt als etwa eine soziologische oder eine historische Analyse des Computerspiels. Wenn die eine etwa erkundet, wie soziale Interaktionen in Multiplayerspielen zustande kommen, und die andere, wie die Geschichte des Computerspiels zu rekonstruieren sei, so sind solche Erkenntnisse zwar keineswegs irrelevant für die philosophische Forschung: Sie sind aber nicht selbst als Beiträge zu philosophischen Fragen zu verstehen, sondern vielmehr Hintergrundwissen *auch* für die philosophische Arbeit, da diese als Produkt einer Reflexionswissenschaft auf ein angemessenes Verständnis der Gegenstände, über die sie spricht, auch dann angewiesen ist, wenn sie mitunter unsere Vormeinungen zu den untersuchten Gegenständen kritisch beleuchtet.

Erforscht etwa eine historische Analyse des Computerspiels dessen geschichtliche Entwicklung, so würde ein philosophischer Einsatzpunkt darin bestehen zu fragen, was es überhaupt heißt, dass das Computerspiel ein Gegenstand ist, der sich geschichtlich entwickelt[2] – bzw. zu fragen, *ob* das eigentlich der Fall ist.[3] Denn der vorausgesetzte Begriff der Geschichte ist selbst nichts, was sich aus dem Studium von Quellen entnehmen ließe, und sei es, dass diese selbst Äußerungen über das, was Geschichte ist, darstellen. Das in der imaginierten Quelle behauptete Verständnis von Geschichte kann deshalb nicht einfach methodisch für die Analyse übernommen werden, weil der vorausgesetzte Begriff einer Recht-

2 Vgl. zu dieser konkreten Frage Daniel M. Feige, *Überlegungen zur Geschichtlichkeit der ästhetischen Zeiterfahrung im Computerspiel*, in: *Time to Play. Zeit und Computerspiel*, hrsg. von Stefan Höltgen und Jan Claas van Treeck, Glückstadt: VWH 2016, S. 323 bis 342.

3 Stephan Günzel etwa argumentiert, dass das Computerspiel als Computerspiel letztlich keine geschichtliche Entwicklung kennt, wenn er schreibt: »Der Egoshooter ist folglich diejenige Spielform, durch welche das Computerspielbild zu sich selbst kommt« (*Egoshooter. Das Raumbild des Computerspiels*, Habil.-Schrift Potsdam 2011, Frankfurt am Main: Campus 2012, S. 49).

fertigung bedarf. Und um entsprechende begriffliche Voraussetzungen geht es der Philosophie; sie beschäftigt sich mit dem, was wir voraussetzen, insofern wir innerhalb wie außerhalb der Wissenschaft als denkende und handelnde Wesen auf uns oder die Welt bezogen sind. Dass wir immer schon etwas voraussetzen, heißt natürlich nicht, dass das Vorausgesetzte nicht wesentlich geschichtlich ist. Aber selbst eine solche These kann nicht einfach vorausgesetzt werden, sondern bedarf der Begründung: etwa über eine Explikation dessen, was wir sinnvollerweise unter »Geschichte« verstehen sollten und – wenn die These, dass Grundbegriffe wesentlichen geschichtlichen Veränderungen unterliegen, wahr ist – einer Ausbuchstabierung der Konsequenzen dieser These für die Theorie selbst.

Das heißt keineswegs, dass die Philosophie Anspruch auf ein erstes oder letztes Wissen erheben könnte. Im Gegenteil: Sie ist in vielen Fragen gerade überhaupt nicht kompetent. Weder kann sie als Philosophie etwas zur Frage der sozialen Interaktionen in Multiplayerspielen sagen, noch kann sie als Philosophie etwas dazu sagen, wie sich das Computerspiel geschichtlich faktisch entwickelt hat. Dass die Philosophie eine Reflexionswissenschaft ist, heißt etwas anderes: Sie ist die Wissenschaft, die sich mit den investierten Grundbegriffen und ihrer logischen Struktur beschäftigt. Ist diese Explikation richtig, so finden sich philosophische Einsatzpunkte nicht allein innerhalb des Fachs der akademischen Philosophie: Wenn Historiker_innen ihre Grundbegriffe reflektieren, stellen sie philosophische Überlegungen an, genauso wie wenn Soziologen und Soziologinnen Reflexionen über die Angemessenheit ihrer Methoden anstellen.

Aus der Tatsache, dass die Philosophie eine Reflexionswissenschaft ist und uns damit etwas verständlich macht, mit dem wir in bestimmter Weise schon vortheoretisch vertraut sind, folgt zugleich, dass sie keine empirische Wissenschaft ist. Ihre ›Methode‹ ist weder das klassische Experiment noch die statistische Erhebung noch das hermeneutisch kontrollierte Quellenstudium. In bestimmter Weise hat sie keine Methode, sondern vielmehr eine Form.[4] Und diese Form ist das Nachdenken, genauer: eine zumeist explizit argumentativ betriebene Begriffsanalyse. Ich sage »zumeist« deshalb, weil es natürlich viele philosophische Texte

4 Hegel hat zu Recht darauf hingewiesen, dass im Rahmen methodologischer Überlegungen in bestimmter Weise der Gegenstand schon vorausgesetzt wird, von dem die Theorie doch erst zeigen soll, was er sei. Vgl. in diesem Sinne bereits Georg Wilhelm Friedrich Hegel, *Phänomenologie des Geistes* (1807), Frankfurt am Main: Suhrkamp 1986, *Einleitung*, S. 57–68.

gibt, die weniger argumentativ als vielmehr thetisch verfahren. Aber die Legitimität ihrer Thesen muss sich immer auch daran messen lassen, inwieweit entsprechende Thesen sich in einem kollektiven Streit genau um diese Frage begründen lassen. Anders gesagt: Die Philosophie ist nicht allein eine argumentativ verfahrende Wissenschaft, sondern zugleich eine dialogische Wissenschaft, bei welcher der Sinn und Gehalt von Thesen nicht unabhängig vom Prozess des rationalen Streits um diese Fragen zu haben ist. Im Sinne einer Definition kann man also sagen: *Philosophie ist eine Reflexionswissenschaft, der es um eine Klärung der für unser Selbst- und Weltverständnis wesentlichen Grundbegriffe geht. Sie gewinnt dabei die Form des kollektiven wie argumentativen Nachdenkens um den Sinn dieser Grundbegriffe und damit auch um die Frage, welche Begriffe überhaupt als Grundbegriffe zu beurteilen sind.* Im Sinne dieser Überlegungen kann es keine unschuldige Bestimmung der Philosophie geben. Jede Explikation – und damit auch diejenige, die ich gerade vorgestellt habe – ist wesentlich umstritten; die Frage, was Philosophie sei, ist selbst bereits eine philosophische Frage. Wenn die hier vorgestellten Überlegungen zutreffend sind, speist sich diese Tatsache aber just daraus, *dass* Philosophie eine Reflexionswissenschaft ist – und dass diese These in ihrem Sinn durchaus unterschiedlich verstanden werden kann.

Damit ist natürlich noch nicht die Frage beantwortet, inwieweit es sich beim Computerspiel um einen Gegenstand handelt, der von Interesse für das philosophische Nachdenken ist. Um diese Frage zu klären, bedarf es einer genaueren Bestimmung des Inhalts philosophischer Forschung als derjenigen, die ich gerade gegeben habe: Philosophie gewinnt heute zumeist Kontur entweder als theoretische Philosophie oder als praktische Philosophie.[5] Diese Unterscheidung lässt sich wie folgt erläutern: Die Debatten der *theoretischen* Philosophie gelten einer Klärung solcher Grundbegriffe, die einen primär beschreibenden Charakter haben. Paradigmatisch kann man hier an die Sprachphilosophie, die Logik, die Wissenschaftstheorie, die Erkenntnistheorie und die Ontologie (also die Erforschung dessen, was es gibt und auf welche Weise es das entsprechende gibt) denken. Die Debatten der *praktischen* Philosophie gelten hingegen einer Klärung solcher

5 Ich möchte gleichwohl festhalten, dass diese Einteilung auch wissenschaftspolitische Gründe hat und letztlich mit Blick auf wenige philosophische Fragen durchzuhalten ist: Philosophische Grundbegriffe hängen in nicht-äußerlicher Weise zusammen, so dass man von Fragen der theoretischen Philosophie schnell auch zu Fragen der praktischen Philosophie kommt.

Grundbegriffe, die einen primär wertenden Charakter haben. Paradigmatisch kann man hier an die Ethik und die Metaethik (die sich für die Natur ethischer Prinzipien interessiert) sowie an die politische Philosophie denken. Es wäre dabei ein Irrtum, wenn man meinte, die praktische Philosophie sei selbst praktisch darin, dass sich aus ihrem Studium etwa Richtlinien für angemessenes Handeln gewinnen ließen. Vielmehr besteht sie in einer Reflexion dessen, was wir überhaupt meinen, wenn wir darum streiten, was zu tun ist. Philosophische Ethik ist keine praktische Schule des richtigen Handelns, sondern vielmehr eine Praxis der Reflexion darin, dass wir uns im Rahmen ihrer damit auseinandersetzen, was wir überhaupt damit meinen, dass Handlungen richtig oder falsch in einem nicht-instrumentellen Sinne sein können.

Ich möchte zumindest kurz skizzieren, in welcher Hinsicht das Computerspiel in einigen dieser Bereiche der Philosophie erforscht werden kann, bevor ich im zweiten Teil der Überlegungen ausführlicher auf den Diskussionskontext eingehen werde, in dem sich die intensivsten philosophischen Debatten um das Computerspiel finden: die Ästhetik. Zunächst möchte ich zwei exemplarische Bereiche der theoretischen Philosophie benennen, die Aufschlussreiches zu der Frage beizusteuern haben, was Computerspiele sind. So haben etwa *sprachphilosophische* Überlegungen Relevanz für eine wissenschaftliche Erforschung des Computerspiels. Diese Relevanz besteht nicht darin, dass Computerspiele selbst sprachliche Gegenstände wären. Zwar gehört es zu den Grundeinsichten der im 20. Jahrhundert von der Philosophie vollzogenen Wende zur Sprache,[6] dass es keine philosophische Frage gibt, die nicht auch im Register sprachphilosophischer Fragen zu stellen ist. Schon Kant hat zu Recht darauf insistiert, dass noch unser sinnliches Wahrnehmungsvermögen das Verfügen über Begriffe voraussetzt; etwas *als* etwas benennt die spezifische Form der menschlichen Wahrnehmung im Kontrast zum animalischen Reagieren auf Reize und verbürgt, dass noch sinnliche Wahrnehmungen als urteilsförmig verstanden werden müssen.[7] Dass Sprache damit Bedingung der Möglichkeit menschlichen Selbst- und Weltbezugs überhaupt ist und ein wesentlicher Baustein für ein angemessenes Verständnis unserer selbst als

6 Vgl. dazu die Beiträge in *The Linguistic Turn. Essays in Philosophical Method*, hrsg. von Richard M. Rorty, Chicago und London: University of Chicago Press 1967, 2. Aufl. 1992.

7 Die kantische Einsicht hat in jüngerer Zeit John McDowell kongenial neu gefasst: *Mind and World* (1994), überarbeitete Fassung, Cambridge, Mass., und London: Harvard University Press 1996.

vernünftige Lebewesen, heißt aber natürlich nicht, dass alle Gegenstände oder auch nur die meisten, mit denen es Menschen zu tun haben, sprachlicher Natur sind. Zwar gebrauchen viele Computerspiele Sprache in Form etwa von Text oder gesprochenem Dialog wie auch in Form des Designs von Interfaces in bestimmter Weise,[8] aber das Computerspiel ist anders als etwa die Literatur kein vornehmlich sprachliches Medium. Natürlich ließe sich auch Sprache in Computerspielen sprachphilosophisch analysieren – hier würde sich etwa die Frage stellen, im Rahmen welcher Arten sprachphilosophischer Überlegungen das möglich wäre, etwa sprechakttheoretischen, diskursanalytischen oder dekonstruktivistischen. Aber die Relevanz sprachphilosophischer Überlegungen drückt sich mit Blick auf das Computerspiel vor allem in der vorgängigen Frage aus, welche Aussagen zum Computerspiel *als* Aussagen zum Computerspiel für uns überhaupt verständlich sind. Je nachdem, ob man zum Beispiel der Auffassung ist, alle wissenschaftlichen Aussagen grundsätzlich an das rückzubinden, was wir gewillt sind über Computerspiele grundsätzlich auch in unserer alltäglichen Praxis zu sagen, oder aber gewissermaßen eine wissenschaftliche ›Idealsprache‹ zur Beschreibung von Computerspielen etablieren möchte, wird man sich auf verschiedene sprachphilosophische Diskussionen innerhalb der Philosophie beziehen können. Wichtiger noch ist, dass es hier kein unschuldiges Vorgehen gibt und jede Option mit verschiedenen Einwänden konfrontiert sein wird. Entsprechendes gilt auch für die mit sprachphilosophischen Überlegungen eng verbundene Frage, in welcher Weise und ob sich der Begriff ›Computerspiel‹ definieren lässt bzw. wie gegebenenfalls die Logiken von bzw. Alternativen zu einer solchen Definition aussehen würden.[9]

Neben der Sprachphilosophie ist ein für die wissenschaftliche Erkundung des Computerspiels offensichtlich relevanter Bereich die *Ontologie*. Eine Erforschung der ontologischen Eigenarten des Computerspiels würde eine Antwort auf die Frage versprechen, auf welche Weise Computerspiele existieren. Sie existieren offensichtlich nicht als raumzeitliche Einzeldinge wie Gemälde oder Personen. Gemälde und Personen sind deshalb raumzeitliche Einzeldinge, weil sie nicht an mehreren Orten zur gleichen Zeit sein können; wenn ich durch eine Tür gehe

8 Ich habe solche Verwendungsweisen der Sprache im Sinne einer komplexen, weil beide Richtungen zugleich zeitigenden Übertragung von Verfahrensweisen der Literatur in das Computerspiel zu beschreiben versucht, vgl. Daniel M. Feige, *Computerspiele* (wie Anm. 1), S. 117–120.

9 Vgl. dazu ebd., Kapitel 2: *Zur Bestimmung des Wesens des Computerspiels*, S. 37–79.

und mein Arm schon im anderen Zimmer ist, so bin ich nicht an zwei Orten zugleich, sondern ich gehe gerade von einem Ort zu einem anderen. Entsprechendes können wir von Computerspielen offensichtlich nicht sagen. Das Computerrollenspiel BALDUR'S GATE (Bioware/Interplay, 1998) ist weder mit dem einzelnen Datenträger, auf dem es ausgeliefert wurde, noch mit der Datei, die ich bei Steam oder GOG geladen habe, identisch. Wäre dem so, so würde ich das Spiel durch Zerbrechen der Datenträger bzw. durch Löschen der Datei vernichtet haben. Ontologisch scheinen Spiele eher ins Reich abstrakter Gegenstände zu gehören als ins Reich raumzeitlicher Gegenstände. Noch im Fall eines experimentell-subversiven Spiels wie LOSE/LOSE (Zach Gage, 2009), bei dem die Spieler_innen durch Abschießen von feindlichen Raumschiffen zugleich zufällige Dateien auf ihrem Rechner vernichten und im Fall des »Game Over« sich das Spiel selbst zerstört, ist es nicht so, dass aus der Tatsache, dass das Spiel eindeutige Spuren auf dem Rechner hinterlässt und sich selbst löscht, folgen würde, dass es dadurch nicht länger ein auf verschiedenen Rechnern installierbares Programm wäre, das heißt: ein Gegenstand, der multipel realisierbar ist. In der philosophischen Diskussion wird der Unterschied zwischen konkreten raumzeitlichen Gegenständen und in der Weise abstrakten Gegenständen, dass sie in verschiedenen konkreten raumzeitlichen Dingen instanziiert werden können, heute zumeist anhand der Unterscheidung von »Types« und »Tokens« gefasst.[10] Computerspiele würden dann in etwa so existieren wie Zahlen und musikalische Werke. Mit dieser Charakterisierung fangen die eigentlichen Fragen selbstverständlich erst an – sich um sie dialogisch-argumentativ zu streiten kann aber wertvolle Einsichten zu der Frage hervorbringen, was Computerspiele sind.

In der Öffentlichkeit ist das Computerspiel natürlich häufiger im Kontext von Fragen diskutiert worden, die in den Bereich der praktischen Philosophie fallen. Genauer gesagt ist es wiederholt unter ethischen Gesichtspunkten in den Blick genommen worden; nach dem Anschlag in München 2016 ist etwa wieder einmal reflexhaft von bestimmten Politikern und Politikerinnen das Verbot gewalthaltiger Computerspiele gefordert worden. Diese Forderung kommt dadurch zustande, dass man der Auffassung ist, bestimmte Computerspiele würden sich in irgend-

10 Vgl. dazu etwa Linda Wetzel, *Types and Tokens. An Essay on Abstract Objects*, Boston, Mass.: MIT Press 2009, sowie meine Kritik dieser Unterscheidung aus ästhetischer Perspektive mit Daniel M. Feige, *Design. Eine philosophische Analyse*, Berlin: Suhrkamp 2018 (im Druck), Kapitel 7.1.

einer Weise schädigend auf die Personen auswirken, die sie spielen. Das Problem einer solchen Auffassung ist gleichwohl erstens, dass es letztlich keine empirischen Belege dafür gibt, dass das Spielen etwa gewalthaltiger Computerspiele sich auf die spielenden Personen derart auswirkt, dass diese dadurch selbst gewalttätiger würden.[11] Zweitens ist das Problem, dass es die spezifische Medialität von Spielhandlungen aus dem Blick verliert: Wenn ich CALL OF DUTY: INFINITE WARFARE (Infinity Ward/Activision, 2016) spiele, dann schieße ich nicht auf Menschen, sondern spiele ein Spiel.[12] Gleichwohl ist es nicht abwegig, ein Spiel wie HATRED (Destructive Creations/Destructive Creations, 2015) – ein isometrisches Actionspiel, in dem es letztlich darum geht, Amok zu laufen – moralisch für verwerflich zu halten. Nur scheinbar ist das indizierte Spiel POSTAL 2 (Running with Scissors/Whiptail Interactive, 2003) mit diesem Titel vergleichbar: POSTAL 2 bleibt auch in seinen exzessiven Gewaltdarstellungen durchweg als Satire erkennbar. Eine entsprechende reflexive Leistung ist HATRED gerade nicht sinnvoll zuzuschreiben. Durch das bloße Thema ›Amok‹ sind beide Spiele eben nicht wirklich miteinander vergleichbar, da ein solches Thema nicht unabhängig von der Art und Weise, *wie* es thematisiert wird, betrachtet werden darf. Dennoch ist dadurch der Gedanke, dass es moralisch verwerflich wäre, HATRED zu spielen, noch nicht begründet. Was vielmehr moralisch problematisch ist, ist das Spiel selbst.[13] Moralisch problematische Gegenstände gibt es aber offensichtlich nicht nur im Bereich des Computerspiels, sondern auch im Bereich des Films und der Literatur. Eine Auszeichnung des Computerspiels vor anderen Medien ist deshalb unzulässig; wer eine moralische Kritik bestimmter Computerspiele formuliert, müsste sich im selben Atemzug auch genötigt fühlen, eine moralische Kritik bestimmter Filme,

11 Vgl. etwa Christopher J. Ferguson, *Does Movie or Video Game Violence Predict Societal Violence? It Depends on What You Look at and When*, in: *Journal of Communication* 65, 2015, S. 193–212.

12 Stephan Günzel geht dabei so weit zu sagen, dass »Computerspiele […] Bilder [sind], die keine andere Verwendungsweise erfordern als diejenige, die ihnen aufgrund der Eigenschaft zukommt, eine interaktive Bilderscheinung zu sein«: *Egoshooter* (wie Anm. 3), S. 121. Diese These scheint mir zumindest dahingehend zu stark zu sein, dass sie das Computerspiel unter bildtheoretischer Perspektive formalistisch verkürzt versteht.

13 Vgl. in diesem Sinne als überzeugende Analyse Sebastian Ostritsch, *The Amoralist Challenge to Gaming and the Gamer's Moral Obligation*, in: *Ethics and Information Technology* 19, 2017, S. 117–128.

Bücher, Grafiken usw. zu formulieren.[14] Anders gesagt: Es gibt nichts, was das Computerspiel als solches in besonderer Weise dafür geeignet machen würde, moralisch problematische Gegenstände zu produzieren.

Wenn es dabei richtig ist, dass das, *was* Computerspiele zeigen, nicht von der Art und Weise unabhängig ist, *wie* sie es uns zeigen – Gewalt ist genau wie in der Literatur und im Film nicht gleich Gewalt –, so ist für eine philosophische Auseinandersetzung mit dem Computerspiel vor allem ein Bereich von besonderer Wichtigkeit, der quer liegt zu der bislang vorgestellten Einteilung der Philosophie in theoretische und praktische Philosophie:[15] die Ästhetik. Anders als in den bisherigen Ausführungen werde ich im zweiten Teil dieser Überlegungen weniger grundlegende Fragen benennen, die sich angesichts des Computerspiels aus der Perspektive der philosophischen Ästhetik stellen, als vielmehr zugleich auch Thesen zu einem angemessenen Verständnis ästhetischer Eigenarten von Computerspielen entwickeln.

---

14 Damit meine ich nicht, dass man moralisch problematische Computerspiele wie HATRED dadurch verteidigen könnte, dass man auf entsprechende Filme usw. verweist. Das Spiel wird nicht weniger moralisch problematisch dadurch, dass es vergleichbare moralisch problematische Gegenstände etwa im Bereich des Films gibt. Ich meine damit nur, dass nicht allein der öffentliche Diskurs um die gesellschaftsschädigende Wirkung von Computerspielen im Regelfall ohne Grundlage ist, sondern dass man, wenn man meint, die moralisch problematische Natur bestimmter Computerspiele aus dem Wesen des Mediums selbst ableiten zu wollen, einen Fehler macht. Vgl. als Kritik an einem solchen Medienessentialismus auch Noël Carroll, *The Philosophy of Motion Pictures*, Malden, Mass.: Blackwell 2008, Kapitel 2, S. 35–52.

15 Vgl. im Sinne einer solchen Bestimmung der Zwischenstellung des Ästhetischen auch Christoph Menke, *Wahrnehmung, Tätigkeit, Selbstreflexion: Zu Genese und Dialektik der Ästhetik*, in: *Falsche Gegensätze. Zeitgenössische Positionen zur philosophischen Ästhetik*, hrsg. von Andrea Kern und Ruth Sonderegger, Frankfurt am Main: Suhrkamp 2002, S. 19–48, sowie Brigitte Scheer, *Einführung in die philosophische Ästhetik*, Darmstadt: Wissenschaftliche Buchgesellschaft 1997, Kapitel 2: *Die Provokation zur Ästhetik als eigene Disziplin (Descartes, Leibniz)*, S. 38–52.

Das Computerspiel als Gegenstand der philosophischen Ästhetik

Seit ihrer Begründung als eigenständige philosophische Teildisziplin im 18. Jahrhundert durch Alexander Gottlieb Baumgarten lässt sich vielleicht eine Grundfrage ausmachen,[16] mit der sich die philosophische Ästhetik beschäftigt: die Frage, was es heißt, sich auf das Besondere *als* Besonderes zu beziehen.[17] Ästhetische Gegenstände als ästhetische Gegenstände zu behandeln heißt, sie nicht als bloßen Fall eines Allgemeinen zu behandeln. Wer ein Gemälde von Delacroix oder eines von van Gogh betrachtet, um etwas Allgemeines über Gemälde, über die Künstler oder über ihre Zeit herauszufinden, behandelt es nicht länger als ästhetischen Gegenstand – auch wenn damit nicht ausgeschlossen wird, dass derartige allgemeine Arten des Wissens nicht immer schon im Ästhetischen im Spiel sind und spezifischeres Wissen die Erfahrung des Gegenstandes intensivieren kann. Aber ein Gemälde als ästhetischen Gegenstand zu beurteilen heißt eben nicht, sich auf ihn summarisch zu beziehen. Das Ästhetische ist dabei natürlich weiter als die Kunst: Wer Situationen der Natur unter der Perspektive des Wissens der Botanik beschreibt, betrachtet sie ebenfalls nicht länger ästhetisch. Noch die Redeweise davon, dass ein mathematischer Beweis ›elegant‹ sei – eine zweifelsohne ästhetische Eigenschaft –, heißt eben nicht, ihn als Allgemeines und in seiner Besonderheit verzichtbares Beispiel für Eleganz zu behandeln. Es heißt vielmehr, ihn zugleich hinsichtlich der Besonderheit seiner Formulierung zu verstehen; diese Redeweise meint nicht allein das, *was* er zeigt, sondern auch, *wie* er es zeigt.

Diese letzte Bemerkung, die die Verwendung ästhetischer Prädikate betrifft, zeigt zweierlei an: Erstens ist das Ästhetische nicht auf einen besonderen Gegenstandsbereich – etwa die Kunst oder die Natur oder das Design – beschränkt; vielmehr meint es eine *Form* der Bezugnahme bzw. mit Kant gesprochen: eine besondere Art des Urteilens, die mit Blick auf epistemisches Urteilen, moralisches Urteilen, aber auch Urteilen, in denen sich persönliche Vorlieben ausdrücken, irreduzibel ist. Das schließt freilich nicht aus, dass eine solche Form des Urteils je nach Art von Gegenständen, auf die es jeweils bezogen ist – etwa Kunst, Design oder Natur – eine durchaus unterschiedliche Wendung nimmt: Die Form des

16 Vgl. Alexander G. Baumgarten, *Ästhetik* (1750/58), 2 Bde., Hamburg: Meiner 2009.

17 Diese Bestimmung ist natürlich nicht unkontrovers. Vgl. dazu weitergehend Daniel M. Feige, *Design* (wie Anm. 10), Kapitel 4.

Ästhetischen kann letztlich selbst nicht abstrakt und summarisch verstanden werden, ohne sich ins Wort zu fallen bzw. ohne dass es Gefahr liefe, das Ästhetische dadurch zu neutralisieren, dass es seine Explikation auf nicht-ästhetische Begriffe meint reduzieren zu können.[18] Zweitens zeigt die Bemerkung zu ästhetischen Prädikaten an, dass sich die ästhetische Dimension von Gegenständen nicht so sehr hinsichtlich dessen, *was* sie sind, artikuliert, als vielmehr hinsichtlich dessen, *wie* sie sind. Ohne das als formalistische These in dem Sinne verstanden zu wissen, dass etwa der Gehalt eines Romans oder eines narrativen Spielfilms für seine ästhetische Wertschätzung irrelevant wäre, ist es doch so, dass noch im Fall eines Romans oder eines narrativen Spielfilms dieselben als ästhetische Gegenstände zu behandeln eben nicht heißt, in abstrakter Weise das angeben zu können, wovon sie jeweils handeln. Ein Roman oder ein Film sind niemals mit ihrem Plot identisch – schon allein deshalb, weil sie unter dieser Beschreibung ununterschieden sein könnten, ebenso wie weitere Filme und Romane von ihnen ununterschieden sein könnten. Mit Hegel kann man mit Blick auf entsprechende Romane und Spielfilme zumindest dann, wenn es sich bei ihnen um Kunstwerke handelt, sagen:

> »Ein Kunstwerk, welchem die rechte Form fehlt, ist eben darum kein rechtes, d. h. kein wahres Kunstwerk, und es ist für einen Künstler als solchen eine schlechte Entschuldigung, wenn gesagt wird, der Inhalt seiner Werke sei zwar gut (ja, wohl gar vortrefflich), aber es fehle denselben die rechte Form. Wahrhafte Kunstwerke sind eben nur solche, deren Inhalt und Form sich als durchaus identisch erweisen.«[19]

Ein Kunstwerk als Kunstwerk zu betrachten heißt, sein Äußeres zugleich als Inneres zu sehen; ein Kunstwerk, dem es nicht gelingt, das, was es sagt, durch die Art und Weise, in welcher es dieses sagt, zu sagen, ist ein misslungenes Kunstwerk.

Hinsichtlich von Computerspielen ist natürlich umstritten, ob es sich bei ihnen überhaupt um Gegenstände handelt, die in den Bereich der Kunst gehören. Und mit dem Verweis darauf, dass das Innere das Äußere ist, ist zudem noch keine hinreichende Bedingung für Kunst gegeben. Bevor ich abschließend etwas zu der Frage, ob Computerspiele in den Bereich der Kunst gehören, sagen werde, möchte ich gleichwohl zunächst etwas zu Computerspielen als gestalteten ästhetischen Gegenständen sagen – denn dass alle Computerspiele *ästhetische* Gegenstände

---

18 Vgl. ausführlicher dazu Daniel M. Feige, *Design* (wie Anm. 10), Kapitel 4.

19 Georg Wilhelm Friedrich Hegel, *Enzyklopädie der philosophischen Wissenschaften* (1817), Bd. 1, Frankfurt am Main: Suhrkamp 1986, S. 265f.

dahingehend sind, dass für sie die Art und Weise, auf die sie das zeigen, was sie zeigen, konstitutiv ist, bzw. dass für sie die Art und Weise, wie sie sich spielen, wesentlich ist, scheint mir wenig kontrovers zu sein. Computerspiele als ästhetische Gegenstände zu behandeln heißt, sich auf sie jeweils als besondere Gegenstände zu beziehen. Sie haben einen bestimmten *Sound*, einen bestimmten *Look* und ein bestimmtes *Feel*. Solche Eigenarten sind nicht deshalb als ästhetisch zu qualifizieren, weil es sich um Urteile handelt, die mit der sinnlichen Wahrnehmung der Computerspiele zusammenhängen. Nicht allein hängt ziemlich vieles in der menschlichen Welt mit sinnlichen Wahrnehmungen zusammen und von ihnen ab: Vor allem gibt es viele ästhetische Eigenarten von Gegenständen, die gerade nicht unserer sinnlichen Wahrnehmung im herkömmlichen Sinne zugänglich sind.[20] Ein hinsichtlich seines Gamedesigns elegantes Spiel muss nicht unbedingt selbst elegant aussehen, und die Stimmigkeit der verschiedenen Spielabschnitte des ersten SUPER MARIO BROS. (Nintendo/Nintendo, 1985) ist nichts, was man dem Spiel bloß ansehen könnte. Vielmehr handelt es sich bei dem Vernehmen ästhetischer Eigenarten von Spielen um ein Vernehmen, das immer auch ein Verstehen ist. Und zu solchen ästhetischen Eigenarten eines Computerspiels als desjenigen Computerspiels, das es ist, kann ganz Verschiedenes gehören: seine grafische Gestaltung, sein Sounddesign, seine Musik, sein Steuerungsfeedback, die Charakterzeichnung seiner Narration, der attraktionistische Fluss seines Gameplays, die Flüssigkeit der Erkundung seiner virtuellen Räume,[21] die Intelligenz wie Eigensinnigkeit seiner Puzzles usw. Wenn man Ästhetik im skizzierten Sinne versteht, hat diese Auffassung offensichtlich Konsequenzen für Fragen, die nicht länger ausschließlich innerhalb der Philosophie diskutiert werden: Wenn Computerspiele immer auch wesentlich ästhetische Gegenstände sind und die kursorischen Bestimmungen, die ich davon gegeben habe, überzeugend waren, so hat das Konsequenzen so-

---

20 Vgl. entsprechend zu einem anderen Begriff der Wahrnehmung auch James Shelley, *Das Problem nichtperzeptueller Kunst*, in: *Kunst und Erfahrung. Beiträge zu einer philosophischen Kontroverse*, hrsg. von Stefan Deines, Jasper Liptow und Martin Seel, Berlin: Suhrkamp 2012, S. 270–295.

21 Vgl. zu diesem Punkt weitergehend auch Markus Rautzenberg, *Caves, Caverns and Dungeons. Für eine speläologische Ästhetik des Computerspiels*, in: *New Game Plus. Perspektiven der Game Studies. Genres – Künste – Diskurse*, hrsg. von Benjamin Beil, Gundolf S. Freyermuth und Lisa Gotto, Bielefeld: transcript 2014 (Bild und Bit. Studien zur digitalen Medienkultur 3), S. 245–266.

wohl für eine Genretheorie des Computerspiels als auch für eine Medientheorie desselben.

Zunächst einige Bemerkungen zur Frage einer Genretheorie des Computerspiels.[22] Genretheoretische Überlegungen, die fragen, was einen First-Person-Shooter wie FAR CRY (Crytech/Ubisoft, 2004) zu einem solchen oder ein Echtzeit-Strategiespiel wie STARCRAFT II: LEGACY OF THE VOID (Blizzard Entertainment/Activision Blizzard, 2015) zu einem solchen macht, behandeln entsprechende Spiele nur dann als ästhetische Gegenstände, wenn sie sie eben nicht als redundante und prinzipiell ersetzbare Instanziierungen des entsprechenden Genres begreifen. Natürlich gibt es Computerspiele, bei denen man geneigt sein kann zu sagen, dass sie nichts anderes leisten als das, was schon von anderen Computerspielen geleistet worden ist. Die x-te Kopie von DOOM (id Software/Activision, 1993) oder COMMAND & CONQUER (Westwood/Virgin, 1995) hing den meisten von uns in den 1990er Jahren mit Recht zum Hals heraus. Entsprechende Computerspiele waren nicht allein redundant, sondern vielmehr auch ästhetisch misslungen. Redundanz meint hier gerade nicht die Beschreibung von Aspekten von Computerspielen in abstrakter Weise, etwa dahingehend, ob beispielsweise das Gameplay in seiner Grundmechanik vergleichbar ist. Es meint vielmehr, dass die Art und Weise, wie es präsentiert wird, unzweideutig von einem Vorbild geprägt ist, zu dem es selbst nichts hinzufügt. Aber um diesen Fall von Privationen von Computerspielen geht es hier nicht. Denn eine abstrakte Genretheorie behandelt, das ist die Pointe, *alle* Computerspiele als entsprechende Privationen einer abstrakten Struktur. Eine Genretheorie des Computerspiels, die das Computerspiel als ästhetischen Gegenstand ernst zu nehmen beabsichtigt, darf entsprechend die Eigenarten von Genres des Computerspiels nicht summarisch oder abstrakt verstehen. Vielmehr müssen diese von der Art und Weise her verstanden werden, wie sie sich in Computerspielen jeweils besonders artikulieren und realisieren. Anders gesagt: COMMAND & CONQUER, WARCRAFT II (Blizzard Entertainment/Blizzard Entertainment, 1995) und TOTAL ANNIHILATION (Cavedog Entertainment/GT Interactive, 1997) sind zumindest dann, wenn man von diesen drei Echtzeit-

22 Vgl. zur Genretheorie des Computerspiels Benjamin Beil, *Genrekonzepte des Computerspiels*, in: *Theorien des Computerspiels zur Einführung*, hrsg. von GamesCoop (Benjamin Beil, Philipp Bojahr, Thomas Hensel, Britta Neitzel, Timo Schemer-Reinhard und Jochen Venus), Hamburg: Junius 2012, S. 13–27.

Strategiespielen gewillt ist zu sagen, dass sie gelungen sind,[23] keine unterschiedlichen Verkörperungen einer abstrakten Struktur ›Echtzeit-Strategiespiel‹, die unabhängig von ihnen existieren würde und zugleich im Sinne einer normativen Art (*norm kind*) definieren würde, was es heißt, dass etwas als Echtzeit-Strategiespiel gelungen oder misslungen ist.

Zweitens einige Bemerkungen zur Medientheorie des Computerspiels. Nimmt man die ästhetische Seinsweise von Computerspielen ernst, so muss man Medientheorien eine Absage erteilen, die meinen, die Ausdrucksmöglichkeiten von Medien so explizieren zu können, dass sie schon vor den konkreten Gegenständen feststehen, die in ihnen produziert worden sind. In der Tradition ist eine solche These in besonders markanter Weise von Lessing vertreten worden und auch heute keineswegs aus dem Kanon einer Theorie ästhetischer Medien verschwunden:[24] Literatur und Malerei sind dahingehend inkommensurable ästhetische Medien, dass sie aufgrund ihrer jeweiligen konstitutiven Merkmale bestimmtes ausdrücken können und anderes nicht. Die medientheoretische Konsequenz aus der These, dass das Ästhetische in einer Beurteilung des Besonderen als Besonderem besteht, liegt nicht darin, dass man in dubioser Weise die Unterschiede zwischen ästhetischen Medien abschaffen würde, gemäß dem Motto: Es gibt keine unterschiedenen Medien, sondern nur ein letztes Meta-Medium. Es ist also nicht so, dass eine Karikatur von Wagners Modell des Gesamtkunstwerks im Recht wäre, derzufolge es keine substanziellen Unterschiede zwischen verschiedenen ästhetischen Medien gäbe. Die Konsequenz liegt vielmehr darin, jeden ästhetisch gelungenen Gegenstand mit Blick auf das Medium oder die Medien, in die er gehört, als Ereignis zu sehen: als Neuaushandlung dessen, was das Medium ist und

---

23 Ich möchte festhalten, dass ich mich hier an keiner Stelle darauf festlege, *welche* Computerspiele ästhetisch gelungen und welche misslungen sind. Das ist konstitutiv umstritten und hinsichtlich dieser Frage ist der Philosoph bzw. die Philosophin in keiner anderen Lage als andere Spieler_innen. Aus einer ästhetischen Theorie darf nämlich nicht schon folgen, *welche* Gegenstände, die unter sie fallen, gelungen oder misslungen sind.

24 Vgl. Gotthold Ephraim Lessing, *Laokoon. Oder: Über die Grenzen der Malerei und Poesie. Mit beiläufigen Erläuterungen verschiedener Punkte der alten Kunstgeschichte* (1766), Stuttgart: Reclam 1987. In jüngerer Zeit haben etwa Peter Kivy und Dominic McIver Lopes für eine Agenda im Geiste Lessings argumentiert: vgl. Peter Kivy, *Philosophies of Art. An Essay in Differences*, Cambridge: Cambridge University Press 1997; Dominic McIver Lopes, *A Philosophy of Computer Art* (wie Anm. 1).

kann. Die Musik von Beethoven, Wagner und Stockhausen bespielt nicht jeweils anders einen vorgängig gegebenen Möglichkeitsraum, sondern erfindet jeweils das, was Musik und ihre Materialien sind, neu. Nur wer derart die Besonderheit der in Frage stehenden Gegenstände in Rechnung stellt, formuliert eine Medientheorie aus dem Geiste ästhetischer Vernunft.

Eine ästhetische Perspektive hinsichtlich der Medientheorie klagt also ein, dass es keine monotonen Möglichkeitsräume gibt – und sei es, dass sie durch die jeweils neuen Werke erst epistemisch zugänglich würden –, sondern vielmehr nur eine Reihe von Ereignissen. Damit ist sie intrinsisch auf die Frage der geschichtlichen Entwicklung von Medien bezogen. Die einzelnen gelungenen ästhetischen Gegenstände stehen dahingehend nicht beziehungslos nebeneinander, dass jedes spätere Ereignis auch durch seinen Ort in dieser Reihe individuiert ist. In einer Abwandlung eines Gedankenexperiments von Arthur C. Danto, das besagt, dass für den Fall, in dem man bei Ausgrabungen in Tibet ein von einem Kettenrad ununterscheidbares Bronzerad mit Nocken finden würde, es sich dabei natürlich nicht um ein Fahrrad-Kettenrad handeln kann,[25] könnte man sagen: Trotz der jeweiligen Irreduzibilität der einzelnen ästhetischen Gegenstände und damit der Nicht-Antizipierbarkeit wie Unmöglichkeit der Reduktion auf Vorgänger bilden diese eine Reihe dahingehend, dass der Ort über ihren jeweiligen Sinn mitbestimmt. Ein Echtzeit-Strategiespiel *nach* COMMAND & CONQUER zu machen heißt, etwas Anderes zu tun, als es *vorher* gewesen wäre; Identität wie Sinn der Handlungen speist sich auch aus der Stellung, die entsprechende Gegenstände in einer Reihe von Gegenständen einnehmen. Die medienästhetische Pointe besteht dabei darin, dass sich nicht schon vor dem jeweiligen ästhetischen Gegenstand der Sinn seines Mediums bzw. seiner ästhetischen Medien angeben lässt. Wenn also jeder gelungene ästhetische Gegenstand sein Medium bzw. seine Medien sozusagen vor dem Hintergrund früherer derartiger Neuerfindungen neu erfindet, dann sind die jeweiligen ästhetischen Medien trotz ihrer Unterschiedenheit von einer jeweils unbestimmten Bestimmtheit.[26] Entsprechende Entgren-

25 Vgl. Arthur C. Danto, *Die Verklärung des Gewöhnlichen. Eine Philosophie der Kunst* (1981), Frankfurt am Main: Suhrkamp 1991, 4. Aufl. 1999, S. 174.

26 Damit behaupte ich natürlich nicht, dass verschiedene ästhetische Medien sich nicht im Rückblick als in einem Medium konvergierend gezeigt haben können oder dass sich ein ästhetisches Medium im Rückblick nicht als unterschiedliche ästhetische Medien gezeigt haben kann. Vgl. zu einigen solchen Dynamiken auch Jerrold Levinson, *Hybrid Art Forms*, in: *Journal of Aesthetic Education* 18, 1984, S. 5–13. Es geht mir allein darum,

zungstendenzen zwischen Medien wie auch die Kopplung vormals getrennter Medien sind keineswegs ein Sonderfall an den Grenzen solcher Medien, sondern vielmehr etwas, an dem sich in pointierter Weise studieren lässt, was ästhetische Medien immer schon sind.

Diese Bemerkungen betreffen Konsequenzen für genretheoretische wie medientheoretische Fragen aus den Festlegungen zur Ästhetik, die ich eingangs getroffen habe. Sie betreffen gleichwohl nicht im engeren Sinne eine andere Leitfrage der Ästhetik, die sich mit Blick auf Computerspiele stellt: die Frage, ob Computerspiele Kunstwerke sind. Ich möchte diese Überlegungen mit einigen Bemerkungen zu dieser Frage beschließen. Anders als die Frage, ob Computerspiele ästhetische Gegenstände sind, sind Antworten hierauf durchaus kontrovers. Relativ unkontrovers dürfte es dabei sein, dass es eine Reihe von Arbeiten im Bereich der Multimediakunst wie Installationskunst gibt, die entweder mereologisch Computerspiele gebrauchen oder die durch Modifikation von Computerspielen insgesamt zustande kommen.[27] Paradigmatisch kann man für Letzteres etwa an die Veröffentlichung von SOD (2000) des aus Joan Heemskerk und Dirk Paesmans bestehenden Künstlerkollektivs JODI denken. SOD ist eine Modifikation der in Deutschland indizierten Erweiterung SPEAR OF DESTINY (id Software/Apogee, 1992) des ebenfalls indizierten First-Person-Shooters WOLFENSTEIN 3D (id Software/Apogee, 1992). Es ist wohl kein Zufall, dass JODI die auszuführende Programm-EXE-Datei als Titel ihrer Arbeit gewählt haben: SOD dringt durch eine Modifikation des Codes gewissermaßen hinter die ästhetische Oberfläche des First-Person-Shooter-Bildes und lässt ebenso reflexive wie – aus der Perspektive habitualisierter Spielhandlungen – tendenziell unverständliche Computerspielbilder entstehen. Obwohl hier nicht länger räumliche Verhältnisse zu sehen sind, kommt man nicht umhin, beim ›Spielen‹ von SOD entsprechende Verhältnisse zu antizipieren. SOD ist dahingehend ein Kunstwerk, dass es diejenigen, die das Programm starten, in eine Selbstthematisierung der Spielhandlungen nicht zuletzt hinsicht-

---

dass solche Feststellungen immer nur im Rückblick zu treffen sind und dass sie inhaltlich damit in Bewegung bleiben.

27 Vgl. zur Installation Juliane Rebentisch, *Ästhetik der Installation*, Frankfurt am Main: Suhrkamp 2003, als Analyse künstlerischer Computerspielmodifikationen Stephan Schwingeler, *Kunstwerk Computerspiel – Digitale Spiele als künstlerisches Material. Eine bildwissenschaftliche und medientheoretische Analyse*, Diss. Universität Trier 2014, Bielefeld: transcript 2014 (Image 72).

lich der Frage verwickelt, wie es um die codeförmige Unterseite mit Blick auf das steht, was beim Spielen zu sehen und zu hören ist.

Damit ist bereits ein wesentliches Moment der Kunstfähigkeit des Computerspiels benannt: Anders als andere ästhetische Gegenstände verwickeln uns Kunstwerke in eine Reflexion über das, was wir sind. Das tun sie aber – anders als reflexive begriffliche Explikationen, von denen man Entsprechendes ebenfalls sagen muss – durch die spezifische Art und Weise, auf die sie uns etwas zeigen, zu hören geben usw. Einen philosophischen Gedanken zu verstehen heißt, sich letztlich von den konkreten Formulierungen, in denen er ausgedrückt ist, trennen zu können und in der Lage zu sein, ihn zu paraphrasieren. Demgegenüber zeigt sich das Verstehen von Kunstwerken in nichts anderem als darin, ihnen mit Körper und Geist mimetisch nachzufahren.[28] Die Tiefe der Kunst liegt nicht darin beschlossen, dass Kunstwerke ›tiefe‹ Themen verhandeln würden. Sie liegt vielmehr in nichts anderem als dem, was sich uns im Nachvollzug ihrer Oberfläche zeigt. Wenn das zutreffend ist, so ist dem Computerspiel ein Bärendienst erwiesen, wenn man es dadurch aufzuwerten oder gar in den Rang der Kunst zu erheben versucht, dass man es sich an relevanten Themen abarbeiten lassen würde – wie etwa im Fall des Reboots von Tomb Raider (Crystal Dynamics/Square Enix, 2013), das suggeriert, eine Art Entwicklungsroman der Protagonistin in Spielform zu sein, und kolossal daran scheitert, dieses Thema auf der Ebene der Spielhandlungen selbst zu verkörpern. Ebenso wenig ist dem Computerspiel damit geholfen, dass man Computerspiele in den Rang von Kunstwerken zu erheben trachtet, indem man Beschreibungen von ihnen produziert, die die in Frage stehenden Spiele bis zur Unkenntlichkeit entstellen. Wenn Janet Murray etwa vom allbekannten Tetris behauptet,[29] es sei eine Metapher der amerikanischen Arbeitswelt, weil auch in dieser geordnet und sortiert werde, so wird nicht allein eine genealogische Geschichte dieses Spiels schwierig zu erzählen – Aleksej Pašitnov hat die Ursprungsfassung von Tetris bekanntermaßen mit zwei Kollegen an der Moskauer Akademie der Wissenschaften Mitte der 1980er Jahre erfunden. Vielmehr liest Murrays These einfach etwas in Tetris dadurch hinein, dass sie eine Beschreibung des Spiels gibt, die so allgemein ist, dass sie für unendlich vieles gilt – und die zudem eine Beschreibung von etwas ist, das mit dem eigentlichen

28 Vgl. dazu ausführlicher Daniel M. Feige, *Computerspiele* (wie Anm. 1), S. 133–155.

29 Vgl. Janet H. Murray, *Hamlet on the Holodeck. The Future of Narrative in Cyberspace*, New York: MIT Press 1998.

Spielgeschehen wenig zu tun hat. Es kommt hinzu, dass selbst für den Fall, dass man diese Beschreibung nicht für abwegig halten sollte, gilt: Aus der Tatsache, dass etwas von etwas Ausdruck ist, folgt nicht, dass es dieses auch derart ausdrückt, dass es ›darüber ist‹. Dass ein Verhalten Ausdruck einer bestimmten Sozialisation ist, heißt nicht, dass das Verhalten diese Sozialisation explizit auch ausdrücken würde. Im Sinne Nelson Goodmans muss man sagen: Das Haben einer Eigenschaft ist etwas anderes als diese zu exemplifizieren.[30]

Entsprechende Beschreibungen ebenso wie den Versuch, das Computerspiel dadurch aufzuwerten, dass es vermeintlich tiefe Themen behandelt, hat das Computerspiel gar nicht nötig. Denn aus begrifflichen Gründen spricht nichts dagegen, dass einzelne Computerspiele durchaus sinnvoll so behandelt werden können, dass sie dem Reich der Kunst zugehörig sind. Die Philosophie kann etwas zu der Frage beitragen, was es heißen könnte, Computerspiele als ästhetische Gegenstände wie auch als Kunstwerke ernst zu nehmen. Wenn es allerdings um die Frage geht, *welche* Computerspiele Kandidaten dafür sind, im Kontext der Kunst betrachtet zu werden, ist sie in keiner privilegierten Situation. Denn das ist eine Frage, die letztlich besondere Sensibilitäten des Hinschauens und Sprechens erfordert, an deren Schulung die Philosophie zwar beteiligt sein mag, die aber nicht die Pointe des philosophischen Geschäfts ausmachen.

30 Vgl. Nelson Goodman, *Sprachen der Kunst. Entwurf einer Symboltheorie*, Frankfurt am Main: Suhrkamp 1997, Kapitel 2: *Der Klang der Bilder*, S. 53–100.

Digitale Spiele: Kunstdiskurse

Stephan Schwingeler

Die Frage nach dem Kunststatus des Computerspiels wird immer wieder gestellt. Einige Beispiele werfen im Folgenden aus verschiedenen Blickwinkeln Schlaglichter auf die Debatte,[1] um darauf aufbauend die Frage »Sind Computerspiele Kunst?« kritisch zu reflektieren. Daran anknüpfend wird beleuchtet, inwieweit sich die Kunstwissenschaft digitalen Spielen zuwendet, welches Verhältnis Computerspiele zur interaktiven Medienkunst einnehmen und in welchen Diskursen über Kunst digitale Spiele Relevanz besitzen.

1 Vgl. zur Kunstfrage im Hinblick auf Computerspiele seit 2000 in Auswahl: Henry Jenkins, *Art Form for the Digital Age*, in: *Technology Review*, 1. September 2000, <www.technologyreview.com/computing/12189/?a=f> (Abruf am 18. März 2011); Aaron Smuts, *Are Video Games Art?*, in: *Contemporary Aesthetics* 3, 2. November 2005, <www.contempaesthetics.org/newvolume/pages/article.php?articleID=299> (Abruf am 12. März 2011); Henry Jenkins, *Games, The New Lively Art*, in: *Handbook of Computer Game Studies*, hrsg. von Joost Raessens und Jeffrey H. Goldstein, Cambridge, Mass., und London: MIT Press 2005, S. 175–192; Brett Martin, *Should Videogames Be Viewed as Art?*, in: *Videogames and Art*, hrsg. von Andy Clarke und Grethe Mitchell, Bristol und Chicago: Intellect 2007, S. 201–210; Ernest W. Adams, *Will Computer Games Ever Be a Legitimate Art Form?*, in: ebd., S. 255–265; Roger Ebert, *Video Games Can Never Be Art*, in: *Chicago Sun-Times*, 16. April 2010, <www.rogerebert.com/rogers-journal/video-games-can-never-be-art> (Abruf am 7. August 2016); Ian Bogost, *How to Do Things With Videogames*, hrsg. von dems., Minneapolis, Minn., und London: University of Minnesota Press 2011 (Electronic Mediations 38), Kapitel *Art*: S. 9–18.

Die Frage nach der Kunst

In manchen Kontexten wird die Frage, ob es sich bei Computerspielen um Kunst handelt, grundsätzlich positiv beantwortet, so etwa im Jahre 2000 von dem Kommunikationswissenschaftler Henry Jenkins.[2] Es wird nicht aus kunstwissenschaftlicher oder kunsttheoretischer, sondern aus populärkultureller Perspektive für das Computerspiel als eine Form von Kunst argumentiert, die sich an Gilbert Seldes' *Seven Lively Arts* von 1925 ankoppeln ließe.[3]

Im Gegensatz dazu wurde die gleiche Frage von Roger Ebert deutlich verneint: Der bekannte US-amerikanische Filmkritiker vertrat im Jahre 2005 die Meinung, dass Computerspiele gegenüber Filmen grundsätzlich minderwertig (»inferior«) seien und sie sich auch niemals zu einer eigenständigen Kunstform entwickeln könnten. Das wendete die Debatte um den Kunststatus ins Polemische und provozierte neben vielen Tausend Kommentaren im Internet auch eine Diskussion mit der prominenten Gamedesignerin Kellee Santiago.[4]

Die Frage nach dem Kunststatus des Mediums wurde im Jahre 2007 auch in dem Sammelband *Videogames and Art* adressiert. Brett Martin argumentiert darin, dass Computerspiele dann zu einer Kunstform avancieren können, wenn sie sich vom alten Medium Film emanzipieren. Ernest Adams vertritt die ähnliche These, dass Computerspiele ästhetisch heranreifen und über den intendierten Zweck

2 Henry Jenkins, *Art Form for the Digital Age* (wie Anm. 1).

3 Gilbert Seldes, *The 7 Lively Arts. The Classic Appraisal of the Popular Arts*, Mineola, New York: Dover 2001. Die sieben Künste bei Seldes lauten: Comic Strips, Movies, Musical Comedy, Vaudeville, Radio, Popular Music, Dance.

4 »But I believe the nature of the medium prevents it from moving beyond craftsmanship to the stature of art. To my knowledge, no one in or out of the field has ever been able to cite a game worthy of comparison with the great dramatists, poets, filmmakers, novelists and composers«: *Why Did the Chicken Cross the Genders?* [Interview, ursprünglich erschienen unter <suntimes.com>], 27. November 2005, <www.rogerebert.com/answer-man/why-did-the-chicken-cross-the-genders> (Abruf am 25. Juli 2017). Eine Wiederholung dieser Aussage im April 2010 auf Eberts Website provozierte viele Tausend Kommentare (Roger Ebert, *Video Games Can Never Be Art*, wie Anm. 1). In seinem Beitrag geht Ebert auf einen TED-Talk von Kellee Santiago ein (*An Argument for Game Artistry*, 17. August 2009, <youtu.be/K9y6MYDSAww>, Abruf am 28. Januar 2015). Der Gamedesigner Brian Moriarty fasste die gesamte Debatte anlässlich der Game Developers Conference in einem Vortrag zusammen: *An Apology for Roger Ebert*, 4. März 2011, <www.ludix.com/moriarty/apology.html> (Abruf am 28. Januar 2015).

der Unterhaltung hinausgehen müssten, um die Nobilitierung der Kunst zu erfahren.[5] Computerspiele scheinen demnach zu trivial zu sein, um als Kunst zu gelten.

Die Frage, ob Computerspiele intrinsisch – per se – eine Kunstform darstellen[6] oder nicht,[7] ist (wissenschaftlich) nicht zielführend.[8] Vor diesem Hintergrund lässt sich konstatieren:

> »Während in den Anfangszeiten der Debatte um das damals noch junge Medium diskutiert wurde, ob Computerspiele Kunst sind oder nicht, gehen die Game Studies heute von einer erweiterten Blickrichtung aus. Sie fragen nicht, ob Computerspiele zur Kunst gehören, sondern danach wie eine Kunsttheorie des Computerspiels zu entwickeln sei.«[9]

Computerspiele verfügen oft über eine üppige audiovisuelle Erscheinung, sie entfalten eine ihnen eigene Ästhetik und Schönheit, sie bieten ausufernde Narrationen an und sind in der Lage, andere Medien und Kunstformen zu remediatisieren und zu synthetisieren. Das legt Vergleiche zum Konzept des romantischen Gesamtkunstwerks nahe. All dies gehört zum Repertoire der digitalen Spiele. Computerspiele aber pauschal entweder als Kunstwerke nobilitieren zu wollen oder ihnen den Kunststatus abzusprechen, deutet auf einen nicht-konventionellen Kunstbegriff,[10] der einer Technik, einem Medium oder Material grundsätzlich und per se

---

5 Brett Martin, *Should Videogames Be Viewed as Art?* (wie Anm. 1); Ernest W. Adams, *Will Computer Games Ever Be a Legitimate Art Form?* (wie Anm. 1).

6 Vgl. Aaron Smuts, *Are Video Games Art?* (wie Anm. 1); Grant Tavinor, *Videogames and the Philosophy of Art*, in: *Kotaku*, 30. April 2010, <www.kotaku.com.au/2010/04/videogames-and-the-philosophy-of-art> (Abruf am 5. Mai 2017).

7 Rogert Ebert, *Video Games Can Never Be Art* (wie Anm. 1).

8 In eine ähnliche Richtung argumentiert auch der Gamedesigner Eric Zimmerman in *Games, Stay Away From Art. Please*, in: *Polygon*, 10. September 2014, <www.polygon.com/2014/9/10/6101639/games-art> (Abruf am 28. Januar 2015).

9 Benjamin Beil, Gundolf S. Freyermuth und Lisa Gotto, *Vorwort*, in: *New Game Plus. Perspektiven der Game Studies. Genres – Künste – Diskurse*, hrsg. von dens., Bielefeld: transcript 2014 (Bild und Bit. Studien zur digitalen Medienkultur 3), S. 1–13, hier S. 12.

10 Vgl. in Abgrenzung dazu die Überlegungen zu einem konventionellen, institutionellen Kunstbegriff bei Arthur C. Danto und George Dickie; vgl. Arthur C. Danto, *The Artworld*, in: *The Journal of Philosophy* 61/19, 1964, S. 571–584; George Dickie, *Aesthetics. An Introduction*, Winnipeg: Pegasus 1971; Arthur C. Danto, *Die Verklärung des Gewöhnlichen. Eine Philosophie der Kunst*, Frankfurt am Main: Suhrkamp 1984.

den Kunststatus bescheinigt oder nicht. In der Regel werden hier notwendige und hinreichende Bedingungen nicht sauber getrennt und Kontexte ausgeblendet: Computerspiele selbst sind selbstverständlich keine Kunst, genauso wenig wie ein Gemälde oder eine Skulptur zwangsläufig ein Kunstwerk sein müssen, nur weil in Öl auf Leinwand gemalt oder ein Marmorblock behauen wird. Computerspiele sind deshalb genauso wenig von sich aus Kunst wie beispielsweise ein Gemälde, eine Skulptur, ein Pissoir aus Porzellan bei Marcel Duchamp, Margarine auf einem Stuhl bei Joseph Beuys, ein Waschmittelkarton aus Sperrholz bei Andy Warhol oder ein Tigerhai in Formaldehyd bei Damian Hirst von sich aus Kunst sind. Dies trifft auf jede andere denkbare Technik, jedes andere Medium und Material zu. Und natürlich gibt es sie, die »Computerspiele der Kunstgeschichte«, also Werke, die im kunsthistorischen Konsens als Kunstwerke gelten und gleichzeitig Computerspiele sind, wie etwa künstlerische Computerspielmodifikationen von JODI (etwa die Serie UNTITLED GAME, 1998–2001, oder SOD, 1999), LONG MARCH: RESTART (Feng Mengbo, 2008), THE NIGHT JOURNEY (Bill Viola, seit 2010) oder die interaktive Skulptur PAINSTATION der Kölner Gruppe //////////fur//// (2001).

Abbildung 1: Die Kunstwerke ARENA und CTRL-SPACE aus der Serie UNTITLED GAME (1998–2001) von JODI, Ausstellungsansicht ZKM_Gameplay, ZKM | Museum für Neue Kunst, Foto: © Tobias Wootton

Abbildung 2: Feng Mengbo, LONG MARCH: RESTART (2008), Ausstellungsansicht ZKM_Gameplay, ZKM | Museum für Neue Kunst, Foto: © Tobias Wootton

Abbildung 3: Bill Viola, THE NIGHT JOURNEY (seit 2010), Ausstellungsansicht ZKM_Gameplay, ZKM | Museum für Neue Kunst, Foto: © Tobias Wootton

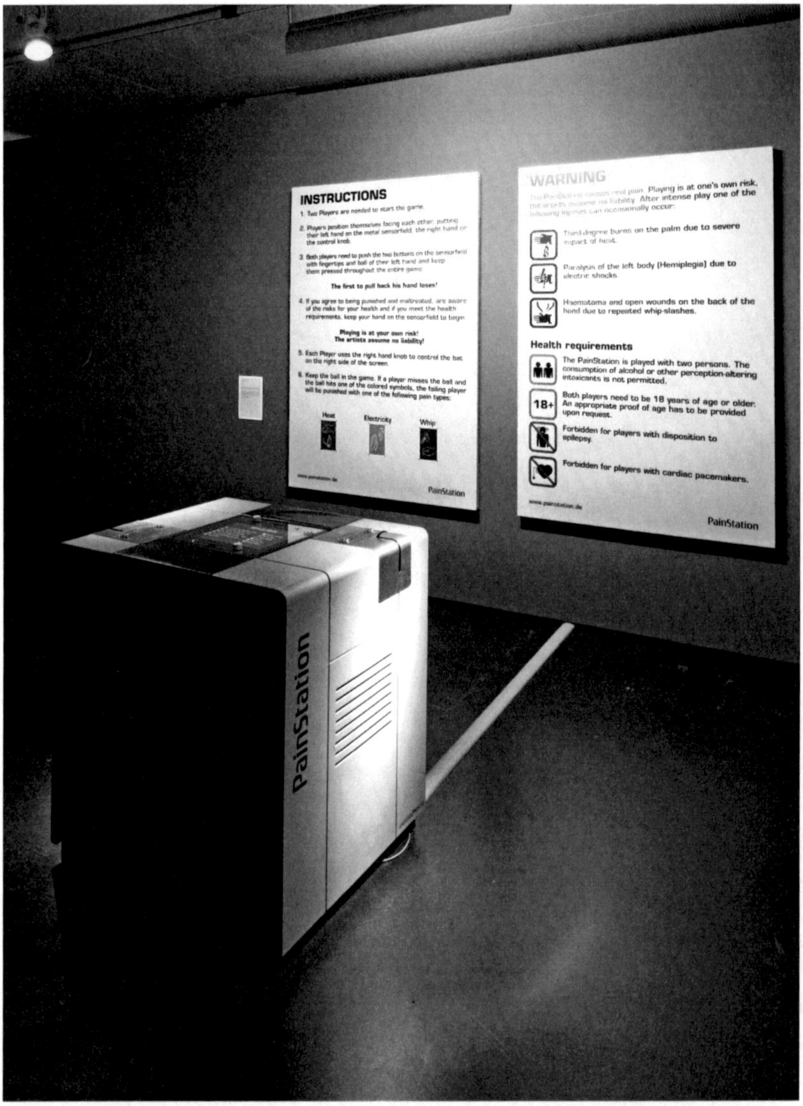

Abbildung 4: //////////fur////, PAINSTATION (2001), Ausstellungsansicht ZKM_Gameplay, ZKM | Museum für Neue Kunst, Foto: © Tobias Wootton

Die Kunstgeschichte hat immer wieder unter Beweis gestellt, dass nicht das Material oder die Medialität den Kunststatus bestimmen. Immer wieder wurden neue Materialien, Medien und Gattungen in den Kunstkontext eingeführt. Künstler der »Brücke« beispielsweise haben sich Anfang des 20. Jahrhunderts dem Holzschnitt zugewendet, was zunächst als minderwertig und volkstümlich galt. Hier zeigt sich in aller Deutlichkeit: Die Kunstgeschichte des 20. und 21. Jahrhunderts kennt schon lange keine Medien-, Gattungs- und Materialgrenzen mehr und spricht demgemäß auch einzelnen Computerspielwerken die Kunstwürdigkeit zu.

Computerspiele können in diesem Zusammenhang als Gattung bzw. als künstlerisches Material begriffen werden. Sie pauschal zur Kunst zu erklären, wäre aber unpräzise, obwohl die Kunstgeschichte zeigt, dass sie das Potenzial in sich tragen, Kunstwerke hervorzubringen. Die Frage sollte daher nicht verkürzt lauten: »Sind Computerspiele Kunst?« – Denn dann muss die Antwort »nein« heißen. Eine Analogie: Genauso wenig handelt es sich intrinsisch bei Malerei um ›Kunst‹, sondern zunächst um eine Technik, um ein neutrales, bildnerisches Verfahren.

In diesem Zusammenhang lässt sich der Blick auf den Gegenstand des (künstlerischen) Computerspiels schärfen und in präzisere Perspektiven auffächern: Aus einer kunsthistorischen Warte lässt sich fragen, welche Computerspiele die Kunstgeschichte bis dato hervorgebracht hat und welche Qualitäten diese haben. Mit welchen Strategien sind Künstler_innen mit Computerspielen umgegangen und wie gehen sie aktuell mit ihnen um? Aus Sicht der Medienwissenschaft lassen sich die medialen und materialästhetischen Eigenschaften der Games identifizieren und analysieren, so dass aus einer Gamedesign-Perspektive gefragt werden kann, wie sich diese Eigenschaften nach künstlerischen Intentionen und in Kontexten der Kunst gestalten und einrichten lassen. Diese Teilperspektiven stehen u. a. im Mittelpunkt meiner 2014 erschienenen Publikation *Kunstwerk Computerspiel – Digitale Spiele als künstlerisches Material.*[11]

11 Stephan Schwingeler, *Kunstwerk Computerspiel – Digitale Spiele als künstlerisches Material. Eine bildwissenschaftliche und medientheoretische Analyse*, Diss. Universität Trier 2014, Bielefeld: transcript 2014 (Image 72).

Computerspiele in der Kunstwissenschaft

Computerspiele im Allgemeinen sind in der Kunstwissenschaft – trotz erheblicher bildwissenschaftlicher Relevanz – ein Gegenstand, der bisher weitgehend außerhalb des klassischen Kanons steht und nur in Ausnahmen wie der oben genannten Monografie eine dezidiert kunst- bzw. bildwissenschaftliche Betrachtung erfahren hat.[12] Zwei frühe Beispiele – nämlich die Standpunkte von Söke Dinkla und Heinrich Klotz im Hinblick auf interaktive Medienkunst – können das Verhältnis der Kunstgeschichte bzw. Kunstwissenschaft zu Computerspielen als ambivalent charakterisieren.[13]

Computerspiele als Fußnote der Kunstgeschichte

Am Beispiel von Söke Dinklas einschlägiger Dissertation *Pioniere Interaktiver Kunst* von 1997 wird die ursprünglich untergeordnete Rolle der Computerspiele im kunstwissenschaftlichen Diskurs deutlich, obwohl digitale Spiele grundsätzlich als der interaktiven Kunst verwandte Form anerkannt werden.[14] Dinkla beschreibt etwa Myron Kruegers Kunstwerke (METAPLAY, 1970; PSYCHIC SPACE, 1971)

12 Vgl. Stephan Schwingeler, *Die Raummaschine. Raum und Perspektive im Computerspiel*, Boizenburg: VWH 2008; Thomas Hensel, *Für eine Ikonologie des Computerspiels oder: Schießen Sie auf das Bild*, Vortrag am ZIMT Siegen 2008, <www.uni-siegen.de/zimt/dienste/mediathek/digital/archiv.xml?streamit=92&lang=de> (Abruf am 12. März 2012); *The Ludic Society – Zur Relevanz des Computerspiels*, hrsg. von Stephan Schwingeler und Ulrike Gehring, *kritische berichte. Zeitschrift für Kunst- und Kulturwissenschaften* 37/2, 2009 (darin vor allem: Markus Lohoff und Stephan Schwingeler, *Interferenzen. Eine kunsthistorische Betrachtung von Computerspielen zwischen Wissenschaft, Kommerz und Kunst*, S. 16–39); Thomas Hensel, *Das Spielen des Bildes. Für einen Iconic Turn der Game Studies*, in: *Medienwissenschaft. Rezensionen* 2011/3, S. 282–293; ders., *Nature Morte im Fadenkreuz. Bilderspiele mit dem Computerspiel*, Trier: Hochschule Trier 2011 (Intermedia Design Books 2); Stephan Schwingeler, *Kunstwerk Computerspiel* (wie Anm. 11).

13 Vgl. zum Verhältnis von Medienkunst zu (Computer-)Spielen auch die frühe Publikation *Künstliche Spiele*, hrsg. von Georg Hartwagner, Stefan Iglhaut und Florian Rötzer, München: Books on Demand 1993.

14 Söke Dinkla, *Pioniere Interaktiver Kunst von 1970 bis heute*, hrsg. vom ZKM | Zentrum für Kunst und Medientechnologie, Ostfildern: Hatje Cantz 1997.

als spielerisch. Die Verbindung zum Computerspiel äußert sie aber nur indirekt: Dinkla stellt die Vermutung auf, dass Myron Krueger von frühen Computerspielen inspiriert worden sei, und fasst die Geschichte des Mediums von SPACEWAR! (Steve Russell, 1962) bis zur Gründung von Atari (1972) in einer Fußnote zusammen.[15] Dass die Rezeptionssituation mit derjenigen von Computerspielen vergleichbar ist, bemerkt sie an Jeffrey Shaws POINTS OF VIEW (1983/84).[16]

»Das Kunstwerk ist wieder Spiel geworden, der Mensch ein Homo ludens«

Heinrich Klotz, Gründungsdirektor des ZKM | Zentrum für Kunst und Medientechnologie und der Staatlichen Hochschule für Gestaltung in Karlsruhe, bescheinigte im Jahre 1997 der gesamten Gattung der interaktiven Medienkunst spielerischen Charakter. Klotz betrachtet das spielerische Moment der interaktiven Medienkunstwerke als Besonderheit im positiven Sinne und verweist indirekt auf die strukturellen Gemeinsamkeiten von Kunst und Spiel, die sich durch Freiheit bei gleichzeitiger Regelgerichtetheit auszeichnen. So schreibt er, Bezug nehmend auf Johan Huizingas *Homo ludens*,[17] über Jeffrey Shaws THE LEGIBLE CITY (1988 bis 1991): »Und das Ganze hat etwas Spielerisches. Das Kunstwerk ist wieder Spiel geworden, der Mensch ein Homo ludens.«[18] Klotz unterscheidet deutlich zwei Modi des Kunstwerks, die eine jeweils spezifische Form der Rezeption erfordern: *Sehen* statischer Bilder und *Handeln* mit bewegten Bildern – den medialen Kernaspekt des Computerspiels:

> »Das bewundernde Verstummen angesichts reinen Sehens tritt zurück gegenüber der Entdecker- und Handlungsfreude interaktiver Aufforderung: Die Grenze zum Spiel wird überschritten. Die Freiheit des intellektuell sinnlichen Spiels kann genossen werden. Interaktion ist niemals Ruhe der Anschauung, sondern immer bewegtes Bild, Handeln, spielendes Verändern der Vorgaben innerhalb begrenzter Möglichkeiten.«[19]

15 Ebd., S. 74.

16 Ebd., S. 104.

17 Johan Huizinga, *Homo ludens. Vom Ursprung der Kultur im Spiel* (1939), Reinbek bei Hamburg: Rowohlt, 20. Aufl. 2006.

18 Heinrich Klotz, *Medienkunst*, in: *Kunst der Gegenwart*, hrsg. von dems., München und New York: Prestel 1997, S. 21–32, hier S. 27.

19 Ebd., S. 23.

Computerspiele im Verhältnis zur Medienkunst

Einzelne Computerspiele können in die Sphäre interaktiver Medienkunst hinüberwandern, was das Computerspiel zu einer Gattung macht, die des künstlerischen Ausdrucks fähig sein kann. Eine konstruierte Trennung zwischen interaktiver Medienkunst und Computerspielen verwischt während dieser Prozesse. Computerspiele und interaktive Medienkunst stehen in eindeutiger Verbindung zueinander, finden aber in der Regel in unterschiedlichen Kontexten statt. Söke Dinkla hat sie 2009 als »(un)gleiches Geschwisterpaar« bezeichnet.[20] Interaktive Medienkunst ist deutlich dem Kunstkontext – der »Artworld« – zuzuordnen,[21] während Computerspiele überwiegend im Kontext der Unterhaltungsindustrie stattfinden und darüber hinaus auch stark mit dem (umstrittenen) Konzept von *Spaß* assoziiert werden. Künstler_innen überführen aber Computerspiele in den Kontext des Kunstsystems und machen sich dazu verschiedene Strategien zu Nutze.[22]

Heute gibt es künstlerische Computerspiele, die sowohl dem Kontext der interaktiven Medienkunst als auch dem Kontext des Computerspiels zuzuordnen sind. Damit ist eine konstruierte Trennung zwischen interaktiver Medienkunst und Computerspielen prinzipiell obsolet. Ein Computerspiel kann demnach zu einem Werk interaktiver Medienkunst werden und interaktive Medienkunst kann sich in der Form eines Computerspiels manifestieren. Inge Hinterwaldner bemerkt in ihrer Dissertation *Das systemische Bild*: »Diese Trennung in Computerspiele einerseits und interaktive Kunst andererseits lässt sich heute nicht mehr aufrechterhalten, da es künstlerische Computerspiele gibt.«[23]

Umgekehrt erscheinen die Berührungspunkte von klassischer interaktiver Medienkunst wie etwa Jeffrey Shaws THE LEGIBLE CITY und Computerspielen offensichtlich. Shaws immersive Installation weist formal beispielsweise deutliche dispositive Parallelen zu Arcade-Rennspielen auf. Der in der Installation aufgeworfene dreidimensionale Bildraum und seine kartografische Abbildung sind mit den Maps von Open-World- bzw. Sandbox-Games vergleichbar. Die Installation

20 Vgl. Söke Dinkla, *Meta Games. Interaktive Medienkunst und digitale Spiele – ein (un)gleiches Geschwisterpaar*, in: *The Ludic Society* (wie Anm. 12), S. 88–94.

21 Vgl. Arthur C. Danto, *The Artworld* (wie Anm. 10).

22 Vgl. Stephan Schwingeler, *Kunstwerk Computerspiel* (wie Anm. 11).

23 Inge Hinterwaldner, *Das systemische Bild. Ikonizität im Rahmen computerbasierter Echtzeitsimulationen*, Paderborn: Fink 2010, S. 380.

Bubbles (Wolfgang Münch und Kiyoshi Furukawa, 2001) lässt ihre Benutzer_innen mit virtuellen Seifenblasen spielen. Das poetische Kunstwerk antizipiert gestenbasierte Steuerung und setzt den Schatten der User direkt als ästhetisches Element mit ins Bild. Man kann diese Kunstwerke durchaus als digitale Spiele bezeichnen.

Diese Verwandtschaft zwischen Medienkunst und Computerspielen ist auch historisch belegt: Der Australier Jason Wilson verfolgte im Jahre 2007 eine gemeinsame medienarchäologische Linie von Nam June Paiks TV-Arbeiten und frühen Computerspielen wie Pong (Atari/Atari, 1972), die sich nicht nur eine gemeinsame Entstehungszeit teilen, sondern auch vor einem Zeitgeist des »technological utopianism« im Kontext der 1960er und 1970er Jahre gelesen werden können.[24]

Kunstdiskurse

Es ist festzuhalten, dass digitale Spiele im Kontext der Diskurse um »net.art«, Internet Art, Software Art, Digital Art, Medienkunst und New Media Art vorkommen.[25] Ebenfalls auszumachen ist ein Diskurs um den Begriff »Game Art«,[26] der

24 Vgl. Jason Wilson, *Gameplay and the Aesthetics of Intimacy*, Diss. Griffith University, Brisbane 2007, S. 123–185.

25 Vgl. *netz.kunst*, hrsg. vom Nürnberg Institut für moderne Kunst, Nürnberg: Verlag für moderne Kunst 1999 (Jahrbuch des Instituts für moderne Kunst 1998/99); *net.art. Materialien zur Netzkunst*, hrsg. von Tilman Baumgärtel, ebd. 1999; *net.art 2.0. Neue Materialien zur Netzkunst*, hrsg. von dems., ebd. 2001; Rachel Greene, *Internet Art*, London u. a.: Thames & Hudson 2004; *SoftwareArt. Eine Reportage über den Code*, hrsg. von Gerrit Gohlke, Berlin: Künstlerhaus Bethanien 2003; Christiane Paul, *Digital Art*, London u. a.: Thames & Hudson 2003; Tilman Baumgärtel, *Zu einigen Themen künstlerischer Computerspiele*, 2003, <www.medienkunstnetz.de/themen/generative_tools/game_art/scroll> (Abruf am 12. Juli 2017); Bruce Wands, *Art of the Digital Age*, London u. a.: Thames & Hudson 2006; Michael Rush, *New Media in Art*, ebd., 2. Aufl. 2005; *New Media Art*, hrsg. von Mark Tribe, Reena Jana und Uta Grosenick, Köln u. a.: Taschen 2006.

26 »Game Art is any art in which digital games played a significant role in the creation, production, and/or display of the artwork. The resulting artwork can exist as a game, painting, photograph, sound, animation, video, performance or gallery installation«: Matteo Bittanti, *Game Art – (This is not) A Manifesto, (This is) A Disclaimer*, in: *Gamescenes. Art in the Age of Videogames*, hrsg. von dems. und Domenico Quaranta, Mailand: Johan & Levi 2006, S. 7–15, hier S. 9. »Its ambivalent nature lies in the fact that it both celebrates and condemns its source material«: ebd., S. 11.

auch jenseits der Game Studies geführt wird.[27] Zudem haben sich vielfältige Ausstellungsprojekte mit Computerspielen auseinandergesetzt, beispielsweise die Ausstellung ZKM_Gameplay im ZKM | Zentrum für Kunst und Medientechnologie.[28] Oftmals wird eine grundsätzliche strukturelle Verwandtschaft zwischen Kunst und Spiel identifiziert. Dem Spiel und der Kunst können gemeinsame Strukturen bescheinigt werden, die sich insbesondere auf das paradoxe Schillern zwischen Freiheit und Regelgerichtetheit beziehen. Für die bildende Kunst des 20. Jahrhunderts ist das Spielerische ein entscheidender Aspekt – ausgehend von Marcel Duchamp bei den Dadaisten, den Surrealisten, der Situationistischen Internationalen und der Fluxus-Bewegung.[29] So kann die Kunst selbst als spielerischer Handlungsraum verstanden werden.[30]

---

27 Vgl. Corrado Morgana, *Introduction*, in: *Artists Re:thinking Games*, hrsg. von Ruth Catlow, Marc Garrett und dems., Liverpool: Liverpool University Press 2010, S. 7–14, hier S. 12.

28 Vgl. z. B. *Games. Computerspiele von KünstlerInnen*, hrsg. von Tilman Baumgärtel und dem Hartware MedienKunstVerein, Frankfurt am Main: Revolver Archiv für aktuelle Kunst 2003; *artgames. Analogien zwischen Kunst und Spiel*, hrsg. vom Ludwig-Forum für Internationale Kunst, Aachen: Ludwig-Forum für Internationale Kunst 2005. Seit 2013 ist im ZKM | Zentrum für Kunst und Medientechnologie Karlsruhe die vom Verfasser kuratierte Ausstellung *ZKM_Gameplay* zu sehen, die besonders auf künstlerische Computerspiele und Game Art ausgerichtet ist. Es werden über 60 Computerspiele und interaktive Kunstwerke gezeigt. In der Ausstellung sind u. a. folgende Spiele präsentiert, die auch im Rahmen der Ausstellung *Film und Games – Ein Wechselspiel* gezeigt werden: PASSAGE (Jason Rohrer, 2005), BRAID (Jonathan Blow, 2008), LIMBO (Playdead Studios, 2010), JOURNEY (Thatgamecompany, 2012) und FEZ (Polytron, 2012).

29 Vgl. u. a. Nike Bätzner, *Faites vos jeux! Kunst und Spiel seit Dada*, Ostfildern: Hatje Cantz 2005; *Kunst und Spiel I*, hrsg. von Dieter Buchhart und Mathias Fuchs, *Kunstforum international* 176, 2005; *Kunst und Spiel II*, hrsg. von dens., *Kunstforum international* 178, 2005; *Das Spiel und seine Grenzen. Passagen des Spiels II*, hrsg. von Mathias Fuchs und Ernst Strouhal, Wien: Springer 2010; *From Diversion to Subversion. Games, Play, and Twentieth-Century Art*, hrsg. von David J. Getsy, University Park, Penns.: Pennsylvania State University Press 2011.

30 Vgl. Nike Bätzner, *Faites vos jeux!* (wie Anm. 29), S. 20.

Coincidentia oppositorum?

Kontingenz und Berechenbarkeit im Computerspiel[1]

Markus Rautzenberg

Zu Beginn zwei Schlaglichter: Diablo III (Blizzard Entertainment/Blizzard Entertainment, 2012) ist ein typischer Vertreter des sogenannten Dungeoncrawlers, eines Untergenres des Rollenspiels, welches sich großer Beliebtheit erfreut. Ziel des Spiels ist es, sich mit einem vorgefertigten Charakter durch verschiedene infernalische Umgebungen zu kämpfen und am Schluss den finalen Bossgegner zu besiegen. Tatsächlich steht eher eine Form des Warenfetischismus im Zentrum des Gameplays. Denn die Langzeitmotivation dieser Art von Spiel ist es, immer bessere Gegenstände zu finden, um damit höhere Schwierigkeitsgrade bewältigen zu können, die dann wieder bessere Gegenstände freischalten und so weiter. Der Nukleus des Gamedesigns ist die sogenannte »Itemization«, also die Distribution von Gegenständen mittels eines Zufallsgenerators über die verschiedenen Schwierigkeitsgrade hinweg. Dabei gilt es, eine Balance zwischen Begehren und Belohnung zu finden, die stetig zum Weiterspielen motiviert.

Das ist insofern schwierig, als der eigentliche Content des Spiels (also die verschiedenen Abschnitte und Gegner_innen) sowie die Geschichte nach wenigen Stunden durchgespielt sind. Danach geht es allein um die Akquisition neuer Gegenstände um der Gegenstände willen. Thema des Spiels ist also eigentlich ›die Hölle als Warenwelt‹ bzw. ›die Warenwelt als Hölle‹. Da die Verteilung der Gegenstände vom Zufall bzw. von Zufall simulierenden Algorithmen abhängt, ist es stets ungewiss, wann und wie man die Waffe oder den Rüstungsgegenstand erhält, die oder der einem ermöglicht, den nächsten Schwierigkeitsgrad zu erreichen.

1 Dieser Text erscheint in der Fassung meines Vortrags im Rahmen der Leipziger Tagung *Videospiele: interdisziplinäre Perspektiven* im Dezember 2016.

Das Gameplay besteht also im ewigen Wiederholen derselben Aktivitäten. Das *erinnert* nicht nur in durchaus vielen Fällen an Arbeit, sondern *ist* tatsächlich Arbeit. Konsequenterweise war zum Erscheinungstermin von DIABLO III ein virtuelles Auktionshaus implementiert, das es den Spieler_innen nicht nur erlaubte, online mit den virtuellen Gegenständen handeln, sondern sie auch mit realer Währung bezahlen zu können. Das Developerteam hatte allerdings die fetischistische Eigenlogik des Spiels unterschätzt: Es konnte sich nicht vorstellen, dass Spieler_innen, anstatt das eigentliche Spiel zu spielen, lieber mit echtem Geld virtuelle Waren erstehen würden. Im Ergebnis war das eigentliche Spiel überflüssig geworden und die Spekulation im Auktionshaus der effektivste Weg, um an bessere Gegenstände zu gelangen. Das Spiel selbst wurde zum großen Teil von Bots gespielt, also ›illegalen‹ Programmen, die selbstständig 24 Stunden täglich als virtuelle Sklaven das Spiel ›spielten‹. Diese Aktivität des arbeitsmäßigen Erspielens von Gegenständen wird dann auch nicht umsonst »Farming« genannt und oft an solche Bots delegiert.

Der fetischistische Charakter dieser Spiellogik wird an der ästhetischen Item-Progression ebenfalls deutlich. Ein Hauptteil der Entwicklungsarbeit steckt im Erstellen immer neuer Gegenstände, die nicht nur immer bessere Werte haben, sondern auch immer prächtiger aussehen müssen. Besonders seltene Gegenstände werden so zu regelrechten Statussymbolen. Während bei Karl Marx sich die irrationalen Kräfte des Fetischismus unter der Oberfläche des scheinbar rationalen Kapitalismus befinden, ist es in Computerspielen wie DIABLO III also genau umgekehrt: Hier verbirgt eine magisch-mythische Welt der Dämonen, Monster und Zaubersprüche den instrumentellen Rationalismus des Kapitalismus, dessen Motor Warenfetischismus in Reinkultur ist. Denn weder *gehören* den Spieler_innen die Gegenstände, die sie erbeutet oder gekauft zu haben vermeinen, noch sind diese Gegenstände in irgendeiner Weise materiell vorhanden. Sie sind ganz im platonischen Sinne Phantasmen, deren Wert allein im Imaginären existiert. Das heißt allerdings nicht, dass sie weniger real wären als andere Waren oder Dienstleistungen.

Interessant ist, dass Widerstand der Spieler_innen sich nur selten gegen diesen phantasmatischen Charakter der Gegenstände oder die Arbeitsförmigkeit des Gameplays richtet, sondern allein gegen die oft als zu niedrig empfundene Frequenz der Ausschüttung dieser Gegenstände. DIABLO III hat seit Erscheinen einige dramatische Veränderungen durchgemacht, deren alleiniger Zweck es war, den Spieler_innen mehr Möglichkeiten zur Akquise von Gegenständen zu gewähren, dabei jedoch deren phantasmatischen Wert weiter zu erhalten. Es ging den

Spieler_innen also vor allem darum, den Entwickler und Verleger Blizzard Entertainment dazu zu bewegen, den Grad an Ungewissheit (wann und unter welchen Umständen bekomme ich diesen oder jenen Gegenstand?) zu reduzieren.

***

Die seit einigen Jahren äußerst erfolgreiche und für ihren hohen Schwierigkeitsgrad berüchtigte SOULS-Reihe des japanischen Entwicklers FromSoftware (DEMON'S SOULS, 2009; DARK SOULS, 2011; DARK SOULS II, 2014; DARK SOULS III, 2016) unterscheidet sich auf den ersten Blick kaum von DIABLO III. Trotzdem haben beide außer ästhetischen Ähnlichkeiten nur das Element der Ungewissheit sowie die Effektivität gemeinsam, mit der sie mit diesem Element umgehen und es prononcieren. Während in DIABLO III die Antagonismen des realen Kapitalismus zur Designfrage der Itemization werden, ist in den Spielen der SOULS-Reihe die Simulation existenzieller ›Geworfenheit‹ der Kern des Spieldesigns.

In BLOODBORNE (2015), einem Ableger dieser Reihe, gleicht das Spiel-Erlebnis in jeder Beziehung einem existenzialistischen Alptraum. Nicht nur, dass die Atmosphäre der Spielwelt, die ästhetisch an die viktorianische Version eines Gemäldes von Hieronymus Bosch erinnert, so düster und bedrückend wie nur möglich gestaltet ist: Auch die Spielmechaniken sind keineswegs auf eine ständige Reizung des Belohnungszentrums aus, sondern durch ihren hohen Schwierigkeitsgrad geradezu frustrierend, da die Spieler_innen ohne Anleitung, was zu tun sei, komplett allein gelassen werden. Durch das Fehlen von Hinweisen und Anleitungen wird, gepaart mit dem hohen Schwierigkeitsgrad und der eigenwillig melancholischen Grundstimmung, ein Eindruck von Verlassenheit und Ausgesetzt-Sein erzeugt, der bei längerem Spielen durchaus psychisch spürbar ist. Gleichzeitig ist jedoch offensichtlich, dass in digitalen, auf Software basierenden Spielen dieser Art kein Platz ist für echte Ungewissheit im Sinne von Kontingenz. Hier müssen nämlich alle Komponenten genau miteinander koordiniert sein, damit das Spiel als Spiel überhaupt funktionieren kann. Spiele wie BLOODBORNE *inszenieren* Kontingenz somit in Form von *Unbestimmtheits-Stimmungen*, während sie eigentlich (gleichsam unter der Oberfläche) natürlich pansemiotische Maschinen sind, in denen alles ›Sinn hat‹ und die Spielelemente wie Rädchen eines Uhrwerks ineinandergreifen.

***

Die analytisch interessantesten Aspekte des Computerspiels finden sich nicht nur auf der aisthetischen, sondern auch und gerade auf der epistemischen und affektökonomischen Ebene. Die Kritik an den repräsentierten, oft stark gewalthaltigen oder verstörenden Inhalten geht deshalb am Eigentlichen immer schon vorbei, ähnlich wie nach Sigmund Freud im Traum die manifesten Inhalte nicht ohne die ihnen zugrundeliegenden Traumgedanken verständlich sind. Vielmehr geht es daher um die Form der Welthabe im Computerspiel, ihren epistemischen Kern, der hier zum Ausdruck gelangt, auch den *Affektexzess*, welcher durch deren mediale Grundlage (den Computer) ermöglicht wird: Der Computer ist kein mimetisches, sondern ein generatives Medium. Das hat er mit dem ›Spiel‹ von Haus aus gemeinsam, und aus diesem Grund wird im Zusammenspiel von Computer und Spiel etwas Wesentliches getroffen, das unsere gegenwärtige mediale Situation betrifft.

Es ist kein Geheimnis, dass das Medium Computer mit dem Phänomen Spiel eng verzahnt ist. Schon am Beginn des digitalen Zeitalters bei John von Neumann und Alan Turing kann man kaum recht entscheiden, wo die Simulation beginnt und das Computerspiel endet. Die Theorien, Logiken und Epistemologien, welche der Computersimulation zugrunde liegen, gelten gleichermaßen für das Computerspiel *und umgekehrt*. Dabei ist die Rolle der Simulation für das Computerspiel noch sehr viel besser erforscht als die Frage, inwieweit Computerspielen eigene epistemologische Elemente inhärent sind, die auf allgemeine Simulationspraktiken zurückwirken. Dies ist jedoch ein Aspekt von Medialität, der nicht erst im Computerzeitalter auf die historische Bühne tritt, sondern hier nur verstärkt in den Fokus rückt. Wenn es stimmt, wie John Durham Peters formuliert, dass die Geschichte der Medien eine Geschichte der produktiven Unmöglichkeit der Aufzeichnung des Gegebenen ist,[2] so ist diese Unmöglichkeit ihre Tragik und gleichzeitig die Bedingung der Möglichkeit ihrer Produktivität. Medien sind Weisen des Weltzugangs, die Form verleihen, wo sonst nur Kontingenz und Entropie herrscht. ›Berechenbarkeit‹ ist dabei nicht einfach nur ein Element des Computers als Zeichen der Herrschaft des Mathematischen, *sondern entspricht dem Grundbegehren der Mediengeschichte, der Unmöglichkeit der adäquaten Aufzeichnung mit unbedingtem Formwillen zu begegnen.*

2 John Durham Peters, *The Marvelous Clouds. Toward a Philosophy of Elemental Media*, Chicago u. a.: University of Chicago Press 2015, S. 11.

Computersimulation und Spiel verbindet, dass es beiden auf eine ganz grundsätzliche Weise um den Umgang mit Kontingenz geht. Der Terminus der »gerahmten Ungewissheit« bzw. *framed uncertainty*, den ich in diesem Zusammenhang vorgeschlagen habe,[3] soll dies auf den Punkt bringen. Dabei wird davon ausgegangen, dass im Laufe der Ausdifferenzierung der Computerspiele sich spezielle ästhetische und epistemologische Valenzen entwickelt haben, die als solche erst einmal überhaupt in den Blick zu bekommen Aufgabe ist. Und dies kann nicht (zumindest nicht nur) über repräsentierte Inhalte geschehen, die sich aus dem reichen Fundus der Literatur-, Kunst- und Filmgeschichte bedienen. Die Frage ist vielmehr: Welche Theorien, Philosophien, Epistemologien und Affektökonomien sind in Computerspielen sedimentiert? Welche Arten von Weltzugang kommen in ihnen zum Ausdruck? Welche Fragen werden von ihnen angezogen?

Als ein theoretischer Ausgangspunkt kann dabei die Spieltheorie von Gregory Bateson gelten.[4] Für ihn erzeugen Dynamiken ludischer Medialität eine Art logisch-epistemisches Zwielicht ähnlich dem Luzidtraum, innerhalb dessen die Träumenden plötzlich gewahr werden, *dass* sie träumen. Diese spezifische Art des Traums ereignet sich gewöhnlich in kurzen Momenten zwischen Schlaf und Erwachen. Solange die Träumenden ohne das Wissen um die eigene Traumexistenz träumen, funktioniert der Traum innerhalb seiner normalen operationalen Rahmung. Nicht nur, dass die Grenze zum Sekundärprozess nicht überschritten werden kann: Sie kann innerhalb des Traums nicht einmal als solche *erkannt* werden. Der Zustand des Luzidtraums hingegen erlaubt es Bateson zufolge den Träumenden, nicht nur diese Grenzen wahrzunehmen, sondern aufgrund dieser Erkenntnis auch Metaaussagen zu treffen, welche *die Rahmungen erkennbar machen*. Eben dies ist der epistemische Möglichkeitsraum, den auch das Spiel eröffnet.

Es handelt sich hierbei um jenen entscheidenden Zug in Batesons Spieltheorie, auf den sein Schüler Erving Goffman dann die bekannte soziologische Theorie der Rahmenanalyse aufgebaut hat.[5] Ihre politische und medientheoretische Brisanz wurde stets wahrgenommen, etwa von Mark Hansen und Lev Manovich oder in der Arbeit von Minh-ha Trinh, deren Buch *Framer Framed* (1992) noch vor kurzem

3 Markus Rautzenberg, *Framing Uncertainty. Computer Game Epistemologies*, Basingstoke u. a.: Macmillan, im Druck.

4 Gregory Bateson, *Steps to an Ecology of Mind. Collected Essays in Anthropology, Psychiatry, Evolution, and Epistemology* (1972), Chicago u. a.: University of Chicago Press 1999.

5 Erving Goffman, *Frame Analysis. An Essay on the Organization of Experience*, New York u. a.: Harper & Row 1974.

für Judith Butlers *Frames of War* (2009) wichtig gewesen ist.[6] In diesem Sinne ist es legitim, das Medium Spiel vor allem im Hinblick auf den Computer als *gerahmte Ungewissheit* (*framed uncertainty*) zu konzipieren: »gerahmt« in Bezug auf die Doppeldeutigkeit des englischen Wortes »framed«. Das gilt erstens im Sinne der Rahmung bei Bateson und Goffman, alsdann aber auch als »to be framed« im Sinne von »hereingelegt«, »in die Falle gelockt«, »eingefangen«. Was heißt das?

Zum einen ist auffällig, dass Computerspiele geradezu Apotheosen der Ungewissheit sind. Damit meine ich nicht nur, dass aufgrund der Form des Spiels als solchem Ungewissheit immer schon Konstitutivum von Computerspielen sein muss. Es gibt kein Spiel ohne ein Moment von Zufall, Ungewissheit, Unsicherheit, um welches sich alle Regelwerke herum gruppieren – das ist Bestandteil aller Spieltheorie, egal ob kulturwissenschaftlich oder mathematisch. Es ist weiterhin denkbar, dass die pseudoreligiösen, mythischen und magischen Sujets von SILENT HILL (Konami Computer Entertainment u. a./Konami, seit 1999) bis WORLD OF WARCRAFT (Blizzard Entertainment/Blizzard Entertainment, seit 2004) ebenso wie die strategischen der Kriegssimulationen von STARCRAFT (Blizzard Entertainment/Blizzard Entertainment, seit 1998) bis CALL OF DUTY (Infinity Ward u. a./ Activision, seit 2003) eben auch deshalb in Computerspielen so prävalent sind, weil sie mit religiösen, mythischen und magischen Vorstellungen so gut zusammenpassen, die mit dem Medium Computer verknüpft werden: Die medialen Ermöglichungsgrundlagen des Computerspiels treiben ihre Sujets geradezu hervor.

Dabei muss man im Auge behalten, dass digitale Spiele auf der technischen Ebene auf Computern und Software basieren, die in Form der vorherrschenden Kombination aus Von-Neumann-Architektur und Turing-Maschinen als solche gerade *nicht* in der Lage sind, realen Zufall und Entropie zu generieren, *also kein existenzielles Konzept von Kontingenz von sich aus aufweisen können. Dieses wiederum ›liefert‹ oder implementiert das Spiel.* Es handelt sich hier also um das zentrale Kriterium, welches Computerspiele von anderen Spielen unterscheidet und ihre spezifische Spannung ausmacht. Es gibt viele Formen gerahmter Ungewissheit, jedoch bekommt diese Bezeichnung in Bezug auf den Computer und seine auf Entscheidbarkeit basierende technische Bedingtheit eine besondere Komponente. Sie klingt in der erwähnten Doppeldeutigkeit des englischen »framed« an.

6 Minh-ha Trinh, *Framer Framed*, New York u. a.: Routledge 1992; Judith Butler, *Frames of War. When Is Life Grievable?*, London u. a.: Verso 2009.

Um es nochmal anders zu formulieren: Nicht zum Beispiel die sadistische Lust an Gewalt und Grausamkeit macht derlei Sujets und Spieldesigns so populär (zumindest nicht nur), sondern die Tatsache, dass der Widerfahrnis-Charakter von existenzieller Kontingenzerfahrung (Gewalt, Tod) hier sozusagen in einem abgesicherten Modus, bewusst und ohne Gefahr für Leib und Leben exploriert werden kann, so wie in einem Luzidtraum. Diese *Exploration*, so mein Vorschlag, hat als epistemologisches Modell, das die beiden historisch vor Friedrich Nietzsche als gegenläufig bestimmten Aspekte des *curiositas*-Begriffs – Wille zum Wissen und Lust am Spektakulären – in sich vereint, ebenso viel Anteil an der emblematischen Rolle des Computerspiels im digitalen Zeitalter wie deren voyeuristische bzw. sadistische Seite, die es selbstverständlich hier ebenso gibt wie in allem, was sich an die Sinne wendet.

Computerspiele entlasten und entwöhnen von Kontingenzerfahrung, weil der Computer nicht mit Kontingenz ›rechnen kann‹, da er technisch (d. h. von der Bedingung seiner Möglichkeit her) auf Entscheidbarkeit basiert. Anstatt Kontingenzerfahrung regiert die Lust der entfesselten Affekt-Entladung, die deswegen nicht bedrohlich ist, weil ihr der Stachel des kontingenten Widerfahrnis-Charakters genommen ist. Hier müsste eine echte Medienkritik des Computerspiels überhaupt erst ansetzen. Darüber hinaus und vielleicht noch viel tiefgreifender ist, dass diese ›Unfähigkeit zur Kontingenz‹ zum Beispiel in der *data driven research*, im Big Data, nicht als konzeptueller Mangel oder wenigstens als mögliches Problem, sondern immer mehr als eine Norm sich konstituiert, die dann auf Welt im Allgemeinen zurückbezogen wird. Die Idee, dass alles möglich und nichts notwendig sei, ist in den Naturwissenschaften zurzeit nicht besonders populär. Vielmehr wird zunehmend davon ausgegangen, *dass der Algorithmus nur noch nicht gefunden sei*, der die Notwendigkeit in scheinbarer Kontingenz offenbart (Klimaforschung, Finanzmärkte, Hirnforschung, KI-Forschung, Robotik) – so zumindest das öffentlichkeitswirksame Versprechen.

Der Computer ist nicht einfach nur ein Werkzeug zur Simulation von Klimaphänomenen etc., er ist der entscheidende epistemische Baustein, der als solcher unsere Vorstellung von diesen Phänomenen bestimmt. Diese Vorstellungen schließen jedoch, so paradox es angesichts des Computers als vermeintlichem Gipfel neuzeitlicher Rationalität scheinen mag, an religiöse Konzepte an. Es geht mir nicht darum, die Möglichkeit der Berechenbarkeit und Entscheidbarkeit zu verneinen, also zum Beispiel die These, dass die Computersimulation des Gehirns im Prinzip nur eine Frage der Granularität, d. h. der Auflösung, Rechenkapazität und Speichermenge sei. Jedoch ist dies kein Problem – und das ist der Punkt –, welches allein im Hinblick auf bestimmte Medientechnologien ad acta gelegt werden kann. Nur weil der Computer eben auf Entscheidbarkeit angewiesen ist, heißt das nicht, dass alles, was ist, entscheidungsförmig ist. Das sollte eigentlich eine Selbstverständlichkeit sein, ist aber oft erstaunlich wenig präsent.

Warum also das Pandämonium, warum all diese Urstände von Leidens- und Schmerzensmännern und -frauen, von Schuld und Sühne in der Welt der Computerspiele? Weil deren mediale Ermöglichungsgrundlage als solche mit der Reduktion von Kontingenz auf Unbestimmtheit im Kern einem religiösen Epistem folgt und, wie auch Susan Sontag in ihrem Buch *Regarding the Pain of Others* dargelegt hat, im Spektakulären ein wesentliches Element der religiösen Erzählungen entdeckt werden kann, »in denen sich das Abendland über weite Strecken seiner Geschichte mit dem Leiden auseinandergesetzt hat«.[7] Berechenbarkeit und Entscheidbarkeit sind eine mächtige Form von Sinngebung, eine ›große Erzählung‹, wie sie sonst nur Mythen und Religionen bieten können. Man darf die Anziehungskraft eines solchen Versprechens, eines solchen Phantasmas nicht unterschätzen. Zwar waren die Götter des Olymp in ihren Wegen ebenso unergründlich wie Jahwe, aber diese Unergründlichkeit bezog sich eben nur auf die Erkenntniskräfte des Menschen: Für ihn mag kein Grund, keine Logik, kein Sinn zu erkennen sein, jedoch wird *die Existenz* dieses Sinns als solche nicht bezweifelt.

Aber ist das alles? Nein, denn im Spiel bricht sich, weil es sich eben immer auch um Spiel handelt, etwas Nichtintegrierbares Bahn. Die Wut des Gamers, der ›Tod‹ der WORLD OF WARCRAFT-Spielerin, das Sich-Verlieren in Flow und Immersion, die Sucht, um mit Georges Bataille zu sprechen: das Sich-selbst-aufs-Spiel-Setzen der Spieler_innen gehören alle zu den dionysischen Aspekten des Spiels und sind als solche im Computerspiel ebenfalls vertreten. Dies ist auch die Ebene, die sich mit der mathematischen Spieltheorie trifft und sich von ihr zugleich grundsätzlich unterscheidet. Der mathematischen Spieltheorie geht es gerade um eine Eingrenzung, eine Domestizierung von Kontingenz zu berechenbarer Unbestimmtheit: Das ist ihr Versprechen. Es herrscht hier allerdings wie im Computerspiel das beschriebene Phantasma der Berechenbarkeit, d. h. die oftmals uneingestandene Projektion des Entscheidbarkeits-Paradigmas auf letztlich nicht entscheidungsförmige Prozesse. Während Kontingenz im Fall der mathematischen Spieltheorie und der darauf basierenden Algorithmen, welche die Finanz-

7 Susan Sontag, *Das Leiden anderer betrachten* (*Regarding the Pain of Others*, 2003), Frankfurt am Main: Fischer 2005, S. 93.

märkte steuern, in Gestalt von katastrophalen Krisen hereinbricht, sublimiert das Computerspiel diesen die Kontingenzerfahrung ausmachenden Schock des Realen zu Gewalt-, Leidens- und Schmerzensmetaphern, welche die Inhalte digitaler Spiele beherrschen. Die durchaus offene Frage dabei ist, ob Spielen von vornherein eine Art *coping mechanism* zur Kontingenzbewältigung ist oder ob es gerade das Spiel ist, das den entscheidenden anarchischen Kern in ansonsten zu sehr geordnete Verhältnisse hineinbringt.

Videospiele und Genderforschung

Hanna Fink

Die kritische Sozialforschung begleitete von Beginn an die Entwicklung des Videospiels. Seit den 1990er Jahren beschäftigt sich vorrangig die Genderforschung (Gender Studies) mit der Darstellung und Konstruktion von Geschlecht in diesem Medium. Aufbauend auf den Cultural Studies entwickelte sich diese Disziplin aus den bereits etablierten, feministischen Women's Studies. Sie steht im Kontext anderer Forschungsrichtungen wie den Queer Studies und den im 21. Jahrhundert entwickelten Men's Studies und wird von ihnen weiterhin beeinflusst. Im Zuge der »Gamergate«-Kontroverse seit Mitte 2014 stehen Feminismus und Genderdebatten auch innerhalb der Gamerwelt im Fokus kultureller Auseinandersetzungen. Unter dem Hashtag #Gamergate drückten Unterstützer_innen der insgesamt uneinheitlichen Bewegung ihren Unmut darüber aus, dass Journalist_innen ebenso wie Vertreter_innen sozialkritischer Ansätze, vor allem des Feminismus, den Spieler_innen selbst die Deutungshoheit über ›ihr‹ Medium und ihre soziale Identität absprächen.[1] In dieser gleichermaßen fruchtbaren wie furchtbaren Diskussion (es gab teils massive Mord- und Vergewaltigungsdrohungen gegen Frauen) zeichneten sich deutlich die Bereiche ab, die für bestimmte Teile der Gamerszene augenscheinlich identitätsstiftend sind. Sie stellen sich bei näherer Untersuchung als anti-progressiv ausgerichtet, männerdominiert und diskriminierend heraus. Anknüpfend daran lässt sich eine Reihe unterschiedlicher Thematiken nennen, die gerade wegen ihres Genderings von verschiedenen Seiten leidenschaftlich angegriffen und verteidigt werden. Kon-

1 *Gamergate Controversy*, <en.wikipedia.org/wiki/Gamergate_controversy>. Siehe Morten Freidel, *»Gamergate«. Wenn Kritik kommt, hört das Spiel auf*, in: *Frankfurter Allgemeine Zeitung*, 28. Oktober 2014, <www.faz.net/aktuell/feuilleton/medien/gamergate-wenn-kritik-kommt-hoert-das-spiel-auf-13232818.html> (Abruf jeweils am 12. April 2017).

krete Wirkungen der Debatte zeigen sich heute in den Reaktionen der Videospielindustrie sowie der Auseinandersetzung mit den immer noch neuen Forschungsgegenständen im Videospiel, vor allem in den Gender Studies.

Der vorliegende Text gibt einen Überblick über den aktuellen Stand der Forschung. In den Blick genommen werden die Spiele selbst mitsamt den Spielfiguren, die Videospielindustrie mit ihrer Fokussierung auf bestimmte Zielgruppen sowie schließlich das Spielen an sich. Neben historischen Fakten und der Aufschlüsselung verschiedener Sichtweisen auf die genannten Punkte liegt das Augenmerk stets darauf, ob, wie, wann und warum das soziale Geschlecht oder Gender eine Rolle spielt und Einfluss auf die Gleichbehandlung von Menschen oder menschlichen Figuren hat. Hier stellt sich unausweichlich die Frage nach den Wechselwirkungen zwischen den verschiedenen Realitäten, die bei der Betrachtung von Videospielen ins Gewicht fallen: Beeinflusst das Spiel die Spieler_innen und/oder umgekehrt? Ziel der Betrachtung soll das Aufzeigen von Strukturen sein, welche die zunehmend stattfindende Gleichbehandlung im Kontext des Videospiels erschweren, durch deren Veränderung oder Abschaffung aber gleichermaßen neue Formen kreativen Kulturschaffens entstehen könnten.

Mir ist bewusst, dass mit dem Analysieren und Nennen existierender genderbasierter Ungleichheiten eben diese erneut reproduziert statt aufgelöst werden. Dennoch scheint eine deutliche Sichtbarmachung des Themas Gender noch immer nötig – zum einen, weil es im Bereich des Videospiels de facto keine Gleichstellung gibt, zum anderen, weil im öffentlichen Bewusstsein die Bedeutung des Themas marginalisiert oder gar in Frage gestellt wird. – In diesem Text wird geschlechtergerechte Sprache verwendet. Finden sich Wörter im generischen Maskulinum oder in weiblicher Form, so ist dies beabsichtigt. Die Begriffe »Mann« und »Frau« beziehen sich auf Cisgender-Personen. Auf Grundsatzdefinitionen von Begriffen im Rahmen der Genderperspektive wird in Anbetracht der Stellung der Disziplin im Forschungskontext verzichtet.

Die Darstellung von Geschlechterrollen in Videospielen

Spielfiguren in Videogames und ihre Einbindung in narrative Strukturen werden in der Genderforschung überwiegend mit Blick auf die Ungleichstellung und Stereotypisierung der Frau betrachtet. Auf die Gründe dieses Umstands sei an späterer Stelle eingegangen. Das bedeutet aber nicht, dass dies eine explizit weibliche

Perspektive sein muss; eine höhere Zahl wissenschaftlicher Beiträge seitens der männlichen Kollegen wäre ebenso wünschenswert.

Selbstverständlich lassen sich Erkenntnisse über die visuelle Darstellung von Spielfiguren nicht unabhängig vom Spielgenre erläutern. Sie ziehen sich durch die Geschichte der Videogames und haben bereits feste Muster gebildet.[2] Weibliche Spielfiguren (siehe hierzu Abbildung 1 auf S. 61) sind meistens mit einem im Kontext des gängigen Schönheitsbildes ›idealen Körper‹ ausgestattet, also dünn, mit großen Brüsten und einem betont wohlgeformten Hinterteil, teils jeweils unrealistisch proportioniert, außerdem von heller Hautfarbe. Ihre Kleidung zeichnet sich oft durch unangemessene Knappheit oder Nichtexistenz aus; weibliche Figuren werden zehn Mal so oft nackt gezeigt wie männliche.[3] Sind es keine menschlichen Figuren, so wird trotzdem durch typische Attribute angezeigt, dass es sich um ein weibliches Wesen handeln soll: hohe Schuhe, große Brüste, eine Schleife im Haar, große Augen mit dichten Wimpern, Lippenstift und die Farbe pink. Gerade dann, wenn Spielfiguren die weibliche Version eines bereits existierenden männlichen Charakters darstellen, markieren diese Attribute sie als nicht-normal (»Ms. Male Character«) und definieren sie durch ihren Bezug zum Gegenpart.[4] Dass hierdurch das binäre Geschlechtssystem untermauert wird, versteht sich von selbst. Auch bei der Bewegung des Körpers sind vermeintlich feminine Tendenzen zu sehen wie etwa ein ausgeprägter Hüftschwung (der im krassen Gegensatz zu einer äußerst steifen Hüfte bei Männern steht) oder Zusammenkauern. Dass weibliche Figuren oft kleiner sind als männliche und ihr Blick dann eher ein Auf- statt ein Anschauen ist, sei ebenfalls bemerkt. Eine solch stereotype Abbildung findet sich nicht nur in Videogames. Sie stützt sich auf das heutige Frauenbild verschiedenster Medien, darunter besonders auf das der Werbung, der Social Media, aber auch von Comics und Animationsfilmen. Außerdem ist die Gestaltung weiblicher Figuren in einigen Fällen von Frauenrollen der Mainstream-Pornografie beeinflusst, beispielsweise der ›sexy Lehrerin‹ mit Brille oder dem ›unartigen Schulmädchen‹.

2 Vgl. Carrie Heeter, *Femininity*, in: *The Routledge Companion to Video Game Studies*, hrsg. von Mark J. P. Wolf und Bernard Perron, New York u. a.: Routledge 2014, S. 373–379.

3 Ebd., S. 374.

4 Feministfrequency / Anita Sarkeesian und Jonathan McIntosh, *Ms. Male Character – Tropes vs Women in Video Games*, 18. November 2013, <www.youtube.com/watch?v=eYqYLfm1rWA> (Abruf am 12. April 2017).

Weibliche Spielfiguren werden jedoch nicht nur gezeigt, sondern sind auch Teil der narrativen Struktur von Videogames. Kritik bezieht sich in diesem Kontext auf die Darstellung ungleicher Machtverhältnisse, in denen ›die Frau‹ generell ›dem Mann‹ unterlegen, dabei rein und unschuldig ist, oder aber als »ultimate warrior« dem Mann sehr wohl überlegen, dabei selbstständig, aggressiv und hypersexualisiert zu sein scheint. Anita Sarkeesian und Jonathan McIntosh legten einige solche Rollenbilder in ihren Videos zu *Tropes vs Women in Video Games* dar. Sie definierten »tropes« (Tropen) als »plot devices and patterns most commonly associated with women in gaming«, folglich eine Art Kunstgriff im Gamedesign.[5] In ihren Ausführungen wird deutlich, dass diese Muster in Erzählungen schon seit der Antike Raum fanden. Eine bereits in den frühen Arcade-Spielen auftauchende Trope ist die »Damsel in Distress«, die Jungfrau in Nöten. Die meist entführt oder gefangen genommene, hilflose Frau dient als Hauptmotivation, die männliche Spielfigur zu ihrer Errettung durch Himmel und Hölle zu führen. Die ihr zugewiesene Rolle und das Machtgefälle zwischen ihr und dem Helden sind offensichtlich. Im Falle des ersten Teils der THE LEGEND OF ZELDA-Serie (Nintendo/Nintendo, 1986) muss die titelgebende Figur während des gesamten Spiels ihr passives Dasein im Kerker fristen. Laut Sarkeesian und McIntosh ist die unterwürfig gemachte, objektivierte Figur ihrem Schicksal vordergründig aufgrund ihres Geschlechts erlegen. Sie hat im Gegensatz zu männlichen Figuren keine Chance, Heldin zu werden und sich mittels List, Geschicklichkeit und Intelligenz zu befreien – sie ist schwach und muss gerettet werden. In der Praxis der »Gender-Hacks« werden retrospektiv die soeben beschriebenen Rollen in älteren Spielen vertauscht. Jedoch wird dabei das Klischee nicht aufgelöst. Auch ironisierte Erzählstrukturen – wenn etwa am Ende ein Monster statt einer hübschen Prinzessin wartet – perpetuieren gerade durch ihre Verharmlosung die Trope der »Damsel in Distress«, auf die dabei immer noch angespielt wird.

Eine weitere Trope ist die »Sinister Seductress«, die böse Verführerin.[6] Hier wird im übertragenen Sinne die Weiblichkeit selbst dämonisiert; ihre Sexualität ist Teil ihrer Boshaftigkeit. Ein Sieg bedeutet daher für den meist männlichen

---

5 Feministfrequency / Anita Sarkeesian und Jonathan McIntosh, *Damsel in Distress: Part 1 – Tropes vs Women in Video Games*, 7. März 2013, <www.youtube.com/watch?v=X6p5AZp7r_Q> (ab 0:30, Abruf am 12. April 2017).

6 Dies., *Sinister Seductress – Tropes vs Women in Video Games*, 28. September 2016, <www.youtube.com/watch?v=1oXzWzMqarU> (Abruf am 12. April 2017).

Abbildung 1: Candy Kong aus Donkey Kong 64 (Rare/Nintendo, 1999), Abdruck mit freundlicher Genehmigung

Abbildung 2: Bayonetta 2 (PlatinumGames/Nintendo, 2014), Standbild aus Nintendo, *Wii U – Bayonetta 2 E3 Trailer*, 11. März 2013, <www.youtube.com/watch?v=4dFfVBdRWmw>, Abdruck mit freundlicher Genehmigung

Abbildung 3: Assassin's Creed: Syndicate (Ubisoft Quebec/Ubisoft, 2015), Standbild aus Ubisoft, *Assassin's Creed Syndicate – The Twins: Evie and Jacob Frye*, 5. August 2015, <www.youtube.com/watch?v=zMjIUG8Nkaw>, Abdruck mit freundlicher Genehmigung.

Spielcharakter einen Kontroll- und Machtgewinn über die Frau. Weitere Tropen sind nach Sarkeesian und McIntosh etwa die bereits erwähnte »Ms. Male Character«, »Frauen im Kühlschrank«, das »Smurfette-Prinzip«, »Frauen als Belohnung«, »Frauen als Hintergrunddekoration«, »Sexy Sidekick« usw. Eine derart massive Darstellung geringer Machtverhältnisse und hohe Objektivierung ist bei näherer Betrachtung von männlichen Gamecharakteren nicht gegeben. Dass es Tropen genauso für männliche Gamecharaktere geben muss, steht dabei jedoch außer Frage, ebenso die Tatsache, dass sich weitere Muster für Figuren höheren Alters, anderer Hautfarbe, sozialer Stellung usw. aufzeigen lassen.

Würde allerdings bei gendersensibler Videospielforschung primär die visuelle Gestaltung von Spielfiguren kritisiert, käme dies inhaltlich der Forderung gleich, dass Frauen keine körperbetonte, knappe Kleidung anziehen sollten, weil das generell sexistisch sei. Der Moment, der stereotypisierte Körper erst sexualisiert und zum Objekt degradiert, liegt jedoch auch in der Betrachtungsperspektive (siehe Abbildung 2 auf S. 61): Zum einen sei hier die Kameraperspektive genannt, die den Voyeurismus und die sexuelle Begierde der Betrachtenden bedient, zum anderen aber auch die je nach Geschlecht der Figur unterschiedliche technische Ausgestaltung bestimmter Körperteile erwähnt. Das Gesäß eines Charakters steht gerade bei Third-Person-Games mit einer weiblichen Hauptrolle oft im Mittelpunkt des Bildes, Hüftschwung inklusive. Bei männlichen Charakteren hingegen wird es oft gar nicht gezeigt und wenn ja, dann kaum ausgeformt und unbeweglich. Entscheidend ist also, *für wen* das Visuelle designt wird. In vielen der angesprochenen Fälle ist dies die Zielgruppe heterosexueller Männer, auf deren Blick (*male gaze*) das Spieldesign ausgerichtet ist.[7] Dass diese Verallgemeinerung eine ganze Bevölkerungsschicht für die erniedrigende Darstellung von Frauen in Videogames unter Generalverdacht stellt, wird in der Genderforschung nicht immer

7 Wie bereits John Berger in *Ways of Seeing* (London: Penguin 1973) konstatierte, wurde und wird unser Blick durch andere visuelle Kunstformen dahingehend beeinflusst, Frauen als sexualisierte Objekte wahrzunehmen. Laura Mulvey wies in ihrem Artikel *Visual Pleasure and Narrative Cinema* (in: *Film Theory and Criticism. Introductory Readings*, hrsg. von Leo Braudy und Marshall Cohen, New York u. a.: Oxford University Press 1999, S. 833–844) darauf hin, dass der männliche, aktive Blick auf passive, weibliche Figuren besonders im klassischen Hollywoodfilm wiederzufinden sei und die Kamerasicht dadurch gegendert werde. Vgl. Rebecca Wanzo, *Pop Culture/Visual Culture*, in: *The Oxford Handbook of Feminist Theory*, hrsg. von Lisa Disch und Mary Hawkesworth, New York u. a.: Oxford University Press 2016, S. 651–672, hier S. 657–660.

berücksichtigt. Nicht nur Männer nehmen den ›männlichen Blick‹ an. Geht man nicht automatisch von einer durchgehend heterosexuellen Zielgruppe von Videospielen aus, bieten sich, wie beispielsweise in den Queer Studies geschehen, neue Perspektiven als Interpretationsgrundlage an. Gender und sexuelle Orientierung können dann anders als nur in binären Kategorien gedacht werden. Wie in »Gamergate« gesehen, gibt es jedoch eine bestimmte Gruppe von (Hardcore-)Spielern, die ihren heterosexuellen, männlichen Dominanz-Raum mit Vehemenz verteidigen. Darüber hinaus wird allerdings auch in den Alltagsmedien die Objektivierung weiblicher Figuren weiter vorangetrieben. So brachte Anfang 2016 der *Playboy* ein Ranking der »heißesten Videogame-Brüste«, in dem es einleitend heißt:

> »These female video game characters have more than just skill, stamina and wit. They have breasts that go up, up, down, down, left...you get the point.«[8]

Die Ungleichbehandlung von Geschlecht wird durch die vergleichsweise geringe Anzahl spielbarer weiblicher Rollen besonders deutlich. Spiele mit einer einzigen weiblichen Hauptrolle sind selten. Der berühmteste weibliche Charakter ist wohl Lara Croft aus der TOMB RAIDER-Serie (Core Design und Crystal Dynamics/Eidos Interactive und Square Enix, seit 1996). Die anfangs großbusige Pin-up-Heldin erhielt im Laufe der Zeit möglicherweise auch deswegen realistischere Körperproportionen, um weibliche Spieler besser zu erreichen. Weitere bekannte Rollen sind u. a. April Ryan aus THE LONGEST JOURNEY (Funcom/IQ Media, 1999), Jade aus BEYOND GOOD AND EVIL (Ubisoft Montpellier/Ubisoft, 2003) und Ellie aus THE LAST OF US (Naughty Dog/Sony Computer Entertainment, 2013). Letztere kämpft allerdings nicht alleine, sondern an der Seite Joels. Sie wird häufig im Zuge der Darstellung nicht-sexualisierter Frauenrollen angeführt, was jedoch vor dem Hintergrund ihres Alters von 14 Jahren schlichtweg angemessen anstatt erwähnenswert ist. Die Anzahl der First-Person-Games, bei denen man mittlerweile auch mit einer weiblichen statt nur einer männlichen Figur spielen kann, ist in den letzten Jahren gestiegen, ebenfalls die Anzahl der weiblichen Rollen mit signifikanter Bedeutung für den Spielverlauf.[9] Diese Entwicklung wurde durch die Auseinandersetzung im Zuge der E3 (electronic entertainment expo) 2014 öffent-

---

8 *2-Up: The Hottest Video Game Breasts of All Time*, in: *Playboy* 2016, <www.playboy.com/galleries/hottest-video-game-breasts/slide-1> (Abruf am 12. April 2017).

9 Kim Gittleson, *Why Does Sexism Persist in the Video Games Industry?*, in: *BBC News*, 13. Juni 2014, <www.bbc.com/news/technology-27824701> (Abruf am 12. April 2017).

lich diskutiert und gefördert. Bei der dortigen Vorstellung von ASSASSIN'S CREED: UNITY (Ubisoft Montreal/Ubisoft, 2014) wurde seitens der Spielentwickler das Fehlen eines spielbaren, weiblichen Charakters damit begründet, dass das Kreieren einer solchen Rolle zu viel Zeit und Arbeit beansprucht hätte. Dass die Einführung weiblicher Rollen von den Entwicklern, namentlich von James Therien (Ubisoft), außerdem als Feature angesehen wurde, nährte das allgemeine Unverständnis.[10] Unter dem Hashtag #womenaretoohardtoanimate fand die Diskussion ein Forum, und es beteiligten sich nicht nur enttäuschte Spieler und Spielerinnen daran, sondern auch Entwickler anderer Firmen. Ubisoft reagierte – im 2015 veröffentlichten ASSASSIN'S CREED: SYNDICATE (Ubisoft Quebec/Ubisoft; siehe Abbildung 3 auf S. 61) sind Evie Frye und ihr Zwillingsbruder gleichberechtigte Hauptfiguren.

Von einer ›gerechten‹ Geschlechterverteilung der Rollen kann dennoch bis heute keine Rede sein. Laut der Website <feministfrequency.com> wurden auf der E3 im Jahre 2016 von insgesamt 59 Spielen (von Sony, Microsoft, Bethesda, Ubisoft und Nintendo) genau zwei veröffentlicht, die exklusiv weibliche Protagonistinnen haben.[11] Diese – RECORE (Armature Studio, Comcept und Asobo Studio/Microsoft Studios) und HORIZON ZERO DAWN (Guerilla Games/Sony Interactive Entertainment) – wurden allerdings bereits 2015 angepriesen. Bei 29 von 59 Spielen konnte man zwischen einem männlichen und einem weiblichen Avatar auswählen, darunter MASS EFFECT: ANDROMEDA (BioWare/Electronic Arts) und DISHONORED 2 (Arkane Studios/Bethesda Softworks). Zumeist ist bei diesen Spielen jedoch nur der männliche Charakter in der Werbung sichtbar und titelprägend.

10 J. E. Reich, *E3 2015 Showed Strides for Female Representation in Gamer Culture*, in: *Tech Times*, 19. Juni 2015, <www.techtimes.com/articles/61786/20150619/e3-2015-showed-strides-female-representation-gamer-culture.htm> (Abruf am 12. April 2017).

11 Carolyn Petit, *Gender Breakdown of Games Showcased at E3 2016*, in: *Feminist Frequency*, 17. Juni 2016, <feministfrequency.com/2016/06/17/gender-breakdown-of-games-showcased-at-e3-2016> (Abruf am 12. April 2017).

Die Videospielindustrie und ihre Zielgruppen

Seit den frühen 1980er Jahren etablierte sich für Videospiele eine primäre Zielgruppe von Jungen zwischen acht und achtzehn Jahren. Die Spiele orientierten sich an Aspekten des Wettbewerbs, des Kampfes, des Entdeckens sowie dem Anwenden besonderer physikalischer Fähigkeiten. Während dieser und der nächsten Dekade richtete der Markt seine Produkte gezielt auf diese Gruppe aus, gut erkennbar beispielsweise an der gegenderten Benennung von Nintendos tragbarer Spielekonsole »Game Boy«.[12] Mit der Entwicklung des digitalen Designs und immer leistungsfähigerer Hardware konnten Spielfiguren zunehmend detaillierter und vermeintlich realistischer dargestellt werden, wobei die Körper stets idealisiert waren und bis heute sind – bei männlichen Avataren etwa mit übertriebenem Muskelbau. Die Zielgruppe weitete sich, auch im Kontext der sexualisierten Frauendarstellungen, auf Männer zwischen 18 und 30 Jahren aus. Michael Newman und John Vanderhoef stellen die These auf, dass sowohl die ›feminisierte‹ Sphäre des Spielens (also das Spielen zuhause) als auch die Stereotypisierung des Gamers als unreif, faul, knabenhaft und körperlich vernachlässigt bewirkten, dass Maskulinität innerhalb des Spiels besonders betont wird.[13] Stereotype Darstellung und narrative Strukturen, aber auch das geforderte Spielverhalten dienen sozusagen als Ausgleich und Rückversicherung von ›Männlichkeit‹ für männliche Spieler.

Neben der Produktausrichtung auf diese eine Zielgruppe vonseiten der Industrie beeinflussen auch andere Faktoren den Umstand, dass vornehmlich junge, männliche Personen leicht Zugang zur Welt der Videogames finden. Dies betrifft den Umgang mit Technik und neuen Technologien. Jon Dovey und Helen Kennedy nennen »technicity« als zentralen Begriff für das Privilegieren der Fähigkeit, neue Technologie zu handhaben, für die Beschreibung von Identitäten, die »around and through [...] *technological differentiation*« entstehen.[14] Außerdem umfasst der Begriff die Art und Weise, in der Identitäten und ihre Merkmale durch Techno-

---

12 Vgl. Michael Z. Newman und John Vanderhoef, *Masculinity*, in: *The Routledge Companion to Video Game Studies*, hrsg. von Mark J. P. Wolf und Bernard Perron, New York u. a.: Routledge 2014, S. 380–387.

13 Ebd., S. 382.

14 Jon Dovey und Helen W. Kennedy, *Game Cultures. Computer Games as New Media*, Maidenhead: Open University Press 2006 (Issues in Cultural and Media Studies), S. 16.

logien vermittelt werden.[15] Jing Feng, Ian Spence und Jay Pratt zeigten, dass das Spielen digitaler Actiongames einen zwischen Männern und Frauen bestehenden Unterschied innerhalb der kognitiven Prozesse räumlicher Vorstellungskraft verringern, teilweise sogar beseitigen könne. Vor dem Hintergrund, dass überwiegend männliche Personen in mathematischen und naturwissenschaftlichen Feldern tätig sind, außerdem häufiger Actionspiele performen – also die Bereiche, in denen eine ausgeprägte räumliche Vorstellung eine wichtige Voraussetzung ist –, könnte dies erklären, warum dieser Unterschied überhaupt zustande kommt. Die Studie zeigt aber auch, wie schnell dieses Ungleichgewicht aufgehoben werden kann.[16] Technisches Know-how ist in der Gesellschaft jedoch immer noch primär an Maskulinität geknüpft, es wird weiterhin gegendert.[17] Dies wirkt sich nicht nur auf die Sphäre männlicher Spieler aus, die dieser Tatsache durch das PC-Spielen als ausgewiesenes Hobby und durch eigene soziale Zuschreibungen – etwa zur Geek-Kultur – Rechnung tragen: Auch diejenigen, die die Produkte entwickeln, sind bisher überwiegend männlichen Geschlechts. So gab es noch 2012 nur 3 % Programmiererinnen, 11 % Spieledesignerinnen, 13 % Künstlerinnen und Animatorinnen, 13 % Quality-Assurance-Testerinnen, 16 % Produzentinnen.[18] Dazu kommt noch die Frage, wer überhaupt die Zeit habe, Computerspiele intensiv zu spielen: Erwachsene Menschen im Berufsleben, aber auch generell Frauen, die weiterhin trotz anderer Verpflichtungen den Großteil der Hausarbeit erledigen, zählen laut Newman und Vanderhoef nicht dazu (wobei sich diese Ansicht in Teilen allerdings anfechten lässt).[19]

Nichtsdestotrotz gibt es für die Gameindustrie eine immer größer werdende weibliche Zielgruppe, für die schon wegen des finanziellen Potenzials auch produziert wird. Die beschriebenen geschlechterbasierten, ungleichen Strukturen werden dabei aber nicht unbedingt gelockert, sondern teilweise sogar weiter gefestigt, um die neue Absatzgruppe zu erschließen. Spiele werden als sogenannte »Pink«

---

15 Jenny Sundén und Malin Sveningsson, *Gender and Sexuality in Online Game Cultures. Passionate Play*, New York u. a.: Routledge 2012 (Routledge Advances in Feminist Studies and Intersectionality), S. 7.

16 Jing Feng, Ian Spence und Jay Pratt, *Playing an Action Video Game Reduces Gender Differences in Spatial Cognition*, in: *Psychological Science* 18/10, 2007, S. 850–855.

17 Michael Z. Newman und John Vanderhoef, *Masculinity* (wie Anm. 12), S. 381f.

18 Carrie Heeter, *Femininity* (wie Anm. 2), S. 377 (beruhend auf einer Studie von *Game Career Guide* 2012).

19 Michael Z. Newman und John Vanderhoef, *Masculinity* (wie Anm. 12), S. 384.

oder »Purple Games« dann explizit auf Mädchen und Frauen zugeschnitten.[20] Indem sie als Zielgruppe mit speziellen Präferenzen erfasst sind, bleiben Mädchen und Frauen also weiterhin ›die Anderen‹. Dabei gibt es verschiedene Herangehensweisen an das Gamedesign zu beobachten: das ›Feminisieren‹ bereits bestehender Spiele und Konsolen – äußerlich, etwa der pinkfarbene Game Boy, oder inhaltlich durch das Umwidmen bereits existenter Spiele (»Ms. Male Character«), die Fokussierung auf vermeintlich weibliche Interessen wie Backen, Tanzen, Singen, Familiengründung, die Entwicklung von Casual Games, also von Spielen mit geringer Komplexität und einfacher Mechanik für ›naive‹, technisch unbedarfte Personen.[21]

Nicht wenig empirische Forschung beschäftigt sich mit der Frage, welchen Content Mädchen und Frauen präferieren. So lässt sich feststellen, dass Frauen lieber weibliche Avatare spielen (sich im Übrigen aber nach dem Spielen mit ihrem eigenen Körper schlecht fühlen).[22] Mädchen bevorzugen Third-Person-Rollenspiele mit Tieren oder Kreaturen als Spielfiguren sowie Games, in denen das Explorieren der virtuellen Welt im Vordergrund steht. Außerdem interessieren sie sich im Vergleich weniger für Spiele mit sportlichem oder gewalttätigem Inhalt.[23] Mit dieser Fokussierung auf spezifische Präferenzen werden jedoch die bestehenden Genderhierarchien und Rollenbilder, die auf die Entwicklung und das Selbstbild von Frauen einwirken, reproduziert und für ökonomische Zwecke ausgenutzt: Anstatt Games anzupassen und gleichberechtigter zu gestalten (dies bezieht sich auch auf die hier nur am Rande erwähnten Ungleichheiten bezüglich Hautfarbe, Status, Alter, Herkunft, Religion usw., die in Games reproduziert werden) und somit dem Entstehen unterschiedlicher, gegenderter Spielepräferenzen entgegenzuwirken, werden Games extra für Frauen produziert. Männliche Gamer können sich dann weiter in abgegrenzt männlichen Sphären bewegen, da der suggerierte maskuline Anspruch weiterhin bedient, teils sogar explizit verstärkt wird.

20 Jenny Sundén und Malin Sveningsson, *Gender and Sexuality* (wie Anm. 15), S. 4f.

21 Michael Z. Newman und John Vanderhoef, *Masculinity* (wie Anm. 12), S. 384.

22 Carrie Heeter, *Femininity* (wie Anm. 2), S. 376 (beruhend auf Christopher P. Barlett und Richard J. Harris, *The Impact of Body Emphasizing Video Games on Body Image Concerns in Men and Women*, in: *Sex Roles* 59/7, 2008, S. 586–601).

23 Simon Egenfeldt-Nielsen, Jonas Heide Smith und Susana Pajares Tosca, *Understanding Video Games. The Essential Introduction*, New York u. a.: Routledge 2008, S. 162.

Spielen

Ein wesentlicher Aspekt beim Spieledesign ist das Verbinden von realer und imaginierter Welt im Gameplay. Grenzen des menschlichen Körpers sollen transzendiert werden. Ermöglicht wird dies durch die sich historisch gesehen stets erweiternde Perspektive der Spielenden auf die Spielwelt und die Spielfigur (dritte Dimension, Ich-Perspektive – beim First-Person-Game mit der stereotypen Waffe am unteren Bildschirmrand –, dann das eigenständige Verändern des Sichtfeldes) sowie durch technische Extensions wie Joysticks, Handschuhe etc., die den Spieler_innen haptisch, also durch reale körperliche Betätigung, vermitteln, dass sie in die Spielwelt eingetaucht sind.[24] In der fiktiven Welt gelten zwar andere Regeln als in der realen, soziale Werte und Normen bezüglich biologischen und sozialen Geschlechts bleiben jedoch größtenteils bestehen: Sex und Gender sind die wesentlichen Aspekte, die Körper formen, auch diejenigen der Figuren, in deren Rolle man schlüpft. Diese Körper sind mehr als eine unabhängige, technische Materialeinheit: Sie sind von ihren realen Vorbildern aus (weiter-)gedacht und somit durch kulturelle und soziale Kontexte geprägt.[25] Der virtuelle Körper, insbesondere der Cyborg, wurde seitens des Feminismus früher unter dem Aspekt einer Befreiung von ungleichen Machtstrukturen emphatisch gefeiert.[26] Doch bereits seit Mitte der 1990er Jahre wird deutlich, dass die neuen Technologien, darunter auch das Computerspiel, zusätzliche Oberflächen formten und bis heute formen, auf die sich die althergebrachten Genderideologien einschreiben können, jedoch nicht die Bedingungen ändern, unter denen geschlechtsspezifische Darstellungen entstehen (*gendered embodiment*).[27] Das Spiel bestimmt die Rollen, die man spielen kann. Diese äußern sich primär durch den dargestellten Körper, der bereits in seiner Anlage Genderhierarchien und Heteronormativität transportiert. Biologisches und soziales Geschlecht werden gleichgesetzt und als Identitätsmerkmal festgelegt; Sexualität ist keine Option, in der Folge dessen also als mögliche Handlung und nicht

24 Vgl. Martti Lahti, *As We Become Machines. Corporealized Pleasures in Video Games*, in: *The Video Game Theory Reader*, hrsg. von Mark J. P. Wolf und Bernard Perron, New York u. a.: Routledge 2003, S. 157–170.

25 Krista Geneviève Lynes und Katerina Symes, *Cyborgs and Virtual Bodies*, in: *The Oxford Handbook of Feminist Theory*, hrsg. von Lisa Disch und Mary Hawkesworth, New York u. a.: Oxford University Press 2016, S. 122–142, hier S. 126.

26 Ebd., S. 123–125.

27 Ebd. S. 139f.

als prägendes Persönlichkeitskriterium gekennzeichnet.[28] Dass man als Spielerin bei der Auswahl eines Avatars den eigenen Körper und die damit zusammenhängenden Privilegien und Machtverhältnisse hinter sich lassen könnte, ist eine Illusion. Man kann zwar in eine andere Rolle schlüpfen, bekommt aber konkret keine positiven/negativen Konsequenzen zu spüren, die an das jeweils gewählte Geschlecht geknüpft sind – denn man kann die Rolle folgenlos mit Beendigung des Spiels verlassen.[29] Es ist möglich, dass man mit den Rollen, in die man sich hineinversetzt, experimentieren kann. Diese sind an sich jedoch überwiegend stereotyp und idealisiert, außerdem in eine (Spiel-)Welt eingebettet, die der realen zumindest in Blick auf Genderhierarchien gleicht. Ein Ausprobieren kann daher auch wieder nur in festen Kategorien erfolgen, die die Genderrollen festigen statt auflösen.

Nicht unberechtigt ist die Kritik, Genderforschung im Videospiel beschäftige sich primär mit Darstellungen. Spielen ist aber eine körperliche und gleichsam inkorporierte Aktivität, kein simples Konsumieren. Dabei spielen die Spieler_innen das Spiel, das Spiel spielt aber auch umgekehrt die Spieler_innen, indem es ihnen eine begrenzte Handlungsfreiheit gewährt.[30] Mit dieser sind sie den Regeln des Spiels unterworfen und passen sich möglichst schnell daran an, um an ihr Ziel zu kommen. Die Spieler_innen performen dabei mittels einer körperlichen Repräsentation: Sie projizieren ihr Selbst auf den Avatar, mit dem sie sich im besten Falle vollständiger Immersion identifizieren. Durch eben diesen limitierten Handlungsspielraum und die nur gerüsthafte Charakterisierung der Spielfiguren entsteht ein Raum, der mit individuellen Vorstellungen und Details ausgefüllt werden kann.[31]

---

28 Mia Consalvo verdeutlicht dies am Beispiel von THE SIMS (Maxis/Electronic Arts, 2000) und arbeitet heraus, dass es von jeweils unterschiedlichen Ansichtsweisen abhängt, ob die Charakterisierung von Sexualität als wählbare Handlung progressiv oder regressiv gesehen wird: *Hot Dates and Fairy-Tale Romances. Studying Sexuality in Video Games*, in: *The Video Game Theory Reader*, hrsg. von Mark J. P. Wolf und Bernard Perron, New York u. a.: Routledge 2003, S. 171–194, hier S. 184–186.

29 Martti Lahti, *As We Become Machines* (wie Anm. 24), S. 166f.

30 »You are not only playing the game, the game is also, most concretely, playing you«: Jenny Sundén und Malin Sveningsson, *Gender and Sexuality* (wie Anm. 15), S. 9.

31 Andrew Burn, *Role-Playing*, in: *The Routledge Companion to Video Game Studies*, hrsg. von Mark J. P. Wolf und Bernard Perron, New York u. a.: Routledge 2014, S. 241–250, hier S. 246.

Es stellt sich die Frage, inwiefern man als Spieler_in mit dem Thema Gender in Berührung kommt und Einfluss darauf hat. Gender ist nach Judith Butler eine (ritualisierte) Performance. Diese wird durch bestimme Gesten, Bewegungen und Aktivitäten interaktiv und öffentlich produziert.[32] Beim Gameplay selbst wird Gender also erstens durch die ausgeführten Handlungen innerhalb des Spiels hervorgebracht, wobei wie oben erläutert der Handlungsrahmen und die Figuren vorgegeben sind, die daraus resultierenden Rollenzuschreibungen also bereits vor Spielbeginn feststehen. Dennoch bleibt zweitens bei bestimmten Spielen, vornehmlich MMORPGs (Massively Multiplayer Online Role-Playing Games), dem Spieler/der Spielerin genügend Freiheit, sich während der Interaktion mit dem Avatar als Person zu profilieren und in der Kommunikation mit anderen ein selbstbestimmtes Verhalten zu zeigen. Das »Doing« oder auch »Undoing Gender« vollzieht sich hier also auf einer Meta-Ebene des Spiels.[33] Diese Situationen finden dennoch im Rahmen sozialer Konventionen statt; auch hier werden Erwartungen an Geschlechterverhalten gestellt. So werden weibliche Hardcore-Spielerinnen als »girl« oder »grrl gamers« gekennzeichnet und stigmatisiert.[34] Bewegen sich Frauen in männerdominierten Räumen wie MMOGs (Massively Multiplayer Online Games, also auch über Rollenspiele hinaus), setzen sie sich noch heute der Gefahr aus, allein aufgrund ihres Geschlechts negativ bewertet oder gar beleidigt zu werden.[35] Die Konsequenz ist, dass einige Frauen sich genötigt sehen, ihr Geschlecht zu verleugnen oder sich einen typisiert männlichen Spielehabitus anzueignen, was wiederum die Spielperformance negativ beeinflusst.[36]

***

32 Judith Butler, *Das Unbehagen der Geschlechter* (1990), Frankfurt am Main: Suhrkamp, 18. Aufl. 2016; vgl. Moya Lloyd, *Performativity and Performance*, in: *The Oxford Handbook of Feminist Theory*, hrsg. von Lisa Disch und Mary Hawkesworth, New York u. a.: Oxford University Press 2016, S. 572–592, hier S. 575.

33 Vgl. ebd., Teilkapitel *Gender as Performance, Gender as »Doing«*, S. 578–581.

34 Michael Z. Newman und John Vanderhoef, *Masculinity* (wie Anm. 12), S. 383.

35 Im Zuge der »Gamergate«-Debatte entstand die Website <www.fatuglyorslutty.com>, auf der eben jene beleidigenden, gewalttätigen und sexuell belästigenden Kommentare gesammelt wurden.

36 Carrie Heeter, *Femininity* (wie Anm. 2), S. 376f.

An dieser Stelle sei nochmals auf die anfangs aufgestellte These eingegangen, Genderforschung im Videospiel beschäftige sich überwiegend mit der Ungleichbehandlung von Frauen. Wie dargelegt, gibt es in den verschiedenen untersuchten Bereichen Inhalte und Strukturen, die ein Ungleichgewicht zwischen den (stets nur binär gedachten) Geschlechtern hervorrufen. Unterschiede ziehen nicht automatisch Ungleichheiten nach sich. Auch männliche Figuren unterliegen normierten Schönheitsidealen und stereotypen Rollenbildern. Jedoch werden weibliche Personen und Gestalten in vergleichbar hohem Maße in fest etablierten Mustern der Darstellung und Narration objektiviert und sexualisiert. Dies geschieht in einem kulturellen Kontext, der eben diese ›männliche‹ und machthabende Sichtweise historisch geprägt hat und sich in die Körper der Spielfiguren, aber auch der Spieler_innen selbst einschreibt.

Dabei können verschiedene Grade von Ungleichheit unterschieden werden. Vor diesem Hintergrund erstaunt es nicht, dass laut einer Studie von 2009 Mädchen sowohl weibliche als auch männliche Stereotype in Videospielen schneller erkennen und für negativ befinden, Jungen hingegen die typische Darstellung männlicher Figuren (gewalttätig und aggressiv) eher positiv und insgesamt weniger kritisch sehen.[37] Trotz allem wächst die Anzahl von Spielerinnen, was sich leider in noch zu geringem Maße auf das Gamedesign auswirkt. Stattdessen werden in »Pink Games« und »Casual Games« Gender-Ungleichheiten reproduziert, im Gegenzug dazu die »Hardcore Games« weiter abgegrenzt und als männlich markiert. Somit werden die Genres an sich gegendert. Ein gleicher Zugang zum Spielen, unabhängig vom Geschlecht, wird möglicherweise aus ökonomischen Gründen verhindert, wäre aber ein wichtiger Schritt in Richtung Gleichberechtigung. Diese Ungleichbehandlung geht mit der Tatsache einher, dass der Umgang mit Technik und das Entwickeln neuer Technologien noch immer als männliche Domäne angesehen werden, was sich auch in der Videospielindustrie widerspiegelt.

Um das System von geschlechtlicher Ungleichbehandlung zu transformieren und die Machtstrukturen zu verschieben, bedarf es zum einen struktureller Ver-

---

37 Die Studie zeigte außerdem, dass junge Menschen, die häufiger Videogames spielen, den Stereotypen weniger kritisch gegenüberstehen; dies gilt ebenso für erwachsene Personen. Die Beantwortung der Frage, ob dies auf eine Desensibilisierung zurückzuführen ist (wie es die Forscher_innen vermuten), erfordert weitergehende Untersuchungen. Vgl. Alexandra Henning u. a., *Do Stereotypic Images in Video Games Affect Attitudes and Behavior? Adolescents' Perspectives*, in: *Children, Youth and Environments* 19/1, 2009, S. 170–196.

änderung, aber zum anderen auch sozialer Interaktion, durch die bestehende und reproduzierte Unterschiede dekonstruiert oder gar für irrelevant erklärt werden (»Undoing Gender«).[38] Die Videospielindustrie legt fest, welche Rollenbilder und Machtverhältnisse in Bezug auf das Geschlechtersystem durch Spiele vermittelt werden. Die Akteure haben also nicht nur eine große Verantwortung, sondern auch die Möglichkeit, Spiele so zu gestalten, dass Gender entweder eine geringere Rolle spielt oder zumindest weniger Ungleichheiten nach sich zieht. Dafür müssten mehr Frauen in die kreativen Strukturen involviert werden. Auseinandersetzungen wie »Gamergate« zeigten und zeigen, dass nicht nur in der kulturwissenschaftlichen Forschung, sondern auch unter aktiven Spieler_innen in unterschiedlichem Maße ein Bewusstsein für an Geschlecht gebundene Ungleichheiten besteht und dies konkrete Veränderungen bewirken kann. Diese wiederum verändern das dynamische Gendersystem insgesamt nachhaltig.

38 Vgl. Francine M. Deutsch, *Undoing Gender*, in: *Gender and Society* 21/1, 2007, S. 106–127.

Die Vulnerabilität des Anderen

Marginalisierungen des Non-Playable Characters in digitalen Spielen

Arno Görgen

Das Konzept der *vulnerablen Gruppe* bezeichnet soziale Gruppen, von denen angenommen wird, dass sie verletzlicher sind als andere und tendenziell einer höheren Wahrscheinlichkeit der Ungleichbehandlung unterliegen. Das führt zu einem besonderen Schutzbedürfnis gegenüber der Gesellschaft. Diese Annahme ist zentrales Element einer modernen, selbstreflexiven Biomedizin, welche 1964 mit der *Deklaration von Helsinki,*[1] auch als Folge der Gräuel des Nationalsozialismus, durch den Weltärztebund anerkannt und in der Folge in den jeweiligen nationalen ärztlichen Berufsregularien verbindlich integriert wurde. Das Konzept ermöglicht es, im Widerspruch zwischen einer am Ideal der guten, objektiven wissenschaftlichen Praxis orientierten Biomedizin und einer am moralischen Auftrag der Gesunderhaltung der Gesellschaft und ihrer Mitglieder orientierten Medizin zu vermitteln. Gleichzeitig macht die Idee der vulnerablen Gruppe deutlich, dass die Life Sciences wie jede andere Wissenschaft – noch mehr: wie alles Menschengeborene – in eine historisch-soziokulturelle Textur eingewoben sind. Es ist schließlich diese Ambivalenz aus ethischem und moralischem sowie wissenschaftlichem Anspruch, die einen fruchtbaren Nährboden für jene Geschichten bildet, die in Form popkultureller Artefakte wie Filmen, Comics, digitaler Spiele etc. die Vorstellung der Konsumenten von Medizin und den damit verbundenen Ideen formen.

---

1 Weltärztebund, *Deklaration von Helsinki. Ethische Grundsätze für die medizinische Forschung am Menschen* (1964), <www.bundesaerztekammer.de/fileadmin/user_upload/Deklaration_von_Helsinki_2013_DE.pdf> (Abruf am 4. Mai 2017).

Vulnerabilität, also Verletzbarkeit, spielt in diesen Narrativen insofern eine gewichtige Rolle, als dass sie mit ihrer Bipolarität von Autonomie und Heteronomie Machtkonflikte zu plausibilisieren und im Kontext der fiktionalen Welten zu legitimieren vermag, wie es sonst kaum möglich wäre. Was wäre eine klassische Heldenreise wert, wenn ihr Held nicht verletzlich, sondern von vornherein allmächtig wäre? Im digitalen Spiel nimmt Vulnerabilität eine große Rolle ein, nicht nur auf Seiten der heldenhaften Spielercharaktere, sondern, mutmaßlich in viel größerem Maße, hinsichtlich der Massen an nichtspielbaren Nebencharakteren (Non-Playable bzw. Non-Player Characters, kurz NPCs), die als Marionetten der Software ausschließlich zum Wohl und Wehe der Spieler_innen existieren.

Vulnerable Gruppen werden in Spielen oft als Außenseiterfiguren bzw. als ›das Andere‹ dargestellt, in dessen Kontext ihre Ästhetik auch gleichzeitig eine semantische Aufforderung an das Handeln der Spieler_innen darstellt. Durch das Othering werden Appelle an die Spieler_innen gerichtet, beispielsweise der Spielwelt zu entfliehen, die NPCs zu bekämpfen oder für die NPCs die Spielwelt zu ändern und zu manipulieren. Narben in Gesichtern und andere körperliche Entstellungen sind oft bei feindlich gesinnten NPCs zu finden, Bettler und Verarmte sind oft schmutzig und tragen verschlissene Kleidung etc.

Besonders deutlich wird das beispielsweise an den unterschiedlichen Darstellungen der Ghule in der FALLOUT-Reihe (Black Isle Studios und Bethesda Game Studios/Interplay und Bethesda Softworks, seit 1997). Als Ghule werden in dieser Serie Zombie-ähnliche Menschen bezeichnet, die an einer Strahlenkrankheit leiden. Die Krankheit lässt sie zwar sehr alt werden, unterzieht sie aber einem stetigen Prozess des mentalen und körperlichen Zerfalls. Sind Ghule im Anfangsstadium beispielsweise noch zu normalen zwischenmenschlichen Interaktionen fähig, greifen ›wilde Ghule‹ die Spielerfigur nur noch an. Simultan dazu nimmt auch ihr menschliches Aussehen mit dem körperlichen Zerfall ab. Folge dieser Krankheit sind Stigmatisierung und sozialer Ausschluss der vernunftbegabten Ghule, was bisweilen an die AIDS-Hysterie der 1980er und frühen 1990er Jahre erinnert.[2]

2 Arno Görgen, *An Introduction to Medical Ethics and Bioethics in Computer Games*, in: *Vice City Virtue. Moral Issues in Digital Game Play*, hrsg. von Karolien Poels und Steven Malliet, Leuven: Acco 2011, S. 335–357, hier S. 350–352; Hans-Joachim Backe und Espen Aarseth, *Ludic Zombies. An Examination of Zombieism in Games*, in: *Proceedings of the 2013 DiGRA International Conference*, hrsg. von der Digital Games Research Association, <www.digra.org/digital-library/publications/ludic-zombies-an-examination-of-zombieism-in-games>, S. 1–16, hier S. 10 (Abruf am 4. Mai 2017).

Darstellungen des Anderen greifen also Diskurse, Ideen und Konzepte der realen Welt auf.[3]

Die Vulnerabilität der NPCs im Verhältnis zu den Spieler_innen und zum Spiel soll im Folgenden ergründet werden. Dazu wird zunächst definiert, was unter dem Begriff des Non-Playable Characters zu verstehen ist. Anschließend soll dargelegt werden, was unter Vulnerabilität zu verstehen ist und wie sie im Rahmen gesellschaftlicher Prozesse zustande kommt. Schließlich gilt es dazustellen, wie Vulnerabilität in Spielen repräsentiert wird, was an diesen Repräsentationen problematisch sein könnte und mit welchen Strategien man diesen Problemen vorbeugen kann.

Funktionen nichtspielbarer Charaktere

Die Vulnerabilität nichtspielbarer Charaktere leitet sich aus zwei Faktoren ab: einerseits aus einer rein spielerischen Funktion, andererseits aus der semantischen, aus der soziokulturellen Wirklichkeit generierten Überlagerung in den Repräsentationen der NPCs.

Digitale Spiele sind mediale Artefakte unserer Populärkultur, deren Funktion im Konsum der von ihnen gebotenen Fiktionen liegt. Das bedeutet, dass digitale Spiele unabhängig von der Art ihrer Konstruktion dem interaktiven Austausch mit den Spieler_innen dienen und das Spiel-Erleben dabei möglichst befriedigend sein sollte.[4] Spiele lassen sich analytisch in die Elemente Spielregeln, Gameplay und Spielwelt aufteilen.[5] Dabei bestimmen die *Spielregeln* die Art der Interaktion

3 So auch, wenn beispielsweise Elfen als das Andere ein rassenideologisches, weißes Idealbild postulieren, siehe Nathaniel Poor, *Digital Elves as a Racial Other in Video Games*, in: *Games and Culture* 7, 2012, S. 375–396.

4 Zu den verschiedenen Formen der User Experience siehe Hannu Horkonen, Markus Montola und Juha Arrasvuori, *Understanding Playful User Experience through Digital Games*, Vortrag bei der *International Conference on Designing Pleasurable Products and Interfaces*, 2009, <www.quilageo.com/wp-content/uploads/2013/07/p274-Korhonen.pdf>, S. 274–285, hier S. 279 (Abruf am 4. Mai 2017).

5 Espen Aarseth, *Playing Research. Methodological Approaches to Game Analysis*, Vortrag bei der *Melbourne DAC – The 5th International Digital Arts and Culture Conference. Game Approaches*, 2003, <www.bendevane.com/VTA2012/wp-content/uploads/2012/01/02.GameApproaches2.pdf>, S. 1–7, hier S. 2 (Abruf am 28. Juli 2017).

der Spieler_innen mit der Spielwelt. Sie definieren den funktionalen Austausch der einzelnen Spielelemente und Spielebenen. Die *Spielwelt* ist das visuelle und räumliche Interface zwischen Spieler_innen und Spiel. Um den Austausch über dieses Interface möglichst effektiv zu gestalten, ist es notwendig, die Spielwelt basierend auf kollektiven Wissenshaushalten aufzubauen, welche die Spielwelt und im weiteren Verlauf die Regeln des Spiels den Spieler_innen schnell erschließbar machen. Die Spielwelt wird so zum evokativen Raum,[6] der die Immersion der Spielenden in das Spiel stärkt.

In vielen, insbesondere narrationslastigen Spielen (Rollenspiel, Adventure, First-Person-Shooter usw.) werden Spielwelten von NPCs bevölkert. Manche Autor_innen bestehen dabei auf eine Differenzierung zwischen gegnerischen Figuren und NPCs.[7] Demgegenüber betont Henrik Warpefelt überzeugend, dass eine solche Differenzierung nicht nachvollziehbar sei. Stattdessen solle beispielsweise eher nach unterschiedlichen Charakterisierungen differenziert werden, die die Rolle des NPCs im Spiel festlegen.[8] Wichtig sei vor allem, dass ein NPC die Rolle überzeugend erfülle, die das Spiel vorsehe.[9] Das schließt ein, dass der NPC üblicherweise innerhalb eines von den Spieler_innen erwartbaren Handlungshorizontes agiert.[10] NPCs sind in diesem Sinne rein funktionale Elemente, die sich durch eine spezifische Funktion oder einen besonderen Wert für die Spieler_innen oder das Spiel auszeichnen. So können NPCs die Spieler_innen mit nützlichen Gegenständen oder Informationen versorgen, Dienste anbieten, sie können die Spieler_innen oder bestimmte Orte bewachen und beschützen oder können selbst schutzbedürf-

6 Henry Jenkins, *Narrative Spaces*, in: *Space Time Play. Computer Games, Architecture and Urbanism, the Next Level*, hrsg. von Friedrich von Borries, Steffen P. Walz und Matthias Böttger, Basel, Boston und Berlin: Birkhäuser 2007, S. 56–60, hier S. 57.

7 Etwa Dan Pinchbeck, *An Analysis of Persistent Non-Player Characters in the First-Person Gaming Genre 1998–2007. A Case for the Fusion of Mechanics and Diegetics*, in: *Eludamos. Journal for Computer Game Culture* 3, 2009, S. 261–279. Pinchbeck bezeichnet sie bereits differenzierend als »persistant non-playable characters« (PNPC), die sich insbesondere durch ihre diegetische Bedeutung hervorheben.

8 Henrik Warpefelt, *The Non-Player Character – Exploring the Believability of NPC Presentation and Behavior*, Diss. Universität Stockholm 2016, S. 33.

9 Ebd., S. 34.

10 Jonathan Harth, *Computergesteuerte Spielpartner. Formen der Medienpraxis zwischen Trivialität und Personalität*, Wiesbaden: Springer 2014, S. 299.

tiges Objekt sein. Sehr oft aber sind NPCs lediglich Hindernisse, die die Spieler_innen überwinden müssen.

NPCs können schließlich als Teil der Mis en Scène auf ihren ästhetischen Wert eines bewegten und somit naturalisierten Hintergrunds einer Spielszene reduziert werden.[11] Andererseits wird dem NPC

> »als antizipierter, aber immer unsichtbar bleibender Maschine [...] eine eigene Agenda, eine eigene Intentionalität zugeschrieben, die ihn zum Akteur im Spielgeschehen erhebt. [...] Ganz im Sinne Bruno Latours [...] wird der im Hintergrund verortete Computer zum symmetrischen Akteur im Netzwerk der Akteure des Computerspiels.«[12]

Insbesondere NPCs, mit welchen man sozial interagieren oder kommunizieren kann, werden so in einer temporären Personalitätszuschreibung auch als Subjekte wahrgenommen, denen mit dem gleichen sozial normativen Regelwerk wie einer realen Person begegnet werden kann.[13]

Henrik Warpefelt und Harko Verhagen heben hervor, dass NPCs von zentraler Bedeutung für die Glaubwürdigkeit der Spielwelt sind:

> »NPCs play a critical role in upholding the believability of a game world, both by their behavior but also by their appearance. By making the game believable, they also strengthen the player's feeling of immersion. However, the visual representation of NPCs is not only defined by the functions they provide within the game, but also encompasses and makes perceptible the roles they play in the narrative of the game. Therefore, the visual representation of an NPC must not only signal its functional role, but also be in line with the expectations set by the narrative.«[14]

---

11 Magnus Johansson, *Do Non-Player Characters Dream of Electric Sheep? A Thesis About Players, NPCs, Immersion and Believability*, Stockholm: Department of Computer and System Sciences 2013, <www.diva-portal.org/smash/get/diva2:616929/FULLTEXT01.pdf>, S. 58; Richard A. Bartle, *Designing Virtual Worlds*, Berkeley, Calif.: New Riders 2003 (Report Series 13/4), S. 87.

12 Jonathan Harth, *Computergesteuerte Spielpartner* (wie Anm. 10), S. 306.

13 Ebd., S. 308.

14 Henrik Warpefelt und Harko Verhagen, *Towards an Updated Typology of Non-Player Character Roles*, in: *Proceedings of the International Conferences on Interfaces and Human Computer Interaction 2015, Game and Entertainment Technologies 2015 and Computer Graphics, Visualization, Computer Vision and Image Processing 2015*, hrsg. von Katherine Blashki und Yingcai Xiao, Lissabon: IADIS Press 2015, S. 1–9, hier S. 1f., auch unter <www.iadisportal.org/ihci-2015-proceedings> (Abruf am 7. August 2017).

Das bedeutet, dass NPCs nicht nur sinnvoll mit den Spieler_innen interagieren können müssen (sofern das Spiel dies verlangt), sondern sie gleichzeitig als Bestandteile und Repräsentanten der Spielwelt auch adäquat in der virtuellen historischen und kulturellen Welt des Spiels implementiert sein müssen. In vielen Spielen ist eine sinnvolle Interaktion der Spieler_innen mit diesen Repräsentanten notwendig, um sinnhaft mit der Spielwelt interagieren zu können.[15] Dan Pinchbeck betont entsprechend, dass NPCs nicht nur dekorative oder epiphänomenale Eigenschaften hätten, sondern wichtiges Instrument zur Manipulation des Gameplays seien, das die Spieler_innen bewusst in jeweils gewünschte Spielkontexte leiten würde.[16]

Schließlich sind NPCs nicht nur innerhalb der Spielwelt das Produkt eines Mächteverhältnisses, das ihr Werden erklärt: Sie sind vor allem Ausdruck kultureller und sozialer Einstellungen der Developerteams und der Gesellschaft, innerhalb derer das Spiel geschrieben, vertrieben und konsumiert wird. Über den Code werden so in differenten Abstraktionsgraden Konflikte implementiert und kommuniziert, deren Genese immer außerhalb des Spiels liegt. Diese Konflikte werden Teil des formalisierten Konflikts eines Spiels, in welchem die Spieler_innen die Hindernisse der Spielwelt überwinden müssen. NPCs sind in diesem Zusammenhang direkt oder indirekt Indikatoren für den Erfolg. Indem die Spieler_innen die Umwelt der NPCs beeinflussen oder sogar selbst über Leben und Tod der NPCs entscheiden, werden diese auch zum akzeptierten Kollateralschaden des Konfliktes.[17] Daraus folgt schließlich, dass NPCs vulnerabel sind, wobei ihre Vulnerabilität trotz der temporären Personalitätszuschreibungen jedoch nur bedingt als Charakteristikum der NPCs anerkannt wird.

---

15 Arno Görgen und Rudolf T. Inderst, *Die suggestive Kraft des Subjektiven. Utopien in Spielen – Spiele als Utopien*, in: *Philosophie und Phantastik. Über die Bedingungen, das Mögliche zu denken*, hrsg. von Karsten Weber, Hans Friesen und Thomas Zoglauer, Münster: Mentis 2016, S. 49–66, hier S. 61f.

16 Dan Pinchbeck, *An Analysis of Persistent Non-Player Characters* (wie Anm. 7), S. 272.

17 Es gibt auch invulnerable NPCs, die von den Aktionen der Spieler_innen gänzlich unbeeinträchtigt bleiben. Auch dies liegt im Ermessensspielraum der Entwickler_innen, wie in FALLOUT 3 (Bethesda Game Studios/Bethesda Softworks, 2008), wo – im Gegensatz zu den Vorgängerspielen – Kinder nicht getötet werden können: vgl. Simon Parkin, *Opinion: »Fallout 3 – I Kill Children«*, in: *Gamasutra. The Art & Business of Making Games*, 31. Oktober 2008, <www.gamasutra.com/php-bin/news_index.php?story=20908> (Abruf am 4. Mai 2017).

Vulnerable Gruppen und soziale Marginalisierung

Vulnerabilität und soziale Marginalisierung bzw. Minorisierung (also die soziale Konstruktion einer sozialen Gruppe als Minderheit) sind eng zusammenhängende Prozesse, die, gerade wenn sie in Spielen stattfinden, kaum als Problem adressiert werden und deshalb einer definitorischen Umgrenzung bedürfen.

Vulnerabilität ist als Konzept vor allem in der Medizinethik der Nachkriegszeit als Gegenentwurf einer selbstkritischen Medizin zu den menschenverachtenden medizinischen und biowissenschaftlichen Gräueltaten der NS-Zeit geprägt worden. Die *Deklaration von Helsinki* definiert vulnerable Gruppen wie folgt:

> »Einige Gruppen und Einzelpersonen sind besonders vulnerabel und können mit größerer Wahrscheinlichkeit ungerecht behandelt oder zusätzlich geschädigt werden.«[18]

Aus dieser Erklärung wird folgerichtig abgeleitet, dass vulnerable Gruppen in besonderem Maße im Rahmen klinischer und medizinwissenschaftlicher Praxis adressiert werden müssen und dass auf ihre Rechte und Bedürfnisse Rücksicht genommen werden muss.

Die Vulnerabilität von Patient_innen betrifft immer zwei sich gegenseitig bedingende Aspekte. Zum einen führt der Verlust von Gesundheit durch die abnehmende individuelle Handlungsfähigkeit zu einem Verlust persönlicher Autonomie und in der Folge zu Abhängigkeitsverhältnissen zwischen dem Individuum und seiner sozialen Umwelt, seien es Ärztinnen und Ärzte, Pflegepersonal oder Familienmitglieder. Zum anderen unterliegen alle Menschen jederzeit dem Risiko von Verletzungen und Restriktionen, sei es in Form ungünstiger Umweltbedingungen, Verletzungen oder sozialer Probleme wie Arbeits- und Obdachlosigkeit. Beide Aspekte können zu Stigmatisierung und Diskriminierung führen. Die Vulnerabilität sozialer Gruppen ist demnach kein rein medizinisches, sondern ein gesellschaftliches Problem, welches unter anderem in die Medizin, aber grundsätzlich in jeden Bereich sozialen Austauschs hineinwirkt. Sie ist das Resultat sozialer Konstruktionen von Minderheiten.[19] Minorisierung als eine der Ursachen (und

18 Weltärztebund, *Deklaration von Helsinki* (wie Anm. 1), S. 5.

19 Waldemar Streich, *Vulnerable Gruppen. »Verwundbarkeit« als politik-sensibilisierende Metapher in der Beschreibung gesundheitlicher Ungleichheit*, in: *Gesundheitliche Ungleichheit. Grundlagen, Probleme, Perspektiven*, hrsg. von Klaus Hurrelmann und Matthias Richter, Wiesbaden: Verlag für Sozialwissenschaften, 2. Aufl. 2009, S. 301–308, hier S. 303.

Folge) von Vulnerabilität ist ein Nebenprodukt des Zusammenspiels sozialer Institutionen und der individuellen Mitglieder einer Gesellschaft. Diese werden durch gesellschaftliche Interaktion sozialisiert, d. h. sie erlernen soziale Regeln und Normen sowie deren Einhaltung im Austausch mit ihrer sozialen Umwelt. Das Erlernen eines kollektiven Normenhaushaltes erfüllt zwei Funktionen. Zum einen soll so gewährleistet werden, dass man als Gesellschaftsteilnehmer_in unerwünschte und deviante Verhaltensformen identifizieren und verhindern kann. Ein sozial vermittelter Widerwille zur Interaktion und sozialen Nähe mit ›Kranken‹ kann auf diese Weise effektvoll die Ausbreitung von Krankheiten unterbinden. Zum anderen wird durch die Habitualisierung, Normalisierung und Ritualisierung bestimmter kollektiver Verhaltens- und Orientierungsmuster die Komplexität des Alltagslebens reduziert. Kollektive Deutungsmuster, zu welchen auch die Konstruktion sozialer Minderheiten gehört, stellen also gesellschaftliche Angebote an deren Subjekte dar, Welt zu verstehen und einzuordnen. In Form von Normalitätsvorstellungen verdichtet, bieten sie so Handlungs- und Wissensorientierungen.[20]

Problematisch wird die Vermittlung solcher Normvorstellungen dann, wenn sie Identitäten umdeutet und je nachdem als sozial anerkannt/nützlich oder deviant markiert. Solche Implementationen von Wissen entziehen sich üblicherweise durch ihre wahrgenommene Faktizität einer tieferen kritischen Reflexion: Auf diese Weise wird Welt durch den Filter einer Gaußschen Normalverteilung betrachtet, an deren Peripherien sich die Verdächtigen und Devianten tummeln. Die Betrachtung dieser Gruppen als Randgruppen erhöht gleichzeitig deren Vulnerabilität. Minorisierung als sozialer Prozess ist zeit- und kulturgebunden und unterliegt einerseits einer tiefen Verwurzelung in sozialen und politischen Strukturen, andererseits einem ständigen, meist langsamen historischen Wandlungsprozess.[21] Deutlich wird das am Beispiel der Homosexualität, die von der WHO bis 1992 als Krankheit betrachtet wurde und in der Deutschen Demokratischen Republik bis 1968, in der Bundesrepublik Deutschland gar bis 1994 strafbar war.

Vulnerabilität als Konzept ist nicht nur paradox, weil sowohl Individuen als auch soziale Gruppen vulnerabel sein können. Sie ist es auch, weil das Konzept

---

20 Alexander Bogner, *»Unsere Aufgabe ist es halt, ganz klare Grenzen zu ziehen«. Gestaltungszwänge und professionelle Handlungsorientierungen in der Humangenetik*, in: *Sinnformeln. Linguistische und soziologische Analysen von Leitbildern, Metaphern und anderen kollektiven Orientierungsmustern*, hrsg. von Susan Geideck und Wolf-Andreas Liebert, Berlin und New York: de Gruyter 2003, S. 199–224, hier S. 211.

21 Waldemar Streich, *Vulnerable Gruppen* (wie Anm. 19), S. 302f.

der Vulnerabilität gleichermaßen deskriptiv wie präskriptiv ist. Sie beschreibt den Status einer Gruppe oder einer Person ebenso wie mit der Beschreibung zugleich ex negativo ein Wunschzustand skizziert wird. Vulnerabilität ist zudem problematisch, weil sie – alleine dadurch, dass sie überhaupt bestimmten Personen *zugeschrieben* wird – die Vulnerabilität dieser Personen de facto verstärkt und somit die Möglichkeit zum Empowerment unterläuft. Ein weiterer kritischer Punkt ist die öffentliche negative Auslegung von Vulnerabilität, die Aspekte wie Empathie, Intimität, soziale Verbundenheit etc. unterminiert.[22]

Vulnerable Gruppen in Spielen

Vulnerabilität und Minorität als soziale Orientierungsmuster werden auch in digitalen Spielen perpetuiert. Es ist daher unerlässlich, diese Konzepte in Spielen identifizieren und kontextualisieren zu können. Am deutlichsten wird dies an der Konstruktion der NPCs im digitalen Spiel.

NPCs sind wichtige Instrumente zur Skizzierung grundsätzlicher Konfliktlinien in digitalen Spielen. Solche Konflikte haben oft Bezugspunkte zu realen sozialen, kulturellen oder politischen Konflikten oder zu abstrakteren Konflikttypen, sodass man hier durchaus von einer Art des Stellvertreter-Konfliktes sprechen kann. Um ›realistische‹ Konflikte zu vermitteln, bedarf es eines plausiblen Zugangs hierzu, der unter anderem über die NPCs erreicht wird, die solche Konflikte virtuell austragen und repräsentieren.

NPCs sind, auch wenn sie in Parteien und Fraktionen zersplittert sind, diejenigen, die die Kultur der jeweiligen Spielwelt repräsentieren. Sie sind auf narrativer Ebene der Indikator, der den Spieler_innen (überwiegend) dialogisch die Ursachen, Aufgaben und Folgen des zu bewältigenden Spielkonfliktes vermittelt. Minorisierung und Vulnerabilität von NPCs fußen dabei genau auf diesen Ursachen, Aufgaben und Folgen; sie sind also gewissermaßen die Konsequenz eines virtuellen historischen Prozesses, die neben der direkten Einflussnahme der Spieler_innen spielweltimmanent unter anderem durch anthropogene Katastrophen, Rassismus oder ökonomische Ursachen begründet sein kann.

---

22 Lourdes Peroni und Alexandra Timmer, *Vulnerable Groups. The Promise of an Emerging Concept in European Human Rights Convention Law*, in: *International Journal of Constitutional Law* 11, 2013, S. 1056–1085, hier S. 1060.

Wie bereits geschildert, entbehren NPCs wahrer Autonomie. Sie dienen als subjektivierte Maschinen den Spieler_innen und der Weiterentwicklung des Spielverlaufes. Sie sind entweder auf die Hilfe oder auf die Gnade der Spieler_innen angewiesen, d. h. sie sind Index des Machtverhältnisses zwischen Spieler_in und Spielwelt. Dabei ist es gerade die Vulnerabilität in Kombination mit ihrer virtuellen Historizität (also ihrem ›Gewordensein‹), welche sie als Variablen des Spielkonfliktes gleichzeitig bedeutsam macht.

Tatsächlich finden sich in Spielen viele Gruppen, die per definitionem vulnerabel sind – seien es psychisch oder physisch kranke oder eingeschränkte Personen, Drogenabhängige, Flüchtlinge, Kinder, ethnische Minderheiten, Häftlinge oder von Naturkatastrophen bedrohte Personen. In vielen dieser Spiele entstammt auch der Spielercharakter einer vulnerablen Gruppe, etwa im Jump-'n'-Run-Spiel ODDWORLD: ABE'S ODDYSSEY (Oddworld Inhabitants/GT Interactive und Oddworld Inhabitants, 1997). Hier führt Abe, ein Sklave des Fleischproduzenten Molluck, seine ebenfalls versklavten Mitmudokaner (die ihren Namen nach der Welt Mudos tragen) aus der Gefangenschaft. In AMONG THE SLEEP (Krillbite Studio/Sodesco, 2014) führen die Spieler_innen ein namenloses Kleinkind nachts durch dessen unheimliches Elternhaus. Im Point-and-Click-Horror-Adventure FRAN BOW (Killmonday Games/Killmonday Games, 2015) müssen sie ein zehn Jahre altes, an einer psychischen Krankheit leidendes Mädchen aus einer psychiatrischen Anstalt leiten und herausfinden, wer oder was ihre Eltern getötet hat. Im Survival-Strategiespiel THIS WAR OF MINE (11 Bit Studios/Deep Silver und 11 Bit Studios, 2014) schließlich wird man in die Lage von Zivilpersonen in einem osteuropäisch anmutenden Bürgerkriegsgebiet versetzt und muss versuchen, deren Überleben – oft um jeden moralischen, sozialen und ökonomischen Preis – zu sichern.

Die Konstruktion eines solchen sozialen Hintergrundes ist ein effektives Mittel zur Personalisierung des Spielercharakters und in der Folge zur Identifikation mit diesem Charakter: Der persönliche Hintergrund schafft Intimität und einen mit der Figur geteilten privaten Raum, der im Idealfall genug Empathie ermöglicht, um mit dem Spielercharakter zu leiden und zu leben oder um das Ziel des Spiels nachvollziehen zu können. In vielen Spielen ist dies die Überwindung der die Vulnerabilität verursachenden Umstände. Das bedeutet, dass Vulnerabilität des Spielercharakters fast immer mit einem Narrativ des ludischen Self-Empowerments und der Selbstbefreiung verbunden ist.

Obwohl auch die Vulnerabilität von NPCs ein Mittel sein kann, ein Spiel zu personalisieren – etwa wenn man in FALLOUT 4 (Bethesda Game Studios/Bethesda Softworks, 2015) versucht, das während der Stasis entführte Baby des Spielercharakters wiederzufinden, oder man in der THE WALKING DEAD-Serie (Telltale Games/Telltale Games, seit 2012) die Obhut von Clementine, eines im Zuge der Zombie-Apokalypse verwaisten Kindes, übernehmen muss –, sind NPCs immer auf die Hilfe des Spielercharakters angewiesen, d. h. sie sind immer heteronom und an das Handlungsdiktat von Spieler_in und Spiel gebunden.

Die gegnerischen Splicer in BIOSHOCK (2K Boston/2K Games, 2007) leiden an einer physisch und psychisch extrem zerstörerischen Abhängigkeit von der Enhancement-Droge ADAM, über deren Folgen zahlreiche Audiotagebücher im Spiel Auskunft geben. Dennoch wird zu keinem Zeitpunkt etwas wie Empathie entwickelt. Selbst die Little Sisters, kleine, physisch und psychisch zu ADAM-Erntemaschinen umfunktionierte Mädchen, die den Spieler_innen als Hauptquellen des zum eigenen Spielfortschrittes benötigten ADAM dienen, werden auf ihren strategischen Wert reduziert. Die Leapers in REMEMBER ME (Dontnod Entertainment/Capcom, 2013), durch eine gedächtnismanipulierende Technologie ihrer Persönlichkeit und sozialen Fähigkeiten beraubte Menschen, werden zwar bei ihrem ersten Erscheinen empathisch als die »lost children of the Sensen-Age« tituliert, dies hält die Hauptfigur jedoch nicht davon ab, sie massenhaft zu töten. In beiden Spielen sind es ihrer Autonomie beraubte, kranke Menschen, denen ein Leben in Würde auch im Rahmen der erzählten Geschichte gestohlen wurde. Dennoch versuchen BIOSHOCK und REMEMBER ME weder, diesen Umstand weiter zu problematisieren, noch ihn im Gameplay zu verankern, indem man beispielsweise die Möglichkeit eines alternativen, nicht-todbringenden Durchschreitens des Levels erwägt.

Diese oft einseitige Positionierung von NPCs in der Spielstruktur hat verschiedene Ursachen. Erstens zeichnen sich viele Genres, etwa First-Person-Shooter oder Rollenspiele, zumindest zeitweise durch hohes Spieltempo aus, das kaum Zeit zur Reflexion des Wahrgenommenen bietet. Entsprechend muss die Semantik des Spiels dem angepasst werden und durch einen hohen Grad der Plakativität und Eindeutigkeit seiner Bildersprache eine schnelle Orientierung und Informationsverarbeitung ermöglichen. Im First-Person-Shooter sind die gegnerischen Figuren nur selten subtil gekleidet; oftmals sind sie, untereinander nur wenig differenziert, schnell als feindlich zu erkennen. Sie werden daher mit negativen Markern des Othering versehen, etwa den genannten körperlichen Entstellungen oder eindeutig negativ konnotierten (etwa zerschlissenen oder provokant aggressiv gestalteten) Uniformen. Diese Markierung dient der Minorisierung und der Kategorisierung dieser Figuren als sozial deviant bzw. als Gefahr für die eigene Autonomie der Spieler_innen.

Zweitens können auch Spiele, die versuchen, ernsthafte und kritische Narrative zu Vulnerabilität zu transportieren, an ihrem eigenen Anspruch scheitern. Spiele wie DEUS EX: HUMAN REVOLUTION (Eidos Montreal/Square Enix, 2011) oder TOM CLANCY'S THE DIVISION (Massive Entertainment/Ubisoft, 2016) schaffen es nicht, die Lücke zu schließen zwischen dem, was eine tiefergehende Darstellung einer vulnerablen Gruppe abverlangen würde (Ursachen und Folgen der Minorisierung, ethische Konflikte etc.) und den Genreerwartungen, die an ein Spiel gestellt werden. John Brindle führt dazu im Zusammenhang mit THE DIVISION kritisch an, dass

> »where serious themes can enhance or coexist with an established genre template such as the open-world action game or the loot-based MMO [Massively Multiplayer Online Game], they are engaged (as with *Watch Dogs*' Profiler [Ubisoft Montreal/Ubisoft, 2014]). But where they would require too substantial a deviation from these templates – for instance, where they make repeated knee-jerk violence seem like an inadequate or sinister response – they are ignored.«[23]

Das Verharren innerhalb eines Erwartungshorizontes resultiert im Fall von THE DIVISION in stereotypen und statischen Darstellungen der NPCs und kann mitunter dazu führen, dass negative Stereotype der ›realen Welt‹ perpetuiert werden. In diesem Fall wird eine ganze Gruppe von gegnerischen Einheiten unter dem stereotypen Bild des Plünderers zusammengeführt, welches wiederum Anleihen aus der schablonenhaft negativen Vor- und Darstellung afroamerikanischer Krimineller und der Medienberichterstattung zu Plünderungen im Kontext des Wirbelsturms Katrina in New Orleans kommuniziert. THE DIVISION spielt in New York, das nach einem bioterroristischen Anschlag von einer Pockenepidemie heimgesucht wird und von der Außenwelt abgeriegelt ist. Die Bevölkerung wurde zum großen Teil evakuiert oder zieht sich aus Angst vor Krankheit, Tod, Kriminellen und paramilitärischen Guerillagruppen in ihre Wohnungen zurück. In diesem spielgewordenen Gedankenexperiment zur Broken-Windows-Theorie[24] ist es die

23 John Brindle, *›Real World Issues‹ in Games Like Deus Ex Are There for Marketing Reasons, Not for Art*, 2. September 2016, <www.zam.com/article/985/real-world-issues-in-games-like-deus-ex-are-there-for-marketing-reasons-not-for-art> (Abruf am 4. Mai 2017).

24 Die sogenannte Broken-Windows-Theorie, 1982 von den amerikanischen Sozialforschern George E. Kelling und James Q. Wilson konzipiert, beschreibt am Beispiel eines zerbrochenen Fensters, wie ein relativ harmloses Phänomen zur Vernachlässigung einer ganzen Nachbarschaft führen kann: *Broken Windows. The Police and Neighborhood Safety*, in: *The Atlantic* 126, 1982, S. 29–38.

Aufgabe der Spielerfigur als Teil der namensgebenden staatlichen Schläferzelle »The Division«, mittels einer Null-Toleranz-Strategie wieder Ordnung in die der Anarchie anheimgefallenen Stadt zu bringen.

Gerade die Plünderer werden jedoch nicht als Opfer ihrer Umstände, sondern als deviante, asoziale und gierige Kriminelle dargestellt. Dabei sind auch sie Zurückgelassene, die sich in einem New York ohne Ressourcen durch ihren Alltag kämpfen müssen. Damit verfällt das Spiel dem gleichen medialen Mechanismus, wie er im Kontext der Zerstörung New Orleans' im Jahre 2005 durch den Wirbelsturm Katrina wirkte. Studien zeigen, dass schwarze Bewohner_innen von New Orleans in Nachrichtensendungen ohne weitere Kontextualisierung kriminalisiert wurden.[25] Hinzu kommt, dass in THE DIVISION ihre gesamte ästhetische Darstellung – sie sind vermummt und tragen Kapuzenpullover und Baseballkappen – die semantische Tradition der Darstellung des schwarzen, kriminellen Gang-Mitglieds aufgreift, das besonders nach dem Fall um den von einem Polizisten ermordeten Trayvon Martin im Jahre 2012 medial ›ausgeschlachtet‹ wurde. THE DIVISION tradiert auf diese Weise rassistische Einstellungen, ohne die Chance zu ergreifen, gerade die Diskussion von Ursachen der Kriminalisierung für die Entwicklung der Geschichte zu nutzen.

Während also Vulnerabilität als biografischer Hintergrund eines NPCs Passivität und Heteronomie impliziert, bedeutet derselbe Hintergrund für einen Spielercharakter eine Aufforderung zur Selbstbefreiung aus der selbst- oder fremdverschuldeten Unmündigkeit. Während Vulnerabilität für den NPC ein statisches Element ist, stellt sie für Letzteren ein spielmechanisches prozedurales Element dar. Das Empowerment der Spieler_innen kann sogar die Vulnerabilität des NPCs verstärken, wenn die gleichen Elemente, die auf narrativer Ebene die Vulnerabilität der NPCs umrahmen, auf spielmechanischer Ebene zum spieldefinierenden Charakteristikum der Entwicklung werden. So führt in der DEUS EX-Reihe (wie im Prinzip auch in BIOSHOCK) das biotechnologische Enhancement großer Bevölkerungsteile zu deren sozialer Marginalisierung und politischer Unterdrückung, während sie gleichzeitig einem pathophysiologischen Verfall unterworfen werden, der sie in die Abhängigkeit von medizinischen Versorgungssystemen führt. Zur gleichen Zeit sind es dieselben Enhancements, die Adam Jensen, dem Hauptcha-

---

25 Vgl. Kirk A. Johnson, Mark K. Dolan und John Sonnett, *Speaking of Looting. An Analysis of Racial Propaganda in National Television Coverage of Hurricane Katrina*, in: *Howard Journal of Communications* 22, 2011, S. 302–318.

rakter der Spiele, in einem biopolitischen Prozess der stetigen Selbstverbesserung überhaupt erst ein erfolgreiches Durchschreiten der Spielwelt ermöglichen. In jedem Fall zeigt der Spielercharakter dem NPC genau das, was dieser nicht sein oder werden darf, während der NPC hinter dem Vorhang seiner Devianz verschwindet.

Schlussfolgerungen und Lösungsansätze

Aus der Beschreibung des Spannungsfeldes von NPC, Spielercharakter, Vulnerabilität und Auto- sowie Heteronomie zeigt sich, dass Spiele als ›Vertreterkonflikte‹ unter anderem an der Diskrepanz der Selbstbestimmung der Spieler_innen und der Machtlosigkeit und Vulnerabilität der NPCs, damit an einem Mangel an Sozialität und der damit verbundenen Befähigung eines Spiels zur Entwicklung autonomer, interaktiver und emergenter Verhaltensweisen der NPCs scheitern können. NPCs sind so lediglich inhaltslose Signifikanten sozialer Interaktion, die auf ihre spielmechanische und spielstrategische Relevanz reduziert werden können.

Um Vulnerabilität aus ihrem rein strategischen Eindämmungsfeld in ein ethisch und sozial relevantes ludisches Resonanzfeld zu überführen, muss in Erweiterung des im Abschnitt zu den Funktionen der NPCs von Henrik Warpefelt und Harko Verhagen eingebrachten Hinweises, dass die visuelle Repräsentation eines NPCs nicht nur deren funktionale, sondern auch deren narrative Rolle im Spiel sinnvoll darlegen muss, ergänzt werden, dass diese Rolle des NPCs besonders stark mit der des Spielercharakters interagieren sollte. Eine mögliche Strategie kann darin bestehen, den Spielercharakter einer größeren Heteronomie und Vulnerabilität auszusetzen, etwa, indem er vor Lose-Lose-Situationen gestellt wird. Das geschieht beispielsweise im Spiel PAPERS, PLEASE (Lucas Pope, 2013), in dem die Spieler_innen als Beamte eines Grenzpostens über Wohl und Wehe der Geflüchteten, Reisenden etc. entscheiden und dabei selbst erheblichem ökonomischen, sozialen und politischen Druck ausgesetzt werden. Eine weitere Strategie zur Stärkung der Wahrnehmung von Vulnerabilität kann darin bestehen, dem Spielercharakter Gefühle von Empathie, Intimität und sozialer Verbundenheit zu vermitteln, indem dieser die Verantwortung für das Wohl vulnerabler Personen übernehmen muss. So muss – wie bereits beschrieben – in der ersten Staffel von Telltales THE WALKING DEAD der Hauptcharakter Lee die verwaiste Clementine in seine Obhut nehmen. Der Grad der Intimität der Beziehung führt auch zu einer größeren Vulnerabilität von Lee.

Andere Spiele wiederum implementieren Ursachen und Motoren von Vulnerabilität in ihre Mechaniken, so dass der Spielercharakter unter den gleichen Bedingungen agieren und leiden muss wie dessen virtuelle soziale Umwelt. Das im US-amerikanischen Süden der 1960er Jahre angesiedelte MAFIA III (Hangar 13/2K Games, 2016) setzt seinen schwarzen Hauptcharakter Lincoln Clay dem gleichen Rassismus und dessen Konsequenzen wie die NPCs aus. Das bedeutet im Spiel nicht nur die Segregation im Sinne eines sozialen Ausschlusses von bestimmten öffentlichen Räumen, sondern beispielsweise auch die soziopolitische Ungleichbehandlung in Form einer stärkeren polizeilichen Überwachung für die Stadtviertel der People of Color, während ›weiße‹ Viertel kaum kontrolliert werden.

Zusammenfassend sollte es also Ziel sein, die auf Spieler_innen zentrierte Ausrichtung der meisten Spielnarrative und -mechaniken auszuhebeln und stattdessen die Spieler_innen von ihrem ludonarrativen Autismus in ein holistisches Welterleben zu überführen.

Vom Nutzen und Nachteil einer Historie digitaler Spiele

Josef Köstlbauer · Eugen Pfister

1927 / 2017

Am 14. Mai 1927, mehr als 30 Jahre nach der ersten Filmvorführung der Brüder Lumière in Paris, tagte in Göttingen die International Commission of Historical Science, um Fragen des ›Historischen Films‹ – man lehnte ihn ab – sowie des Films als historische Quelle zu diskutieren. Vier Jahre später zeigte sich Sigfrid Steinberg in einem Aufsatz in der *Historischen Zeitschrift* noch immer unbeeindruckt von dem neuen Medium:

> »[M]an wird, ohne die Bedeutung dieser Quellengattung zu unterschätzen, doch wohl der Meinung sein, daß für die Historische Wissenschaft andere Aufgaben dringlicher sind.«[1]

1958, also etwas mehr als drei Jahrzehnte später, griff der Geschichtswissenschaftler Wilhelm Treue auf diese mittlerweile selbst historisch gewordene Erzählung zurück, um in akademischen Kreisen für die Etablierung des Films als historisches Dokument zu werben. Dabei trat er seinem Kollegen Fritz Terveen entgegen, der noch die Meinung vertreten hatte, Filme kämen höchstens als zweitrangige Quellen in Frage, als »ein die sonstigen Quellen ergänzendes und veranschaulichendes Abbild einer bestimmten Person, einer Epoche, eines Vorgangs«.[2] Im Gegensatz

---

1 Sigfrid H. Steinberg, *Die internationale und die deutsche ikonographische Kommission*, in: *Historische Zeitschrift* 144, 1931, S. 287–296, hier S. 290, zitiert nach Wilhelm Treue, *Das Filmdokument als Geschichtsquelle*, in: dass. 186, 1958, S. 308–327, hier S. 315.

2 Fritz Terveen, *Der Film als historisches Dokument*, in: *Vierteljahrshefte für Zeitgeschichte* 3, 1955, S. 57–66, hier S. 61.

dazu wollte Treue den Film als notwendige Primärquelle einer vorrangig visuellen Politik- und Kulturgeschichte verstanden wissen.[3]

2017, 61 Jahre nach Treues Appell und mehr als 40 Jahre nach der Markteinführung der ersten SPACEWAR!-Spielautomaten und PONG-Konsolen, ist die Zeit gekommen, auch das digitale Spiel als notwendige Primärquelle einer vor allem in den Medien verorteten Politik- und Kulturgeschichte zu etablieren: Der vorliegende Text argumentiert, dass eine geschichtswissenschaftliche Erforschung digitaler Spiele sinnvoll erscheint. Wir wenden uns dabei explizit nicht nur an Historiker_innen, sondern auch an Forscher_innen aus benachbarten Disziplinen, in der Überzeugung, dass eine historische Perspektive alle Forschungsrichtungen bereichern kann.

Wieso Geschichte?

Wie kann ein spezifisch geschichtswissenschaftlicher Zugriff auf digitale Spiele aussehen und inwiefern ermöglicht er neue Erkenntnisse? Geschichte ist – zumindest im modernen Selbstverständnis der Disziplin – nicht allein das chronikale Nacherzählen vergangener Ereignisse: Sie dient der Erforschung und Analyse der Vergangenheit,[4] nicht nur deren Rekonstruktion. Die meisten Historiker_innen begreifen ihr Fach deshalb – im Gegensatz zu einer in der Öffentlichkeit verbreiteten Ansicht – auch nicht mehr mit Leopold von Ranke als genaue Rekonstruktion der Vergangenheit (»wie es eigentlich gewesen«), sondern als notwendigerweise lückenhafte Erzählung, Kritik und Interpretation. Vereinfacht gesagt geht es darum, vergangene Phänomene in ihrem historischen Kontext besser zu verstehen, und zwar immer in Hinblick auf ihre Bedeutung für unsere heutige Welt. Insofern ist gerade die Geschichtswissenschaft stets eine besonders aktualitätsbezogene Disziplin.

Dabei setzt sich die Disziplin im Prinzip keine thematischen Grenzen: Von der Wirtschafts- über die Sozial-, Kultur-, Ideen-, Wissenschafts-, Rechts- oder Geschlechter- bis zur Politikgeschichte macht sie sich das ganze Spektrum

3 Wilhelm Treue, *Das Filmdokument als Geschichtsquelle* (wie Anm. 1), S. 315f.

4 Volker Sellin, *Einführung in die Geschichtswissenschaft*, Göttingen: Vandenhoeck & Ruprecht 1995, S. 17.

menschlichen Wirkens zum Gegenstand.[5] Verbindendes Moment ist der Mensch. Ein solch umfassender Fokus macht es aber immer wieder notwendig, Erkenntnisse und Methoden benachbarter Disziplinen wie Soziologie, Anthropologie, Politikwissenschaften, Wirtschaftswissenschaften, Psychologie usw. auch dann einzubeziehen, wenn es spezifische historische Fragen zu ergründen gilt.

Genuin historisch ist dabei zum einen eine rigide Quellenkritik, also ein geschultes Misstrauen jeder Quelle gegenüber, sowie eine gründliche historische Kontextualisierung. Die Quellenkritik fragt nach dem Ursprung der Quelle und ihrer Aussage. »Was wissen wir von der Geschichte des Altertums als – was wir durch die Griechen wissen; und was wissen wir durch diese als – was sie wissen konnten und wie sie es uns wollten wissen lassen!«, liest man dazu bei Johann Gottfried Herder bereits Ende des 18. Jahrhunderts.[6] Exemplarisch auf digitale Spiele angewandt heißt das, dass wir nichts an und in ihnen unhinterfragt lassen dürfen: Warum gerade dieses Sujet, diese Charaktere, diese Mechanik? Warum kämpfen wir so viel? Wer sind ›die Guten‹, wer ›die Bösen‹? Warum wählte ASSASSIN'S CREED: UNITY (Ubisoft Montreal/Ubisoft, 2014) beispielsweise die Französische Revolution als Hintergrund und warum wird diese historische Episode in dieser spezifischen Art und Weise dargestellt? Warum erschienen zuletzt je ein First-Person-Shooter eines großen Publishers zum Ersten (BATTLEFIELD 1, EA Dice/Electronic Arts, 2016) und zum Zweiten Weltkrieg (CALL OF DUTY: WWII, Sledgehammer Games und Raven Software/Activision, 2017)? Warum zielte die Marketingstrategie von Nintendo und später Sega nur auf ein junges männliches Zielpublikum, während sich Atari zuvor genderneutraler Werbesujets bedient hatte? Warum spielt Umweltschutz ab einem gewissen Zeitpunkt auch in Fantasy-Rollenspielen eine immer größere Rolle? Welchen Einfluss nimmt das Medium Spiel selbst auf die transportierten Aussagen, und dementsprechend: Wie veränderten sich die medialen Rahmenbedingungen im Lauf der Zeit? Der potenzielle Fragenkatalog ist im wahrsten Sinne grenzenlos.

Ein geschichtswissenschaftlicher Zugang erinnert uns immer daran, dass digitale Spiele nicht ahistorisch sind. Sie lassen sich nicht gesondert von der sie ein-

---

5 Eine prägnante Definition der Geschichtswissenschaft als »Kontextwissenschaft« findet sich in Wolfgang Schmale, *Schreib-Guide Geschichte*, Wien: Böhlau 2006, S. 17f.

6 Zitiert nach Regine Otto, *Sind Urkunden Urkunden? Ambivalenzen und Konstanten in Herders Sicht auf historische Überlieferungen*, in: *Literatur und Geschichte. Festschrift für Wulf Koepke zum 70. Geburtstag*, hrsg. von Karl Menges, Amsterdam: Rodopi 1998, S. 65 bis 82, hier S. 67.

bettenden Kultur und Gesellschaft betrachten. Wer zum Beispiel die Entstehung und Rezeption amerikanischer Brawler Games aus den frühen 1980er Jahren verstehen will, muss sich mit der amerikanischen Kultur- und Gesellschaftsgeschichte, mit historischen Geschlechterrollen, der Geschichte ethnischer Minoritäten in den USA, der Verslumung amerikanischer Innenstädte, aber vielleicht auch mit der medialen Selbstinszenierung von Ronald Reagan auseinandersetzen.

Im Folgenden werden wir vorstellen, wie unterschiedliche geschichtswissenschaftliche Zugriffe auf digitale Spiele aussehen können. Nach einem knappen Abriss des Forschungsstandes konzentrieren wir uns dazu auf drei Aspekte: erstens auf grundsätzliche Fragen der Methode und Medialität, zweitens auf das Spiel als Untersuchungsgegenstand und drittens auf das Spiel als heuristisches Instrument der Geschichtswissenschaft. Hierbei handelt es sich natürlich nur um Schlaglichter, die exemplarisch für eine weitaus größere Bandbreite an historiografischen Zugriffen verstanden werden sollen.

Forschungsstand

Spätestens mit Ende der 2000er Jahre finden sich auch im deutschsprachigen Raum die ersten kulturwissenschaftlichen und historischen Untersuchungen zu digitalen Spielen. Insbesondere die Arbeiten der Historikerin Angela Schwarz und des Medienwissenschaftlers Claus Pias erwiesen sich als einflussreich. Schwarz analysierte über einen längeren Zeitraum anhand ausgewählter historischer Spiele die Vermittlung von Geschichte und vor allem von Geschichtsbildern im Spiel und veröffentlichte 2010 einen ersten, viel zitierten Sammelband dazu.[7] Bereits im Jahre 2002 hatte Pias eine komplexe Mediengeschichte des Computerspiels verfasst: Er untersuchte die diskursiven Felder und die zugehörigen Steuerungstechniken und Wissensformationen, aus denen schließlich (auch) das Computerspiel hervorging.[8] In der jüngeren Vergangenheit sind im deutschspra-

7 *»Wollten Sie auch immer schon einmal pestverseuchte Kühe auf Ihre Gegner werfen?« Eine fachwissenschaftliche Annäherung an Geschichte im Computerspiel*, hrsg. von Angela Schwarz, Münster: LIT 2009. Vgl. auch dies., *Game Studies und Geschichtswissenschaft*, in: *Game Studies. Aktuelle Ansätze der Computerspieleforschung*, hrsg. von Klaus Sachs-Hombach und Jan-Noël Thon, Köln: Halem 2015, S. 398–447.

8 Claus Pias, *Computer Spiel Welten*, München: diaphanes 2002.

chigen Raum außerdem die Monografien von Steffen Bender zur Darstellung der Kriege des 20. Jahrhunderts und von Carl Heinze zum Mittelalterbild in Computerspielen hervorzuheben, die beide im Jahre 2012 erschienen.[9] Bender dekonstruierte dabei die in Spielen kommunizierten historischen Vorstellungen von Kriegen des 20. Jahrhunderts, die er in Beziehung zu »erinnerungskulturellen Konjunkturen« und den dabei auftretenden transmedialen ikonografischen Transfers setzte. Heinze wiederum war der erste, der auch nach Formen der Geschichtsvermittlung in Spielen ohne offensichtliche historische Bezüge fragte: So untersuchte er beispielsweise das in Fantasy-Rollenspielen zutage tretende Mittelalterbild. Bei Bender wie bei Heinze blieb der Fokus trotzdem vor allem auf Computerspiele mit ›historischem‹ oder historisierendem Setting beschränkt. Eine erste Bestandsaufnahme der Bandbreite geschichtswissenschaftlicher Auseinandersetzung mit digitalen Spielen lieferte der 2013 erschienene Sammelband *Playing with the Past.* Matthew Kapell und Andrew Elliott publizierten darin Beiträge von 25 Autor_innen, bemerkenswerterweise nicht nur aus den USA und Großbritannien, sondern auch aus Deutschland, Österreich und Japan.[10]

Erst 2016 erschien eine überaus ambitionierte Studie von Adam Chapman zu digitalen Spielen als Form des Historischen. Er versuchte dabei erstens einen Rahmen für die formale Analyse von »historical digital games« zu geben, zweitens Charakteristika der Repräsentation von Geschichte in digitalen Spielen festzustellen und drittens digitale Spiele als Möglichkeiten für Spieler_innen zu beschreiben, sich Praktiken des Historischen anzueignen (»Historying«).[11] Diese euphorische Vision eines durch Spiele ermöglichten neuen und niederschwelligen Zugangs zur Geschichte qua »player-historians« traf in der Wissenschaft allerdings nicht nur auf Zustimmung.[12]

---

9 Steffen Bender, *Virtuelles Erinnern. Kriege des 20. Jahrhunderts in Computerspielen*, Bielefeld: transcript 2012 (Histoire 23); Carl Heinze, *Mittelalter Computer Spiele. Zur Darstellung und Modellierung von Geschichte im populären Computerspiel*, ebd. 2012.

10 *Playing with the Past. Digital Games and Simulation of History*, hrsg. von Matthew Wilhelm Kapell und Andrew B. R. Elliott, New York und London: Bloomsbury 2013.

11 Adam Chapman, *Digital Games as History. How Videogames Represent the Past and Offer Access to Historical Practice*, New York: Routledge 2016.

12 Buchrezension von Gervase Phillips, in: *Games Research Network*, 19. Januar 2017, <www.gamesresearchnetwork.org/book-review-digital-games-as-history>; Buchrezension von Angela Schwarz, in: *H/SOZ/KULT*, 16. Januar 2017, <www.hsozkult.de/publicationreview/id/rezbuecher-26231> (Abruf jeweils am 20. Mai 2017).

Ein für die deutschsprachige Geschichtsforschung wichtiger Moment war die 2013 in Düsseldorf stattfindende internationale Tagung zum Thema *Frühe Neuzeit im Computerspiel.*[13] Erstmals kamen einschlägig forschende Historiker_innen zusammen und diskutierten ihre Fragestellungen und methodischen Ansätze.[14] Aus der Tagung gingen zwei Sammelbände hervor, einer in englischer und einer in deutscher Sprache, die den damaligen Stand der geschichtswissenschaftlichen Auseinandersetzung mit digitalen Spielen markierten.[15] In Fortsetzung dieses ersten Treffens wurde 2015 an der Universität Hannover der transnationale Arbeitskreis *Digitale Spiele und Geschichtswissenschaft* gegründet, der es sich zum Ziel gesetzt hat, Themenkomplexe um digitale Spiele in der deutschsprachigen wie auch in der internationalen Geschichtswissenschaft zu propagieren.[16] Am Rande des Historikertages 2016 in Hamburg wurde schließlich ein Manifest verabschiedet, das die digitalen Spiele als Gegenstand der historischen Erkenntnis beschreibt.[17]

Von der Transdisziplinarität und Medialität der Geschichte

Sucht man wissenschaftliche Zugänge zum Spiel, sind disziplinäre Grenzen zu überwinden. Der Geschichtswissenschaft fällt das trotz der eingangs erwähnten konstitutiven Offenheit manchmal schwer. Die Medienwissenschaft beispielsweise ist im Vergleich dazu von vornherein an der Schnittstelle geistes- und sozialwissenschaftlicher sowie technischer Disziplinen (Philosophie, Linguistik, Mathematik, Kybernetik etc.) entstanden. Noch stärker inter- bzw. transdisziplinär operieren

13 Das Symposium wurde organisiert von den Historikern Tobias Winnerling (Universität Düsseldorf) und Florian Kerschbaumer (Universität Klagenfurt).

14 Tagungsbericht *Frühe Neuzeit und Videospiele / Early Modernity and Video Games* von Kaj Sollmann, in: *H/SOZ/KULT*, 29. Juni 2013, <www.hsozkult.de/conferencereport/id/tagungsberichte-4885> (Abruf am 20. Mai 2017).

15 *Early Modernity and Video Games*, hrsg. von Tobias Winnerling und Florian Kerschbaumer, Newcastle: Cambridge Scholars 2014; *Frühe Neuzeit im Videospiel*, hrsg. von dens., Bielefeld: transcript 2014 (Histoire 50).

16 *gespielt. Arbeitskreis Geschichtswissenschaft und Digitale Spiele*, <gespielt.hypotheses.org> (Abruf am 31. Mai 2017).

17 *Geschichtswissenschaft und Digitale Spiele. Ein Manifest (Version 1.1)*, in: *gespielt*, 20. September 2016, <gespielt.hypotheses.org/manifest_v1-1> (Abruf am 20. Mai 2017).

die Game Studies.[18] Versuche genuin historiografischer Ansätze scheinen aber nach wie vor zwischen Genealogien und deskriptiven Chroniken auf der einen Seite[19] und der Übernahme von Fragestellungen und Methoden anderer Disziplinen auf der anderen Seite zu schwanken. Eigenständige interdisziplinäre Herangehensweisen zeichnen sich derzeit erst in Ansätzen ab.

So kann es auch heute noch vorkommen, dass Historiker_innen zuallererst die Frage stellen, wie Spiele zu zitieren seien – als wäre mit diesem formalen Akt das Spiel schon erfolgreich dem Quellenfundus der Geschichtswissenschaft eingegliedert. Das mag mit einem missverstandenen Positivismus zusammenhängen, der die Gefahr der Beliebigkeit in sich birgt: warum gerade diese Quellen untersuchen und nicht andere? Eine rein quellenkritische Auswertung kann zweifellos für sich in Anspruch nehmen, die Quellen ›zum Sprechen zu bringen‹ – Voraussetzung dafür ist aber erst die Kontextualisierung und die Reflexion des Quellencharakters. Alles andere läuft Gefahr, in eine »histoire pour l'histoire« abzugleiten – eine Geschichte alleine um der Geschichte willen.

Trotz der internationalen Bedeutung einzelner Denkschulen (zum Beispiel der Annales-Schule, der Cambridge School oder der historischen Diskursanalyse) ist Theoriebildung in der Geschichtswissenschaft noch immer nicht breit verankert – auch wenn nicht mehr von einer grundsätzlichen Theorieferne der Disziplin gesprochen werden kann. Nach wie vor wird theoretischer Input vor allem aus anderen Disziplinen bezogen, insbesondere aus der Politikwissenschaft, Soziologie und Philosophie. Daher ist es nur verständlich, dass sich einschlägig tätige Historiker_innen in Sachen Methodik aktuell vor allem an Problemen und Fragen aus den Game Studies orientieren, stellen diese doch einen naheliegenden und aufgrund der interdisziplinären Anschlussfähigkeit attraktiven Anlaufpunkt dar.

In den Game Studies wird Historizität zwar nicht grundsätzlich ignoriert, doch kreisen die Anliegen bislang vor allem um die Definition und Legitimation des Spiels, um seine soziale Einordnung sowie um die Anwendungs- und Wirkungs-

18 Siehe etwa Klaus Sachs-Hombach und Jan-Noël Thon, *Game Studies und Medienwissenschaft*, in: *Game Studies. Aktuelle Ansätze der Computerspielforschung*, hrsg. von dens., Köln: Halem 2015, S. 11–14.

19 Siehe etwa Jon Peterson, *Playing at the World. A History of Simulating Wars, People and Fantastic Adventures, from Chess to Role-playing Games*, San Diego: Unreason Press 2012.

forschung.[20] Die Game Studies sind sehr viel unmittelbarer anwendungs- und wirkungsorientiert als die Geschichtswissenschaft es jemals sein kann und will.[21] Geschichtliche Verweise werden dort zwar gerne einführend gebraucht, etwa für Abrisse einer Geschichte der Computerspiele, beziehen sich aber oft auf die immer gleichen Texte meist amerikanischer Journalisten.[22] Eine Historisierung im Sinne einer historischen Kontextualisierung unter Anwendung geschichtswissenschaftlicher Methoden erfolgt dagegen selten. Umso besser, könnte man meinen, erlaubt dies doch Historiker_innen, sich mit eben diesen Kompetenzen einzubringen. Das aber kann nur dann gelingen, wenn Perspektive und Methode erweitert werden.

Dabei sind digitale Spiele nicht einfach nur Spiele im Sinne eines ›freien Handelns‹ nach Johan Huizinga oder einer zweckfreien Unterhaltung:[23] Sie können ebenso als Kunst verstanden werden, als Erzählungen, als kommerzielle und kulturelle Artefakte, als Produkte von Informatik, Computertechnik und Mathematik und vor allem als (Massen-)Medium.[24] Digitale Spiele drängen sich schon deshalb

---

20 Frans Mäyrä, ein Pionier des Feldes, hat diesen Umstand mehrfach diskutiert, etwa in *Getting into the Game. Doing Multi-Disciplinary Game Studies*, in: *The Video Game Theory Reader 2*, hrsg. von Bernard Perron und Mark J. P. Wolf, New York: Routledge 2009, S. 313–329; *Digital Games Research. A Survey Study on an Emerging Field and Its Prevalent Debates*, in: *Journal of Communication* 65/6, 2015, S. 975–996.

21 Siehe ders., *Getting Into the Game* (wie Anm. 20), S. 8–10.

22 »Diese, vorwiegend von Journalisten zusammengetragene ›Computerspielgeschichte‹ stellt – wenig repräsentativ und kaum kritisch reflektiert – ›männliche Softwarepioniere‹ in den Mittelpunkt. Dieses Manko kann man aber nicht dem Autor vorhalten, denn es gibt bis dato keine ernstzunehmenden historischen Darstellungen und Studien«: Eugen Pfister, Rezension von Daniel Martin Feige, *Computerspiele. Eine Ästhetik*, in: *Neue Politische Literatur. Berichte aus Geschichts- und Politikwissenschaft* 61, 2016, S. 277.

23 Johan Huizinga, *Homo ludens. Vom Ursprung der Kultur im Spiel* (1939), Reinbek bei Hamburg: Rowohlt, 20. Aufl. 2006, S. 16.

24 In den letzten 30 Jahren hat das vermeintlich ›junge‹ Medium alle Alters- und Gesellschaftsschichten durchdrungen, wenn auch die Nutzungsfrequenzen nach wie vor unterschiedlich sind. Die aktuelle Studie *Jugend – Information – Medien* des deutschen Medienpädagogischen Forschungsverbunds Südwest gibt an, dass knapp 78 % aller deutschen Jugendlichen regelmäßig spielen. Nur 9 % spielen gar nicht. Mit dem aktuellen Heranwachsen einer ersten Generation von Menschen, für die der Umgang mit digitalen Spielen von Kindheit an Selbstverständlichkeit war, handelt es sich auch nicht länger ausschließlich um ein Jugendphänomen: Eine amerikanische Studie im Auftrag

als Untersuchungsgegenstand der Geschichtswissenschaften auf, weil sie die Disziplin dringlich mit der Medialität von Geschichte konfrontieren. Daraus ergeben sich neue Perspektiven auf die Disziplin selbst, eine Chance auf einen Moment der Selbstreflexion und methodischen Weiterentwicklung. Bislang findet dieser Umstand aber nur wenig Beachtung in der Geschichtswissenschaft.

Quellen sind immer mediale Hervorbringung – Instrumente und Artefakte menschlicher Kommunikation – oder werden zu Elementen medialer Zusammenhänge, sobald sie als Quellen bezeichnet und behandelt werden. Bemerkenswert ist, dass der Quellenbegriff der Geschichtswissenschaft den medialen Aspekt aber vollkommen ausblendet. Man könnte auch pointiert formulieren, dass die Geschichtswissenschaft zwar einen Quellenbegriff, aber keinen Medienbegriff hat.[25] Das ist umso erstaunlicher, als erstens der Quellenbegriff der Geschichtswissenschaft von Anfang an offen gedacht wurde als »historische Materialien, die eine Rekonstruktion der Vergangenheit«[26] ermöglichen. Die *historische Operation* konstruiert aus diesen Versatzstücken der Vergangenheit die *Geschichte*: eine ›sinnvolle‹, auf die Gegenwart bezogene Erzählung. Die historische Operation ist dabei immer auch eine mediale Operation: Im Akt der Geschichts*schreibung* wird Geschichte den Formen und Logiken der Schriftmedien unterworfen.[27] In der Auseinandersetzung mit einer Quelle, die so offenkundig ›Medium‹ ist wie das digitale Spiel, lässt sich die Reflexion des Quellenbegriffs und der medialen Dispositive der Historiografie nicht mehr vermeiden.

---

der Entertainment Software Association beziffert das Durchschnittsalter der Spieler_innen im Jahre 2015 auf etwa 38 Jahre. Mit jedem Jahr wächst der Prozentsatz älterer Menschen, die digitale Spiele spielen. Solche Schlaglichter geben natürlich nur einen ersten Eindruck von der Verbreitung digitaler Spiele in unseren Gesellschaften, denn umfassende, das heißt länderübergreifende Studien fehlen nach wie vor. Auch gilt es festzuhalten, dass sich das Medium zwischenzeitlich so diversifiziert hat, dass nicht länger von *einem* ›Publikum‹ gesprochen werden kann, sondern vielmehr – wie etwa beim Spielfilm und Roman – korrekter von *mehreren* ›Publika‹ zu sprechen wäre.

25 Sergio Crivellari und Marcus Sandl, *Die Medialität der Geschichte. Forschungsstand und Perspektiven einer interdisziplinären Zusammenarbeit von Geschichts- und Medienwissenschaften*, in: *Historische Zeitschrift* 277, 2003, S. 619–654.

26 Vgl. etwa Erwin Faber und Immanuel Geiss, *Arbeitsbuch zum Geschichtsstudium*, Wiebelsheim: Quelle & Meyer 1983, S. 75.

27 Vgl. etwa Michel de Certeau, *Das Schreiben der Geschichte*, Frankfurt am Main und New York: Campus 1991, S. 9 und S. 18–20.

Digitale Spiele als historischer Untersuchungsgegenstand: Geschichte im Spiel und Spiele als Quelle

Digitale Spiele sind aber auch Quellen *tout court*, denn sie sind wirtschaftliche und kulturelle Produkte konkreter menschlicher Gesellschaften einer bestimmten Zeit. Als solche geben sie Auskunft über ihre Entstehungszusammenhänge, denn digitale Spiele entstehen nicht in sterilen Laboren ohne Kontakt zur Außenwelt. Im Gegenteil, Spiele-Entwickler_innen beziehen ebenso wie Autor_innen ihre Ideen aus ihrer kulturellen und politischen Umgebung. Sie übernehmen Gedankenmodelle, Darstellungsformen und Erzählstrategien aus anderen Medien, verarbeiten persönliche Erfahrungen und lassen sich vom Tagesgeschehen inspirieren. Dadurch werden nicht nur kulturelle Vorstellungen von Vergnügen und Spannung in Spielcode übersetzt, sondern auch politische Gedanken oder Vorstellungen von ökonomischen Zusammenhängen.[28] Spiele sind somit Zeugen spezifischer historischer Gesellschaften und Kulturen. Für eine wissenschaftliche Auseinandersetzung mit dem Medium ist eine historische Kontextualisierung deshalb Voraussetzung. Um beispielsweise den Erfolg des Actionspiels Raid over Moscow (Access Software/U.S. Gold, 1984) im Nachhinein nachvollziehen zu können, reicht daher nicht ein Rückgriff auf vorhergehende Actionspiele: In diesem Spiel muss ein sowjetischer Atomraketenangriff abgewehrt werden, indem man Raketensilos in Moskau zerstört. Die mit dem Erscheinen dieses Titels einhergehende politische Kontroverse – zivile Proteste in Großbritannien und eine parlamentarische Enquete in Finnland – kann nur im Kontext des Kalten Kriegs verstanden werden: Der geografisch, gesellschaftspolitisch und kulturell in alle Richtungen und auf allen Ebenen ausufernde Konflikt dominierte nicht nur die internationalen Beziehungen, sondern war bis ins alltägliche Leben spürbar. Als ›Krieg der Kulturen‹ durchdrang er Narrative und Ästhetiken von Filmen, Comics, Popularmusik, Literatur und natürlich auch von digitalen Spielen.[29] Die Welle von First-

28 Vgl. dazu Eugen Pfister, *»A passport is required« – Imaginationen von Grenzen und Flucht im digitalen Spiel*, in: *Grenzen. Kulturhistorische Annäherungen*, hrsg. von Helene Breitenfellner u. a., Wien: Mandelbaum 2016, S. 181–197.

29 Ders., *Cold War Games™. Der Kalte-Krieg-Diskurs im digitalen Spiel*, in: *Portal Militärgeschichte*, 10. April 2017, <www.portal-militaergeschichte.de/pfister_coldwargames> (Abruf am 20. Mai 2017). Vgl. auch Tero Pasanen, *Gaming the Taboo in the Finlandisation Era Finland. The Case of »Raid over Moscow«*, in: *Engaging with Videogames: Play, Theory and Practice*, hrsg. von Dawn Stobbart und Monica Evans, Oxford: Inter-Disci-

Person-Shootern der frühen 2000er Jahre, die sich thematisch im Zweiten Weltkrieg verorteten, lässt sich wiederum nur im Zusammenhang mit dem Erfolg von Steven Spielbergs Film SAVING PRIVATE RYAN (USA 1998) sowie der damit einhergehenden popkulturellen Verarbeitung der kollektiven Erinnerung an den Zweiten Weltkrieg verstehen.

Überall an und in digitalen Spielen finden sich solche Spuren politischer, gesellschaftlicher und/oder kultureller Diskurse, die ihre Entstehung bedingen. Insofern können sie uns helfen, unsere Gesellschaft besser zu verstehen: Wie wurde und wird die Frage des Rassismus in Spielen verhandelt? Wo wird in Spielen die Sehnsucht nach ›starken Männern‹ in der Politik bedient? Welche philosophischen Weltbilder lassen sich in gegenwärtigen Spieledystopien, etwa im Zombiemythos erkennen?

Wenn wir häufig Gefahr laufen, gerade das Offensichtliche zu übersehen, hilft uns eine geschulte Quellenkritik, das Gewohnte immer wieder aufs Neue zu hinterfragen. So nehmen wir beispielsweise die Figur des »Mad Scientist« in Spielen normalerweise als ein altbekanntes Versatzstück aus dem Horrorgenre unhinterfragt hin. Zugleich gehorcht die Darstellung und Inszenierung der Figur nicht nur weit in die Kulturgeschichte zurückreichenden ikonografischen Traditionen, sondern verhandelt auch immer wieder aufs Neue die Grenzen der Wissenschaft.[30] Damit nicht genug, verändern die medialen Bedingungen des Spiels selbst potenziell die Aussage.[31] So kann man beispielsweise die ASSASSIN'S CREED-Reihe (Ubisoft/Ubisoft, seit 2007) im Sinne einer populären Ideengeschichte lesen: Die Spiele versetzen die Spieler_innen in eine vordergründig fiktive Spielwelt, die historische Settings mit einer futuristischen Narration und Versatzstücken verschiedener Verschwörungstheorien verwebt. Die Erzählung fußt dabei auf einem binären

plinary Press 2014, S. 121–131; William M. Knoblauch, *Strategic Digital Defense. Video Games and Reagan's »Star Wars« Program, 1980–1987*, in: *Playing with the Past. Digital Games and the Simulation of History*, hrsg. von Matthew Wilhelm Kapell und Andrew B. R. Elliott, New York und London: Bloomsbury 2013, S. 279–296.

30 Arno Görgen und Matthis Kirschel, *Dystopien von Medizin und Wissenschaft. Retro-Science-Fiction und die Kritik an der Technikgläubigkeit der Moderne im Computerspiel »BioShock«*, in: *Technology Fiction. Technische Visionen und Utopien in der Moderne*, hrsg. von Uwe Frauenholz und Anke Woschech, Bielefeld: transcript 2012, S. 271–288.

31 Eugen Pfister, *»Doctor not mad. Doctor insane«. Eine kurze Kulturgeschichte der Figur des »mad scientist« im digitalen Spiel*, in: *Paidia. Zeitschrift für Computerspielforschung*, 27. Juli 2017, <www.paidia.de/?p=10074> (Abruf am 22. August 2017).

moralischen Konflikt, einer über Generationen hinweg ausgetragenen Konfrontation zwischen den Geheimgesellschaften der Assassinen und der Templer. Erstere folgen in der Spielwelt dem Credo »Nichts ist wahr, alles ist erlaubt«, während letztere nach der Errichtung einer autokratischen Ordnung streben.[32] Der zentrale Konflikt des Spiels muss deshalb als Metapher für eine ganz bestimmte, antagonistische Sicht auf das Verhältnis von Liberalismus und Ordnung, Freiheit und Sicherheit verstanden werden. Aber dieser ideologische Kern bleibt weitgehend intransparent.[33]

Erschwert wird das Ganze dadurch, dass die transportierte Aussage nicht notgedrungen bewussten Intentionen einzelner Autor_innen gehorchen muss. Hier lohnt sich ein Rückgriff auf die Cambridge School: Historiker wie Quentin Skinner und J. G. A. Pocock wiesen die Vorstellung zeitloser philosophischer Ideen und sich selbst erklärender Texte zurück. Stattdessen setzten sie politische Diskurse und Ideen in den Kontext der allgemeinen »gesellschaftliche[n] und intellektuelle[n] Matrix, in der diese Texte entstanden«.[34] Da politische Sozialisierung heute in einem digitalen Medienumfeld stattfindet, in dem Spiele eine wichtige Position einnehmen, sind diese auch zur Untersuchung politischer Diskurse und intellektueller Äußerungen heranzuziehen. In digitalen Spiele findet eine »sinnhafte Konstruktion von Welt« statt, daher sind sie eine Quelle sowohl der Ideengeschichte als auch der politischen Geschichte.[35]

Gerade in dieser Perspektive werden Spiele mit einem historischen Setting zu lohnenden Quellen: Die Art und Weise, wie die Französische Revolution, wie die Kreuzzüge oder wie auch der Zweite Weltkrieg im Spiel[36] inszeniert wird, reflektiert immer einschlägige öffentliche Diskurse. In digitalen Spielen wird so die Histori-

32 Eugen Pfister, *Der Pirat als Demokrat: »Assassin's Creed IV: Black Flag« – eine Rezension*, in: *Frühneuzeit-Info* 26, 2015, S. 289f.

33 Siehe dazu Sinem Derya Kılıç, *»Homo Homini Ludus«? Vom Spiel in der Philosophie der Neuzeit zur Philosophie im Videospiel »Assassin's Creed«*, in: *Frühe Neuzeit im Videospiel*, hrsg. von Florian Kerschbaumer und Tobias Winnerling, Bielefeld: transcript 2014 (Histoire 50), S. 159–178.

34 Achim Landwehr, *Historische Diskursanalyse*, Frankfurt am Main: Campus 2008, S. 41.

35 Zur Politikgeschichte als Kulturgeschichte vgl. Ute Frevert, *Neue Politikgeschichte*, in: *Kompass der Geschichtswissenschaft*, hrsg. von Joachim Eibach und Günther Lottes, Göttingen: Vandenhoeck & Ruprecht 2006, S. 152–164, hier S. 161f.

36 Eugen Pfister, *Das Unspielbare spielen – Imaginationen des Holocaust in Digitalen Spielen*, in: *Zeitgeschichte* 4, 2016, S. 250–263.

zität von Geschichtsvorstellungen und Geschichtsbildern deutlich, die Reflexion über das Wesen des Geschichtlichen. Als solche geben sie Auskunft über die Wahrnehmung und Position von Geschichte und Geschichtsschreibung. Dabei sind ›faktische Fehler‹ sowie rassistische, kolonialistische oder sexistische Konstruktionen in historischen Darstellungen digitaler Spiele leicht zu identifizieren; es liegt wohl auch eine Aufgabe der Wissenschaft darin, auf solche Sachverhalte hinzuweisen. Es liegt aber nicht in ihrer Hand, digitalen Spielen das Recht abzusprechen, Geschichte darzustellen – genauso wie das die Literatur und der Film tun und schon immer getan haben. Historizität ist Grundbestandteil menschlicher Kultur: Letztlich erzählen alle Medien von Geschichte. Stattdessen sind die vermittelten Geschichtsbilder und ihre immer wieder neu referenzierten Bestandteile als solche zu identifizieren und ihre Herkunft und Wirkung zu erforschen.[37] Der Wert einer solchen Auseinandersetzung liegt im erweiterten Verständnis unserer eigenen Kultur und ihrer Diskurse von Geschichte, Legitimität und Macht.

Digitale Spiele als Untersuchungsinstrumente?

Digitale Spiele sind aber nicht nur Quellen, Gegenstände oder Medien der Vermittlung der Geschichtswissenschaft, sie sind auch als *Instrumente* geschichtswissenschaftlicher Arbeit denkbar.[38] Insbesondere die Simulation scheint hier als methodische Erweiterung vielversprechend, sowohl in der Forschung als auch in der Vermittlung von Forschungsergebnissen. Simulationen sind grundsätzlich Umsetzungen von Modellen, die es erlauben, mit den Variablen komplexer Systeme zu experimentieren. Üblicherweise beziehen sie sich auf Aspekte oder Teile der Realität, man denke etwa an Fahrzeugsimulatoren oder Wirtschaftssimulationen. Zentral ist die Abstraktion – egal, ob die dahinterstehende Intention das Spiel, die Wissenschaft oder das Lernen ist. Faktoren, die für eine zu untersuchende Situ-

37 Eugen Pfister, *»Wie es wirklich war.« Wider die Authentizitätsdebatte im digitalen Spiel*, in: *gespielt. Arbeitskreis Geschichtswissenschaft und Digitale Spiele*, 18. Mai 2017, <gespielt.hypotheses.org/1334> (Abruf am 25. Juli 2017).

38 Vgl. etwa Tobias Winnerling, *Selbstversuch: Wenn zwei Historiker ein Spiel machen...*, in: dass., 27. Februar 2017, <gespielt.hypotheses.org/1231> (Abruf am 20. Mai 2017).

ation bestimmend erscheinen, werden identifiziert, in ihrem Verhältnis zueinander beschrieben und in einem Modell reproduziert.[39]

Zweifellos ist in digitalen Spielen der Aspekt der Simulation immer präsent. Gonzalo Frasca sieht darin sogar das zentrale Unterscheidungsmerkmal zu anderen Medien.[40] Doch auch der Simulation wohnt ein spielerisches Element inne. In der Möglichkeit, immer wieder aufs Neue die Bedingungen eines Modells zu ändern, um zu sehen, was dann passiert, liegt die Voraussetzung jedes Spiels, nämlich das »Als-ob«. Es ist das Einverständnis aller Beteiligten, gewisse Voraussetzungen den eigenen Vorstellungen oder Wünschen gemäß festzulegen und gemeinsam als bindend zu akzeptieren – bis zum nächsten Durchgang. Die Bereitschaft, das Modell als Repräsentation der Wirklichkeit zu akzeptieren, kann demnach als spielerische Komplizenschaft gedeutet werden.

Das Spiel mit skalierbaren Variablen beginnt jedes Mal neu, es erlaubt stets neue Handlungsstrategien auszutesten oder Ergebnisvariationen zu erheben. Was die geschichtswissenschaftliche Anwendung betrifft, könnten computergestützte Simulationen mit spielmechanischen Elementen zum Beispiel helfen, menschliche Netzwerke und strukturelle Wechselwirkungen besser zu erfassen und zu analysieren. Ein genuin historisches Beispiel dafür wäre etwa eine spieltheoretische Erfassung von Machtkonstellationen an einem frühneuzeitlichen Fürstenhof. Grundlagen für entsprechende Modelle könnten prosopografische Arbeiten – also die systematische Untersuchung eines konkreten historischen Personenkreises – genauso liefern wie archäologische Studien oder bestehende modellbildende Ansätze der Soziologie, Wirtschaftslehre oder Netzwerkanalyse. Das Ergebnis kann ein besseres Verständnis von Machtnetzwerken und -dynamiken sowie von Handlungsspielräumen sein. Ebenso denkbar ist die Entwicklung von Simulationen zum Zwecke der Überprüfung wirtschaftshistorischer oder umwelthistorischer Annahmen, in denen das ›freie Spiel‹ mit Variablen möglicherweise helfen kann, mit der Problematik uneinheitlicher und lückenhafter Quellen bzw. Datensets umzugehen. Derartig angelegte Simulationen würden vor allem der Formulierung und dem Erproben von Hypothesen dienen. Damit verbunden ist auch der Einsatz

39 Siehe Josef Köstlbauer, *Spiel und Geschichte im Zeichen der Digitalität*, in: *Digital Humanities. Praktiken der Digitalisierung, der Dissemination und der Selbstreflexivität*, hrsg. von Wolfgang Schmale, Stuttgart: Steiner 2015, S. 95–124, hier S. 102–107.

40 Gonzalo Frasca, *Simulation vs. Narrative. Introduction to Ludology*, in: *The Video Game Theory Reader*, hrsg. von Mark J. P. Wolf und Bernard Perron, New York und London: Routledge 2003, S. 221–235.

von Simulationen als Demonstrationsobjekt, als Möglichkeit, das Zusammenspiel und die Abhängigkeiten bestimmter Sets von Variablen zu verdeutlichen.

Aber auch für die Geschichtsvermittlung können Spiele im Rahmen der Lehre bzw. des Geschichtsunterrichts sinnvoll eingesetzt werden. Das ›Nachspielen‹ historischer Ereignisse, aber auch das simulative Nachvollziehen historischer Strukturen ermöglicht eine intensive Auseinandersetzung mit jenen Bedingungen, denen die Akteur_innen unterlagen, und mit der Offenheit oder Voraussehbarkeit der historisch eingetretenen Situationen.[41] Ein solcher Einsatz in der akademischen Lehre geschieht allerdings bemerkenswert selten und scheint sich bisher vor allem auf die Vermittlung militärhistorischer Inhalte zu beschränken.[42]

Dabei sind Simulationen in anderen wissenschaftlichen Disziplinen gang und gäbe. Das betrifft nicht nur die technische oder naturwissenschaftliche Forschung, sondern durchaus auch Nachbardisziplinen der Geschichte, gerade die Sozialwissenschaften. Überall dort, wo serielle Daten zur Verfügung stehen und Modelle entwickelt werden, ist es nur ein kleiner Schritt zur wissenschaftlichen Simulation bzw. zum (bewussten) Eintritt der Wissenschaft ins Feld des Spiels. Die Verwurzelung in den diskursiven Techniken des Schreibens und Sprechens macht es Historiker_innen aber oft schwer, die Möglichkeiten einer Geschichtsdarstellung in anderen Medien als der Schriftlichkeit zu denken – also etwa in Form digitaler Simulationen. Auch ist mit der Frage nach historischen Simulationen untrennbar das Problem der Kontrafaktizität verbunden.[43] Letztere steht der Tatsachenbasiert-

41 Vgl. Thomas Kubetzky, *Computerspiele als Vermittlungsinstanzen von Geschichte? Geschichtsbilder in Aufbausimulationen am Beispiel von »Civilization III«*, in: *»Wollten Sie auch immer schon einmal pestverseuchte Kühe auf Ihre Gegner werfen?«* (wie Anm. 7), S. 63–94; Stefan Wesener, *Geschichte in Bildschirmspielen. Bildschirmspiele mit historischem Inhalt*, in: *Computerspiele und Politik. Zur Konstruktion von Politik und Gesellschaft in Computerspielen*, hrsg. von Tobias Bevc, Berlin: LIT 2007 (Studien zur visuellen Politik 5), S. 141–164; Jeremiah McCall, *Gaming the Past. Using Video Games to Teach Secondary History*, New York: Routledge 2011.

42 Vgl. etwa Philip Sabin, *Simulating War. Studying Conflict Through Simulation Games*, London u. a.: Continuum 2012.

43 Ich verweise auf das Manifest des Arbeitskreises Geschichtswissenschaft und digitale Spiele, Sektion C. Siehe auch Steffen Bender, *Virtuelles Erinnern* (wie Anm. 9), S. 65 bis 68 und S. 131. Zu Kontrafaktizität und Uchronie im Zusammenhang mit Simulationen siehe Heiko Brendel, *Historischer Determinismus und historische Tiefe – oder Spielspaß? Die Globalechtzeitstrategiespiele von Paradox Interactive*, in: *»Wollten Sie auch immer schon einmal pestverseuchte Kühe auf Ihre Gegner werfen?«* (wie Anm. 7), S. 95–122.

heit, der sich die Geschichtswissenschaft verpflichtet sieht, entgegen: Kontrafaktische Geschichte muss sich immer der Frage stellen, ob sie überhaupt noch Geschichte ist.

Worin liegen zusammengefasst die Potenziale von Simulationen in der Geschichtswissenschaft? Zum einen unterstreichen Simulationen die Offenheit der Geschichte und das Prinzip der Kontingenz. Sie bieten Einblick in jene »unverwirklichten, gleichwohl erwägenswerten Alternativen, die das Geschehen wie ein Hof umgeben«,[44] die Alexander Demandt angesprochen hat. In diesem Sinne wären Simulationen also Strategien der Verdeutlichung, aber auch der Verunsicherung, die – vorsichtig angewandt – für die historische Forschung eine wertvolle Ergänzung sein könnten. Gerade aus dem für die Geschichtswissenschaft problematischen Aspekt der Kontrafaktizität würde sie demnach ihr wichtigstes Potenzial schöpfen.[45]

Die Undeterminiertheit des geschichtlichen Geschehens und der Konstruktionscharakter von Geschichtsschreibung gehören zum basalen Selbstverständnis der Disziplin. Daher bedeuten auch Prämissen kontrafaktischer Perspektiven keine Infragestellung zentraler Positionen. Der Grund für die weitgehende Nichtbeachtung des Themas liegt woanders: Die Korrelation zwischen Aufwand und Nutzen solcher Unterfangen ist völlig unklar. Symbolische Belohnung im System Geschichtswissenschaft erfolgt durch Publikationen. Bislang waren dies Monografien, mittlerweile, aufgrund der wissenschaftsfernen Strategien öffentlicher Forschungsförderung, sind es zunehmend Aufsätze in Peer-Reviewed Journals. Ob die Erstellung einer digitalen Simulation zur Analyse einer bestimmten Forschungsfrage bei der Bewerbung um eine Stelle oder bei der Einreichung eines Projektes auch nur am Rande Berücksichtigung finden würde, ist völlig unklar. Bedenkt man zudem noch den damit verbundenen intellektuellen, zeitlichen und finanziellen Aufwand, dann wird klar, dass derartiges erstens nur unter sehr speziellen Umständen (etwa von einer gut ausgestatteten interdisziplinären Forschungseinrichtung) durchgeführt werden kann und dass zweitens derzeit keine Aussicht besteht, dass solche methodischen und konzeptuellen Erweiterungen breiter diskutiert würden. Ändern könnte sich das am ehesten durch die Entwick-

44 Alexander Demandt, *Ungeschehene Geschichte. Ein Traktat über die Frage »Was wäre geschehen, wenn …?«*, Göttingen: Vandenhoeck & Ruprecht 2011, S. 56.

45 Vgl. auch den Ausblick auf eine ›spielende Geschichtswissenschaft‹ in Josef Köstlbauer, *Spiel und Geschichte im Zeichen der Digitalität* (wie Anm. 39), S. 118–120.

lung und Verfügbarmachung einfach zugänglicher, leicht zu bedienender und kostenloser oder sehr günstiger Werkzeuge.

2018

Wir können davon ausgehen, dass digitale Spiele als historische Medien und Quellen weiterhin an Bedeutung gewinnen. Laut Angaben der Bitkom spielten bereits im Jahre 2015 nicht weniger als 42 % der Deutschen regelmäßig Computer- und/oder Videospiele (siehe auch Anm. 24, S. 96f.). Die Tendenz ist steigend. Digitale Spiele nehmen eine immer größere Rolle in unserem Freizeitverhalten ein. Mittlerweile schließen so immer mehr Historiker_innen, für die digitale Spiele integrativer Teil der eigenen Medienerfahrung sind, ihr Studium ab. Langsam vermehren sich auch an den Historischen Instituten einschlägige Lehrveranstaltungen und Kurse. Erste sogenannte GameLabs entstehen. An der Universität Hamburg haben beispielsweise Nico Nolden und Thorsten Logge ein solches GameLab für Studierende, Lehrende und Forschende eingerichtet. Dort steht für die Erforschung digitaler Spiele sowohl die technische Infrastruktur als auch eine eigens eingerichtete Ludothek zur Verfügung.[46] Vielleicht wird bald der Moment kommen, an dem man sich nicht länger um die Vermittlung digitaler Kompetenzen sorgen muss, sondern um die Vermittlung der traditionellen historischen Hilfs- oder Grundwissenschaften? Die Digitalisierung wird die Notwendigkeit für Paläografie, Epigrafik, Realien- oder Aktenkunde aber langfristig nicht aufheben, sondern ergänzen.[47]

Die Auseinandersetzung mit der teilweise neuartigen Quellengattung des digitalen Spiels ermöglicht den Geschichtswissenschaften eine neue Perspektive auf das eigene Fach und seine Methoden. Hier bietet sich die Chance, die Methodik der eigenen Disziplin nachzuschärfen und weiterzuentwickeln. Zugleich kann ein Rückgriff auf eine historische Perspektive auch Forschungsvorhaben anderer Disziplinen bereichern.

---

46 Das Hamburger GameLab präsentiert den neuen kommentierten Katalog seiner Ludothek via <gespielt.hypotheses.org/438> (Abruf am 20. Mai 2017).

47 Eine entsprechende Diskussion wurde zwischen November 2015 und März 2016 geführt: *Diskussionsforum: Historische Grundwissenschaften und die digitale Herausforderung*, in: *H/SOZ/KULT*, <www.hsozkult.de/text/id/texte-2890> (Abruf am 20. Mai 2017).

Digitale Spiele sind darüber hinaus eine wichtige Quelle unterschwelliger populärer Diskurse sowohl kultureller als auch politischer Natur. Sie ermöglichen einen neuen Zugriff auf verbreitete Wertedebatten und Identitätskonstruktionen abseits der politischen Eliten. Sie geben Einblick in populäre Vorstellungen von rechtmäßiger Herrschaft, dominanten Wirtschaftsmodellen, Geschlechterkonstruktionen und kulturellen Tabus. Zugleich stellen diese popkulturellen, massenmedial verhandelten Diskurse keine hermetisch abgeriegelten ›Teilöffentlichkeiten‹ dar, sondern bilden vielmehr als unbewusst rezipierte Alltagserfahrung in demokratischen Regimen die gesellschaftliche und intellektuelle Matrix, in der Politik und Kultur entsteht. Wir werden in Spielen ebenso wie in anderen Medien sozialisiert. Eine solche notwendige popkulturelle Geschichte wurde bisher in den Geschichtswissenschaften sträflich vernachlässigt.

Den wachsenden Einfluss digitaler Spiele auf unsere Lebenswelt kann man zum Beispiel daran ermessen, dass sie immer mehr auch Eingang in unsere Alltagssprache finden. Begriffe wie »Endgegner«, »Egoshooter«, »Bossfight« und »Levelaufstieg« werden längst nicht mehr nur im spielerischen Kontext eingesetzt und beschränken sich auch nicht länger auf eine hermetische Jugend-Gamer-Kultur. Besonders eindrucksvoll ließ sich das vor wenigen Jahren bei den Demonstrationen gegen Hosni Mubarak sehen, als ägyptische Demonstrant_innen mit Plakaten auf die Straßen gingen, auf denen »Game Over Mubarak!« zu lesen war: Dabei handelte es sich zwar um eine kulturelle Referenz auf digitale Spiele, gemeint war aber ein ganz anderes, sehr viel ernsteres Spiel.[48]

48 Siehe Peter Snowdon, *»Game over Mubarak«: the Arab Revolution and the Gamification of Everyday Life*, in: *Fast Capitalism* 11/1, 2014, <www.uta.edu/huma/agger/fastcapitalism/11_1/snowdon11_1.html> (Abruf am 31. Mai 2017).

Videospiele als politisches Medium

Martin Roth

Die Frage, ob Videospiele[1] politisch relevant sind, scheint längst beantwortet: Sowohl in Bezug auf ihre jugendschutzorientierte oder wirtschaftliche Regulierung als auch mit Blick auf die kommunizierten Inhalte lassen sich zahlreiche Beispiele für diese Relevanz finden.[2] Eine genauere Auseinandersetzung mit der Ausdrucksvielfalt und Vielschichtigkeit des Mediums legt allerdings nahe, zumindest den Umgang mit politischen Fragen in Spielen differenziert zu betrachten. Mit kommunikationswissenschaftlichem Blick auf Videospiele als Unterhaltungsmedien identifizierte Holger Zapf sowohl deren emanzipatorisches und subversives Potenzial als auch ihre Tendenzen zur Affirmation des Ist-Zustands und Eskapismus.[3] Er forderte auf dieser Grundlage ein eingehendes, kritisches Hinterfragen des Mediums im Kontext von Massenkultur und Gesellschaft.

Diese Anregung aufgreifend, möchte ich die Frage stellen, welche Möglichkeiten und Grenzen Videospiele als Erfahrungsraum jenseits individueller Ermächtigung oder konkreter Strategien für den Umgang mit dem Alltag bieten: Inwiefern finden wir in Spielräumen Anhaltspunkte für die Auseinandersetzung mit dem von Zapf angesprochenen Ist-Zustand bzw. ›System‹, also der Gegenwartsgesellschaft und dem Leben in ihr? Die Frage scheint mir von großer Bedeutung, weil

---

1 Der Begriff steht hier als Platzhalter für viele Ausprägungen eines breit gefächerten Mediums.

2 Vgl. z. B. *Computerspiele und Politik. Zur Konstruktion von Politik und Gesellschaft in Computerspielen*, hrsg. von Tobias Bevc, Berlin: LIT 2007 (Studien zur visuellen Politik 5); Holger Zapf, *Computerspiele als Massenmedien. Simulation, Interaktivität und Unterhaltung aus medientheoretischer Perspektive*, in: *Wie wir spielen, was wir werden. Computerspiele in unserer Gesellschaft*, hrsg. von Tobias Bevc und Holger Zapf, Konstanz: UVK 2009, S. 11–25.

3 Ebd., S. 22–24.

eben solche kritischen Perspektiven heute relativ marginal zu werden drohen. Fredric Jameson oder Kōjin Karatani stehen beispielhaft für eine Kritik an dieser behaupteten – und spürbaren – Autorität des ›Systems‹. Beide Autoren glauben, dass es heutzutage immer schwerer fällt, radikale Alternativen zum Status quo überhaupt nur zu denken:[4] Es herrscht, so Jameson, die »universale ideologische Überzeugung, dass keine Alternative möglich ist, dass es keine Alternative zum System gibt«.[5]

Nun sind kommerzielle Videospiele – mit bemerkenswerten Ausnahmen – in erster Linie als Unterhaltungsmedien konzipiert. In ihrer Einführung ins Game Design bringen die Spieledesigner Flint Dille und John Zuur Platten das auf den Punkt:

> »Remember that when you are creating content for an interactive medium like video games, there are expectations on the part of your audience: to be engaged. To be in control. To be playing. Of course, as in real life, control is an illusion or at best, a temporary condition, but it is one that humans like.«[6]

Dennoch – oder vielleicht gerade deswegen – scheint die Frage berechtigt, inwiefern digitale Spiele auch jenseits einfacher Lernspiele oder »serious games« Möglichkeiten für eine Auseinandersetzung mit den Bedingungen des heutigen Lebens bieten, inwiefern sie also eine radikale politische Funktion haben können. Eine solche Auseinandersetzung mit der bestmöglichen Gestaltung des menschlichen Zusammenlebens wird mitunter als Hoheitsgebiet der »politischen Philosophie« betrachtet.[7] In diesem Sinne wäre zu fragen, ob auch unterhaltende Videospiele Medien politisch-philosophischer Auseinandersetzung sein können. Dabei möchte ich allerdings eine Einschränkung vorwegnehmen: Es kann und darf nicht erwartet werden, dass Videospiele uns eine *Lösung* für die heutigen gesellschaftlichen Probleme im Sinne einer totalen Utopie anbieten. Die Suche nach dem

---

4 Fredric Jameson, *Archaeologies of the Future. The Desire Called Utopia and Other Science Fictions*, London und New York: Verso 2007; Kōjin Karatani, *Auf der Suche nach der Weltrepublik. Eine Kritik von Kapital, Nation und Staat*, Leipzig: Leipziger Universitätsverlag 2012 (Leipziger Ostasien-Studien 16).

5 Fredric Jameson, *Archaeologies of the Future* (wie Anm. 4), S. 232, meine Übersetzung.

6 Flint Dille und John Zuur Platten, *The Ultimate Guide to Video Game Writing and Design*, New York: Skip Press 2007, S. 2.

7 Ronald Beiner, *Political Philosophy. What It Is and Why It Matters*, New York: Cambridge University Press 2014.

einen, ›richtigen‹ System ist nicht nur historisch hochproblematisch, sie stünde auch im logischen Widerspruch zur Kritik an der Totalität des jetzigen Systems.

Stattdessen möchte ich Momente identifizieren, in denen die Erfahrung von oder in Videospielwelten an den Grundfesten des heutigen Systems zu rütteln scheint. Dieser Fokus ist von Theodor W. Adornos Arbeiten zur Kunst und Kulturindustrie inspiriert, in denen er wiederholt die emanzipatorische Kraft interner, durch die Ganzheit eines Werks ermöglichter Konflikte herausstellte.[8] Die Konfrontation des Publikums mit solchen Konflikten, deren Lösung nicht unmittelbar angeboten wird, betrachtete er als politische Aufgabe und machte sie zum Maßstab, den er an Kunst und Medien anlegte. Ziel der Konfrontation sei das offene, eigenständige Denken des Einzelnen. Diese radikale Forderung wird konkret, wenn Adorno das anzustrebende offene Denken gegenüber Restriktion und Zensur verteidigt:

> »Denken ist nicht die geistige Reproduktion dessen, was ohnehin ist. Solange es nicht abbricht, hält es die Möglichkeit fest. [...] In ihm ist das utopische Moment desto stärker, je weniger es – auch das eine Form des Rückfalls – zur Utopie sich vergegenständlicht und dadurch deren Verwirklichung sabotiert. Offenes Denken weist über sich hinaus.«[9]

Diesem Programm folgend, möchte ich nun nach Momenten in Videospielen suchen, in denen die Grundfesten des Lebens in Frage gestellt und die Spieler_innen dadurch angeregt werden, selbst offen neue Richtungen zu denken: Momente also, in denen die Spieler_innen mit Konflikten konfrontiert werden, deren Lösung nicht sofort ›mitgeliefert‹ wird und die dadurch die Imagination anregen und Handlungen orientieren.[10] Allerdings lasse ich die Frage, ob diese Momente empirisch prüfbar zu Ideen für andere Gesellschaften führen, bewusst außen vor.

---

8 Theodor W. Adorno, *Resignation*, in: *Gesammelte Schriften*, Bd. 10/2: *Kulturkritik und Gesellschaft II*, Frankfurt am Main: Suhrkamp 1977, S. 794–799; ders., *Résumé über Kulturindustrie*, in: *Gesammelte Schriften*, Bd. 10/1: *Kulturkritik und Gesellschaft I*, ebd. 1977, S. 337–345; ders., *Freizeit*, in: *Gesammelte Schriften*, Bd. 10/2: *Kulturkritik und Gesellschaft II*, ebd. 1977, S. 645–655; ders., *Das Schema der Massenkultur*, in: *Gesammelte Schriften*, Bd. 3: *Dialektik der Aufklärung. Philosophische Fragmente*, ebd. 2010, S. 299 bis 335.

9 Ders., *Resignation* (wie Anm. 8), S. 798.

10 Zu einer Diskussion der Beziehung zwischen Politik und Imagination siehe Raymond Geuss, *Politics and the Imagination*, Princeton und Oxford: Princeton University Press 2010, S. IXf.

Dabei gilt es der Spezifik des Mediums Videospiel Rechnung zu tragen, also vor allem der aktiven Rolle der Spieler_innen sowie der Rolle des Computers bei der Generierung und Ausgestaltung der Spielwelt. Sieht man von materiellen Datenträgern ab, so sind digitale Spiele nämlich in Bezug auf ihre Instanziierung im Speicher des Computers meist nicht restlos vordefiniert, sondern entstehen im Zusammenspiel von Regeln, die softwareseitig von den Entwickler_innen und Designer_innen vordefiniert wurden, deren Interpretation und Performanz durch den Computer sowie den Handlungen der Spieler_innen. In diesem Aushandlungsprozess zwischen den Entwickler_innen bzw. Designer_innen, den Spieler_innen und dem Computer werden die Welten dieser Spiele in jedem Moment und jedem Spieldurchgang zumindest potenziell neu und auf andere Weise geschaffen.

Im Folgenden möchte ich einige Potenziale des so charakterisierten Mediums anhand eines konkreten Falls aufzeigen, nämlich der Videospielserie Metal Gear Solid. Die Reihe wurde maßgeblich von Hideo Kojima konzipiert.[11] In den Spielen wird der Protagonist und Spielercharakter in Third-Person-Perspektive hinter feindlichen Linien auf Infiltrations- und Spionagemissionen gesteuert. Der Fokus liegt dabei auf Anschleichen, Tarnung und unentdecktem Überqueren der Spielwelt, was auch durch die Beschreibung des Spiels als »Tactical Espionage Action« ausgedrückt wird. Dieses Prinzip wird unterlegt durch einen umfangreichen, über mehrere Titel andauernden, komplexen Plot aus Verschwörungen, Machtkämpfen um atomare Superwaffen und genetisch veränderten, manipulierbaren Soldatinnen und Soldaten, zu denen auch die Protagonisten gehören.

Entscheidend für mein Interesse an politischen Potenzialen im oben beschriebenen Sinne ist, dass die Metal Gear Solid-Serie die Bürokratie als einen Eckpfeiler heutiger Gesellschaft thematisiert und sie mit Bezug auf die in ihr verbleibenden Handlungsmöglichkeiten des Menschen kritisch hinterfragt. Inwiefern die Spiele auf dieser Grundlage anregende Konflikte konstruieren, soll im Folgenden überprüft werden. Basis der Analyse sind die ersten vier Titel der Serie. Ich werde drei konfliktbehaftete Ebenen im Spiel diskutieren, deren anregendes Potenzial

11 Die Serie wird vom Publisher Konami veröffentlicht. Nach den ersten Titeln Metal Gear (1987), Snake's Revenge (1990) und Metal Gear 2: Solid Snake (1990) erschienen hier Metal Gear Solid (2008), Metal Gear Solid 2: Sons of Liberty (2001) und Metal Gear Solid 3: Snake Eater (2004). Die beiden letztgenannten Titel wurden vor allem in der Metal Gear Solid HD Edition (2011) gespielt. Ferner beschäftige ich mich im vorliegenden Text noch mit Metal Gear Solid 4: Guns of the Patriots (2008).

im Zusammenspiel zusätzlich verstärkt wird. Ein kurzer Ausblick soll abschließend auf die Tragfähigkeit des Ansatzes eingehen.

Im Text wird an mehreren Stellen auf Videosequenzen verwiesen, die ich im Laufe meiner Analyse erstellt habe. In der Hoffnung, dass die Beispiele längerfristig sichtbar bleiben, verweise ich auf die dazu bereitgestellten URLs, unter denen sie eingesehen werden können. Sie sollen auch denen, die die Serie nicht kennen, einen Einblick ermöglichen:

- Beispiel 1: *Moving and Vision in MGS3*, <youtu.be/1VHxBeZ2v9E>
- Beispiel 2: *Discovery in MGS2*, <youtu.be/t9aA7ACHlkw>
- Beispiel 3: *Playing Roles in MGS2*, <youtu.be/p5jZg8e2Z50>
- Beispiel 4: *Reflections on Violence in MGS*, <youtu.be/l_cnEjG3A68>
- Beispiel 5: *Exceptional Situations in MGS*, <youtu.be/xqm9BuGuSZQ>

Bürokratie, politisches Handeln, Gewalt

Das Leben in heutigen Gesellschaften ist vielerorts umfassend durch Regelwerke und bürokratische Routinen bestimmt. Im Kontrast dazu steht ein idealtypisches Verständnis politischen Handelns, das etwa Hannah Arendt mit den Charakteristika der Neuheit, Grenzenlosigkeit und inhärenten Unberechenbarkeit beschrieb und als dessen Basis sie die Gleichheit zwischen den Menschen in ihrer Verschiedenheit erachtete.[12] Politisches Handeln ist für Arendt erst der Grund für das menschliche Zusammenleben und die einzige Möglichkeit, Freiheit zu erfahren. Zweck des Politischen sei es »to establish and keep in existence a space where freedom as virtuosity can appear«.[13]

In dieser – radikalen – Vorstellung ist politisches Handeln mit der zunehmenden und omnipräsenten Bürokratisierung des Lebens in Gefahr. Arendt beschrieb diese Gefahr für ihr Ideal dann auch sehr explizit:

---

12 Hannah Arendt, *The Human Condition* (1958; deutsch als *Vita activa oder Vom tätigen Leben*, 1960), Chicago: University of Chicago Press 1998, S. 175f. und S. 190–192. Siehe zu einer detaillierten Diskussion ihrer politischen Philosophie Ronald Beiner, *Political Philosophy* (wie Anm. 7), S. 1–24.

13 Hannah Arendt, *Between Past and Future. Eight Exercises in Political Thought*, New York: Penguin 2006, darin: *What is Freedom?*, S. 143–171, hier S. 145 und S. 153.

»In a fully developed bureaucracy there is nobody left with whom one can argue, to whom one can present grievances, on whom the pressures of power can be exerted. Bureaucracy is the form of government in which everybody is deprived of political freedom, of the power to act; for the rule of Nobody is not no-rule, and where all are equally powerless we have a tyranny without a tyrant.«[14]

David Graeber aktualisiert und erweitert diese Kritik in seiner Untersuchung der jüngeren Entwicklung von Bürokratie, die selbst – oder gerade – durch die allseits proklamierte »Deregulierung« vorangetrieben wird.[15]

Kaum ein Ort scheint besser geeignet für den Versuch, die Mechanismen der Bürokratie und ihre Bedeutung für menschliche Handlungen zu verstehen, als die strikt regelgeleiteten Räume moderner Videospiele, stehen diese doch im Verdacht, ihren Spieler_innen noch die letzte Kraft der Imagination zu entreißen.[16] Das gilt umso mehr, als Videospiele – nicht zufällig – eine weitere umstrittene Dimension politischen Handelns besonders häufig thematisieren, nämlich Gewalt. Diese ist in der theoretischen Diskussion so eng mit regelbestimmten Kontexten und der Möglichkeit politischen Handelns darin verknüpft, dass Vittorio Bufacchi Gewalt als die »Essenz von Politik« bezeichnete.[17] Denker_innen wie Hannah Arendt, Jean-Paul Sartre, Frantz Fanon oder Georges Sorel haben aus ihren jeweils verschiedenen Positionen unterschiedliche Auffassungen bezüglich der Bedeutung, Legitimität und Wirksamkeit von Gewalt im politischen Prozess vertreten. Homi Bhabha fasst die Komplexität der Diskussion und die verschiedenen Positionen wie folgt zusammen:

---

14 Hannah Arendt, *On Violence*, Orlando u. a.: Harvest 1970, S. 81.

15 David Graeber, *The Utopia of Rules. On Technology, Stupidity, and the Secret Joys of Bureaucracy*, Brooklyn und London: Melville House 2016.

16 Jérôme Sans, *//.dialogues./ the game of love and chance: a discussion with Paul Virilio* (1999), in: *info tech war peace. The Information Technology, War and Peace Project*, <www.infopeace.org/vy2k/sans.cfm> (Abruf am 19. Juli 2017).

17 Vittorio Bufacchi, *Two Concepts of Violence*, in: *Political Studies Review* 3/2, 2005, S. 193 bis 204, hier S. 193. Die wohl bekannteste Verknüpfung von Gewalt und Politik findet sich im ›Gesellschaftsvertrag‹ von Thomas Hobbes, der einen Ausweg aus der Gewalt bieten soll. Carl Schmitt verbindet Gewalt und Politik ebenfalls explizit, indem er die politische Unterscheidung als die zwischen einem Freund und einem Feind macht, geknüpft an den Willen, diesen Feind notfalls mit allen Mitteln zu bekämpfen: *Der Begriff des Politischen*, Hamburg: Hanseatische Verlagsanstalt 1933, S. 7.

»For Arendt, Fanon's violence leads to the death of politics; for Sartre, it draws the fiery, first breath of human freedom. I propose a different reading. Fanonian violence, in my view, is part of a struggle for psycho-affective survival and a search for human agency in the midst of the agony of oppression. It does not offer a clear choice between life and death or slavery and freedom, because it confronts the colonial condition of life-in-death.«[18]

Für die Einordnung von Gewalt bezüglich politischen Handelns spielen also verschiedene ›Qualitäten‹ und Aspekte von Gewalt eine wichtige Rolle. In der folgenden Diskussion möchte ich dabei zunächst der strukturellen Gewalt eine im Kontext des Kolonialismus vieldiskutierte physische Gewalt gegenüberstellen, die im Zustand der Unterdrückung Freiheit verspricht: »Those lacking subjectivity perform violence in order to gain agency.«[19] Wie steht es mit Gewalt in Videospielen? Ein Vergleich zur Situation kolonialer Unterdrückung wäre sicherlich verfehlt. Spiele sind schließlich Unterhaltungsmedien, mit denen im gängigen Gebrauch per Definition keinerlei Zwang einhergeht. Dennoch wird Gewalt in Spielen als solche wahrgenommen. Insofern bleibt zu klären, auf welche Weise diese Gewalt zur Erfahrung von »agency« oder der von Bhabha beschriebenen psycho-affektiven Dimension in Verbindung steht. Eine weitere in Spielen wichtige Unterscheidung wird zwischen instrumenteller und intrinsischer Gewalt getroffen, also zwischen Gewalt als Mittel zum Zweck und einer Gewalt, die außerhalb des Mittel-Zweck-Verhältnisses operiert.[20] Wenn also Gewalt in einer noch zu klärenden Weise mit politischem Handeln innerhalb von restriktiven Regelsystemen verknüpft ist, so lässt sich in Bezug auf diese Dimensionen fragen, ob das weitgehende Fehlen externer Konsequenzen für Spielhandlungen neue Perspektiven eröffnet – mit all ihren problematischen und ebenso vieldiskutierten Implikationen, auf die ich im Folgenden nicht gebührend eingehen kann.

---

18 Homi K. Bhabha, *Foreword. Framing Fanon*, in: Frantz Fanon, *The Wretched of the Earth*, New York: Grove Press 2004, S. VII–XLII, hier S. XXXVI.

19 Neil Roberts, *Fanon, Sartre, Violence, and Freedom*, in: *Sartre Studies International* 10/2, 2004, S. 139–160, hier S. 143f.

20 Ebd., S. 144–147.

Kontrolle

In vielen Spielen ist Gewalt ein notwendiges Mittel, um in der Spielwelt voranzukommen – oder, wie Brian Schrank bemerkt: »Mainstream games are designed for players to overcome the ›other,‹ alterity, and difference.«[21] Oft ist das Andere in Gestalt von gegnerischen Figuren dabei zwar zahlenmäßig überlegen, nicht aber, was Eigenschaften, Fähigkeiten und Durchschlagskraft der Spielercharaktere anbelangt. Mit anderen Worten: Die bedeutungsvollen Hindernisse, die überwunden werden müssen, entstehen durch diese Differenz zwischen den Fähigkeiten und Möglichkeiten von Spielercharakter und computergesteuerten Non-Player-Charakteren oder NPCs. Diese Differenz ist auch bei Metal Gear Solid zentral, dient hier allerdings mitunter der Ermöglichung einer gewaltfreien Überwindung von Hindernissen. Das lässt sich auch als Kritik am Genre der Shooter werten:[22] Metal Gear Solid »emphasizes unobserved movement, subterfuge, camouflage, evasion, trickery, and out-smarting enemies, not just shooting everything that moves.«[23]

Besonders wichtig ist dabei die Kluft, die Metal Gear Solid durch die Third-Person-Perspektive zwischen Spieler_innen, Spielercharakter und NPC auf sensueller Ebene und der Ebene der Handlungsmöglichkeiten schafft: Die Spieler_innen sehen, können und wissen mehr als die Feinde – und auch mehr als der Protagonist ›im Spiel‹. Dies wird zusätzlich durch technische Überlegenheit unterstützt, etwa mithilfe einer Bewegungskarte der Umgebung, Ferngläsern, der berühmten Kartons, in denen der Protagonist sich verstecken kann, Tarnkleidung usw. Einen Eindruck des Spielprinzips und der beschriebenen Mechanik vermittelt Beispiel 1 unter <youtu.be/1VHxBeZ2v9E>.

Darüber hinaus nutzen die Spiele die besonderen Merkmale von Videospielräumen und der Spielsituation in dritter Person. Die Abbildungen 1 und 2 ver-

---

21 Brian Schrank, *Avant-garde Videogames. Playing with Technoculture*, Cambridge, Mass., und London: MIT Press 2014, S. 79.

22 Pat Miller, *Metal Gear Pacifist*, in: *The Escapist* 29, 2006, 24. Januar 2006, <www.escapistmagazine.com/articles/view/video-games/issues/issue_29/177-Metal-Gear-Pacifist> (Abruf am 31. Mai 2017).

23 Derek Noon und Nick Dyer-Witheford, *Sneaking Mission: Late Imperial America and »Metal Gear Solid«*, in: *Utopic Dreams and Apocalyptic Fantasies. Critical Approaches to Researching Video Game Play*, hrsg. von J. Talmadge Wright, David G. Embrick und András Lukács, Lanham und Plymouth: Lexington Books 2010, S. 73–95, hier S. 78.

deutlichen diese Differenz zwischen Spieler_in, Spielercharakter und NPC auf der visuellen Ebene.[24]

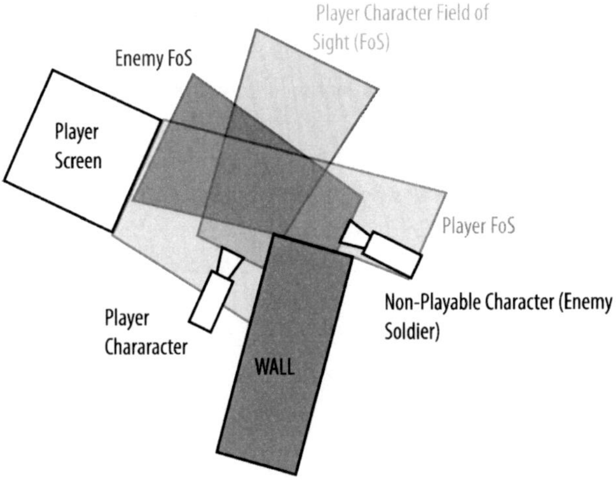

Abbildung 1: Der/die Spieler/in ist durch die Third-Person-Perspektive in der Spielwelt visuell überlegen. Der/die Gegner/in ist im Sichtfeld, obwohl weder Spielercharakter noch Gegner/in sich sehen können.

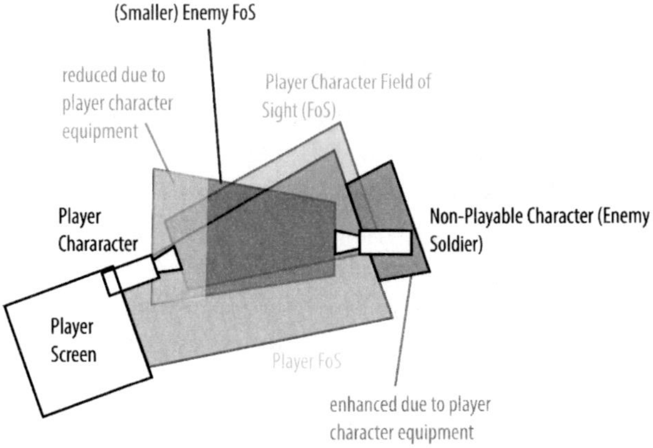

Abbildung 2: Der/die Spieler/in ist durch Technik visuell überlegen, während das Sichtfeld der gegnerischen Figur durch andere Technik (Tarnung etc.) eingeschränkt werden kann.

24 Während in METAL GEAR SOLID 1 und 2 das visuelle Feld in der Third-Person-Perspektive fixiert ist, können die Spieler_innen dies in späteren Titeln selbst steuern. – Beide Abbildungen wurden vom Autor erstellt.

Auf dieser Grundlage konfrontiert das Spiel die Spieler_innen mit einer Reihe mehr oder weniger stark begrenzter Räume, in denen ›menschliche‹ und maschinelle Feinde patrouillieren. Da Entdeckung durch die Patrouillen zu langwierigen Versteckspielen – oder zum raschen Tod des Protagonisten – führt, wie Beispiel 2 unter <youtu.be/t9aA7ACHlkw> zeigt, ist das unentdeckte Durchschleichen des Terrains oft die sicherste und ›angenehmste‹ Methode, um voranzukommen.

Im Kontext meiner Untersuchung ist das insofern von Bedeutung, als die relative Berechenbarkeit der gegnerischen Charaktere und die Überlegenheit und höhere Flexibilität des Protagonisten das Spiel-Erleben zu einer umfassenden Auseinandersetzung mit regelgeleitetem Verhalten macht. Die Spieler_innen lernen, die variablen- und computergesteuerten Routinen und Fähigkeiten der feindlichen Figuren einzuschätzen, sie zu umgehen oder zu ihrem Vorteil auszunutzen. In diesem Sinne bietet METAL GEAR SOLID eine Erfahrung der von Arendt angedeuteten bürokratischen Tyrannei und des Umgangs mit ihr.

Für Alexander Galloway ist die Serie deshalb ein Beispiel für die Möglichkeit digitaler Spiele, regelbasierte Kontrolle nicht nur zum Prinzip der Unterhaltung zu erheben, sondern dieses Prinzip auch transparent und erfahrbar zu machen. Damit wird es letztlich einer kritischen Betrachtung unterzogen. Mit Blick auf die von Gilles Deleuze postulierte »Kontrollgesellschaft« konstatiert Galloway, dass Videospiele diese Form der Kontrolle zum strukturellen Kern haben und »in direct synchronization with the political realities of the information age« sind. Spiele wie METAL GEAR SOLID zu spielen bedeute »to play the code of the game. To win means to know the system. And thus to *interpret* a game means to interpret its algorithm (to discover its parallel ›allegorithm‹).«[25]

METAL GEAR SOLID macht die Routine gewissermaßen körperlich erfahrbar und eröffnet einen Raum, in dem die Spieler_innen damit experimentieren können. Dieses Experimentieren bleibt dabei zweifellos in einem verhaltenen Modus, der Arendts Anspruch an politische Handlungen kaum erfüllt – zumindest aber wird die Differenz zwischen Spielercharakter und den noch totaler oder tyrannischer durch Regeln kontrollierten NPCs im Spiel erfahrbar.

In einer neueren Arbeit unterzieht der Medienforscher Itō Mamoru den Begriff der Kontrollgesellschaft vor dem Hintergrund der immer stärkeren Vermischung

25 Alexander R. Galloway, *Gaming. Essays on Algorithmic Culture*, Minneapolis und London: University of Minnesota Press 2006 (Electronic Mediations 18), Kapitel *Allegories of Control*, S. 85–106, hier S. 88–91 und S. 99–103.

dieser Gesellschaft mit der digitalen Technik einer Aktualisierung. Er beschreibt die Gegenwartsgesellschaft dabei als eine Gesellschaft, in der gewissermaßen ein Interface zwischen Menschen und ihrer Umgebung eingefügt wird, welches durch Informationsfeedback die natürliche Umgebung, die soziale Umgebung sowie den menschlichen Körper und Geist in seinen Schaltkreis assimiliert. Dieser Schaltkreis, so Itō weiter, birgt auch ein System, das alle Dinge kontrolliert.[26] Der Hinweis auf das Interface erlaubt eine noch akkuratere Beschreibung der Metal Gear Solid-Erfahrung: Es ist nicht nur die Tyrannei der Regeln, die das Spiel aufdeckt und erfahrbar macht – die Regeln konfrontieren die Spieler_innen mit einem Konflikt, der aus der Differenz zwischen der regelbasierten Spielwelt und der auf alltäglichem Gemeinsinn beruhenden Erwartung der Spieler_innen an diese Welt entsteht. In vielen Momenten ist nichts, wie es scheint. Die sensuelle Wahrnehmung, die in Beispiel 1 thematisiert wird, orientiert sich nur vordergründig an unserer Erfahrung außerhalb des Spiels. Das Fehlen einer Entscheidungsgrundlage für die Einschätzung, wann eine Entdeckung des Protagonisten unausweichlich ist, macht die Bewegung in der Spielwelt zu einer gleichsam taktilen Erfahrung. Der Konflikt zwischen den Ebenen des Sichtbaren und des Regelbasierten wird mithilfe des Interfaces transparent und als übereinander gelagert erfahrbar.

Verstärkt wird diese Erfahrung noch durch die Motive der Fremdbestimmung und Informationskontrolle, die besonders in Metal Gear Solid 2 und 4 in der Narration umfangreich verhandelt werden. Der ambivalente Status und die Oszillation zwischen ›gut‹ und ›böse‹ vieler in der Spielwelt Agierender wird besonders zentral im zweiten Teil der Reihe aufgegriffen, wie Beispiel 3 unter <youtu.be/p5jZg8e2Z50> zeigt. Raiden (der Protagonist des zweiten Teils) und damit auch die Spieler_innen sind in ihren Handlungen letztlich der Kontrolle durch die Designer_innen ausgesetzt und können nicht aus dem vorgegebenen Regelwerk ausbrechen. Gegenläufig zum schrittweisen Meistern des Spiels – und damit dem Erlangen von Kontrolle über die Spielwelt – wird den Spieler_innen immer vehementer deutlich gemacht, dass die eigentliche Kontrolle bei den Entwickler_innen und Designer_innen liegt. Eine Lösung dieses Konflikts wird zwar mitunter in der Narration gegeben, bleibt stellenweise aber auch aus.

---

26 Itō Mamoru / 伊藤守, *Transformation of Discourse Space in the Digital Age* / デジタルメディア時代における 言論空間, in: *Journal of Mass Communication Studies* / マス・コミュニケーション研究 89, 2016, S. 21–43.

Affekt

Wie schon gesagt ist Gewalt in der Mehrzahl der gewalthaltigen Spiele ein Mittel, um das Spiel zu gewinnen. Die Spieler_innen werden mit existenziellen gegnerischen Figuren konfrontiert, die überwunden werden müssen. Mehr noch: Glaubt man dem Spieledesigner Raph (Raphael) Koster, so umfasst der Einsatz von Gewalt durchaus eine Art ›psycho-affektive‹ Dimension, wenngleich nicht in dem Sinne, in dem Bhabha auf sie verweist: »Most games encourage demonizing the opponent, teaching a sort of ruthlessness that is a proven survival trait.«[27] METAL GEAR SOLID lässt sich insofern als Kritik an dieser alternativlosen und ›feindseligen‹ Gewalt verstehen, als es den Verzicht auf Gewalt nicht nur in Aussicht stellt, sondern sogar aktiv befördert. Gleichzeitig hebt die Serie aber auch nichtinstrumentelle Gewalt heraus und macht sie als solche erfahrbar.

METAL GEAR SOLID bietet mit jedem Titel eine immer größere Vielfalt an Lösungswegen für die verschiedenen Spielsituationen an. Während der erste Teil noch stark auf Gewalt angelegt war, wurde in späteren Titeln die Gewaltfreiheit zum zentralen Spielprinzip. Beispiel 2 zeigt im zweiten Teil der Serie einige Konsequenzen gewalttätigen Handelns, die diese Akzentuierung der Gewaltfreiheit verdeutlichen. Auch dass tote Körper sichtbar im Spielfeld bleiben, lässt sich als Versuch verstehen, auf die Konsequenzen von Gewalt hinzuweisen.[28] Das Spiel verleiht schließlich dem Spielercharakter nach einem gänzlich gewaltfreien Durchgang den Codenamen »pigeon«.[29]

METAL GEAR SOLID 3 und 4 fordern die Spieler_innen ebenfalls zu gewaltfreiem Spiel heraus. Gleichzeitig findet aber wieder eine Angleichung der verschiedenen Lösungswege statt, sodass im vierten Teil der Serie gewaltfreie und gewalthaltige Handlungen mehr oder weniger gleichberechtigt nebeneinanderstehen. Dabei scheint es zunächst, als nähere sich das Spiel konventionellen Shootern an. Ein wichtiger Unterschied bleibt jedoch: Indem beide Lösungswege offenstehen, gibt METAL GEAR SOLID 4 gewalttätigen Handlungen einen anderen Charakter.

---

27 Raph Koster, *A Theory of Fun for Game Design*, Scottsdale: Paraglyph Press 2005, S. 68.

28 Irie Tetsurō [入江哲朗] und Ogiue Chiki [荻上チキ], *Sen'yū taidan* [潜友対談], hrsg. von Soshiogurafi Kenkyūkai [ソシオグラフィ研究会], in: *Config. Integral* 1, 2010, S. 16.

29 *Metal Gear Solid HD Edition Operation Guide*, hrsg. von Hirokazu Hamamura, Tokyo: Enterbrain 2012, S. 249.

Die Wahl der Mittel obliegt nun den Spieler_innen selbst und ist von ihnen allein auch zu verantworten. Mit anderen Worten: Das Spiel schafft – im Rahmen seiner medialen Möglichkeiten – einen Raum, in dem Handlungen als bewusst und intrinsisch motiviert erscheinen und nicht durch ihre Unausweichlichkeit auf die instrumentelle Ebene verschoben werden können. Pat Miller hebt dies als geglückten Versuch einer Auseinandersetzung mit Gewalt im Medium Videospiel hervor:

> »MGS3 managed to use the elements of player choice to set the medium of a videogame apart from, say, books and movies. In a sense, Kojima gave you a portion of the game entirely, and somewhat perversely, player-created – that is, a product of nothing more than the player's earlier choices – and derived a meaningful message from it. [...] Books and movies, as passive media, relate a message to the reader by presenting a story where the reader sees the consequences of the protagonist's decisions and interprets from there. Videogames, as MGS3 would have us understand, can be aimed directly at *the player.*«[30]

Diese direkte Adressierung der Spieler_innen erreicht in den Bosskämpfen gegen die Einheit Beauty and the Beast in METAL GEAR SOLID 4 eine besondere Intensität. Die Spieler_innen sehen sich hier mit psychisch manipulierten, technisch verbesserten Gegnerinnen konfrontiert. Der Sieg über das »Beast« bewirkt dessen Transformation zur »Beauty«, die weiterhin und trotz ihrer aussichtslosen Situation den Protagonisten attackiert. Die Anwendung von Gewalt ist in diesen Szenen instrumentell logisch, aber zutiefst verstörend. Verstärkt wird dieser Effekt durch den erotischen Unterton der Szenen, aus denen der Designer keinen Hehl macht: Das Vorhalten der Fotokamera des Protagonisten bewirkt ein kurzzeitiges aufreizendes Posieren der »Beauty«.

Kontrastiert wird die ambivalente Auseinandersetzung mit Gewalt wiederum durch die Glorifizierung von Waffen und Krieg, genauer gesagt: von filmischen Verarbeitungen dieser Themen. Diese Glorifizierung bildet im Spiel einen Unterton, der niemals gänzlich verstummt. In dieser Mischung erhält die in der Welt von METAL GEAR SOLID erlebte physische und strukturelle (ich erinnere an den letzten Abschnitt) Gewalt eine besondere kritische Qualität, und zwar trotz oder gerade wegen ihrer relativen Folgenlosigkeit außerhalb des Spiels. Die Auseinandersetzung mit Gewalt endet eben nicht bei ihren instrumentellen Aspekten: Die

30 Pat Miller, *Metal Gear Pacifist* (wie Anm. 22).

Spiele ermöglichen vielmehr intrinsische, affektive Erfahrungen und Handlungen der Spieler_innen, die ambivalent gerahmt und ihrerseits wiederum als Spielhandlungen thematisiert und reflektiert werden, wie Beispiel 4 unter <youtu.be/l_cnEjG3A68> zeigt. Der Kontrast zwischen den Schrecken von Krieg und Gewalt auf der einen Seite sowie den individuellen Spielhandlungen mitsamt dem Erleben eigener, nicht-instrumenteller Gewalthandlungen auf der anderen Seite erscheint somit als ein Konflikt, dessen Lösung der Designer uns durch die Ambivalenz der Spielwelt stets vorenthält.

Freiheit?

Während die bisherigen Ebenen zwar bereits Spiel-Erfahrungen zum zentralen Punkt der Auseinandersetzung mit Handlung bzw. Handlungsmöglichkeiten in einer regelbasierten Welt machen, verbleiben sie doch gewissermaßen der Kritik der Gegenwart bzw. der Auseinandersetzung mit der heutigen Welt verhaftet. Das eigentliche politische Potenzial der METAL GEAR SOLID-Spiele zeigt sich dagegen in denjenigen Momenten, in denen sie diese Ebene verlassen und tatsächlich an den Grundfesten der heutigen Gesellschaft zu rütteln scheinen.

Wiederholt werden die Spieler_innen mit Situationen konfrontiert, in denen erlernte Techniken und Strategien nicht oder nur bedingt zum Erfolg führen. Das ist besonders in den Bosskämpfen der Fall, beginnend mit dem berühmt-berüchtigten Kampf gegen Psycho Mantis im ersten Teil der Reihe. In Abwesenheit jedweder Anhaltspunkte (solange die Spieler_innen nicht andere Quellen zurate ziehen oder über das spielinterne Radio Hilfe suchen), lassen sich diese Situationen oft kaum überwinden. Beispiel 5 unter <youtu.be/xqm9BuGuSZQ> zeigt einige Momente, in denen die weiter oben angedeutete Struktur der Überlegenheit der Spieler_innen scheinbar ins Gegenteil verkehrt wird.

Solche Konfrontationen bilden einen extremen Kontrast zu früheren Spiel-Erfahrungen und erlernten Fähigkeiten. Augenblicklich entsteht ein scheinbar unkontrollierter Raum. Im Kampf gegen The Sorrow muss der Protagonist erst ums Leben kommen, um zu gewinnen. Gegen Psycho Mantis hilft nur das Umstecken des Controllers auf den zweiten Port der PlayStation. Ähnliches gilt für die visuell erzeugten Momente der Verwirrung, etwa das ›verfälschte‹ Game Over (»Fission Mailed« statt »Mission Failed«) inmitten einer Kampfsituation in METAL GEAR SOLID 2, während dessen der Protagonist nur auf einem Miniaturbildschirm kontrolliert werden kann. Die Lösung der Aufgabe ist in den meisten solchen Fällen kontraintuitiv. Spieleforscher betrachten diese Situationen mitunter als Parodien oder Beispiele Brecht'scher Verfremdung.[31] Zugleich erscheinen sie aber auch als Demonstrationen der Überlegenheit des Designer- bzw. Developerteams über die Spielwelt und die Spieler_innen. Regeln sind in METAL GEAR SOLID von Menschen gemacht und können sich jederzeit ändern – ein Motiv, das auch im verschwörungstheoretischen Plot der Serie stets mitschwingt.

Gewissermaßen lassen sich diese Momente auch als eine Art Ausnahmezustand betrachten, wie ihn Giorgio Agamben in der Moderne in steigender Ubiquität ausmacht. Agamben identifiziert zwei sich überkreuzende Entwicklungen. Erstens ist das die ›ausschließende Einschließung‹ des Lebens, d. h. die Macht des Souveräns, ein Mitglied der Gesellschaft aus ihr auszuschließen und es dadurch für vogelfrei zu erklären. Diese Macht identifiziert Agamben als ursprüngliche politische Relation und Grundlage der Macht des modernen Souveräns: Das menschliche Leben werde immer stärker und umfassender durch solche Ausschließungen, d. h. die Schaffung rechtsfreier Räume, gekennzeichnet. Eine zweite Entwicklung aus entgegengesetzter Richtung betrifft die zunehmende Normalität des Ausnahmezustands als politische Praxis, die wiederum die Grenzen zwischen Exklusion und Inklusion, zwischen außen und innen, verschwimmen lasse.[32] Dieser Ausnahmezustand sei dabei »a space devoid of law, a zone of anomie in which all legal determinations – and above all the very distinction between public and private – are deactivated.«[33]

Wo das konventionelle Gesetz nicht mehr greift, wird der Ausnahmezustand erklärt. Dieser ist nun allerdings ambivalent und unentschieden, da in ihm *factum* (Leben) und *ius* (Norm) verschwimmen.[34] Was normalerweise angewandt wird, die Norm also, das findet im Ausnahmezustand keine Anwendung, wird aber auch nicht als falsch negiert. Was dagegen die Norm nicht erlauben würde, das findet umgekehrt Anwendung. Daraus ergibt sich das Problem der Bewertung

31 Derek Noon und Nick Dyer-Witheford, *Sneaking Mission* (wie Anm. 23), S. 87; Irie Tetsurō und Ogiue Chiki, *Sen'yū taidan* (wie Anm. 28), S. 17.

32 Giorgio Agamben, *Homo sacer. Die souveräne Macht und das nackte Leben*, Frankfurt am Main: Suhrkamp 2002 (Erbschaft unserer Zeit 16), S. 19. Eine kritische Einführung in Agambens Denken gibt Eva Geulen, *Giorgio Agamben zur Einführung*, Hamburg: Junius 2005.

33 Giorgio Agamben, *State of Exception*, Chicago: University of Chicago Press 2005, S. 50.

34 Ebd., S. 29 und S. 38.

von Handlungen, das Agamben in seiner Auseinandersetzung mit dem römischen *iustitium* als Archetyp des Ausnahmezustands diskutiert:

> »The crucial problem connected to the suspension of the law is that of the acts committed during the *iustitium*, the nature of which seems to escape all legal definition. Because neither transgressive, executive, nor legislative, they seem to be situated in an absolute non-place with respect to the law. […] The idea of a force-of-~~law~~ is a response to this undefinability and this non-place. […] Force of law that is separate from the law, floating *imperium*, being in force [*vigenza*] without application, and, more generally, the idea of a sort of ›degree zero‹ of the law – all these are fictions through which law attempts to encompass its own absence and to appropriate the state of exception, or at least to assure itself a relation with it.«[35]

Auch wenn Agambens Ideen in Gänze zu weitreichend und kontrovers sind, als dass ich sie hier vollständig ausführen könnte, scheint mir diese Beschreibung bereits hilfreich für ein besseres Verständnis der politischen Potenziale von Metal Gear Solid. Denn auch dort wird in gewissen Momenten die Norm ausgesetzt. An ihre Stelle tritt die Erfahrung einer Situation bzw. eines Raumes, in dem ›andere‹ Gesetze zu gelten scheinen, die den Spieler_innen nicht bekannt sind. In Ermangelung jedweder Anhaltspunkte oszilliert die Spiel-Erfahrung – zumindest meine eigene – in diesen Momenten dann zwischen Frustration und offener Beliebigkeit: Wo nichts mehr sicher ist, könnte jedes Mittel gleichermaßen zum Erfolg führen.

Der absoluten Kontrolle des Souveräns/Designers unterworfen, verlieren aber nun auch die bisherigen Bewertungskriterien der Spielhandlungen ihre Gültigkeit. Für einen kurzen Moment scheint das Spiel den Spieler_innen eine Öffnung zu bieten, in der die instrumentelle Bewertung von Handlungen zugunsten ihrer Erfahrung *als* Handlungen und ihrer intrinsischen Dimensionen zurückweicht. Wo alles möglich ist, ist jede Handlung ein offenes Experiment, dessen Bewertung ebenfalls jedes Mal aufs Neue von den Spieler_innen – und zugleich Zuschauenden – vollzogen werden muss.

In diesem Sinne fungieren die Ausnahmesituationen in Metal Gear Solid als eine Art Nicht-Ort (Agamben) oder utopische Enklave (Jameson) im Raum des

35 Giorgio Agamben, *State of Exception* (wie Anm. 33), S. 51, Durchstreichung im Original. Den Begriff *iustitium* übersetzt Agamben mit »Stillstand« oder »suspension of the law«: ebd., S. 41.

Videospiels. Sie sind nur im Kontrast mit der regulären Spiel-Erfahrung möglich, bieten als solche aber den Spieler_innen Gelegenheiten, ihr Handeln jenseits des Erlernten nicht nur neu zu erfinden, sondern auch neu zu bewerten. Aus der eigenen Erfahrung ist dabei eine gewisse Befreiung spürbar, die allerdings immer wieder durch die Erfahrung von Beliebigkeit und schließlich Frustration in Ermangelung an Lösungsmöglichkeiten bedroht wird – denn letztlich bleibt auch METAL GEAR SOLID weitenteils eine Serie von Spielen, die es zu gewinnen gilt.

***

Wie die Analysen gezeigt haben, entfalten die drei identifizierten Konfliktkonstellationen innerhalb der METAL GEAR SOLID-Reihe ihre politische Kraft als Konflikte in Adornos Sinne vor allem in ihrem Zusammenspiel. Die Erfahrung von Handlungsfreiheit, die dabei entsteht, ist eine Funktion der Souveränität des Designers über die absolute Regelgebundenheit der Spielwelt, wird aber nur in der Spielsituation greif- und erfahrbar. Als solche vermag sie vielleicht, wenn auch nur für einen Moment, einen Ausblick auf die Erfahrung freier Handlung jenseits restriktiver Regeln zu vermitteln. Für Hannah Arendt wäre der radikalste Wandel der Bedingungen menschlichen Lebens bzw. der Möglichkeiten des tätigen Lebens »an emigration of men from the earth to some other planet. Such an event, no longer totally impossible, would imply that man would have to live under man-made conditions, radically different from those the earth offers him.«[36]

Als Unterhaltungsmedium sind Videospiele und ihre Welten sicher kein Grund zu einer so radikalen Umstellung. Aber wenn der Status quo durch seine immer totalere Bürokratie und Kontrolle selbst zu einer Umgebung wird, die auf »menschgemachten Bedingungen« basiert, dann scheint es bedeutsam, dass Spiele diesen Zustand nicht nur mitkonstruieren, sondern auch Risse in ihm identifizieren und für die Spieler_innen erlebbar machen.

Arendt selbst würde hier vermutlich Einspruch erheben. Schließlich ist das Spielen von Videospielen – besonders in den analysierten Beispielen – kein »öffentliches Auftreten« in ihrem Verständnis politischer Handlung. Es wird außerdem durch die Regeln des Spiels gerahmt und erscheint daher kaum zur Vermittlung tatsächlicher Freiheit geeignet. Und dennoch liegen die Eigenschaften, mit denen

---

36 Hannah Arendt, *The Human Condition* (wie Anm. 12), S. 10.

Arendt politische Handlung beschreibt (nämlich Neuartigkeit, Grenzenlosigkeit und Unberechenbarkeit), erstaunlich nahe an gängigen Definitionen des Spiels.[37]

Eben diese Assoziationen erweckt METAL GEAR SOLID in den seltenen Momenten, in denen auch das Neuerfinden der Welt nicht gänzlich außer Reichweite zu liegen scheint. Die Spiele geben dabei keine konkreten Richtungen vor. Vielmehr ist die erlebte Erfahrung die der Grenzenlosigkeit selbst, an deren Potenzial auch Arendt festhält:

> »The new always happens against the overwhelming odds of statistical laws and their probability, which for all practical, everyday purposes amounts to certainty; the new therefore always appears in the guise of a miracle. The fact that man is capable of action means that the unexpected can be expected from him, that he is able to perform what is infinitely improbable«.[38]

Wenn METAL GEAR SOLID in der Lage ist, eine solche Erfahrung anzudeuten, so ist das meiner Ansicht nach ein ausreichender Hinweis auf die politischen Potenziale des Mediums und seine Möglichkeiten, Denken im Sinne Adornos anzuregen: Ein Denken, das nicht absehbar ist, weil es aus einer ungewissen Situation heraus entsteht, und gerade deshalb vielleicht sogar ›über sich hinausweist‹. In diesem unbestimmten Sinne tragen Videospiele meiner Ansicht nach zur politisch-philosophischen Auseinandersetzung mit den Grundlagen des menschlichen Zusammenlebens bei. Auch wenn solche Potenziale in vielen Spielen ungenutzt bleiben, verdienen sie gerade vor dem Hintergrund der gegenwärtigen scheinbaren ›Alternativlosigkeit‹ des Status quo mehr Aufmerksamkeit seitens all derer, die Spiele designen, spielen und über sie forschen.

---

37 Hannah Arendt, *Between Past and Future* (wie Anm. 13), S. 190–192.

38 Dies., *The Human Condition* (wie Anm. 12), S. 178.

Sammeln und dokumentieren

Retro-Spiele und die Spiele-Geschichte der DDR

René Meyer

Computerspiele treiben die Industrie voran, sind Vorreiter bei Speichermedien, Bedienoberflächen und Eingabegeräten. Seit den einfachen Pixelgrafiken der 1970er Jahre haben sie eine enorme Entwicklung hinter sich. Spiele sind zudem ein Kulturgut und müssen ebenso wie Bücher und Filme für Forschung und Nachwelt archiviert werden. Der Vorteil: Als erstes rein digitales Medium lassen sich Spiele verlustfrei bewahren und kopieren. Aber Datenträger halten nicht ewig. Disketten und Festplatten entmagnetisieren sich im Laufe der Jahre. Auch CDs und DVDs unterliegen chemischen Reaktionen mit der Umwelt. Bereits einige nicht lesbare Bits können das ganze Programm unbrauchbar machen; hier gilt es, regelmäßig umzukopieren. Bis zu 90 % aller Stummfilme gelten heute als verloren. Frühe Spiele hingegen werden systematisch archiviert; alte Geräte werden gesammelt, gepflegt und repariert – von privaten Liebhabern und Vereinen. Das ist eine ehrenamtliche Arbeit, die sich später einmal als unbezahlbar erweisen wird.

Mich fesselt an Retro-Spielen das Gesamtpaket: das einfache Regelwerk, die schlichte Grafik, das Design der Packung, die Töne, die Entstehungsgeschichte. Doch die Daten sind nutzlos ohne die dazugehörigen Computer und Konsolen. Wer besitzt heute noch einen alten Commodore-Rechner oder eine Atari-Konsole? Zwar gibt es für praktisch jedes System einen Emulator, der es auf aktuellen Geräten nachbildet. Doch hundertprozentig lässt sich eine alte Spiele-Umgebung nicht simulieren: Wie fühlten sich die Eingabegeräte an? Wie klangen die originalen Soundchips? Wie schnell lief das Spiel? Also muss man für die Dokumentation heute zweigleisig fahren – die alten Spiele als Kopie bewahren, aber auch die Geräte, auf denen sie laufen.

Das Rechenzentrum der Universität Leipzig in den 1980er Jahren,
URZ-Archiv der Universität Leipzig, Abdruck mit freundlicher Genehmigung

Screenshots von Computerspielen der DDR-Zeit

Mikroelektronik jenseits der Mauer

Noch 1986 hatte ich nur wenige Vorstellungen davon, was mich mit einem Computer erwarten würde. Ich kannte einige Videospiele: den Automaten auf dem Jahrmarkt, die PONG-Konsole unserer Nachbarn, ein LCD-Spiel, das mir aus Westdeutschland mitgebracht wurde. Aber Computer hatte ich zuvor nur auf Messen gesehen. Ich hatte keine Ahnung, was man damit machen konnte. Dann erhielt unsere Schulklasse das Angebot, an einem Computerkurs teilzunehmen. Der Vater einer Mitschülerin leitete das Rechenzentrum der Universität Leipzig. Das Kabinett war mit Computern vom Typ KC 85 ausgestattet. Bei einigen musste man erst die Programmiersprache BASIC von Kassette laden.

Natürlich spielten wir viel. Aber bald entwickelte sich der Wunsch, selbst kreativ zu werden. Meinen Schlüsselmoment hatte ich, als ein Mitschüler mit einigen Programmzeilen ein Pixelhaus auf den Bildschirm zauberte. Es war wie Magie, dass es wie ein Laufband nach oben scrollte und sich ständig neu zeichnete. Das wollte ich auch können. Ich studierte den BASIC-Lehrbrief, der uns ausgehändigt wurde, und begann zu programmieren. Rasch hatte mich das Computerfieber gepackt. Ich verschlang jedes Buch über Computer, dessen ich habhaft werden konnte, schaute die COMPUTERSTUNDE im Fernsehen der DDR und wurde Mitglied im Computerklub Leipzig. Es war eine fruchtbare Zeit: Ab Mitte der 1980er Jahre erschienen in der DDR ständig neue Bücher über Heimcomputer, die man in Bibliotheken ausleihen konnte. Am ergiebigsten war die Deutsche Bücherei in Leipzig: Im Lesesaal stand ein ganzes Regal mit Computerbüchern aus dem Westen. Auch manche Betriebsbibliothek half weiter. Ab 1987 gab es die Zeitschrift *MP – Mikroprozessortechnik*. Es erschienen die *Kleinstrechnertips*-Broschüren. Auch Magazine wie *Jugend+Technik* und *Funkamateure* schrieben regelmäßig über Computer. Es gab Fernsehsendungen mit Computertipps. Sogar das SED-Blatt *Neues Deutschland* druckte hin und wieder ein BASIC-Programm ab.

Ein Nachmittag pro Woche für die Computerei erwies sich als zu wenig. Da das Kabinett ansonsten abgeschlossen oder besetzt war, brauchten wir andere Möglichkeiten. Damals hatte kaum jemand einen Computer zu Hause. Schon gar nicht einen KC, der so gut wie nicht im freien Handel erhältlich war, sondern nur an Betriebe und Bildungseinrichtungen ausgeliefert wurde. Nur wenige Freunde besaßen einen Commodore 64 oder einen Atari 800. Nach und nach lernten wir die anderen Computerräume an der Universität kennen. Auch in der Technischen Hochschule, heute als HTWK Leipzig Ausrichterin der Langen Nacht der Computerspiele, wurde ein Kabinett entdeckt und in Beschlag genommen.

NEUES DEUTSCHLAND

ORGAN DES ZENTRALKOMITEES DER SOZIALISTISCHEN EINHEITSPARTEI DEUTSCHLANDS

ND

REDAKTION NEUES DEUTSCHLAND
1017 BERLIN · FRANZ-MEHRING-PLATZ 1

Herrn
Rene Meyer
Wasserturmstr. 47

Leipzig
7027

Ihre Zeichen	Ihre Nachricht vom	Unsere Zeichen	Datum
			28.8.89

Werter Herr Meyer!

Vielen Dank für das von Ihnen angebotene Programm. Leider ist es zur Veröffentlichung [redacted] auf der Knobelseite nicht geeignet, da es zu lang ist. Vielleicht läßt sich bei entsprechenden Kürzungen, wie zusammenfassen mehrerer Befehle in einer Zeile, etwas machen. überprüfen Sie es doch bitte dahingehend.
An Ihren weiteren Angeboten besteht unsererseits kein Interesse.

Mit besten Grüßen

R. Jung

R. Jung
Abt. Beilage

Telex 112051
Telefon 5 85/0 (Auskunft)

Bankkonto
Staatsbank der DDR 6721-12-45

Postscheckkonto
Postscheckamt Berlin
7199-56-55509

Betriebs-Nr.
00284255

204 BmG 046 85 3G 3216

Brief der Redaktion von *Neues Deutschland* an René Meyer vom 28. August 1989 (Sammlung René Meyer, Leipzig)

Solche Adressen wurden nahezu konspirativ unter Gleichgesinnten getauscht. Am späten Nachmittag waren oft Plätze frei. War ein Raum besetzt oder verschlossen, versuchten wir es im nächsten. In einigen stand sogar ein Drucker. Damit ließen sich eigene (und fremde) Programme zu Papier bringen, um sie in Ruhe zu Hause zu studieren. Rarer hingegen waren Farbbildschirme. Man saß an einem Schwarzweiß-TV und musste sich mit Graustufen begnügen. Die seltenen Momente, in denen man seine Programme in Farbe sehen konnte, waren wie eine Offenbarung – und sorgten zuweilen dafür, die Kolorierung zu überdenken.

Was wir als Schüler an den Computern zu suchen hatten, fragte niemand. Im Gegenteil, zu manchen Studenten und Dozenten entstanden Freundschaften. Man tauschte Wissen und Software miteinander. Die Beharrlichkeit zahlte sich aus: Nach einem Jahr wurde mir ein ›Kundenausweis‹ für mein zweites Zuhause ausgestellt, einen Computerraum der Universität Leipzig. Mit ihm erhielt ich auch dann Zutritt, wenn der Raum abgeschlossen war. Die Volkshochschule Leipzig wurde zu einem weiteren Treffpunkt. Sie war mit einigen KCs ausgestattet und bot Computerkurse an. Einmal im Jahr gab es eine überregionale Zusammenkunft im Kulturhaus des nahegelegenen Städtchens Böhlen. Das war im Grunde eine große Tauschbörse.

Während bei Bürocomputern Disketten im 8″- und 5¼″-Format nichts Unbekanntes waren, speicherte man bei den Kleincomputern auf Tonbandkassetten. Das war mühsam. Um ein Programm zu kopieren, musste man es im Regelfall fünf Minuten in den Computer einlesen und von dort auf eine zweite Kassette speichern. Findige besuchten die Leipziger Messe und luden ihre selbst programmierten Spiele auf die dort ausgestellten Computer, um sie zu verbreiten. Überall waren Chancen, überall Inspirationen, selbst etwas zu schaffen. Zunächst schrieb ich in BASIC eine Reihe von Programmen, darunter die Spiele Nimm weg und Master Mind, ein Übungsprogramm für die Grundrechenarten und ein einfaches Musikprogramm. Das erste größere Projekt war eine Anregung eines befreundeten Dozenten: ein Lernprogramm zum richtigen Schreiben von Straßennamen. Heißt es »Leipzigerstraße« oder »Leipziger Straße«? »Egon Erwin Kisch Weg«, »Egon-Erwin-Kischweg« oder »Egon-Erwin-Kisch-Weg«? Der Höhepunkt meiner BASIC-Laufbahn war das Geschicklichkeitsspiel Cavern (S. 127, unten links). Die Grafiken wurden auf kariertem Papier entworfen, in Bits umgerechnet und Byte für Byte eingetippt. Die Gestaltung war so aufwändig, dass ich darüber den Spielspaß vergaß. Dennoch bewarb ich mich damit beim republikweiten »Leistungsvergleich der Programmierer«. Ohne Erfolg; in Ostberlin hatte man offenbar wenig Verständnis für eine von Monstern behauste Höhle.

Der langsame BASIC-Interpreter war an seine Grenzen gestoßen. Wie beim Nachbar-Computer aus dem Westen, dem Commodore 64, waren schnelle Spiele nur in Assembler möglich. Passenderweise bestand meine Projektaufgabe im Schulfach WPA – »Wissenschaftlich-Praktische Arbeit« – im Lernen dieser Mutter aller Programmiersprachen. An einem Bürocomputer A5130 mit 8″-Disketten galt es, für eine Fließkomma-Arithmetik eine Schnittstelle zu entwickeln. Gefordert war eine Eingabemaske, um das Programmpaket wie einen Taschenrechner zu benutzen. Das neue Wissen setzte ich parallel für den KC um, der mit dem gleichen Prozessor ausgestattet war. Da ich Gefallen daran gefunden hatte, fremde Computerspiele zu analysieren und zu verändern, entwickelte ich ein Jahr lang ein zweckdienliches Werkzeug. Damit konnte ich unter anderem Werte wie die Anzahl der Leben im Speicher suchen, um sie zu verändern und somit zu mogeln.

1989 begann ich mit einem Spiel in Assembler. Leider geriet es nie über Konzepte und ein hübsch animiertes Titelbild hinaus. Denn zeitgleich mit dem Abitur kam die politische Wende. Die DDR zerbrach. Ein letztes Aufbäumen hatte meine Kleincomputer-Zeit im Frühjahr 1990. An einem Straßenstand in Erfurt wurde der letzte Heimcomputer der DDR für nur 250 Ostmark angeboten, der KC compact. Da er (als Klon des Schneider CPC) nicht kompatibel zu den bisherigen KCs war, beschäftigte ich mich kaum damit. Aber heute ist er ein begehrtes Sammlerstück und der Grundstein meiner Sammlung. Regelmäßig fahre ich zum Jahrestreffen des KC-Clubs und staune, wie vielseitig sich der kleine Computer von damals noch nutzen lässt.

Der Weg eines Sammlers

Zum Sammeln kam ich erst nach 1989: Mit der Wende öffnete sich mir als Leipziger eine neue Welt. Als ich begann, als Journalist über Computerthemen zu schreiben, wurde mir schmerzlich bewusst, dass ich zwei Jahrzehnte verpasst hatte, in denen in Garagen die ersten Computer zusammengeschraubt, die ersten Konsolen entworfen wurden und eine neue Industrie entstanden war.

Ich verschlang Bücher über die Geschichte von Apple, IBM, Microsoft und Nintendo. Aber ich wollte noch mehr wissen. Also begann ich zu sammeln: zunächst alte Zeitschriften, die nicht nur im Rückblick über die Vergangenheit, sondern authentisch aus der Zeit heraus berichteten. Und ich wollte nachvollziehen, warum zum Beispiel der Commodore 64 heute noch Kult ist.

Ein Schlüsselerlebnis hatte ich, als Mitte der 1990er Jahre eine neue Konsolengeneration angekündigt wurde. Die Spieler freuten sich auf ein neues MARIO (Nintendo/Nintendo, ab 1985), auf ein neues ZELDA (Nintendo/Nintendo, ab 1986). Und ich konnte ihre Erwartungen nicht nachvollziehen, da ich diese Serien gar nicht kannte. Kurz vor dem Erscheinen des Nintendo 64 geriet ich an den Vorgänger, das SNES – und verliebte mich in den Charme der farbenfrohen 2D-Grafik, der munteren Klänge. Nach und nach schaffte ich mir einerseits privat immer mehr Geräte und Spiele an und konzentrierte mich andererseits in meiner Arbeit immer mehr auf aktuelle Computerspiele.

Als um die Jahrtausendwende herum ebay startete, gab es mit einem Schlag ein riesiges Angebot an Computergeschichte. Die meisten sammeln und pflegen diejenigen Geräte, die sie in ihrer Kindheit selbst besaßen. Ich hingegen bin immer noch angetrieben von der Neugierde auf gerade die Computer und Spiele, die ich *nicht* kannte. Ich kann die Zeit von damals nicht zurückholen. Aber ich verstehe mittlerweile immer mehr von der Faszination, die von Geräten wie dem Commodore 64 ausgeht.

Heute umfasst meine Sammlung mehr als 1.000 Geräte: Spielkonsolen, Heimcomputer, Table Tops (die Miniatur-Automaten aus den 1980er Jahren), LCD-Spiele. Auch einige Schachcomputer, Lerncomputer und Organizer zähle ich dazu, ebenso über 100 Taschenrechner überwiegend aus den 1970er Jahren. Defekt sind nur wenige Stücke; die versuche ich reparieren zu lassen oder zu ersetzen. Insgesamt geht die Sammlung aber bereits auf 30.000 Stücke zu: Spiele, Zeitschriften, Bücher, Soundtracks, Zubehör wie Controller, Werbeartikel. In einer Reihe nebeneinandergestellt, umfassen die Exponate mehrere Hundert Meter. Hinzu kommt ein digitales Archiv aus Hunderttausenden von Bildern, Fotos und Dokumenten. Je größer die Sammlung wird, desto mehr merkt man aber auch, was alles fehlt. Trotz 1.000 Geräten gibt es noch viele Lücken, darunter sogar bekanntere Systeme wie CDTV, Atari 5200 oder Amiga 1000. Auch einen Computer mit kyrillischen Buchstaben hätte ich gern. Spezielle Systeme aus Mittel- und Südamerika wären ebenfalls sehr interessant.

Das »Haus der Computerspiele« in Leipzig

Parallel zu meiner Sammelleidenschaft wuchs in Leipzig die Games Convention oder GC, eine der größten Messen für Computerspiele weltweit und Vorgängerin der Kölner Gamescom. Es gelang mir 2007, dort die Sammlung auszustellen, und irgendwie geschah es, dass sie dabei als weltgrößte Ausstellung von Spielesystemen ins *Guinness-Buch der Rekorde* aufgenommen wurde. Das war der Startschuss für zahlreiche Ausstellungen und Veranstaltungen, die heute, zehn Jahre später, schon mehr als vier Millionen Besucher sehen konnten. So wurde es nötig, der Sammlung einen Namen zu geben: Haus der Computerspiele.

Das Wandermuseum zur Geschichte und Kultur des Computerspiels hat keine festen Räume, sondern stellt auf Messen, Kongressen, Festivals, in Hochschulen und Museen aus. Es ist als Botschafter unterwegs, um Computerspiele nicht nur als spaßige Unterhaltung für die ganze Familie, sondern auch als Kulturgut und Technologietreiber mit Tradition, als kreatives Hobby und als Beruf zu begreifen. Die Aktivitäten sind mit einem Verein vergleichbar und verfolgen keine geschäftlichen Ziele. Ohne Budget und ohne Einnahmen erreicht das Haus der Computerspiele mit seinem Konzept als Gast auf Publikumsveranstaltungen jedes Jahr rund 500.000 Besucher. Zu sehen war die Sammlung unter anderem im Haus der Geschichte Bonn, auf dem Medienfestival Dresden, auf der Quo-Vadis-Konferenz in Berlin, auf dem Sächsischen Familientag, auf der Frankfurter Buchmesse, der International Supercomputing Conference, der Automesse AMI und in zahlreichen Hochschulen. Bei vielen Veranstaltungen arbeitet das Haus der Computerspiele eng mit anderen Sammlern, Entwicklern und Vereinen zusammen. Jährliche Höhepunkte sind seit 2007 die Lange Nacht der Computerspiele, die gemeinsam mit der HTWK Leipzig als Festival zur Kultur und Geschichte digitaler Spiele aufgebaut wurde, und die beliebte Sonderschau »Retro Gaming« auf der Kölner Gamescom, die als Gemeinschaftsstand ebenfalls seit zehn Jahren gestaltet wird. Auf den Wanderausstellungen kann die Geschichte des Computerspiels auf originaler Hardware und mit liebevoll in Szene gesetzten Exponaten erkundet werden: von den ersten PONG-Konsolen bis zur aktuellen Hardware-Generation.

Gerade Retro-Spiele sind ideal für das Publikum, da sie besonders leicht zugänglich und auch für sehr junge und unerfahrene Spieler geeignet sind. Dazu werden bewusst familienfreundliche Titel ausgewählt, die sich auch gemeinsam spielen lassen. Die Exponate demonstrieren die vierzigjährige Geschichte des ersten rein digitalen Mediums. Sie sind Zeugnis der Entwicklung von Design, Handhabung und Technik und spiegeln den jeweiligen Zeitgeist. Historische Computerspiele sind das Zentrum einer Vielzahl von kreativen Subkulturen. Deren Mitglieder entwerfen Kunstwerke mit Motiven von Spieleklassikern. Sie mischen die Musikstücke von damals neu und bringen sie in die Konzertsäle. Und sie entwickeln noch immer Spiele für die alten Heimcomputer und Konsolen, obwohl sie seit Jahrzehnten nicht mehr im Handel sind.

Haus der Computerspiele, Ausstellungsexponate
(Sammlung René Meyer, Leipzig)

Mein Ziel ist es, ideologiefrei die Faszination und Herkunft des Computerspiels aufzuzeigen und die Akzeptanz des noch jungen Mediums zu vergrößern. Neben dem reinen Spielen werden auch einfache Programmieraufgaben auf historischen Heimcomputern angeboten und Vorträge gehalten, um Spiele nicht nur als Zeitvertreib, sondern als kreatives Hobby und als Beruf zu begreifen. Mit dem Konzept, bereits bestehende, publikumsstarke Veranstaltungen durch Computerspiele zu bereichern, können besonders viele Interessenten angesprochen werden.

***

Damit zurück zum KC 85, dem Heimcomputer der DDR. Bastler sind eine wichtige Stütze einer kleinen Gruppe von Liebhabern, die sich fast 30 Jahre nach dem Fall der Mauer weiterhin an ihrer Acht-Bit-Technik aus den 1980er Jahren erfreuen. Diese Technik heißt KC 85/4 und sie wurde vom VEB Mikroelektronik »Wilhelm Pieck« Mühlhausen entwickelt. Mit seinen Leistungsparametern ist

Treffen des KC-Clubs am 13. April 2003 in Garitz bei Dessau,
Foto: René Meyer

der KC 85/4 in etwa mit dem Commodore 64 vergleichbar, dem Bruder aus dem Westen.

Wenn etwa der Elektromonteur Mario Leubner auf einen Fehler im Betriebssystem stößt, schaut er in den Quelltext, korrigiert einige Befehle und übersetzt die Software zurück in die Maschinensprache. Er bannt sie mit einem selbstgebauten EPROM-Brenner auf einen Speicherchip, den er in seinen Computer setzt. Und die Arbeit kann weitergehen. Das Betriebssystem heißt CAOS. Der Name ist nicht Programm. Es treibt den in der DDR entwickelten Heimcomputer an. Und es ist mit nur 16 Kilobyte Speicher so übersichtlich, dass ein Einzelner es komplett verstehen kann.

Was sonst der Tod für ein System wäre – die mangelhafte Verträglichkeit mit Standards – geriet dem Kleincomputer zur Rettung. Abgesehen vom Prozessor, einem Nachbau des damals weit verbreiteten Z80 (der unter anderem im Game Boy eingesetzt wurde), ist der KC zu nichts Bekanntem kompatibel. Betriebssystem, der BASIC-Dialekt, technische Spezifikationen und Anschlüsse sind Eigenentwicklungen. Das ist der eine Grund für das anhaltende Interesse, die Grenzen des Gerätes immer wieder auszuloten. Der zweite: Der KC ist gut dokumentiert und lässt sich leicht erweitern. Welche Möglichkeiten damit offenstehen, überrascht selbst den harten Kern der KC-Bastler immer wieder, wenn sie sich jedes Frühjahr zu einem Wochenende Tüfteln, Vorführen und Plaudern zusammenfinden. Und Außenstehende sowieso. Die Zusammenkünfte, in der Regel in einem Gasthof irgendwo auf dem Land, sind so, wie man sich Treffen von mehreren Dutzend Elektronikern vorstellt, die alle mit einem Lötkolben bewaffnet sind: ein Saal gefüllt mit Dutzenden von Computern. Überall liegen Leiterplatten und andere Bauteile herum. Es summt und brummt. LEDs blinken. Und selbst wenn draußen eisige Kälte herrscht – eine Heizung wäre überflüssig.

Im Lauf der Jahre wurden Hardware und Software bis zum letzten Bit analysiert, überarbeitet und erweitert. Längst betreiben die Mitglieder des KC-Clubs den Apparat (der eigentlich nur 64 Kilobyte adressieren kann) mit Megabyte-Speicherchips und Festplatten, schließen Mäuse, Joysticks, Scanner und Drucker an. Wie bei einer Stereoanlage wird das Grundgerät dabei um Erweiterungsaufsätze ergänzt. Mancher Turm, vollgestopft mit Speicher und Anschlüssen, erreicht sechs Etagen. Man hat ausgetüftelt, wie sich eigene Steckmodule entwickeln lassen. Sie werden in kleiner Auflage für die KC-Veteranen hergestellt. Kurz vor der Wende hatten die Mühlhausener Entwickler ihrem KC eine Erweiterung gegeben, ohne die das Experimentieren heute wohl weniger Spaß machen würde: einen Diskettenaufsatz mit separatem Prozessor, der unter dem Betriebssystem CP/M läuft. Vorher mussten Programme noch mühsam auf Tonbandkassetten gespeichert werden.

Club-Leiter Frank Dachselt sieht die Arbeit mit dem DDR-Computer nicht als historische Aufarbeitung. Tatsächlich nutzen die KC-Liebhaber moderne PCs als Arbeitsmittel, haben eine Website ins Netz gestellt, und KC-Software lässt sich dank Emulator-Programm auch unter Windows betreiben.

Ich baue den KC 85 gern auf Retro-Ausstellungen auf, lege ein A4-Blatt mit BASIC-Befehlen dazu und freue mich, wenn sich Besucher daran ausprobieren. Manche hatten selbst vor vielen Jahren solch ein Gerät in Ausbildung und Beruf genutzt und sehen es nun nach langer Zeit wieder – und erzählen von ihren Erinnerungen.

Inszenierung

Die Reise ins Labyrinth

Wie interaktive digitale Literatur erzählt

Andreas Capek

Der argentinische Schriftsteller Jorge Luis Borges – in spieltheoretischen Kreisen immer wieder gern als literarischer Urvater des Videospiels herangezogen – hat 1941 in seiner Erzählung *Der Garten der Pfade, die sich verzweigen* (*El jardín de senderos que se bifurcan*) die Vision eines unendlichen Romans entworfen, in dem keine Szene einen festgelegten Ausgang hat, sondern alle möglichen Ausgänge gleichzeitig:

> »In allen Fiktionen entscheidet sich ein Mensch angesichts verschiedener Möglichkeiten für eine und eliminiert die anderen; im Werk des schier unentwirrbaren [des Romanautors Ts'ui Pên] entscheidet er sich – gleichzeitig – für alle. Er erschafft so verschiedene Zukünfte, verschiedene Zeiten, die ebenfalls auswuchern und sich verzweigen. Daher die Widersprüche im Roman. Fang (sagen wir) hütet ein Geheimnis; ein Unbekannter klopft an seine Tür; Fang beschließt, ihn zu töten. Natürlich gibt es verschiedene mögliche Lösungen. Fang kann den Eindringling töten, der Eindringling kann Fang töten; beide können davonkommen, beide können sterben und so weiter. Im Werk von Ts'ui Pên kommen sämtliche Lösungen vor; jede einzelne ist der Ausgangspunkt weiterer Verzweigungen.«[1]

Borges beschreibt hier nur das metaphysische Konzept einer solchen Erzählform – wie sie zum Ziel hat, dass die Leser_innen sich verirren, wie sie »ein zwar unvollständiges, aber nicht falsches Bild des Universums« malt –, nicht aber, wie man sich das Ganze praktisch-materiell vorstellen kann. Das ist kaum verwunder-

1 Jorge Luis Borges, *Der Garten der Pfade, die sich verzweigen*, in: ders., *Gesammelte Werke*, Bd. 5, *Der Erzählungen erster Teil*, hrsg. von Gisbert Haefs und Fritz Arnold, München: Hanser 2000, S. 161–173, hier S. 170.

lich, muss ein solches Konzept doch im prä-digitalen Zeitalter noch als fantastisch erschienen sein.

Viel ist über diesen Text geschrieben worden. Ich möchte mich auf einen entscheidenden Begriff konzentrieren, der uns helfen wird, die Entwicklung interaktiver digitaler Literatur (zu der Text-Adventures gehören), ihre erzähltheoretischen Modelle und ihre komplizierte Beziehung mit der Form des Spiels zu verstehen: den Begriff des Labyrinths.

Was ist das Labyrinth?

Wie auch immer wir uns Borges' »unendlichen Roman« vorstellen wollen: Der entscheidende Faktor ist das Labyrinth. Was für eine Art Labyrinth haben wir im Sinn, wie bauen wir es? Tatsächlich verläuft die Entwicklung interaktiver digitaler Literatur anhand des soziokulturellen Kontexts dieses Wortes.

Die Herkunft des Wortes »Labyrinth« (griechisch λαβύρινθος, *labýrinthos*) ist ungeklärt. Seine Bedeutung ist kulturell geprägt; im Allgemeinen – und auch im vorliegenden Fall – handelt es sich um einen Irrgarten (Borges spricht explizit von einem Garten und Verzweigungen), also um ein Muster aus Wegen, die wiederholt ihre Richtung ändern, um das Hinein- und Hinausfinden zu einer Herausforderung, einem Spiel zu machen.

Interessant ist, wie Borges bereits einen grundlegenden Konflikt herausarbeitet, den der Text-Adventure-Autor und -Theoretiker Graham Nelson später als »a crossword at war with a narrative«[2] bezeichnen wird, nämlich die scheinbare Unvereinbarkeit von Spiel und Erzählung:

> »Ts'ui Pên dürfte einmal gesagt haben: ›Ich ziehe mich zurück, um ein Buch zu schreiben.‹ Ein andermal: ›Ich ziehe mich zurück, um ein Labyrinth zu schaffen.‹ Alle haben an zwei Werke gedacht. Niemand ahnte, daß Buch und Labyrinth ein einziger Gegenstand waren.«[3]

---

2 Graham Nelson, *The Craft of Adventure. Five Articles on the Design of Adventure Games*, 1995, in: *The Interactive Fiction Archive*, <www.ifarchive.org/if-archive/info/Craft.Of.Adventure.txt> (Abruf am 4. Mai 2017).

3 Jorge Luis Borges, *Der Garten der Pfade, die sich verzweigen* (wie Anm. 1), S. 168.

Die Entwicklung interaktiver digitaler Literatur war bis in die 2010er Jahre tatsächlich von zwei gegensätzlichen Modellen bestimmt. Auf der einen Seite stehen parserbasierte Text-Adventures: Spiele wie ADVENTURE (William Crowther, 1976), ZORK (Infocom/Infocom, 1977) und HADEAN LANDS (Andrew Plotkin/Zarfhome Software, 2016), die vor allen während der 1980er Jahre kommerziell erfolgreich waren, aber von den 1970er Jahren bis heute durchgehend und wenig verändert existieren. Auf der anderen Seite steht literarische Hyperfiction wie AFTERNOON, A STORY von Michael Joyce oder HOWLING DOGS von Porpentine, die an narrativen Experimenten interessiert ist. Ich möchte die Entwicklung dieser unterschiedlichen Zugänge nachzeichnen und schließlich zeigen, wie der Graben zwischen ihnen in den vergangenen Jahren langsam gefüllt wurde. Zunächst müssen wir aber einige Begriffe klären.

Text-Adventure? Interactive Fiction? Hypertext? Eine Klärung von Begriffen

Warum spreche ich überhaupt von »interaktiver digitaler Literatur«? Warum so vage? Soll es hier nicht um Text-Adventures gehen? – Sobald Text und Spiel aufeinandertreffen, stehen wir einem Gewirr von Begrifflichkeiten gegenüber. Die meisten sind keine streng abgegrenzten Definitionen im akademischen Sinne, sondern historisch gewachsene Bezeichnungen, entstanden aus konkreten Perspektiven und Ideologien. Würden wir einen Infocom-Titel der 1980er Jahre genauso bezeichnen wollen wie ein literarisches Experiment, das Weblinks zur Navigation verwendet, und das wiederum genauso wie 80 DAYS (inkle Studios/inkle Studios, 2014)?

Im deutschsprachigen Raum hat sich »Text-Adventure« als Oberbegriff für solche Formen durchgesetzt. Eigentlich ist ein Text-Adventure seiner Definition nach aber bereits an einer ganz konkreten Stelle des Spektrums zwischen den vermeintlichen Polen von Text und Spiel zu verorten, nämlich dort, wo zwar Text das primäre narrative Medium ist, jedoch der Spiel-Charakter schon nicht mehr in Frage gestellt wird. Immerhin bedient sich der Begriff der Genrebezeichnung »Adventure«, die über einige bestimmte Charakteristika verfügt: Dazu gehören ein konkretes Spielziel und die Herausforderung, situationsbedingte Rätsel zu lösen, um dieses Ziel zu erreichen.

Im englischsprachigen Raum spricht man hingegen traditionell von »Interactive Fiction«.[4] Dieser Begriff tauchte erstmals im Jahre 1981 im Werbematerial von Adventure International auf – derjenigen Firma, die Text-Adventures erstmals kommerziell vertrieben hat – und wurde von der Firma Infocom, dem populärsten Entwickler von Text-Adventures während der 1980er Jahre, auf den Spielepackungen verwendet.[5] Vermutlich wurde der Begriff ursprünglich nicht gewählt, um ein ästhetisches Programm zu proklamieren, sondern hatte vielmehr mit dem Geschäftsmodell kommerzieller Text-Adventures zu tun, das vorsah, sie nicht nur in Software-, sondern auch in Buchhandlungen zu verkaufen. Dass sich der Begriff »Interactive Fiction« so lange halten konnte, liegt gewiss auch am fortlaufenden Imageproblem des Videospielmediums: Mit der Bezeichnung »Interactive Fiction« entkommt man dem in manchen Zusammenhängen toxischen Gaming-Kontext und verortet sich im ›seriösen‹, etablierten Bereich der Literatur.

Obwohl der Begriff also mehr ein Modewort als eine nützliche Definition ist, sollten wir ihn aufgrund seiner Verbreitung nicht ignorieren. Im Allgemeinen wird er als Oberbegriff für jede Art von interaktiver Literatur verwendet. Damit ist er nicht unbedingt umfassender als der Begriff »Text-Adventure«, der ja konkret schon den Spielcharakter, also die Existenz von Puzzles und eines Spielziels, voraussetzt. ZORK ist zweifelsfrei ein Text-Adventure, eine Abfolge von Herausforderungen. Aber wie nennen wir zum Beispiel AISLE (Sam Barlow, 1999), das zwar genauso aussieht, aber nur einen einzigen Spielzug dauert? Es scheint sinnvoll, eine Definition anhand formaler Kriterien zu suchen.

Im Vergleich zu den zwei bisher genannten Begriffen bezieht sich das Wort »Hyperfiction« auf ein konkretes formales Merkmal. Es beruht auf dem »Hypertext«, den man nicht linear navigiert, sondern über Verweise bzw. Verknüpfungen – also zum Beispiel ein Lexikon oder das World Wide Web. »Hyperfiction« wiederum ist eine fiktional-erzählende Form von Hypertext. Darunter fallen Spielbücher der Sorte FIGHTING FANTASY (Steve Jackson und Ian Livingstone, seit 1982) und CHOOSE YOUR OWN ADVENTURE (Edward Packard u. a., seit 1976) genauso wie TWINE-Spiele oder Michael Joyce' schon genanntes literarisches Experiment AFTERNOON, A STORY. »Hyperfiction« definiert sich also im Unterschied zu »Text-

4 Das *Interactive Fiction Archive* ist die größte und wichtigste Text-Adventure-Sammlung. Seit 1995 findet jeden Herbst die *Interactive Fiction Competition* statt.

5 Espen J. Aarseth, *Cybertext. Perspectives on Ergodic Literature*, Baltimore und London: Johns Hopkins University Press 1997, S. 48.

Adventure« oder »Interactive Fiction« ganz konkret über seine Navigationsmethode und Struktur als verzweigtes Netzwerk aus punktuellen Verknüpfungen.

Das häufigste Gegenstück dazu, das sich spätestens mit den kommerziellen Text-Spielen der 1980er Jahre etabliert hat, ist die Kommandozeile. Auf die Beschreibung einer Umgebung folgt eine Leerzeile, beginnend mit dem Symbol »>«. Die Spieler_innen sind aufgefordert, an dieser Stelle ein ausgeschriebenes Kommando an ihre Spielfigur zu formulieren, etwa »open door« oder »turn on the light«. Das Format dieser Eingaben folgt bestimmten Regeln, nach denen anschließend ein Sub-Programm – der sogenannte Parser – die Eingabe analysiert, verarbeitet und ein weiteres Stück Text produziert, das idealerweise logisch auf die Eingabe reagiert.

Diese Kommandozeile ist ein Relikt aus den Wurzeln der Text-Adventure-Szene in der US-Programmierer-Kultur der 1970er Jahre. Zu dieser Zeit wurden die raumfüllenden Computer an den Universitäten mithilfe von Terminals auf eine Art und Weise bedient, die genau diesem Kommandozeilenprinzip folgte. Als der MIT-Informatiker und Höhlenforscher William Crowther 1976 mit ADVENTURE das Text-Adventure-Genre begründete, übernahm er genau jene Kommandozeilenlogik, um die Navigation durch ein Höhlensystem zu simulieren.

Jeremy Douglass hat diese Form »Command Line Literature« (CLL)[6] genannt, ich selbst habe in meiner Diplomarbeit[7] den Begriff »Parser-Literatur« vorgeschlagen – immerhin ist das Alleinstellungsmerkmal dieser konkreten Literaturform nicht wirklich die Kommandozeile, sondern der Parser, also jener Algorithmus ›hinter‹ der Kommandozeile, der die Eingaben liest, analysiert und verarbeitet. Text-Adventures wie ERIC THE UNREADY von Bob Bates (Legend Entertainment/Legend Entertainment, 1993) oder DETECTIVELAND von Robin Johnson (2016) lassen sich fast vollkommen ohne manuell eingegebene Textbefehle steuern, obwohl sie sonst nach genau denselben Prinzipien funktionieren wie etwa ZORK. Im Rückblick war der Begriff »Parser-Literatur« insofern keine schlechte Wahl, als dass die gängige populäre Bezeichnung für die Form heute »parser-based interactive fiction« lautet – diese Differenzierung wurde nach dem Comeback populärer Hyperfiction durch TWINE notwendig, aber dazu später mehr.

---

6 Jeremy Douglass, *Command Lines. Aesthetics and Technique in Interactive Fiction and New Media*, Santa Barbara: University of California Press 2007, S. 60.

7 Andreas Dobersberger, *Interactive Fiction als literarische Form*, Dipl.-Arbeit Universität Wien 2013, <urn:nbn:at:at-ubw:1-30098.20061.204259-5> (Abruf am 4. Mai 2017).

Die Entwicklung der interaktiven digitalen Literatur über die letzten Jahrzehnte hat sich an beiden Modellen orientiert: Parser-Literatur und Hyperfiction. Dabei muss man sich bewusst sein, dass die Unterschiede zwischen den Modellen nicht auf die Eingabemethode beschränkt sind: Es handelt sich vielmehr um zwei fundamental verschiedene Erzählformen. Hyperfiction ist im Grunde nichts, das nicht auch in einem analogen Medium denkbar wäre: nichtlinear verknüpfte Textpassagen. Spielbücher funktionieren nach dem gleichen Prinzip. Der Parser leistet hingegen mehr, als bloß vorgegebenen Verbindungen zu folgen: Er wendet die Eingaben auf ein emergent reagierendes Weltmodell an. Statt die Spielsituationen im Top-down-Verfahren zu entwerfen, simulieren Parser-Autor_innen einen virtuellen Raum. Wenn die Spielfigur in Zork einen Zettel mit sich herumträgt, dann hat man die Möglichkeit, diesen Zettel zu lesen, nicht separat in jede erdenkliche Spielsituation implementiert, sondern dem virtuellen Zettel schlicht die Attribute ›lesbar‹ und ›tragbar‹ gegeben. Dieser Unterschied ist wichtig, denn naturgemäß hat jede Form für sich unterschiedliche narrative Möglichkeiten und Schwerpunkte: Es sind zwei verschiedene Verwirklichungen des Labyrinths.

Das Labyrinth als Dungeon: Zork

Die Geschichte der interaktiven Computerliteratur begann 1976, als der bereits erwähnte William Crowther ein per Textkonsole gesteuertes Programm namens Adventure fertigstellte, in dem Spieler_innen mittels simpler Kommandos durch ein Höhlensystem navigieren, Rätsel lösen und Schätze suchen sollen. Crowther legte mit Adventure nicht nur den Namen des Genres, sondern auch die formale Grundstruktur des Text-Adventures als Parser-Literatur fest: Die Spieler_innen reagieren auf eine kurze Beschreibung der Umgebung mit einem Textkommando in Form von englischsprachigen Wörtern.[8] Das Kommando wird vom Parser verarbeitet und auf ein emergent reagierendes Weltmodell angewendet.

8 Nick Montfort verweist darauf, dass dieses Kriterium bereits 1984 von den Literaturwissenschaftlern Anthony Niesz und Norman Holland als entscheidend für die Form betont wurde: »In the development of interactive fiction, the original ›Adventure‹ with its legion of imitators and successors is important because, for the first time, the game let the reader answer with words instead of numbers«: *Twisty Little Passages. An Approach to Interactive Fiction*, Cambridge, Mass., und London: MIT Press 2005, S. 8.

Das populärste unter den zahlreichen Derivaten von ADVENTURE war ZORK, das von 1977 bis 1979 von Tim Anderson, Marc Blank, Bruce Daniels und Dave Lebling am MIT entwickelt wurde. ZORK stellt bis heute den formalen Prototyp von Parser-Literatur dar, was Interaktion, Interface, Parser und Weltmodell betrifft, und dürfte auch das bekannteste und exemplarischste Text-Adventure sein.[9] Wie vorher ADVENTURE, so bewegt sich auch ZORK in einem von DUNGEONS & DRAGONS inspirierten Fantasy-Setting, in dem die Spieler_innen vor die Aufgabe gestellt werden, die Ruinen eines unterirdischen Reiches zu erforschen und Schätze zu bergen. In seiner thematischen Fortführung des Formbegründers zeigt sich abermals das soziokulturelle Umfeld der Autoren und damit deren Interpretation des Labyrinths. Beat Suter vergleicht ZORK in seiner Funktion als Urtext eines literarischen Genres mit Homers *Odyssee* und Cervantes' *Don Quixote*: »eine endlos scheinende Irrfahrt durch labyrinthische Gegenden, die immer neue Überraschungen, Prüfungen und Rätsel bereit halten.«[10]

ADVENTURE wurde populär, indem es sich über die Computernetzwerke amerikanischer Universitäten verbreitete. Zum Publikum gehörten dementsprechend überwiegend Programmierer_innen, Informatik-Studierende und Hacker_innen, die Spaß an cleveren Rätseln, Kalauern und Referenzen hatten und stark von Fantasy-Literatur beeinflusst waren – vor allem aber vom Pen-&-Paper-Rollenspiel DUNGEONS & DRAGONS (Gary Gygax und Dave Arneson/TSR und Wizards of the Coast, seit 1974). So hat sich nicht nur das Interesse an einer mathematisch simulierten Welt entwickelt, sondern auch eine pop- und spielkulturell verortete Interpretation des Labyrinths als Fantasy-Dungeon: ein mit tödlichen Fallen gespicktes Verließ, in dessen Tiefen unermessliche Schätze versteckt sind und in dem nur die Stärksten und Schlauesten bestehen können.

Ein Rätsel, das sowohl ADVENTURE als auch ZORK stellt, besteht in einer Ansammlung von Gängen mit der immer gleichlautenden Beschreibung »You are in a maze of twisty little passages, all alike.« Wie schon Borges, so kommen auch die Autor_innen von Text-Adventures immer wieder auf das Herausfinden aus einem Labyrinth als Bild für nichtlineare Narrative zurück: Das Labyrinth-Rätsel

9 Noch 2007 schaffte es ZORK auf die Liste der kulturell wichtigsten Videospiele der *New York Times*: vgl. Heather Chaplin, *Is That Just Some Game? No, It's a Cultural Artifact*, in: *The New York Times*, 12. März 2007, <www.nytimes.com/2007/03/12/arts/design/12vide.html> (Abruf am 4. Mai 2017).

10 Beat Suter, *Narrationspfade in Hyperfictions*, in: *Dichtung Digital*, 20. Juli 2000, <www.dichtung-digital.de/2000/Suter-10-Sep/pfade4.html> (Abruf am 4. Mai 2017).

wurde in den Folgejahren zu einer Trope des Text-Adventures. Die konzeptuellen Unterschiede zwischen Parser-Literatur und Hyperfiction zeigen sich im Übrigen sehr schön an der Lösung des Rätsels durch die Nutzung des Weltmodells: Viele Spieler_innen haben den richtigen Weg gefunden, indem sie einzelne Passagen mit abgelegten Gegenständen markiert haben.

Das Labyrinth als Rhizom: AFTERNOON, A STORY

Das Konzept interaktiver digitaler Literatur musste in der Literaturwissenschaft naturgemäß reizvoll wirken. Poststrukturalistische Theorien wie jene von Roland Barthes, Michel Foucault, Jacques Derrida und Gilles Deleuze, die ab den 1960er Jahren Verbreitung fanden, proklamierten eine antiautoritäre Sicht auf Literatur und einen spielerisch-explorativen Umgang mit Texten. Mit der Organisationsform des Rhizoms[11] anstelle der hierarchischen Baumstruktur lieferten Deleuze und Félix Guattari im Jahre 1976 zugleich ein mögliches Modell des unendlichen Romans. Ein Rhizom ist ein pflanzliches Wurzelgeflecht, und als solches denken Deleuze und Guattari die Welt und Information: dezentral organisierte Knotenpunkte, in sich verflochten und ohne erkennbar vorgegebene Hierarchien und Dichotomien. Das Rhizom-Modell entspricht damit exakt einer Hypertext-Struktur. Ob es reiner Zufall ist, dass im gleichen Jahr William Crowther mit ADVENTURE eine alternative Verwirklichung von Borges' Irrgarten vorstellte?

Aber auch andere poststrukturalistische Konzepte lassen sich auf den Hypertext anwenden. Nachdem Ende der 1980er und Anfang der 1990er Jahre das Hypertext-Prinzip durch das Aufkommen grafischer Benutzungsoberflächen einer breiten Öffentlichkeit anschaulich gemacht wurde, begrüßten es manche Literaturwissenschaftler_innen geradezu enthusiastisch, wie ein Text von Robert Coover aus der *New York Times* vom 21. Juni 1992 mit dem Titel *The End of Books* verdeutlicht:

> »[U]nlike print text, hypertext provides multiple paths between text segments, now often called ›lexias‹ in a borrowing from the pre-hypertextual but prescient Roland Barthes. With its webs of linked lexias, its networks of alternate routes (as opposed to print's fixed unidirectional page-turning), hypertext presents a radically divergent technology, interactive and polyvocal, favoring a plurality of discourses over definitive utterance and freeing the reader from domination by the author. Hypertext reader and

11 Vgl. Gilles Deleuze und Félix Guattari, *Rhizom*, Berlin: Merve 1977.

writer are said to become co-learners or co-writers, as it were, fellow travelers in the mapping and remapping of textual (and visual, kinetic and aural) components, not all of which are provided by what used to be called the author.«[12]

Der Literaturwissenschaftler Michael Joyce schrieb im Jahre 1987 das erste Beispiel von Hyperfiction: AFTERNOON, A STORY. Joyce gehörte einer Gruppe literaturtheoretisch interessierter, ›postmoderner‹ Autor_innen aus dem wissenschaftlichen Umfeld an, die als »Eastgate-Schule« bekannt wurden, nachdem sie im Jahre 1990 mit STORYSPACE ihr eigenes Autorensystem beim Publisher Eastgate Systems veröffentlicht hatten.

AFTERNOON, A STORY erzählt von den Erinnerungen eines Mannes an einen Autounfall und kann in verschiedene Richtungen abdriften. Dabei wird weniger ein kohärenter Plot erzählt, als dass die Spieler_innen assoziative Bilder und Situationen navigieren. Anders als in einem Text-Adventure finden sich keine Rätsel oder Hindernisse auf dem Weg. Es gibt auch keinen festgelegten Endpunkt. Das Labyrinth in AFTERNOON, A STORY besteht vielmehr aus unorganisierten Gedanken und Erinnerungen.

Parser vs. Hypertext, Infocom vs. Eastgate

Die Hyperfiction-Autor_innen der Eastgate-Schule waren an nicht-spielerischen Strukturen oder der Simulation einer Umgebung interessiert. Der Computer als narratives Werkzeug erreichte ihre Wahrnehmungsschwelle erst durch die Einführung von grafischen Benutzungsoberflächen, als er sich in der öffentlichen Wahrnehmung vom Programmier- zum Multimedia-Gerät wandelte. Das Konzept des Hyperlinks, Inhalte anschaulich und netzwerkartig miteinander zu verknüpfen, war für sie interessant, weil sie darin eine Möglichkeit sahen, ihrem postmodernen Verständnis von Texten und Erzählen nachzukommen: nicht linear und autoritär, sondern rhizomorph und antihierarchisch.

Autor_innen von Text-Adventures wiederum waren nur in Einzelfällen an literarischen Experimenten interessiert.[13] Bei ihnen, besonders den Entwickler_innen bei Infocom oder Magnetic Scrolls, stand dagegen die Simulation im

12 Zitiert nach Jimmy Maher, *The Eastgate School of »Serious« Hypertext*, 10. Februar 2017, <www.filfre.net/2017/02/the-eastgate-school-of-serious-hypertext> (Abruf: 4. Mai 2017).

13 Siehe beispielsweise MINDWHEEL (Synapse Software/Brøderbund, 1984).

Vordergrund: die Schaffung eines Weltmodells, eines virtuellen Raumes, der als ›Spielplatz‹ dienen konnte. Nicht zufällig war mit William Crowther wie schon gesagt ausgerechnet ein Höhlenforscher der Begründer des Text-Adventures. Zusammen mit seinen Leidenschaften für das Programmieren und für DUNGEONS & DRAGONS ergab sich ein bestimmter Zugang zum Gebiet des interaktiven Erzählens: technisch, emergent und explizit als Spiel konzipiert.

Es gibt kaum Bezüge der beiden Gruppen aufeinander und keine Hinweise, dass je ein Austausch von Ideen stattgefunden hätte. Es ist sogar fraglich, inwiefern man überhaupt voneinander wusste. Zum Beispiel richteten die Eastgate-Hypertext-Autor_innen zum Erscheinen von AFTERNOON, A STORY eine Internet-Newsgroup mit dem Namen »rec.arts.int-fiction« ein, die jedoch alsbald von Text-Adventure-Fans überrannt wurde. Der Eastgate-Gruppe war nicht bewusst, dass »Interactive Fiction« ein Begriff war, der von einer etablierten Community seit Jahren mit den Computerspielen der Firmen Adventure International, Infocom und Magnetic Scrolls verbunden wurde.[14]

Mit interaktiver digitaler Literatur wurde in den 1980er und 1990er Jahren somit auf zwei separaten Schienen gleichzeitig experimentiert, deren Produzent_innen und Rezipient_innen in gänzlich unterschiedlichen ›sozialen Blasen‹ mit keinem bis wenig Kontakt und Überschneidung kommunizierten. Dabei hätte man durchaus voneinander profitieren können: Die Text-Adventure-Autor_innen hätten sich ihrer sprachlichen und thematischen Möglichkeiten besser bewusst werden können, die Hypertext-Autor_innen derjenigen des digitalen Mediums.

So aber schienen diese beiden Arten des interaktiven Erzählens lange wie die einzig verfüg- und denkbaren – und keine davon war besonders populär. Es sollte noch lange dauern, bis Hyperfiction auch außerhalb akademischer Kreise auf Interesse stieß, und mit den fortschreitenden grafischen und multimedialen Fähigkeiten des Computers endete zu Beginn der 1990er Jahre die kommerzielle Phase des parserbasierten Text-Adventures. Zwar wurde es in den folgenden Jahren von einer kleinen Gruppe technisch, formal und thematisch konsequent weiterentwickelt, fristete aber nicht nur im literarischen, sondern auch im Computerspielbereich ein medial wenig wahrgenommenes Nischendasein.

Es gab immer wieder Bemühungen, verstärkt Autor_innen und Spieler_innen außerhalb des ›traditionellen‹ Text-Adventure-Publikums zu erreichen, das auch im beginnenden 21. Jahrhundert immer noch zu einem großen Teil von program-

14 Jimmy Maher, *The Eastgate School of »Serious« Hypertext* (wie Anm. 12).

mieraffinen Menschen gespeist wurde, die sich gerne an die Titel von Infocom erinnerten. Das Ergebnis einer solchen Bemühung war beispielsweise das Autorensystem INFORM 7 von Graham Nelson, welches das Programmieren von Parser-Literatur mittels einer ›natürlichen‹ Programmiersprache ermöglichte.[15]

Das schwerste Hindernis auf dem Wege, ein größeres Publikum zu erreichen, schien die mangelnde Zugänglichkeit der parserbasierten Form: Das inhärente Problem der Kommandozeile besteht darin, dass sie die Freiheit suggeriert, alles eingeben zu können, während der Parser aber doch nur eine festgelegte Syntax und ein begrenztes Vokabular ›versteht‹. Was verstanden wird und was nicht, kann zwar bis zu einem bestimmen Grad gelernt werden, basiert aber zumeist auf jahrzehntelang gewachsenen Konventionen. Und obwohl Mobiltelefone und Tablets immer verbreiteter wurden und sich somit eine prädestinierte Plattform für Text-Adventures entwickelte, scheiterte deren Verbreitung auf den neuen Plattformen an der fehlenden Zugänglichkeit. Natürlich wären klick- oder tapbare Links deutlich einfacher zu vermitteln als die Funktionsweise eines Text-Parsers, aber damit würde man den komplexen, emergenten Simulationsaspekt der Form aufgeben.

Dieses Dilemma sorgte bis zum Ende der 2000er Jahre für eine gewisse Stagnation, was die Entwicklung neuer interaktiver textbasierter Erzählformen betraf. Schließlich begann sich dies zu ändern. Mit der zunehmenden Digitalisierung drängten neue soziale Gruppen in die Online- und Gaming-Kultur, und die wachsende Independent-Szene im Videospielmarkt öffnete Raum für Experimente. Der größte Umschwung in der Geschichte der interaktiven digitalen Literatur nach langer Zeit kam aus mehreren unerwarteten Richtungen gleichzeitig.

Das Labyrinth als Subjekt: TWINE

TWINE – ein Softwaretool des Interactive-Fiction-Autors Chris Klimas – war zu seiner Vorstellung im Jahre 2009 die bisher einfachste und niederschwelligste Möglichkeit, um interaktive digitale Literatur zu verfassen. TWINE ist nicht nur kostenfrei und *open source*, sondern lässt sich auch intuitiv und ohne Programmierkenntnisse bedienen. Ausgegeben wird die Geschichte schlussendlich als

15 Emily Short, *Inform 7 for the Fiction Author*, in: *Interactive Storytelling*, 11. Juni 2007, <emshort.blog/2007/06/11/inform-7-for-the-fiction-author> (Abruf am 4. Mai 2017).

Website im HTML-Format, die im Internet einfach geteilt und von jedem Browser gelesen werden kann.

Die Niederschwelligkeit von TWINE hat das Tool für Autor_innen mit einem Drang zum direkten Ausdruck, skizzenhaften Arbeiten und inklusivem Community-Verständnis attraktiv gemacht. Für Gruppen, die bisher kaum Stimmen in der Videospielkultur hatten, war TWINE wie ein trojanisches Pferd, um in der Szene gehört zu werden und Fuß zu fassen. Darunter befand sich eine große Zahl an prominenten Frauen und LGBT-Menschen. Gerade Autorinnen wie Anna Anthropy, Porpentine (Porpentine Charity Heartscape) und Merritt Kopas übernahmen mithilfe von TWINE im Grunde eins zu eins das ›akademisch-verstaubte‹ Hyperfiction-Format, hauchten ihm aber mit einer provokanten, subversiven Punkrock-Attitüde neues Leben ein. Häufig machten sie persönliche Erlebnisse und Traumata zum Thema, beispielsweise in Zoë Quinns DEPRESSION QUEST (2013). Andere Arbeiten wie Porpentines HOWLING DOGS (2012) oder THEIR ANGELICAL UNDERSTANDING (2013) entwerfen düstere, metaphorische Szenerien in fragmentierter Sprache. Porpentine, eine der profiliertesten TWINE-Autorinnen, hat auf ihrem Blog zudem ein Manifest für den Einsatz des Tools veröffentlicht,[16] in dem sie den Parser einen »Gatekeeper« nennt, nicht nur in Sachen Bedienbarkeit, sondern auch in Sachen Ideologie:

> »What do we see when we search interactive fiction? I mean, the first couple pages of actual search results.
> Dead pages full of links to past glories of the 90s, maybe early 2000s. A lot of the active stuff isn't very welcoming to minorities. I see stories set in colleges, mansions, middle-class homes, generic fantasy worlds. I'm not college, I'm not mansions. What is that to me?
> But above all else, they all have one thing in common. They presume parser as the default.«

Genauso hart geht sie allerdings mit dem »Versagen aufseiten der Hypertext-Pioniere« ins Gericht:

> »Hypertext is caught uncomfortably between literature and games.
> Why is that? What do we see when we look up hypertext fiction online?

16 Porpentine, *Creation under Capitalism and the Twine Revolution*, in: *Nightmare Mode*, 25. November 2012, <nightmaremode.thegamerstrust.com/2012/11/25/creation-under-capitalism> (Abruf am 4. Mai 2017).

I'm thinking, no wonder hypertext fiction had a lull – they hid behind middle-upper class literary pretensions, acting like it was some kind of avant-garde science. I'm seeing academic essays on hypertext buried behind passwords, I'm seeing a hypertext editor like Twine for $300, I'm seeing stories selling for $30. How many people are buying those?«

Die Frage nach der ›richtigen‹ Erzählform interaktiver digitaler Literatur wird hier zur Klassenfrage, der persönliche Ausdruck zum Mittel des Protests. Der wahre Irrgarten ist das menschliche Innenleben und die damit verbundene, fließende Frage nach Identität, mit der die starren, geradlinigen Bahnen etablierter Hierarchien aufgebrochen werden sollen.

Das Labyrinth als Weltbild: Fallen London und 80 Days

Fallen London von Failbetter Games ist ein Open-World-Text-Adventure aus dem Jahre 2009 in Form eines Free-to-Play-Browserspiels. Es bedient sich eines Konzepts, das das Developerteam selbst »quality-based narrative« nennt. Wir kennen das aus anderen Genres, vor allem aus Rollenspielen: Wessen Avatar etwa in Fallout (Black Isle Studios/Interplay, 1997) einen besonders hohen – oder niedrigen – Intelligenzwert hat, der bekommt Dialogoptionen zu sehen, die für andere Spieler_innen unsichtbar bleiben. Der Verlauf der Geschichte wird von den numerisch ausgedrückten Charakterwerten beeinflusst. Fallen London geht einen Schritt weiter und drückt *alles Erdenkliche* in numerischen Werten, sogenannten »qualities«, aus: nicht nur Stärke oder Intelligenz, sondern auch das Geschlecht, gesammelte Gegenstände, philosophische Überzeugungen, wiederkehrende Träume oder den Einfluss in bestimmten sozialen Zirkeln. Sowohl materielle Besitztümer als auch abstrakte Konzepte sind an- und ablegbare Attribute und werden nach ein und demselben Prinzip behandelt. In ihrer Summe ergeben sie ein komplexes, vielschichtig-widersprüchliches Bild der Spielfigur.

Die zweite Komponente des Erzählprinzips von Fallen London sind die sogenannten »storylets«: kurze, in sich geschlossene Episoden, vergleichbar mit den Textpassagen in einem Spielbuch, die durch eine Spielkartenmetapher dargestellt werden und die Spieler_innen vor Entscheidungen stellen. Welche davon erscheinen, welche Entscheidungen getroffen werden können, wie diese Entscheidungen ausfallen – all das wird durch die diversen *qualities* bestimmt.

Die *storylets* und *qualities* sind zahlreich und dynamisch genug, dass Fallen London sich mehr wie eine freie Sandbox anfühlt denn als eine Erzählung mit

Multiple-Choice-Abfragen. Es ergibt sich ein chaotisches, unüberschaubares Bild der Spielwelt, in der jede Kleinigkeit unzählige andere Kleinigkeiten beeinflusst. Zugleich ist es eine Welt voller Diversität und zahlloser Möglichkeiten, seine Nische zu finden. FALLEN LONDON zeichnet so nicht nur ein modernes Bild von Identität, sondern auch eine weitere mögliche Interpretation des literarischen Labyrinths.

80 DAYS von inkle Studios greift im Jahre 2014 auf ein ähnliches Prinzip wie FALLEN LONDON zurück, ist aber näher an traditioneller Hyperfiction angesiedelt. In der Adaption von Jules Vernes' Roman *Reise um die Erde in 80 Tagen* (*Le Tour du monde en quatre-vingt jours*, 1873) übernehmen die Spieler_innen die Rolle des Valets Passepartout, der im Zuge einer Wette seinen Herrn Phileas Fogg auf einer Reise um die Erde begleitet. Auf dem Weg kann er 150 unterschiedliche Städte über eine divers vernetzte Weltkarte besuchen; die Routen muss er selbst im Lauf der Erzählung entdecken. Besonders interessant ist der vom Steampunk-Genre beeinflusste, alternativhistorische Entwurf der Vergangenheit, der kolonialistische Tropen gezielt subvertiert.

Gemeinsam haben diese zwei Titel, dass sie aus vielen kleinen, in sich geschlossenen Textsegmenten aufgebaut sind und dass diverse Variablen diese beeinflussen. FALLEN LONDON ist aber freier und offener angelegt, da die Verknüpfungen zwischen den Textstücken emergenter entstehen, also seltener ›von oben‹ festgesetzt sind. 80 DAYS hingegen gibt zu einem überwiegenden Teil konkrete Verknüpfungen zwischen seinen Segmenten vor. Die grundlegende Struktur entspräche aufgezeichnet einem Rhizom wie etwa auch in AFTERNOON, A STORY. Die Variablen beeinflussen in diesem Rahmen jedoch, welche Segmente und Entscheidungen den Spieler_innen offenstehen, und motivieren sie, bestimmte davon aufzusuchen bzw. zu treffen.

Mit Jon Ingold kommt der Gründer der inkle Studios aus der Interactive-Fiction-Szene. Trotzdem hat sich das Studio immer eng an Spielbüchern orientiert; beide Arbeiten vor 80 DAYS entstanden in enger Zusammenarbeit mit Spielbuchautoren, eine ist sogar eine direkte Adaption. Die Einflüsse und Traditionen dieses Formats, das zwar nicht digital ist, sehr wohl aber Hyperfiction, sind in 80 DAYS verankert und weiterentwickelt. Was für ein Twist: Mit dem Spielbuch haben das Text-Adventure-Spiel und die literarische Hyperfiction über eine unerwartete dritte und obendrein analoge Quelle zusammengefunden.

Das Labyrinth

Es ist ein Beleg dafür, wie schnell sich interaktive digitale Literatur verändert, dass der formale Konflikt zwischen Parser-Literatur und Hypertext mit all seinem ideologischen Ballast noch vor einigen Jahren unüberwindbar schien und interessante neue Erzählformen selten (und wenn, dann außerhalb der breiten Wahrnehmung) passierten. Doch Tools wie TWINE, Plattformen wie Choice of Games[17] und Spiele wie FALLEN LONDON und 80 DAYS haben in kurzer Zeit viele dieser Grenzen aufgebrochen und neu definiert. Die Suche nach dem perfekten Labyrinth ist noch nicht zu Ende: Sie ist selbst ein Irrgarten, ohne vorgezeichnete Wege und voller unerwarteter Wendungen, immer im stetigen Wandel.

17 Das 2009 gegründete Unternehmen Choice of Games entwickelt und veröffentlicht nicht nur textbasierte Multiple-Choice-Rollenspiele, es stellt auch gleichzeitig eine eigene Programmiersprache zum Erstellen und eine Website zum Hosten der Arbeiten zur Verfügung.

Videospiele als Populärkultur

Narrativität, Interaktivität und kulturelle Arbeit in Heavy Rain

Stefan Schubert

Im vorliegenden Beitrag soll entsprechend der in den letzten Jahrzehnten zunehmenden wissenschaftlichen Erschließung von Videospielen aus verschiedensten disziplinären Blickwinkeln eine dezidierte Perspektive der amerikanistischen Literaturwissenschaft und der Cultural Studies vorgestellt werden. Das Gebiet der Game Studies stellt sich als grundlegend interdisziplinär dar, mit Arbeiten zu Form, Inhalt, Gebrauch, Nutzen, Bedeutung usw. von Videospielen u. a. aus den Literatur- und Kulturwissenschaften, den Geschichtswissenschaften, Medienwissenschaften, Filmwissenschaften usw. Wenngleich viele dieser Ansätze sich mit disziplinären Fragestellungen aus der Amerikanistik überschneiden, fehlt es dennoch an einem konzisen Überblick über ein Verständnis von Videospielen aus diesem Gebiet. Dieser Leerstelle soll mit diesem Beitrag ansatzweise entgegengewirkt werden, indem zumindest eine (von vielen möglichen) Herangehensweise(n) an Videospiele aus literatur- und (populär-)kulturwissenschaftlicher amerikanistischer Sicht vorgestellt wird.

Nachfolgend werden zunächst einige allgemeine Bemerkungen zu disziplinären Kontexten vorgenommen, um zu verdeutlichen, wie Videospiele aus diesem Blickwinkel untersucht werden können und welcher Konzepte sich dabei bedient wird. Anschließend werden diese generellen Überlegungen anhand des Fallbeispiels Heavy Rain (Quantic Dream/Sony Computer Entertainment, 2010) genauer erläutert, da einer der Grundpfeiler einer solchen Untersuchung die konkrete Anwendung der theoretischen Überlegungen auf die Analyse einzelner Spiele ist. Die Analyse ist dabei zweigeteilt: Zunächst wird die Verwebung narrativer und ludischer Elemente in Heavy Rain betrachtet, anschließend wird das Spiel als (Populär-)Kulturartefakt interpretiert. Somit soll gezeigt werden, dass die Produktivität eines amerikanistischen Ansatzes für Videospiele nicht unbedingt in der einzelnen Betrachtung narrativer, ludischer oder kultureller Elemente von Spielen besteht, sondern gerade in deren Synthese. HEAVY RAIN als konkretes Beispiel macht eben diese Verbindung von Erzählung und Gameplay mittels Fragen nach Handlungsfreiheit zu seiner kulturellen Arbeit.

Disziplinäre Kontexte: Amerikanistik, Cultural Studies

Bei der Amerikanistik handelt es sich nicht um eine Disziplin im engeren Sinne, sondern um eine der sogenannten »area studies« bzw. um ein »field of study«. Die Amerikanistik ist gerade deswegen durch Interdisziplinarität gekennzeichnet, also durch das produktive Zusammenkommen und Verbinden von Ansätzen und Theorien unterschiedlicher Disziplinen. Aus ihnen konstituiert sich auch der Blickwinkel auf Videospiele im vorliegenden Beitrag. Insbesondere wird dieser Ansatz auf Methoden und Theorien der Literaturwissenschaft und der Cultural Studies, daneben auch aus der Filmwissenschaft zurückgreifen. Grundsätzlich gibt es auf die Frage, was es bedeutet, Videospiele als Populärkultur zu verstehen, natürlich eine Vielzahl verschiedener und potenziell widersprüchlicher Antworten. Keinesfalls soll der Anspruch erhoben werden, diese hier vollständig erfassen zu können. Stattdessen soll sich ganz programmatisch nur auf eine mögliche Antwort bezogen werden: Videospiele können in der amerikanistischen Literatur- und Kulturwissenschaft als ein liminales Medium verstanden werden, als ein Grenzmedium, das teils Erzählung, teils Spiel, teils Kulturartefakt ist. Es enthält also narrative, ludische und kulturelle Elemente, die ineinander übergehen und miteinander zusammenarbeiten.[1]

Methodisch wird durch diese literaturwissenschaftliche Herangehensweise das Spiel selbst als Untersuchungsgegenstand ernst genommen und genauer betrachtet. Dies soll allerdings kein formalistischer Blick auf Videospiele sein, der vor allem in den Anfängen der Game Studies das vorherrschende Paradigma war. Sowohl

1 Darüber hinaus können Videospiele natürlich aus einer Vielzahl anderer Grenzbereiche betrachtet werden, beispielsweise als *performance*/Aufführung oder Simulation. Diese Pluralität von Methoden macht die Untersuchung gerade erst produktiv, wobei es in den folgenden Ausführungen keineswegs darum gehen soll, den ›besten‹ Blickwinkel zu finden – was auch immer das genau bedeuten würde –, sondern darum, eine Perspektive herauszuarbeiten, die für gewisse Videospiele produktive und erkenntnisreiche Ergebnisse hervorbringen kann.

sogenannte Narratolog_innen als auch sogenannte Ludolog_innen, die die damalige wissenschaftliche Debatte kennzeichneten,[2] waren vor allem an einer formalistischen Betrachtungsweise interessiert, also an der Frage: Was *sind* Videospiele?[3] Dieser formalistisch-definitorischen Herangehensweise entzieht sich mein Ansatz implizit, indem Videospiele als Grenzmedium verschiedener Formen angesehen werden, aber vor allem, indem dies nicht als grundsätzliches Erkenntnisinteresse postuliert wird. Statt darauf zu schauen, was ein Spiel *ist* (oder sogar: was alle Spiele sind), wird hier betrachtet, was ein (konkretes) Spiel *macht*, mit einem besonderen Fokus auf das Wie und Warum – also auf Fragen nach Inhalt, Form und Bedeutung konkreter Videospiele. Es geht in einer solchen Betrachtungsweise also nicht darum, Spiele als Medium definieren zu können oder zu einer Typologie zu gelangen, sondern um Fragen wie: Inwiefern kann ein Spiel wie HEAVY RAIN als interessanter, potenziell vielschichtiger und ambivalenter Text verstanden werden? Was zeichnet ihn als solchen aus, wie funktioniert er textuell, narrativ und diskursiv? Wie sind ludische Aspekte eines Spiels mit seinen erzählerischen Ambitionen verbunden? Was sagt ein Spiel letztlich aus, welche Bedeutungsebenen eröffnet es?

Mittels solch spezifischer Fragen bezüglich eines konkreten Spiels können danach auch wieder Rückschlüsse auf Videospiele an sich gezogen werden, ohne aber den Anspruch zu erheben, sie generell als Medium oder Gattung erfassen zu wollen (was aufgrund ihrer formalen Diversität ohnehin schwierig würde). Gerade die Frage nach dem Warum öffnet zudem den kulturellen Blickwinkel auf Spiele, indem darauf geachtet wird, was die Inhalte eines Spiels vor dem Hintergrund ihres kulturellen Kontextes bedeuten, womit sie also in der Gesellschaft korrelieren, warum Spiele gespielt werden und warum sie so populär sind. Die

2 Auf diese Debatte soll nicht nochmals eingegangen werden, da sie bereits vielfach zusammengefasst und diskutiert wurde. Stattdessen versteht sich dieser Beitrag als Möglichkeit, jenseits dieser Debatte zu zeigen, inwiefern narrative Ansätze in der Analyse von Videospielen produktiv sein können. Vgl. dazu u. a. Simon Egenfeldt-Nielsen, Jonas Heide Smith und Susana Pajares Tosca, *Understanding Video Games. The Essential Introduction*, New York: Routledge 2008, S. 189–204; Frans Mäyrä, *An Introduction to Game Studies. Games in Culture*, London: Sage UK 2008, S. 5–11; Mark J. P. Wolf und Bernard Perron, *Introduction*, in: *The Video Game Theory Reader*, hrsg. von dens., New York: Routledge 2003, S. 1–24, hier S. 2–13.

3 Ian Bogost, *Videogames Are a Mess*, 3. September 2009, <bogost.com/writing/video games_are_a_mess> (Abruf am 6. Mai 2017).

Antworten darauf sind für die Literaturwissenschaft in erster Linie hermeneutisch im Spiel selbst zu finden (statt, beispielsweise, in einer empirischen Betrachtung der tatsächlichen Rezeption).

Für die Amerikanistik ist ein solcher Blickwinkel auf Populärkultur nicht ungewöhnlich: Populärkultur wird hier in Bezug auf ihre *pleasures* untersucht, also den ›Lustgewinn‹, den bestimmte Lesarten für Rezipient_innen hervorrufen können. Populärkulturelle Texte werden als potenziell polysem verstanden, so dass sie verschiedene Bedeutungsebenen enthalten und bei den Rezipient_innen aktivieren können.[4] Herauszubekommen, welche genau das sind und wie genau sie funktionieren, ist dann Aufgabe der literatur- und kulturwissenschaftlichen Analyse, die auf einer Interpretation der Inhalte des Spiels fußt und neben all seinen erzählerischen Elementen auch die ludischen Aspekte betrachten muss.

In anderen (wissenschaftlichen wie populären) Kontexten scheint das Postulat, Videospiele seien zumindest potenziell so ›ernst‹ zu nehmen und zu betrachten wie ein Roman oder ein Film, hingegen teils noch umstritten. Mitunter mag das auf den Einfluss der Frankfurter Schule zurückgehen, durch den Medien wie Videospiele als Teil der ›Kulturindustrie‹, als ›Massenkultur‹ angesehen werden, die einer angeblich ›authentischen‹ Hochkultur entgegenstehe.[5] Eine konkrete Untersuchung der Verwebung dieser kulturellen Erzeugnisse in Ökonomie und Ideologie ist natürlich höchst bedeutsam; trotzdem wird in der Amerikanistik Populärkultur nicht automatisch als Massenkultur verdammt, der sich Rezipient_innen rein passiv aussetzen würden, ohne dabei Potenziale für ein kritisches Lesen und Verstehen oder einen Blick für die Ambivalenzen und Bedeutungsnuancen dieser zumindest potenziell komplexen Kulturartefakte anzuerkennen. Auch eine Tendenz, Spiele eher aus dem Blickwinkel ihres Gebrauchs zu betrachten – also statt die Spiele selbst stärker ihre (empirische) Rezeption zu untersuchen (was an sich natürlich ein legitimer und wichtiger Blickwinkel ist) –, scheint teilweise dadurch motiviert, nicht direkt das Spiel selbst betrachten zu ›müssen‹, das als Untersuchungsgegenstand eventuell nicht ernst genug erscheint, und stattdessen eher das ›Phänomen Videospiel‹ über dessen Konsument_innen zu unter-

4 Vgl. u. a. John Fiske, *Understanding Popular Culture*, London: Routledge 2010; John G. Cawelti, *Mystery, Violence, and Popular Culture*, Madison: University of Wisconsin Press 2004; John Storey, *Cultural Studies and the Study of Popular Culture*, Edinburgh: Edinburgh University Press 2010.

5 Vgl. Theodor W. Adorno und Max Horkheimer, *Dialektik der Aufklärung. Philosophische Fragmente* (1944), Frankfurt am Main: Fischer 2009.

suchen. Das methodische Plädoyer aus Sicht der Amerikanistik hingegen ist es, simpel ausgedrückt, Spiele ebenso wie einen Roman, ein Gedicht, ein Theaterstück, einen Film oder eine Fernsehserie als eine Art Text zu betrachten, der ganz spezifische Strategien besitzt, um Bedeutungen zu generieren, die aber alle konkret am Gegenstand selbst interpretiert und analysiert werden können.[6]

Zur konkreten Betrachtung von Videospielen innerhalb dieses disziplinär-methodischen Kontextes eignet sich eine Reihe von Theorien und Methoden. Vorausgesetzt wird jeweils, dass Konzepte und Begrifflichkeiten aus der Literaturwissenschaft, wie man sie für Romane oder audiovisuelle Medien verwendet, auch bei Videospielen Anwendung finden können, sofern sie dem Medium des Spiels angepasst werden. In diesem Beitrag wird insbesondere das Konzept der *storyworld* verwendet: David Herman bezeichnet damit die

> »mental models of who did what to and with whom, when, where, why, and in what fashion in the world to which interpreters relocate [...] as they work to comprehend a narrative.«[7]

Das Konzept der *storyworld* hebt somit die Rolle der Rezipient_innen eines Textes hervor, die aus diesem Text ein Sinnkonstrukt erstellen, indem sie

> »attempt to reconstruct not just what happened [...] but also the surrounding context or environment embedding existents, their attributes, and the actions and events in which they are more or less centrally involved.«[8]

Dieser Fokus auf den Prozess des (Re-)Konstruierens einer Geschichte sowie derer Figuren und Orte kann ebenso auf Videospiele übertragen werden.

Dieses Verständnis von Narrativität in Videospielen verschiebt den Schwerpunkt weg von Betrachtungen von *plot* oder *story* und hin zum Prozess des Kon-

---

6 ›Text‹ ist hier im Sinne der Cultural Studies zu verstehen, also als weiter Begriff, der über gedruckten Text hinausgeht und stattdessen auch visuelle Medien, Aufführungen usw. umfasst – oder, noch allgemeiner, »any organized set of discourses (and meanings)«: Jeff Lewis, *Cultural Studies. The Basics*, Los Angeles: Sage, 2. Aufl. 2008, S. 403.

7 David Herman, *Story Logic. Problems and Possibilities of Narrative*, Lincoln: University of Nebraska Press 2004, S. 9. Ein solches Verständnis von *storyworld* ist verwandt mit Untersuchungen zur *possible-worlds theory*; vgl. dazu Marie-Laure Ryan, *Possible Worlds, Artificial Intelligence, and Narrative Theory*, Bloomington: Indiana University Press 1991.

8 David Herman, *Story Logic* (wie Anm. 7), S. 13f.

struierens der *storyworld*, also der mentalen Rekonstruktion des Geschehenen. Das eignet sich auch aus zwei weiteren Gründen besonders gut zur narrativen Untersuchung von Videospielen: Zum einen benötigen Videospiele einen aktiven ›Input‹ seitens der Spieler_innen, um als Text zu funktionieren, was man als deren Interaktivität bezeichnen kann.[9] Diese Interaktivität führt auch potenziell zu Nichtlinearität in der Geschichte des Spiels; den Spieler_innen wird damit ein höherer Grad an der aktiven Ausgestaltung der *storyworld* eingeräumt. Zwei verschiedene Durchläufe desselben Spiels können somit zu sehr verschiedenen Narrativen führen. Deshalb erscheint es sinnvoll, für die diskursive Untersuchung des Spiels weniger direkt auf diese Narrative selbst zu schauen, sondern vielmehr auf deren Entstehung als Teil des Konstruktionsprozesses der *storyworld*. Zum anderen legen Videospiele generell großen Wert auf Räumlichkeit in ihrer Erzählweise,[10] indem das aktive Erkunden (und nicht nur Wahrnehmen) von Räumen einen Großteil des Gameplays vieler Spiele ausmacht. Im Konzept der *storyworld* wird das ebenfalls stärker hervorgehoben als in einer Betrachtung von *narrative*.

Mittels der *storyworld* wird also der Prozess des Rezipierens von Spielen in den Mittelpunkt gestellt, was ebenso dem erhöhten Grad an Interaktivität in diesem Medium Rechnung trägt. Für die konkrete Analyse der *storyworld* bleibt dabei aber weiterhin die Ausgestaltung dieses Prozesses entscheidend, also die Ebene des *discourse*.[11] Auch dabei ist natürlich die Frage bedeutsam, wie viel Handlungsspielraum und Interaktionspotenzial Spieler_innen haben, um diese Darstellungsebene zu beeinflussen, also was in einem Spiel überhaupt möglich (und was explizit nicht möglich) ist.

---

9 Vgl. dazu beispielsweise Espen J. Aarseth, *Cybertext. Perspectives on Ergodic Literature*, Baltimore und London: Johns Hopkins University Press 1997. Aarseth stellt sich zwar gegen die Verwendung des Begriffs »Interaktivität«, sein Ansatz, der Videospiele als ›ergodische‹ Texte versteht, die einen physischen, nicht-trivialen Input benötigen, beschreibt aber ein ähnliches Phänomen.

10 Vgl. Henry Jenkins, *Game Design as Narrative Architecture*, in: *First Person. New Media as Story, Performance, and Game*, hrsg. von Noah Wardrip-Fruin und Pat Harrigan, Cambridge, Mass., und London: MIT Press 2004, S. 118–130.

11 Nach Gérard Genette lassen sich *story* und *discourse* grundsätzlich unterscheiden als das Was der Erzählung, also deren Inhalt, sprich: das Erzählte (*story*), und das Wie, also die Äußerung der Erzählung, das Erzählende (*discourse*): *Narrative Discourse Revisited*, Ithaca: Cornell University Press 1988, S. 13. Für die Betrachtung narrativer Elemente in Videospielen werden die Elemente des *discourse* entscheidend sein.

Generell kann für die diskursive Untersuchung von Spielen eine Art *game narrator* analog zu einem *film narrator* im Film angenommen werden, was sich konzeptionell aber stark von einer literarischen Erzählinstanz unterscheidet.[12] Analog zu dieser Setzung wäre ein *game narrator* ein Hilfsbegriff, um die Vielzahl an narrativen, visuellen, auditiven und ludischen Gestaltungsmöglichkeiten, die ein Spiel bietet, in diesem Begriff zusammenzufassen – beispielsweise als die Instanz, die entscheidet, wann Spieler_innen eine Cutscene[13] zu sehen bekommen, welche Kameraeinstellung für eine Szene genutzt wird, wann den Spieler_innen verschiedene Dialogoptionen zur Auswahl gestellt werden usw. Die Möglichkeiten dieses *game narrator* sind insbesondere im Hinblick auf Perspektive und Fokalisierung in Spielen interessant,[14] aber auch bezüglich der Frage nach unzuverlässigem Erzählen.[15] Beides sind Aspekte, die durch die konkrete Analyse von Heavy Rain im nächsten Abschnitt genauer beleuchtet werden sollen.

Während die quasi literaturwissenschaftliche Seite dieses amerikanistischen Ansatzes also die narrative Analyse bereitstellt, kommt von den Impulsen der Cultural Studies die (populär-)kulturelle Interpretation hinzu. Diese sieht ein Video-

---

12 Jakob Lothe, *Narrative in Fiction and Film. An Introduction*, Oxford: Oxford University Press 2000, S. 27–30.

13 Vgl. dazu Rune Klevjer, *In Defense of Cutscenes*, in: *Proceedings of Computer Games and Digital Cultures Conference*, hrsg. von Frans Mäyrä, Tampere: Tampere University Press 2002, S. 191–202.

14 Mit der Untersuchung der Fokalisierung wird der Frage nachgegangen, aus wessen Perspektive in einer bestimmten Szene gesehen bzw. wahrgenommen wird (anders als die Frage, aus wessen Perspektive erzählt wird). Dabei lässt sich (nach Mieke Bal) noch zwischen einem *internal* und *external focalizer* unterscheiden, also ob als Fokalisierungspunkt eine Figur dient (*internal*) oder nicht (*external*). Zudem kann bei einem *internal focalizer* die Fokalisierung selbst wiederum intern (d. h., man hat Einsichten in die Gedanken der Figur) oder extern sein (d. h., dieser Einblick in Gedanken, Gefühle usw. der Figur bleibt verwehrt). Vgl. Manfred Jahn, *Focalization*, in: *The Cambridge Companion to Narrative*, hrsg. von David Herman, Cambridge: Cambridge University Press 2007, S. 94–108, hier S. 97 und S. 101, sowie Gerald Prince, *A Dictionary of Narratology*, Lincoln: University of Nebraska Press 2003, S. 32.

15 Vgl. u. a. Ansgar Nünning, *Reliability*, in: *Routledge Encyclopedia of Narrative Theory*, hrsg. von David Herman, Manfred Jahn und Marie-Laure Ryan, Abingdon: Routledge 2005, S. 495–497; Dan Shen, *Unreliability*, in: *The Living Handbook of Narratology*, hrsg. von Peter Hühn u. a., Hamburg: Hamburg University Press, 27. Juni 2011 / 31. Dezember 2013, <www.lhn.uni-hamburg.de/article/unreliability> (Abruf am 6. Mai 2017).

spiel als eine Art Text, der sich im konkreten Kontext einer Gesellschaft konstituiert. Erst durch sein Erfahren (Lesen, Betrachten, Spielen) seitens der Rezipient_innen gewinnt er an Bedeutung(en) und führt potenziell zu *pleasures*. Zusammenfassen lässt sich diese Sichtweise durch das Konzept der »kulturellen Arbeit«. Für Paul Lauter beschreibt kulturelle Arbeit

> »the ways in which a book or other kind of ›text‹ – a movie, Supreme Court decision, an ad, an anthology, an international treaty, a material object – helps construct the frameworks, fashion the metaphors, create the very language by which people comprehend their experiences and think about their world«.[16]

Er bezieht sich damit auf die Funktion, die sehr unterschiedliche Arten von Texten (aber generell auch insbesondere populärkulturelle) für die (und innerhalb der) Gesellschaft haben können: wie sie kulturelle, historische, gesellschaftliche usw. Problematiken sichtbar machen können oder ihnen Ausdruck verleihen, wie sie als Spiegelbild von Teilen einer Gesellschaft verstanden werden können oder diese kritisieren, wie sie zu Diskussionen führen können etc., aber auch, wie sie erst das Vokabular schaffen, durch das über solche Thematiken gesprochen werden kann, wie sie also bestimmte Erfahrungen erst ›sprechbar‹ machen. Diese Funktion von Texten geht damit über ein textimmanentes Verständnis hinaus und sieht beispielsweise Videospiele stattdessen als Teil von – und stetig im Austausch mit – Gesellschaft und Alltagskultur.

Verwebung narrativer und ludischer Elemente in Heavy Rain

Vor diesem methodischen Hintergrund soll nun das Spiel Heavy Rain in einem *close reading* untersucht werden. Heavy Rain erschien im Jahre 2010 für Sonys PlayStation 3 und wurde von Quantic Dream entwickelt. Es spielt hauptsächlich im Jahre 2011 in einer unbenannten US-amerikanischen Stadt (die in einzelnen Merkmalen Philadelphia ähnelt). Als Spieler_in steuert man zunächst die Figur

16 Paul Lauter, *From Walden Pond to Jurassic Park. Activism, Culture, and American Studies*, Durham: Duke University Press 2004, S. 11. Vgl. ebenso Jane Tompkins, *Sensational Designs. The Cultural Work of American Fiction, 1790–1860*, New York: Oxford University Press 1986.

Ethan Mars und erlebt, wie dessen Sohn Jason bei einem Autounfall ums Leben kommt, wofür sich Ethan die Schuld gibt. Zwei Jahre später (2011) sind die psychischen Folgen dieses Verlusts bei Ethan zu spüren. Er leidet unter Depressionen und Halluzinationen, lebt getrennt von seiner Frau und teilt sich mit ihr das Sorgerecht für ihr anderes Kind, Shaun, zu dem er nur eine distanzierte Beziehung hat. Nach einer Reihe von Sequenzen, in der man Ethan durch seinen Alltag steuert, verschwindet Shaun plötzlich unter mysteriösen Umständen. Die Polizei geht von einer Entführung aus und vermutet, dass ein Serienmörder, der in der Presse »Origami-Killer« genannt wird (da er Origami-Figuren an den Tatorten hinterlässt), dahintersteckt. Ethan macht sich selbst auf die Suche nach Shaun; darüber hinaus wechselt die Kontrolle im Spiel aber noch zwischen drei weiteren Figuren: Norman Jayden (ein FBI-Profiler, der den Fall des Origami-Killers untersucht), Scott Shelby (ein Privatdetektiv, der von einigen Familien der Opfer angeheuert wurde, um den Mörder zu finden) und Madison Page (eine Journalistin, die unter Amnesie leidet und auf Ethan trifft, als sie im selben Motel unterkommen).

Die Geschehnisse des Spiels sind in Kapitel unterteilt, die über fünf Tage spielen. Indem man abwechselnd die Kontrolle über eine der vier Figuren übernimmt, versucht man mit allen zusammen, den Origami-Killer zu stellen und Shaun zu retten, bevor dieser ertrinken wird: Entsprechend dem Titel des Spiels regnet es die gesamte Zeit über nämlich so heftig, dass der Wasserspiegel in Shauns Gefängnis kontinuierlich steigt. Der zeitliche Druck, der sich durch diese Art der Gefangenschaft ergibt, ist der Modus Operandi des Origami-Killers.

Vom Gameplay ist Heavy Rain am ehesten als eine Art Adventure einzuordnen. In jedem Fall sind schon die grundlegenden Gameplay-Elemente des Spiels eng an seine Narrativität gebunden: Man steuert die Figuren durch eine Reihe von Umgebungen, interagiert mit Objekten, findet Hinweise, muss einige Controller-Tasten zusammen und/oder schnell hintereinander drücken, bevor eine bestimmte Zeit ausläuft (sogenannte »Quick Time Events«) usw. Von besonderer Bedeutung ist dabei die Steuerung des Spiels, die von allen Tasten und Funktionen des PlayStation-3-Controllers Gebrauch macht und dazu dienen soll, die spezifischen Bewegungen der Figuren nachzuahmen. Soll ein Charakter beispielsweise etwas mit seiner linken Hand oder seinem linken Fuß tun, verwenden Spieler_innen die L1- und L2-Tasten (entsprechend R1 und R2 für die rechten Gliedmaßen), soll der Griff eines Kühlschranks nach unten gedrückt werden, muss der Analog-Stick des Controllers nach unten bewegt werden, soll ein Gegenstand geschüttelt werden, wird der Controller geschüttelt etc. Kernelement des Gameplays ist, diese Tasten korrekt und in der richtigen Reihenfolge zu verwenden. Das verlangt den

Spieler_innen Geschicklichkeit und Reaktionsvermögen ab: In manchen Quick-Time-Sequenzen muss eine Taste mehrmals schnell hintereinander gedrückt werden, in anderen muss etwas besonders behutsam ausgeführt werden, in wieder anderen müssen viele Tasten gleichzeitig betätigt werden, was, je nachdem, wie kompliziert die Bewegung im Spiel ist, das Halten des Controllers erschwert.

Neben diesem ungewohnt zentralen Fokus auf die Steuerung des Spiels ist aber die Narrativität der Hauptanziehungspunkt von Heavy Rain: Während der gesamten Geschichte können Spieler_innen aus einer Reihe von Handlungs- und Dialogoptionen wählen, die teils kleinere, teils größere Auswirkungen haben. Solche generellen Möglichkeiten kommen natürlich in vielen Videospielen vor: In Heavy Rain existieren innerhalb der möglichen Geschichten, die im Spiel stattfinden können, aber eine Reihe von Verzweigungspunkten, an denen entweder Handlungen der Figuren oder Dialogoptionen noch deutlich größere Auswirkungen auf spätere Ereignisse haben. Sowohl in der Quantität dieser Punkte als auch im Grad der Auswirkung ist Heavy Rain ungewöhnlich. Das führt u. a. dazu, dass die Spieler_innen 17 deutlich voneinander abweichende Endsequenzen im Epilog erleben können. Beispielsweise können alle vier Hauptfiguren des Spiels im Verlauf der Geschichte permanent sterben: Es gibt in Heavy Rain keinen Game-Over-Bildschirm, nach dem man sich nochmals an einer Sequenz versuchen könnte, stattdessen stirbt die Figur im fiktionalen Universum des Spiels tatsächlich und das Spiel wechselt zu einer anderen Figur. Beim mehrmaligen Durchspielen oder beim Vergleich des eigenen Durchgangs mit dem einer anderen Person können sich somit sehr unterschiedliche narrative Erfahrungen ergeben. Mit anderen Worten werden beim mehrmaligen Spielen also divergierende *storyworlds* kreiert, die sich in den Figuren, Orten und Ereignissen stark voneinander unterscheiden können. Heavy Rain weist Spieler_innen somit ein besonders großes Maß an narrativer *agency*, an Handlungsfreiheit, zu, was das aktive Ausfüllen und Kreieren der *storyworld* des Spiels angeht.

Augenscheinlich besitzt Heavy Rain damit einen hohen Grad an narrativer Freiheit, aber ein relativ geringes Maß an Gameplay-Interaktivität: Man muss die Tasten drücken, die einem das Spiel vorgibt, und man hat beispielsweise keine Freiheiten, was die Entwicklung der eigenen Spielfigur angeht, das Anlegen von Waffen oder Gegenständen usw. Das Wählen aus verschiedenen Dialogoptionen ist zwar streng genommen eine ›Gameplay-Handlung‹, aber deren Auswirkung ist vollkommen narrativ. Die Orte, durch die man die Figuren steuert, sind relativ klein und von vielen unsichtbaren Wänden gekennzeichnet, die nur eine begrenzte Erkundung des Areals erlauben. Generell gibt es in diesem Sinne kein direktes

Hindernis, ›gegen‹ das man spielt. Stattdessen fokussiert das Spiel auf die Kontrolle der Figur, für die ein wenig Geschick benötigt wird, darüber hinaus aber stärker auf die Schwierigkeit, innerhalb der *storyworld* des Spiels ›korrekte‹ – für Spieler_innen einleuchtend scheinende – Entscheidungen zu treffen. Eine Art Erfolgsdruck kommt eher aus der narrativen Ebene, indem das Spiel versucht, Spieler_innen von der Fiktion zu überzeugen, Shaun retten und den Origami-Killer stellen zu müssen. Entscheidungen sollen somit auch nicht unbedingt aus Gameplay-Kalkül, sondern aus narrativ-emotionaler Sichtweise und aus Verbundenheit mit den Charakteren getroffen werden. Letztlich erreicht HEAVY RAIN damit ein Verschwimmen der Grenzen von narrativer und Gameplay-Freiheit bzw. -Interaktivität, indem das Gros des Gameplays gerade in der Kontrolle und Steuerung der Figuren besteht. Selbstverständlich ist es für Spiele unmöglich, Spieler_innen die ›komplette‹ Kontrolle über ihre Charaktere zu überlassen, aber sie können mehr oder weniger erfolgreich darin sein, einen gefühlten ›Effekt‹ dieser Kontrolle zu erzeugen.[17] Diesen textuellen Effekt versucht HEAVY RAIN zu verstärken, indem das fundamentalste ludische Element von Spielen (das Steuern und Kontrollieren einer Figur oder anderen Repräsentation) so eng mit dem Narrativ des Spiels verbunden wird.

Deutlich wird dies insbesondere in Ethans Bestreben, seinen Sohn Shaun zu retten. Dafür wird Ethan vom Origami-Killer auf eine Reihe von ›Prüfungen‹ geschickt, an deren Ende er immer weitere Details über den Aufenthaltsort seines Sohnes erfährt. Eine der intensivsten – und, in gewissem Sinne, schwierigsten – dieser Aufgaben findet im Kapitel *The Lizard* statt, in dem Ethan in einem verlassenen Apartment ein Stück seines Fingers abhacken und diesen Akt filmen muss, um damit zu beweisen, dass er bereit ist, für die Rettung seines Sohnes zu leiden (ein persistentes Motiv im Spiel). Für diese Aufgabe gibt das Spiel nur fünf Minu-

---

17 In den Game Studies wird dies oft als *illusion of choice* bezeichnet. Vgl. Barry Atkins, *More Than a Game. The Computer Game as Fictional Form*, Manchester: Manchester University Press 2003, S. 44; Sebastian Domsch, *Storyplaying. Agency and Narrative in Video Games*, Berlin: de Gruyter 2013, S. 42 und S. 90. Der Begriff ist insofern unglücklich gewählt, als dass er suggeriert, es handele sich lediglich im Spiel um eine ›Illusion‹ von Handlungsfreiheit, während in der Realität implizit davon ausgegangen würde, dass diese vollumfassend existiere. Stattdessen ist die Aushandlung von Handlungsfreiheit und *agency* deutlich komplexer und findet immer innerhalb einer »dialectic of enablement and constraint« statt: Florian Bast, *Of Bodies, Communities, and Voices. Agency in Writings by Octavia Butler*, Heidelberg: Winter 2015, S. 28.

ten Zeit, um in der näheren Umgebung nach geeigneten Werkzeugen zu suchen. Bei all diesen Prüfungen besteht die Möglichkeit, den Ort zu verlassen und die Tat nicht zu begehen. Das bedeutet allerdings unweigerlich, dass man einen Hinweis auf Shauns Aufenthaltsort verpasst; tatsächlich kann das Fehlen dieser Hinweise im gesamten Spiel dazu führen, dass man Shaun nicht findet und er stirbt. Wenn Spieler_innen sich für die Selbstverstümmelung Ethans entscheiden, können sie zwischen Werkzeugen wie einem Messer, einem Beil oder einer Schere wählen, ebenso wie zwischen zusätzlichen Gegenständen wie Desinfektionsmittel und Alkohol. Man kann auswählen, welche davon man wie verwenden will; danach muss Ethans Herzschlag beruhigt werden, indem man ihn einige Male tief ein- und ausatmen lässt. Die Steuerung Ethans über den PlayStation-3-Controller versucht dabei wie immer, die Bewegungen möglichst überzeugend nachzuahmen. Insbesondere ist dies bei der letzten Entscheidung der Fall: Das Abhacken des Fingers wird bestätigt, indem man den gesamten Controller schnell und kräftig nach unten stößt. Wenn man sich erst einmal dafür entscheidet, die Aufgabe durchzuführen, hat die konkrete Wahl der Ausführung später keine wirklich wichtige narrative Konsequenz (ob man beispielsweise Desinfektionsmittel benutzt hat oder nicht); die Szene selbst wird aber durchaus von diesen Entscheidungen beeinflusst (ob man beispielsweise ein Messer oder eine Säge wählt, wonach sich die notwendigen Controller-Inputs verändern).

Wie in vielen anderen Teilen des Spiels kann in dieser Szene nur schwer zwischen strikt narrativen und ludischen Elementen unterschieden werden. Das Ziel der Sequenzen ist es, Spieler_innen möglichst stark in das Spielgeschehen einzubringen, sie dazu zu zwingen, sich mit Ethan zu identifizieren oder mit ihm zu fühlen, also einen besonders hohen Grad von Immersion[18] zu erzielen, ein ›Eintauchen‹ in die *storyworld* des Spiels. Diese Empathieerzeugung findet grundlegend durch die Steuerung statt: Da sie die schaurige Aufgabe, ein Stück von Ethans Finger abzuschneiden, so gut nachahmt, hilft sie dabei, Ethan als *internal focalizer* in dieser Szene zu etablieren, also auch das Bewusstsein der Spieler_innen zu erhöhen, dass sie hier Ethans Wahrnehmung einnehmen und ihn kontrollieren. Die ›Schwierigkeit‹ dieser Szenen – und gleichzeitig der potenzielle Lustgewinn im Überwinden dieser Schwierigkeit – liegt aber nicht im Gameplay selbst. Julian Kücklich merkt für die Verbindung von Schwierigkeitsgrad und *pleasure* in Spielen

18 Vgl. Janet H. Murray, *Hamlet on the Holodeck. The Future of Narrative in Cyberspace*, New York: MIT Press 1998, S. 97–125.

fundamental an: »[F]or a game to be enjoyable and suspenseful it is a necessary precondition to put up resistance to the player's attempts to ›solve‹ it.«[19] In vielen Prüfungen von Ethan ist es nicht Geschicklichkeit, die man benötigt, um Aktionen auszuführen und damit die »resistance« des Spiels zu überwinden, sondern die aktive Bereitschaft der Spieler_innen, ihre fiktionale Spielfigur diegetisch zu ›verletzen‹, was einem narrativen Widerstand entspricht. Dieses Empathieempfinden – ebenso wie die Sympathielenkung im Spiel – ist in anderen Medien und damit beim aktiven Lesen von Romanen oder Betrachten von Filmen natürlich ebenso vorhanden, bei Spielen kommt aber der *inter*aktive Aspekt des Gameplays hinzu. Die Schwierigkeit in dieser Szene stammt also daher, mit den narrativen Konsequenzen der Entscheidung leben zu müssen. Das funktioniert in HEAVY RAIN durchweg so: Zwischen verschiedenen Dialogoptionen zu wählen, ist nicht auf der Gameplay-Ebene schwierig (man drückt eine Taste), sondern im Durchdenken der (narrativen) Folgen dieser Handlung. Gameplay und Narrativ werden also verbunden, um *pleasure* auf beiden Ebenen bzw. in ihrer Verschmelzung zu erzeugen, insbesondere im Erkennen, dass die eigenen Entscheidungen tatsächlich signifikante Auswirkungen haben können.[20]

Neben der Frage nach der Verbindung von Narrativ und Gameplay in HEAVY RAIN ist auch bedeutsam, wie das Spiel grundsätzlich seine narrativen Elemente diskursiv darstellt. Besonders relevant sind dabei die Aspekte Perspektive und Fokalisierung, eine Art *game narrator* sowie die (Un-)Zuverlässigkeit der Erzählung. Die narrative Instanz des Spiels tritt mal stärker, mal schwächer auf. Für gewöhnlich korreliert dies mit der gefühlten narrativen Handlungsfreiheit: Bei einem Hervorheben des *game narrator*, etwa während Cutscenes oder im erzwungenen Wechsel auf eine andere Figur, sinkt dieses Gefühl, bei einem Zurückneh-

19 Julian Kücklich, *Perspectives of Computer Game Philology*, in: *Game Studies* 3/1, 2003, <www.gamestudies.org/0301/kucklich> (Abruf am 6. Mai 2017).

20 Signifikanterweise kommuniziert HEAVY RAIN an seine Spieler_innen auch nicht, welche Handlung welche potenziellen Folgen haben könnte – oder ob bestimmte Aktionen überhaupt etwas beeinflussen. Auch das trägt zu einem verstärkten Empfinden von Handlungsfreiheit bei, denn wie José P. Zagal feststellt: »While the pressure of the uncertainty was initially overwhelming, it ultimately became liberating. I began to assume that everything mattered, somehow, and that I should take care with everything I did in the game«: *Heavy Rain. How I Learned to Trust the Designer*, in: *Well Played 3.0. Video Games, Value and Meaning*, hrsg. von Drew Davison, o. O.: ETC Press 2011, S. 55 bis 65, hier S. 58.

men dieser Instanz steigt es. In der konkreten Darstellung vieler Szenen ist die Erzählinstanz aber relativ ausgeprägt, was sich vor allem auch in den vielen Wechseln und Übergängen von Perspektiven und Fokalisierungen innerhalb spezieller Szenen zeigt.

Während einige dieser Perspektivwechsel extern fokalisiert sind, findet der Großteil an Fokalisierungen im Spiel intern statt. Die interne Fokalisierung dient dabei erneut insbesondere der Empathiegewinnung und der stärkeren Identifikation mit den Figuren. Besonders deutlich wird das an der Möglichkeit, durch Drücken der L2-Taste eine Reihe von Gedanken aufzurufen, aus denen man wählen kann und die dann von der Figur in Form eines inneren Monologs vorgetragen werden. Der Zugang zu den Gedanken der Charaktere weist auf eine Erzählinstanz hin, die diese interne Fokalisierung einnehmen kann. Gleichzeitig ist diese Art der Fokalisierung ein Beispiel für die stark ausgeprägte Präsenz dieser Erzählinstanz, da interne Fokalisierer nicht nur verwendet werden, um Spieler_innen mit zusätzlichen Informationen zu versorgen, sondern auch, um diese Informationen dezidiert vorzuenthalten. Deutlich wird das beispielsweise in einer Szene im Kapitel *The Doc*, in der Madison einen dubiosen ehemaligen Arzt besucht, um Informationen über den Origami-Killer zu erfahren. Während die beiden sich unterhalten, nimmt die Kamera verschiedene Sichtweisen von externen Fokalisierern ein, um die Konversation der zwei Figuren darzustellen. Als er ihr dann einen Drink anbietet, ist Madison sichtbar nervös und unsicher, ob er versucht, sie damit zu betäuben. Wenn er den Drink zubereitet, ist die Szene allerdings komplett über Madison intern fokalisiert – Spieler_innen können ebenso wenig wie sie sehen, ob der Arzt etwas in den Drink mischt (wie sich herausstellt, war ihre Sorge berechtigt), obwohl zuvor deutlich wurde, dass der *game narrator* in dieser Szene über die Möglichkeit verfügt, eine Vielzahl von Fokalisierungen einzunehmen. Das Spiel nimmt hier jedoch Handlungsmöglichkeiten zurück und lässt stattdessen eine Erzählinstanz stärker hervortreten, um die Identifikation mit Madison zu verstärken und deren Emotionen auf die Spieler_innen zu übertragen.

Darüber hinaus werden interne und externe Fokalisierung insbesondere im Zusammenhang mit unzuverlässiger Erzählung verwendet. Neben einer Reihe kleinerer Elemente betrifft dies insbesondere den zentralen ›Twist‹ des Spiels:[21]

21 Diese zentrale Enthüllung wird in Heavy Rain ähnlich wie in einem Film des Twist-Genres verwendet. Vgl. dazu z. B. Warren Buckland, *Puzzle Films. Complex Storytelling in Contemporary Cinema*, Malden: Wiley-Blackwell 2009. Heavy Rain kann somit auch

Gegen Ende von Heavy Rain wird enthüllt, dass es sich beim Origami-Killer um Scott Shelby handelt, also den Privatdetektiv, den man selbst in vielen der bisherigen Kapitel gesteuert hat. Insbesondere durch dieses eigene Steuern und Handeln nahm man an, dass er tatsächlich nach dem Origami-Killer sucht, was ihn selbst als Täter ausschloss und den Effekt des Twists nochmals verstärkt. Neben einer Vielzahl von falschen Fährten (*red herrings*) in der Geschichte des Spiels, die einen nach ganz anderen möglichen Tätern suchen ließen, ist es vor allem die Verwendung einer Art unzuverlässiger Erzählung, die die Möglichkeit erschwert, Shelby vorzeitig als Origami-Killer zu erraten.

Der in dieser Hinsicht signifikanteste Moment findet im Kapitel *Manfred* statt, als Shelby und Lauren (die Mutter eines der Opfer des Origami-Killers, die ihn begleitet) Manfred, einen alten Freund von Shelby, besuchen, um Informationen über eine altmodische Schreibmaschine zu erhalten, die der Origami-Killer zu nutzen scheint (zumindest vorsätzlich – tatsächlich besucht Shelby diese Orte während des Spiels, um Beweise zu vernichten, die ihn überführen könnten). In Manfreds Antiquitätenladen haben die Spieler_innen fast durchgängig die Kontrolle über Shelby. Als Manfred allerdings in den Hinterraum seines Geschäfts geht, um seine Rechnungsbücher nach Informationen zu durchsuchen, bleibt die Kamera auf ihm, als er den Raum verlässt, und zeigt dann einen Dialog zwischen Shelby und Lauren. Die Kamera fokussiert sodann eine Weile auf Lauren, die sich eine Figur im Laden anschaut, bevor das Spiel die Kontrolle über Shelby an die Spieler_innen zurückgibt. Als dieser kann man danach nach Manfred schauen – den man nun ermordet wiederfindet. Shelby und Lauren vermuten, dass dies die Tat des Origami-Killers gewesen sein muss. Durch diese Szenen wird implizit die Möglichkeit ausgeschlossen, dass es sich bei Shelby (oder Lauren) um den Mörder handeln könnte. Im Kapitel *Origami Killer* hingegen wird Shelby als eben dieser Mörder enthüllt und gezeigt, wie er diverses Beweismaterial verbrennt. Dabei stellt das Spiel dann auch Analepsen zu vorangegangenen Ereignissen dar. In einer davon wird gezeigt, wie es in der Tat Shelby war, der in den hinteren Teil von Manfreds Geschäft ging und ihm mit einer Schreibmaschine so kräftig auf

als narrativ instabil und als eine Art ›Twist-Spiel‹ verstanden werden, ähnlich wie beispielsweise die Spiele der BioShock-Reihe. Vgl. dazu Stefan Schubert, *Objectivism, Narrative Agency, and the Politics of Choice in the Video Game BioShock*, in: *Poetics of Politics. Textuality and Social Relevance in Contemporary American Literature and Culture*, hrsg. von Sebastian M. Herrmann u. a., Heidelberg: Winter 2015, S. 271–289.

den Kopf schlug, dass er starb, dann seine Fingerabdrücke entfernte und selbst die Polizei rief.

Die Enthüllung über diese Analepsen ist stilistisch an entsprechende Szenen in Twist-Filmen wie THE SIXTH SENSE (USA 1999) oder FIGHT CLUB (USA 1999) angelegt und ermutigt Spieler_innen ähnlich wie Zuschauer_innen dieser Filme, bei einem zweiten Durchgang genauer auf diese ursprünglichen Szenen zu achten. Wie eben beschrieben, wechselt die Kamera nur nach Shelbys und Laurens Dialog für eine Weile auf Lauren. Die Zeit, die die Kamera dort verbringt, ist allerdings viel kürzer als die, die Shelby für den Mord gebraucht hätte. Erklären lässt sich das wiederum mit einem Wechsel der Fokalisierung: Während sich die Kamera auf Lauren konzentriert, fungiert sie als interner Fokalisierer. Es wird gezeigt, wie Lauren intensiv auf eine Spieluhr mit einer Ballerinafigur schaut, wobei die Kamera einige Male zwischen ihr und der Figur wechselt und dabei jedes Mal näher heranzoomt, sowohl auf ihr Gesicht als auch auf die Figur. Entsprechend soll suggeriert werden, dass Lauren in diesem Moment von der Figur und der Musik der Spieluhr komplett hingenommen ist, so sehr, dass sie ihre Umgebung (Raum wie Zeit) vergisst und ausblendet, verdeutlicht im stärkeren Heranzoomen auf sie selbst (und damit symbolisch auf ihre Gedanken). Ihre Faszination für diese Figur mag also deutlich länger angedauert haben als gezeigt wird (ein Unterschied ähnlich wie zwischen Erzählzeit und erzählter Zeit). Wenn die Kamera zurück auf Shelby wechselt, hat er den Mord bereits begangen. Die Wahrnehmung selbst stellt sich hier an sich nicht unzuverlässig dar, da Lauren in der Tat nicht Zeugin wird, wie Shelby Manfred umbringt: Stattdessen ist die *Erzählung* unzuverlässig, indem sie bisher immer in allen Kapiteln mit Shelby vorgab, auf ihn intern zu fokalisieren und seinen Taten und Handlungen zu folgen, was für diesen kurzen Moment aber nicht der Fall ist.

Diese Enthüllung lässt auch einige vorherige Momente und Elemente des Spiels als durch unzuverlässiges Erzählen gekennzeichnet erscheinen. Insbesondere ist das der Fall in früheren Kapiteln mit Shelby und in Bezug auf seine Gedanken, die man ebenfalls hören konnte. Einige davon können als ambivalent interpretiert werden – beispielsweise, wenn er im Kapitel *Manfred* über Lauren denkt: »Lauren thinks she's about to find the killer. I'm afraid she's going to be disappointed« –, während andere als schlichtweg unwahrscheinlich und unglaubwürdig erscheinen. Am Anfang des Kapitels *Suicide Baby* besucht Shelby beispielsweise die Mutter des letzten Opfers des Origami-Killers und denkt über sie: »Susan Bowles, the mother of the Origami Killer's latest victim. Maybe she knows something about the circumstances surrounding her son's death.« Diese Umstände sind ihm allerdings bereits wohlbekannt.[22] Diese und andere Gedanken würden also die Zuverlässigkeit seiner Wahrnehmung in Frage stellen. Allerdings kann eine unzuverlässige Wahrnehmung (der Terminologie von Ansgar Nünning folgend)[23] nur ›normativ‹ sein, beispielsweise bei jemandem, der wegen seiner Naivität oder einer psychischen Störung etwas ›inkorrekt‹ versteht. Dafür gibt es bei Shelby keine Indizien. ›Fehlbare‹, also absichtliche Unzuverlässigkeit ist in Bezug auf Wahrnehmung in diesem Sinne nicht möglich; eine Figur würde kaum absichtlich etwas faktisch Falsches denken, da das ein Bewusstsein voraussetzen würde, dass ›jemand‹ (Spieler_innen, Leser_innen oder Zuschauer_innen) diese Gedanken hören wird. Stattdessen muss diese Unzuverlässigkeit also von der diskursiven Ebene der Erzählung stammen, sprich: von einer Erzählinstanz, die wiederum deutlich stärker in Erscheinung tritt, als es – wegen der allgemein hohen Handlungsfreiheit im Spiel – scheint. Während es einerseits so wirkt, dass der *game narrator* Spieler_innen relativ viele Informationen zukommen lässt, indem die Geschichte aus vier verschiedenen Perspektiven enthüllt wird, ist es an anderen Stellen gerade das Wechseln zwischen externen und internen Fokalisierern, das entscheidendes Wissen über Geschehnisse und Figuren verbirgt.

Insgesamt spielt diese Art der Unzuverlässigkeit also ebenfalls in die Vermischung von narrativen und ludischen Entscheidungen bzw. Interaktionsmöglichkeiten hinein und verkompliziert den Effekt der Handlungsfreiheit durch den enthüllenden Twist-Moment. Ebenso wie sich die verschiedenen Handlungsoptionen als Änderungen in der rekonstruierten *storyworld* des Spiels darstellen, kann der Twist, also die Enthüllung teils unzuverlässiger Momente, als Effekt auf die *storyworld* verstanden werden. Zuvor als ›sicher‹ angenommene Elemente (wie Informationen über bestimmte Figuren oder Ereignisse) müssen revidiert und reevaluiert werden. Mit einem Fokus auf narrative und literaturwissenschaftliche Elemente können somit einige Komplexitäten des Spiels und seiner diskursiven Darstellung untersucht werden, die dann wiederum Gameplay- und narrative Aspekte des Spiels als eng miteinander verwoben herausstellen. Konzepte und

22 Weitere Beispiele sind u. a. seine Gedanken, wenn er mit Lauren am Grab seines Bruders steht und sich beschwert, dass sie nach »a kid who's been dead for thirty years« suchen (im Kapitel *The Cemetery*), oder wenn er sich fragt: »[T]he kid died thirty years ago. Who's still tending the grave after all these years?« (im Kapitel *Flowers on the Grave*). Statt »the kid« würde er sicherlich direkt an seinen Bruder John denken, da ihm die Identität dieses Kindes ja äußerst bewusst ist.

23 Ansgar Nünning, *Reliability* (wie Anm. 15), S. 496.

Termini aus anderen Disziplinen und anderen Medien müssen entsprechend der Gegebenheiten von HEAVY RAIN adaptiert werden, was sowohl Erkenntnisse für das Betrachten des neueren Mediums als auch neue Impulse für die Anwendung der Konzepte auf traditionelle Medien hervorbringt.

HEAVY RAIN als (Populär-)Kulturartefakt

Die bisherigen Betrachtungen von HEAVY RAIN auf narrativ-ludischer Ebene haben vor allem die Fragen nach dem Was und Wie des Spiels beantwortet: was dargestellt wird, aber vor allem, wie genau die formale Beschaffenheit des Spiels gekennzeichnet ist und welche Auswirkungen die Form auf den Inhalt hat. Von einer stärker durch die Cultural Studies bzw. Populärkulturforschung geprägten Fragestellung aus kann man sich zudem dem Warum widmen, also der Frage, *wieso* ein Spiel diese Vermittlungsebenen und Gestaltungsmöglichkeiten wählt, welche Bedeutungen dabei generiert werden und wie diese wiederum in der Gesellschaft reflektiert oder wahrgenommen werden. Kurzum also: Welche kulturelle Arbeit wird von einem Spiel wie HEAVY RAIN verrichtet? Selbstverständlich kann man sich dieser Frage auf einer Vielzahl von Herangehensweisen nähern, und inhaltlich problematisiert das Spiel eine ganze Reihe von Themen, die für eine Untersuchung relevant wären.[24] Beispielhaft sollen hier zwei Aspekte herausgegriffen werden: die Darstellung von Geschlechteridentitäten[25] sowie die Frage nach *agency*, also Handlungsmöglichkeiten und -freiheit.

Relativ zentral bespricht HEAVY RAIN Fragen von Maskulinität und Vaterschaft und verweist dabei auf Männlichkeitsdiskurse wie *masculinity in crisis*.[26]

---

24 Diese Thematiken sollen hier relativ universell besprochen werden. Gleichzeitig existieren in HEAVY RAIN viele Anhaltspunkte, die diese Diskussionen insbesondere an einen (historischen und kulturellen) US-Kontext anknüpfen. Dies ist beispielsweise durch das Setting, Intertextualität und Referenzen auf verschiedene Genres der Fall, die ihren Ursprung in den USA haben, insbesondere der *hard-boiled detective fiction* und des *film noir*.

25 Die Befassung mit solchen Identitäts- und Differenzkategorien (insbesondere *race*, *gender* und *class*) ist ebenfalls ein typisches Anliegen der Amerikanistik.

26 Vgl. Melvin G. Hill, *Tale of Two Fathers. Authenticating Fatherhood in Quantic Dream's »Heavy Rain: The Origami Killer« and Naughty Dog's »The Last of Us«*, in: *Pops in Pop Culture. Fatherhood, Masculinity, and the New Man*, hrsg. von Elizabeth Podnieks, New

Dabei ist Ethan in seiner Rolle als Vater die zentrale Figur – gekennzeichnet durch den Verlust seines ersten Sohnes und den potenziellen Verlust seines zweiten, wobei die Eigeninitiative, die er zum Auffinden von Shaun an den Tag legt, metaphorisch für ein Affirmieren seiner Vaterrolle steht. Auch Shelby fungiert teils als eine Art Vaterfigur für Lauren, während der dritte männliche Protagonist, Norman, selbst eine eher untypische, zurückhaltende Art von Männlichkeit aufweist. Sie steht wiederum in starkem Kontrast zur stereotyp aufdringlichen ›Macho‹-Maskulinität seines Polizei-Partners Carter Blake. Das Motiv des Origami-Killers Shelby hat gleichfalls direkt mit Vaterschaft zu tun: Wie man später in einer Analepse erfährt, ist Shelbys Bruder als Kind in einen Abwasserkanal gefallen und ertrunken. Shelby versuchte damals, seinen alkoholsüchtigen Vater zu Hilfe zu holen, der aber so betrunken war, dass er Shelby wieder wegschickte. Gezeichnet von diesem Trauma, sucht er als Origami-Killer nun nach einem Vater, der bereit ist, alles für sein Kind zu tun und dieses jederzeit zu beschützen, bzw. will er eben diesen Vätern die Unmöglichkeit dieser Aufgabe vor Augen führen.

Im Gegensatz zu dieser ansatzweise vielschichtigen Auseinandersetzung wird mit der Darstellung von Weiblichkeit relativ rückständig umgegangen, was sich vor allem an Madison abzeichnet. In der Beziehung zwischen Ethan und ihr wird sie stereotyp als passiv, er als aktiv dargestellt, vor allem, was die Aufgaben des Origami-Killers angeht: Während Ethan diese tatsächlich ausführt, bleibt Madison im Motel zurück und dient nur als Unterstützung für Ethan. Zweimal kümmert sie sich um seine Wunden, was ein altes Stereotyp von weiblichen Charakteren hervorholt, das für Frauen nur wenige Berufe zulässt, u. a. den der Krankenschwester.[27] Zudem wird Madison an einer Vielzahl von Stellen mittels eines *male gaze* dargestellt.[28] Es gibt eine Reihe von Szenen und Einstellungen, die klar ihren Körper betonen, so dass insgesamt ihre »to-be-looked-at-ness«[29] hervorgehoben

York: Palgrave Macmillan 2016, S. 159–176. – Vgl. zu *masculinity in crisis* u. a. Sally Robinson, *Marked Men. White Masculinity in Crisis*, New York: Columbia University Press 2000; Jack S. Kahn, *An Introduction to Masculinities*, Malden: Wiley-Blackwell 2009, S. 165–260.

27 Diese Vorstellung gab es schon in der Ideologie der *true womanhood* im 19. Jahrhundert, vgl. Barbara Welter, *The Cult of True Womanhood: 1820–1860*, in: *American Quarterly* 18/2, 1966, S. 151–174.

28 Vgl. Laura Mulvey, *Visual and Other Pleasures*, Houndmills: Macmillan 1989, Kapitel *Visual Pleasure and Narrative Cinema*, S. 14–26.

29 Ebd., S. 25.

wird. Das ist vor allem insofern problematisch, als dass Madison eine Hauptfigur ist, in einigen Szenen aber statt dieser Perspektive die einer reinen Nebenfigur eingenommen wird, um ihren Körper zu betonen.[30]

Diese Reduktion Madisons auf ihren Körper findet nur bei ihr und keiner der männlichen Figuren statt, und während die visuelle Darstellung somit dem *male gaze* in visuellen Medien ähnelt, fügt die interaktive Komponente des Spiels noch eine weitere Ebene hinzu. Das wird besonders im Kapitel *Sexy Girl* deutlich, in dem Madison den Klubbesitzer Paco Mendes verführen will, um an Informationen zu gelangen. In seinem Büro zwingt er Madison dann mit vorgehaltener Pistole, für ihn zu strippen. Je schneller man durch Madisons Gedanken darauf kommt, Paco mit einer Lampe bewusstlos zu schlagen, desto kürzer ist die Sequenz und desto weniger Kleidung verliert Madison. Problematisch ist allerdings die Perspektive: Während der gesamten Szene hat man die Kontrolle über Madison, *fokalisiert* ist sie aber größtenteils aus Pacos Sicht. Die Kamera befindet sich direkt über seiner Schulter und stellt Madison damit so dar, wie er auf sie starrt. Die Spieler_innen sehen, was *er* sieht, nicht, was Madison in diesen Momenten erblickt. Auf der Ebene der Fokalisierung entspricht das einer fundamentalen Dissonanz: Man kontrolliert Madison und kann ihre Gedanken hören (hat also eine interne Fokalisierung auf Madison), sieht sie aber aus Pacos Perspektive (er fungiert als interner Fokalisierer). Insofern wird eine Hauptfigur mittels der Sichtweise einer Nebenfigur durch das Spiel selbst objektifiziert: Während die Spieler_innen über Madisons Gedanken ihre Ängste erfahren, nehmen sie visuell die Position von Paco ein, der die Darstellung ihres sexualisierten Körpers genießt. Damit entspricht diese diskursive Situation mehr noch als in einem Film Laura Mulveys Beschreibung von »watching, in an active controlling sense, an objectified

30 An anderen Stellen wird ihr Körper durch externe Fokalisierer gezeigt, wobei auch dabei ihre Körperlichkeit exzessiv betont wird. Besonders deutlich wird das in einer Szene, in der man sie beim Duschen sieht (im Kapitel *Sleepless Night*): Ihr nackter Körper wird aus einer Vielzahl von Perspektiven gezeigt, die schnell nacheinander wechseln und durch welche die Kamera quasi an ihrem Körper entlangfährt. Ihr Körper ist damit als Objekt ›to be looked at‹ stilisiert, indem er aus verschiedenen ›privilegierten‹ Blickwinkeln dargestellt wird. Die einzige andere Figur, die beim Duschen gezeigt wird, ist Ethan (im Kapitel *Prologue*), jedoch in einer viel kürzeren Szene, in der sein Körper zudem nur aus zwei Kamerawinkeln zu sehen ist, was seine Körperlichkeit deutlich weniger hervorhebt.

other«:[31] Das aktive und kontrollierende Element ist noch dadurch erhöht, dass man selbst in das Geschehen eingreifen und die Länge der voyeuristischen Szene aus Pacos Sicht – und damit seine Kontrolle über Madisons Körper – bestimmen kann. Insgesamt wird Madison zwar auch als handlungsfähige Figur dargestellt, die innerhalb der Geschichte Signifikantes zur Lösung beitragen kann, jenseits dieser inhaltlichen Ebene steht ihre voyeuristische Darstellung aber im Widerspruch zum zuvor besprochenen Fokus auf Identifizierung mit den Hauptfiguren und Empathieerzeugung. Die Perspektivführung und Fokalisierung arbeiten hier gegen das eigentliche Projekt des Spiels. Auch das ist somit Teil der kulturellen Arbeit, die vom Spiel (bewusst oder unbewusst) verrichtet wird.

Neben vielen weiteren Themen stellt sich letztlich die Frage nach Wahlmöglichkeiten und Handlungsfreiheit am prominentesten dar. Als Leitmotiv kommen Handlungsmöglichkeiten und -freiheit (*agency*) immer wieder direkt in der fiktionalen Welt des Spiels selbst vor, u. a. in Ethans verschiedenen Prüfungen oder in Jaydens sich wiederholenden Möglichkeiten, die harten Verhörmethoden seines Partners Blake zu tolerieren oder auf seine eigene Vorgehensweise zu insistieren. Mehrmals taucht die Problematik explizit in Dialogen des Spiels auf, beispielsweise wenn Ethan im Kapitel *The Shark* als Teil einer der Aufgaben einen anderen Mann, Brad Silver, erschießen muss. Brad versucht, um sein Leben zu kämpfen, indem er Ethan anfleht, dass er Kinder hat. Doch wenn sich Spieler_innen dafür entscheiden, Brad zu erschießen, erklärt Ethan für sich das ethische Dilemma wie folgt: »I'm a father too. But I have no choice.« Zu Madison sagt er ebenfalls, dass er »no choice« habe (im Kapitel *Fugitive*), um seine Handlungen zu legitimieren. Innerhalb der Erzählung des Spiels kann das als Versuch verstanden werden, sich aus seiner Gewissensnot und von seinen eigentlich klaren Zweifeln zu befreien, indem er sich selbst sagt, dass es seine Pflicht als Vater sei, alles Mögliche für Shauns Freiheit zu tun, damit dies wirklich als einzige Möglichkeit erscheinen würde.

Ethans Verweise darauf, ›keine andere Wahl‹ zu haben, sind allerdings auch auf der extradiegetischen Ebene signifikant. Als Figur nicht in einem Roman oder einem Film, sondern in einem Spiel ist Ethan nicht nur den Geschehnissen der Handlung ausgesetzt: Er wird auch von Spieler_innen gesteuert. Wenn überhaupt, haben also die *Spieler_innen* Wahlmöglichkeiten, was sein Schicksal angeht. In diesem metatextuellen Sinne hätte Ethan also sicherlich Recht, dass er, wie in jedem anderen Spiel, *als Figur* keine eigenen Wahlmöglichkeiten hat, sondern dass

31 Laura Mulvey, *Visual and Other Pleasures* (wie Anm. 28), S. 17.

diese von den Spieler_innen übernommen werden. Darüber hinaus gibt es in Heavy Rain aber eben nicht nur die reine Möglichkeit, die Figur zu kontrollieren, sondern auch einen relativ hohen Grad an narrativer Entscheidungsmöglichkeit, durch die tatsächlich verschiedene Optionen für Ethans Dilemma bestehen. Ganz konkret antwortet Madison im Kapitel *Fugitive* auf Ethans Beharrlichkeit: »[T]here has to be another way«, was sich – wiederum metatextuell – auch wörtlich verstehen lässt: als Verweis auf die anderen Möglichkeiten, die den Spieler_innen zur Verfügung stehen, um Shaun zu retten, nämlich über Madisons und Jaydens eigene Untersuchungen in ihren Kapiteln. Ethan, auf der diegetischen Ebene der Figuren, hat streng genommen tatsächlich keine Wahl, wenn er Shaun retten will. Die Spieler_innen können auf der extradiegetischen Ebene jedoch entscheiden (ohne dies bewusst zu wissen), Ethan nicht durch die verschiedenen Prüfungen gehen zu lassen, aber dennoch Shaun zu retten und den Origami-Killer zu stellen, indem sie mit Madison und/oder Jayden erfolgreicher sind. Das verschiebt die Problematik von *agency* weg von einzelnen Fragen nach individueller Wahlmöglichkeit und Autonomie und hin zu einem Verständnis von *communal agency.* Während traditionelle Ansichten von *agency* das autonome Individuum eher im Widerspruch zu und Konflikt mit einer Gemeinschaft sehen,[32] stellt Heavy Rain heraus, dass sich Handlungsmöglichkeiten gerade im Zusammenspiel mehrerer Personen ergeben können, innerhalb einer Gemeinschaft also Autonomie nicht nur beschnitten, sondern auch erweitert werden kann.

In diesem Sinne befasst sich Heavy Rain nicht nur diegetisch mittels seiner Handlung und Figuren mit Fragen von Wahlmöglichkeiten, sondern verbindet diese auch extradiegetisch und metatextuell mit der Problematik von Handlungsfreiheit in Videospielen generell. Gleichzeitig korrelieren diese Gedanken mit denselben Fragen nach Autonomie und Handlungsfreiheit innerhalb der realen US-Gesellschaft, für die sie ebenso relevant sind. Teil der kulturellen Arbeit von Heavy Rain ist somit ein dezidierter Beitrag zu und eine Reflexion von Fragen nach *agency* in Videospielen und darüber hinaus. Die konkreten Möglichkeiten des Mediums – die Verwebung von narrativen und ludischen, interaktiven Elementen – werden genutzt, um ein Problem, das in der Realität möglicherweise schwer sichtbar und greifbar erscheint, innerhalb eines medialen Rahmens deutlich zum Vor-

32 Vgl. Florian Bast, *Of Bodies, Communities, and Voices* (wie Anm. 17), S. 101.

schein zu bringen und damit diskutierbar zu machen: »[to] create the very language by which people comprehend their experiences and think about their world.«[33]

***

Durch die disziplinären Vorbemerkungen und die Analyse von HEAVY RAIN zunächst hinsichtlich seiner narrativen und ludischen Elemente und danach hinsichtlich seiner kulturellen Arbeit wurde in diesem Beitrag ein amerikanistischer und speziell literatur- und kulturwissenschaftlicher Ansatz zur Analyse von Videospielen vorgestellt. Natürlich spielen in eine solche Analyse viele weitere mögliche Konzepte, Theorien und Begriffe ein; hier sollte der Ansatz auch nur grundlegend illustriert werden. Gleichzeitig steht außer Frage, dass sich ein solches Verständnis von Videospielen für manche Spiele besser eignet als für andere, insbesondere für solche, die ein hohes Maß an Narrativität, an narrativen Elementen, aufzeigen. Da Videospiele an sich ein formal ›diverseres‹ Medium sind als beispielsweise Romane oder Filme, ist es nur verständlich, dass ein einzelner Ansatz nicht ausreicht, um sie ausschöpfend produktiv zu untersuchen. Das kann auch nicht der Anspruch dieser amerikanistischen Perspektive sein. Als ausstrahlend auf andere Ansätze steht hierbei letztlich vor allem das Verständnis, Videospiele als signifikante (teils) narrative Texte und Kulturartefakte ernst zu nehmen, ihre narrative und ludische Beschaffenheit und ihre Bedeutungsebenen zu analysieren und damit einen Beitrag leisten zu können sowohl für ihr konkretes Verständnis als auch für die daraus abzuleitenden Erkenntnisse, die man für das größere interdisziplinäre Unterfangen, Videospiele ›an sich‹ zu untersuchen, gewinnen kann.

33 Paul Lauter, *From Walden Pond to Jurassic Park* (wie Anm. 16), S. 11.

Videospiele(n) als Aufführung(en) und Aufführungen in Videospielen

Britta Neitzel

Zur Interdisziplinarität von Games und Game Studies

Die Frage nach der für Videospiele ›zuständigen‹ Disziplin war den Game Studies von Anfang an beigegeben. In den ersten Veröffentlichungen hatten Fragen zur Narration einen prominenten Status. In der daran anschließenden sogenannten ›Ludologie vs. Narratologie‹-Debatte wurde diskutiert, ob Videospiele als Erzählungen Gegenstände der Literatur- oder Filmwissenschaft und ihrer Methodologien sein können oder ob für sie als Spiele spezielle Untersuchungsmethoden entwickelt werden sollten. Ich will hier nicht noch einmal auf diese Debatte eingehen – das ist an anderer Stelle hinreichend geschehen[1] –, doch soll festgehalten werden, dass es Videospiele aufgrund ihrer Komplexität verschiedenen Disziplinen leicht zu machen scheinen, sich mit ihnen zu befassen: Die Literaturwissenschaft kann sich mit ihren Methoden der Narration und den Figuren widmen, ebenso die Filmwissenschaft, in der noch das Bild hinzukommt. Für die Musikwissenschaft stehen Musik und Sound im Vordergrund. Die Kunstwissenschaft kann das Bild im Allgemeinen und Art Games im Speziellen diskutieren, die Informatik Programmcodes und Engines, das Design und die Designwissen-

1 Vgl. Britta Neitzel, *Erzählen und Spielen. Zur Bedeutung des Erzählbegriffs in den Game Studies*, in: *Narrativität als Begriff. Analysen und Anwendungsbeispiele zwischen philologischer und anthropologischer Orientierung*, hrsg. von Matthias Aumüller, Berlin und New York: de Gruyter 2012 (Narratologia 31), S. 109–128; dies., *Computer – Spiele – Forschung*, in: *tiefenschärfe*, Winter 2008/09, <www.slm.uni-hamburg.de/imk/forschung/publikationen/tiefenschaerfe/tiefenschaerfe-wise-2008-09.pdf>, S. 51–55 (Abruf am 1. Juni 2017).

schaft das Level- und Figurendesign. Sozialwissenschaften stellen qualitative und quantitative Untersuchungen zum Spieler_innenverhalten an – hier würde auch die Psychologie ansetzen. Die Ethnologie kann über teilnehmende Beobachtungen versuchen, Aussagen über das Leben in Online-Welten zu treffen. Science and Technology Studies untersuchen das Bedingungsgefüge von Wissen und Technologie. Unter medienwissenschaftlichen Ansätzen firmieren alle hier genannten Blickrichtungen aufgrund der Diversität der Medienwissenschaft. Intermediale und transmediale Perspektiven kommen hinzu. Eine »Ludologie« – und auch ein Bereich der Game Studies – würde sich mit dem spezifisch Spielerischen beschäftigen, mit Beziehungen von digitalen zu nicht-digitalen Spielen, etwa Brett- oder Sportspielen, aber ebenso mit spielerischen Aufführungspraxen, wie sie in der Performance, im Theater und in der Aufführung von Musik zu finden sind.

»Game Studies« scheinen also eher ein interdisziplinäres Forschungsfeld zu sein als eine Disziplin. Auch wenn sie in den letzten knapp 20 Jahren an Selbstbewusstsein gewonnen und eigene Forschungsansätze und Vorgehensweisen entwickelt haben, fehlt ihnen doch eine institutionelle Ausformung – zumindest in Deutschland: Hier gibt es keine Professur für Game Studies, sondern nur Personen, die sich (auch) mit Games beschäftigen.

Die Game Studies arbeiten daran, Videospiele als genuines ästhetisches Objekt zu beschreiben.[2] Was aber wäre ein Kern dieses Forschungsfeldes? So unterschiedlich Videospiele in Hinblick auf ihre Narrativität, ihre audiovisuelle Gestaltung, ihre Bezüge zu Literatur und Film auch sind, sie haben zwei Gemeinsamkeiten. Eine wird von Marie-Laure Ryan in *Computer Games as Narrative* genannt: Die Autorin geht davon aus, dass »[t]he only feature that objectively and absolutely defines video games is their dependency on the computer as a material support«.[3] So richtig es auch ist, dass Videospiele über die materielle Basis des Computers definiert werden können, so ist es aber doch nicht die einzige Eigenschaft, die alle Videospiele gemeinsam haben, denn alle werden auch in ihrer je spezifischen Weise *gespielt*. Ohne Spielen kein Spiel.

2 Auch die Theater- und die Filmwissenschaft mussten sich erst von der Literaturwissenschaft emanzipieren, indem sie darauf beharrten, dass die Aufführung des Stücks den Kern des Theaters darstellt bzw. die (audio)visuelle Darstellung die Spezifik des Filmischen.

3 Marie-Laure Ryan, *Avatars of Story*, Minneapolis: University of Minnesota Press 2006, Kapitel *Computer Games as Narrative*, S. 181–203, hier S. 181.

Ich möchte diese Eigenschaft zum Ausgangspunkt nehmen, um Videospiele bzw. das Videospielen als spezifische Formen von Aufführungen zu beschreiben. Im ersten Teil dieses Beitrags soll deshalb zunächst theoretisch erläutert werden, wo die Beziehungen zwischen Videospielen und Aufführungen liegen, im zweiten Teil werden diese Überlegungen durch Beispiele konkretisiert.

Erst in neuerer Zeit widmen sich auch die Performance Studies (als Forschungsfeld) und die Theaterwissenschaft (als Disziplin) den Games. Wenn für diesen Beitrag also eine interdisziplinäre Perspektive im engeren Sinn reklamiert werden will, so wäre es die zwischen Medien- und Theaterwissenschaft.[4] Diese disziplinäre und institutionelle Grenzziehung hat eine inhaltliche Entsprechung, die für den vorliegenden Beitrag von Bedeutung ist. Theaterwissenschaft reklamiert für sich, sich mit einer spezifischen Aufführungsform zu beschäftigen, die eben nicht medial vermittelt ist, sondern durch die leibliche Kopräsenz von Schauspieler_innen und Zuschauer_innen entsteht: mit der Theateraufführung also.[5] Damit grenzt sie sich von anderen Medienwissenschaften ab, die sich gerade mit medialen Vermittlungs- und auch Aufführungsformen beschäftigen.

Wird die leibliche Kopräsenz als Bedingung für eine Aufführung angesetzt, so würden nur einige Spielformen von Videospielen als Aufführung in Frage kommen, nämlich das Vorführen der eigenen Spielkompetenz vor Zuschauer_innen (beispielsweise in Videogame Arcades oder bei E-Sports-Veranstaltungen) oder das Aufführen von Spielzügen vor anderen anwesenden Mitspieler_innen, die auch als Zuschauer_innen fungieren (wie etwa bei privaten Partyspielen oder Location Based Games). Das heißt aber auch, dass bei einer Reihe von Videospielen die leibliche Kopräsenz zwischen Zuschauenden und Spielenden gegeben ist. Im Folgenden möchte ich jedoch weitergehen und auch solche Formen des Video-

4 Als zwei Disziplinen setze ich sie hier an, weil es bei der DFG zwar nur *ein* Fachkollegium gibt, das jedoch ein ›Bindestrichfach‹ ist: »Theater- und Medienwissenschaften«. Zudem hat bei der in den 2000er Jahren begonnenen Umbenennung und/oder inhaltlichen Umgestaltung von Film- und Fernsehwissenschaftlichen Instituten oder Fachbereichen in »Medienwissenschaft« die Theaterwissenschaft ihre Alleinstellung behauptet: so etwa an der Universität zu Köln (»Theater-, Film- und Fernsehwissenschaft« wurde zu »Medienkultur und Theater«) oder der Universität Bochum (mit der Trennung von Medien- und Theaterwissenschaft).

5 So prominent Erika Fischer-Lichte, die Bezug auf Max Hermann nimmt: Erika Fischer-Lichte, *The Transformative Power of Performance. A New Aesthetics*, London und New York: Routledge 2008, S. 38.

spiels als Aufführung betrachten, bei denen diese Kopräsenz *nicht* gegeben ist. Dazu werde ich zunächst den Begriff der Aufführung oder Performance erläutern, um danach über das Zuschauen im Videospiel zu sprechen. Zudem wird der Begriff der Präsenz thematisiert und werden zwei Formen von Aufführung in bzw. mit Videospielen genauer expliziert: das Üben und die Let's-Play-Videos.

Aufführung, Performance und Zuschauen

Richard Schechner beschreibt »Performance« als »showing doing«.[6] Nun ist der deutsche Begriff der Aufführung enger als der englische der *performance*: Auch wenn *performance* die Aufführung umfasst, bedeutet es zudem ›Durchführung‹ oder ›Leistung‹ – ich werde den Unterschied, wo nötig, kennzeichnen. Nach der obigen Definition hat eine Aufführung also mehrere Komponenten: zunächst einmal etwas, das aufgeführt wird (ein Prozess oder eine Tat in irgendeiner Form) und das zudem in spezifischer Form zugerichtet wird, nämlich als »Show«. Es wird nicht nur getan, sondern auch gezeigt. Hinzu kommen unterschiedliche Parteien: nämlich diejenige, die die Tat ausführt, und diejenige, der die Tat gezeigt wird. Zu den Handelnden kommen also Zuschauende.

Im institutionalisierten klassischen Theater ist sofort einsichtig, wer zuschaut und wer aufführt. Performances spielen zum Teil mit diesen institutionalisierten Rollen, indem nicht eindeutig geklärt wird, wer welche Rolle einnimmt. Beim Videospiel ist es notwendig, dass es Tätige gibt – die Spieler_innen –, aber nicht unmittelbar einsichtig, dass es, außer in den oben genannten Formen des Videospiels, Zuschauende gibt. Warum also kann ein Videospiel auch in anderen Formen dennoch als Aufführung beschrieben werden?

Um mich der Antwort auf diese Frage zu nähern, gehe ich zunächst einige Forschungsjahre zurück. In ihrem einflussreichen Buch *Computers as Theatre*[7] benutzte Brenda Laurel die Metapher des Theaters, um die Mensch-Computer-Interaktion zu beschreiben. Das Interface gilt ihr als Bühne, denn wie eine solche würde es die Umgebung für die Aktionen von Benutzer_innen und Computern darstellen. Laurel versteht das Interface also als eine spezifische Schnittstelle, auf

6 Richard Schechner, *Performance Studies. An Introduction*, London und New York: Routledge 2013, S. 28.

7 Brenda Laurel, *Computers as Theatre*, Reading: Addison Wesley 1993.

der sowohl die Performance des Computers als auch die der Benutzer_innen dargestellt werden. Schon in den 1960er Jahren hätten Programmentwickler_innen erkannt, dass das interessante Potenzial eines Computers nicht in seiner Fähigkeit lag, Berechnungen auszuführen, sondern in seinem Vermögen, Handlungen darzustellen, an denen Menschen teilnehmen können.[8] In dieser Konzeption kommen allerdings keine Zuschauenden mehr vor: Die Benutzer_innen beträten die Bühne und würden zu Schauspieler_innen. Wie dies geschieht und warum das Geschehen auf der Bühne bzw. dem Interface tatsächlich als eine Aufführung verstanden werden kann, die Zuschauer_innen erfordert – nicht lediglich als Performance im Sinne von Ausführung –, bleibt bei ihr offen. An anderer Stelle[9] habe ich vorgeschlagen, dieses Problem über das grundlegende Handlungsdispositiv des Computerspiels zu lösen. Es sei an dieser Stelle kurz zusammengefasst:

In Videogames wird der Körper der Spieler_innen auf spezifische Weise verdoppelt. Das Programm stellt ihnen einen Datenkörper oder semiotischen Körper[10] zur Verfügung, der es ihnen ermöglicht, mit anderen Objekten der digitalen Umgebung zu interagieren oder diese Umgebung zu manipulieren. Während die Spieler_innen also leiblich außerhalb der digitalen Spielwelt (in Laurels Begrifflichkeit: der Bühne) bleiben, agieren sie mit dem semiotischen Körper innerhalb der digitalen Welt. Dieser semiotische Körper wird passend zu den Regeln und zur Fiktion des Spiels vom Computerprogramm generiert und fügt sich so auch in das computerkontrollierte ›Bühnengeschehen‹ ein. Spielende haben nun eine doppelte Aufgabe: Einerseits manipulieren sie den Datenkörper und mit seiner Hilfe die digitale Spielwelt, andererseits beobachten sie die Ergebnisse dieser Manipulationen von ihrer Position vor dem Monitor aus, um daran weitere Manipulationen anzuschließen. Das bedeutet, dass die Spieler_innen ihre eigenen Zuschauer_innen sind: Videospielen ist demnach eine spezifische Form der Selbstbeobachtung.[11]

---

8 Ebd., S. 1.

9 Britta Neitzel, *Performing Games – Intermediality and Videogames*, in: *Handbook of Intermediality. Literature – Image – Sound – Music*, hrsg. von Gabriele Rippl, Berlin und New York: de Gruyter 2015, S. 584–602.

10 Vgl. Sybille Krämer, *›Performativität‹ und ›Verkörperung‹. Über zwei Leitlinien für eine Reflexion der Medien*, in: *Neue Vorträge zur Medienkultur*, hrsg. von Claus Pias, Weimar: VDG 2000, S. 185–197.

11 Vgl. Britta Neitzel, *Point of View und Point of Action – eine Perspektive auf die Perspektive in Computerspielen*, in: *Computer/Spiel/Räume*, hrsg. von Klaus Bartels und Jan-Noël Thon, *Hamburger Hefte zur Medienkultur* 5, 2007, S. 8–28.

Der Datenkörper kann verschiedene Formen annehmen. Sie reichen vom Cursor über Fadenkreuze und Waffen bis zum Avatar im engeren Sinne, nämlich als anthropomorphe Figur, die von den Spieler_innen gesteuert werden kann. Der Avatar kann teils auch selbst ausgestaltet werden und/oder als fiktionale Figur ein Eigenleben in der Diegese haben. Insofern unterscheiden sich auch seine Funktionen: Er kann vor allem als Werkzeug dienen, als narrative Figur in einer Fiktion, in Onlinespielen auch als Repräsentant der Spieler_innen.[12] Immer aber zeigt der Datenkörper den Handlungspunkt oder »Point of Action« der Spieler_innen an. Und immer kommt zum Point of Action auch ein »Point of View«, von dem aus der Datenkörper von den Spielenden beobachtet werden kann. Das grundlegende Handlungsdispositiv eines Videospiels besteht demnach darin, dass die Spieler_innen sich zugleich innerhalb *und* außerhalb der Spielwelt befindet und ihren Datenkörpern zuschauen können.[13] Durch diese spezifische Form der Selbstbeobachtung können sie sowohl als Spieler_innen als auch als Zuschauer_innen bezeichnet werden.[14]

Im Folgenden möchte ich anhand zweier Beispiele von Performances in Videospielen die Bedeutung dieser Anordnung verdeutlichen: dem Üben der Performance im Videospiel und einer mediatisierten Performance im Let's-Play-Video.

---

12 Vgl. dazu Alison McMahan, *Immersion, Engagement, and Presence. A Method for Analyzing 3-D Video Games*, in: *The Video Game Theory Reader*, hrsg. von Mark J. P. Wolf und Bernard Perron, New York: Routledge 2003, S. 67–86; James Newman, *The Myth of the Ergodic Videogame. Some Thoughts on Player-Character Relationships in Videogames*, in: *Game Studies* 2/1, 2002, <www.gamestudies.org/0102/newman> (Abruf am 1. Juni 2017); Britta Neitzel, *Wer bin ich? Zur Avatar-Spieler-Bindung*, in: *»See? I'm real...«. Multidisziplinäre Zugänge zum Computerspiel am Beispiel von Silent Hill*, hrsg. von ders., Matthias Bopp und Rolf F. Nohr, Münster: LIT 2004, 3. Aufl. 2010, S. 193–212.

13 Dieses Moment des ›Sowohl-innerhalb-als-auch-außerhalb-des-Spiels-Sein‹ trifft auf alle Spiele zu. Sich selbst dabei in Form eines Datenkörpers beobachten zu können, ist jedoch Spezifikum des Videospiels. Die digitalen Spiele machen somit dieses allgemein spielerische Merkmal anschaulich.

14 Ein Videospiel kann auch als Veranschaulichung dessen dienen, was schon Hellmuth Plessner mit »exzentrischer« und »zentrischer Positionierung« bezeichnet hatte: Ein Spieler/eine Spielerin hat ein exzentrisches Verhältnis zu seinem/ihrem Datenkörper, den er/sie nur *hat* (man geht mit ihm um, lernt ihn zu bedienen), der er/sie aber nicht *ist* (der Datenkörper ist eben der raumzeitlichen Situation des Spielers/der Spielerin entzogen): *Die Stufen des Organischen und der Mensch. Einleitung in die philosophische Anthropologie* (1928), Berlin und New York: de Gruyter 1975, insbes. Kapitel 7.

Üben

Aufgrund der beschriebenen Anordnung – Verdoppelung des Körpers und Beobachtung des Datenkörpers – können Spielende ihr Spiel üben, denn die audiovisuellen Displays des Computers geben ihnen Rückmeldung zur Qualität ihrer Handlungen. Wer zum Beispiel mit dem Avatar über einen Abhang springen muss, sieht Avatar und Abhang und kann den Sprung so lange wiederholen, bis die entsprechenden Tasten im richtigen Moment gedrückt werden und somit das erwünschte Ergebnis erzielt wird. Wie Tänzer_innen oder Schauspieler_innen vor einem Spiegel proben können, so können Videospieler_innen unter Zuhilfenahme des Monitors und der Lautsprecher ihr Spiel verbessern. Sybille Krämer[15] hat Ähnlichkeiten zwischen Spiegelbildern und virtuellen Bildern herausgestellt. Demnach stellt ein Spiegel einen zweiten Ort für das Objekt her, das sich vor dem Spiegel befindet. Damit ermöglicht ein Spiegel wie auch ein virtuelles Bild es, dass Personen sich selbst mit anderen Augen sehen, denn auch »Virtualität [...] beruht auf illusorischen Platzierungen, durch welche es einem Beobachter möglich wird, Sinneseindrücke zu erhalten, die von dem Ort aus, an dem sich sein physischer Körper faktisch befindet, gerade nicht zu erlangen wären«.[16]

Nun gilt das Üben oder Proben nicht als Aufführung im engeren Sinne, da eben das Publikum fehlt. Es wird erst für die eigentliche Aufführung vor einem fremden Publikum geprobt. Und so stellen Videospieler_innen, Tänzer_innen, Schauspieler_innen oder Musiker_innen zunächst einmal ihr eigenes Publikum dar. Im *Handbuch Üben* empfiehlt Peter Röbke Musiker_innen, die allein üben, sich ein »pädagogisches Alter Ego«[17] zu erschaffen und sich damit in eine »pädagogische Schizophrenie« zu begeben. Man müsse sich »›objektiv‹« entgegentreten, um zu hören, wie es »›draußen‹« klingt, das »›Außenohr‹« benutzen. Denn: »Wer sich selbst zuhört, tritt sich selbst gegenüber – und je geringer die Distanz ist, die man zwischen Subjekt und Objekt der Wahrnehmung zu legen vermag, desto

15 Sybille Krämer, *Spielerische Interaktion. Überlegungen zu unserem Umgang mit Instrumenten*, in: *Schöne neue Welten? Auf dem Weg zu einer neuen Spielkultur*, hrsg. von Florian Rötzer, München: Boer 1995, S. 225–236, hier S. 229.

16 Ebd.

17 Peter Röbke, *Vom Umgang mit Fehlern beim Üben*, in: *Handbuch Üben. Grundlagen, Konzepte, Methoden*, hrsg. von Ulrich Mahlert, Wiesbaden u. a.: Breitkopf & Härtel 2006, S. 370–382, hier S. 370.

schwieriger ist es, einen angemessenen Eindruck vom Klang zu bekommen.«[18] Diese Schwierigkeit, Distanz zu sich selbst zu gewinnen, wird im Videospiel jedoch durch die technische Apparatur verkleinert: Hier können sich die Spieler_innen in Form ihres Avatars (als Ich und gleichzeitigem Nicht-Ich) tatsächlich von außen ansehen.

Die spezifischen Handlungen, die beim Üben ausgeführt werden, die also Probehandlungen für die Aufführung sind und damit eine »Als-ob-Aufführung«[19] darstellen, beschreibt Schechner als »restored behaviour«,[20] als Handlungen, die nicht zum ersten Mal ausgeführt werden, die wiederholt werden und später quasi zurückgeholt werden können. Solches Üben wird von vielen Spielen zusätzlich zum audiovisuellen Feedback durch innerdiegetische Elemente unterstützt. So enthalten Spiele häufig Einführungs- oder Trainingslevel, in denen ihre grundlegende Bedienung erlernt werden kann. Ein anderes innerdiegetisches Beispiel für die Einladung zum Üben sind die Trainings-Attrappen, die sich in World of Warcraft (Blizzard Entertainment/Blizzard Entertainment, seit 2004) in den Militärvierteln der Hauptstädte der Fraktionen finden. Das Training mit diesen Attrappen artikuliert auch die Doppelfunktion des Avatars: Die realen Spieler_innen trainieren für ihre eigene Performance, der Avatar als fiktionale Figur trainiert gleichzeitig für den Kampf gegen die feindliche Fraktion. Die Qualität der Performance wird im Falle des Übens an den Trainingsattrappen durch sogenannte *hit points* quantifiziert.[21]

Spieler_innen können die eingeübte Performance in World of Warcraft an verschiedenen Stellen vorführen. So findet ihre Aufführung dann statt, wenn der Avatar gegen Non-Player-Charaktere oder die Avatare anderer Spieler_innen kämpft. Dies können zum Beispiel ›Duelle‹ sein, zu denen sich die Spielenden gegenseitig herausfordern und in denen sie ihre Spielkompetenz zeigen können. In diesem Spiel können sich die Avatare nahezu überall duellieren, die Duelle fin-

---

18 Peter Röbke, *Vom Umgang mit Fehlern beim Üben* (wie Anm. 17), S. 371.

19 Mit diesem Als-ob stellen sie wiederum ein Spiel dar, das häufig auch im Ganzen als Probehandlung bezeichnet wird.

20 Richard Schechner, *Performance Studies. An Introduction*, London und New York: Routledge 2013, S. 29.

21 Die Quantifizierung der Performance in Punkte ist das gängige Verfahren in Videospielen, um sie messbar und damit vergleichbar zu machen. In den frühen Arcade-Spielen konnte sie auf diese Weise in Score-Tabellen eingetragen werden, in denen die beste Performance den Highscore erhielt.

den jedoch oftmals vor den Toren einer der Hauptstädte statt (die Hauptstädte selbst sind sichere Zonen, in denen nicht gekämpft werden darf). Und das hängt, so möchte ich argumentieren, mit dem Aufführungscharakter der Duelle zusammen. Die Stadttore sind Orte, die von vielen Avataren passiert werden, um in die jeweilige Hauptstadt zu gelangen, so dass Zuschauer_innen für die Duelle generiert oder auch neue gegnerische Avatare gefunden werden können. Gelegentlich ähneln die Tore von Sturmwind oder Orgrimmar einem Zirkus, in dem ein Duell nach dem anderen dargeboten wird. Die Duelle selbst können wiederum als Training für die »Player vs. Player«-Kämpfe (PvP), in denen mehrere Spieler_innen gegeneinander antreten, verstanden werden, denn diese Art des Kampfes kann nicht an den Attrappen geübt werden.

Neben den PvP-Schlachten können die Spieler_innen ihre Fähigkeiten auch in Kämpfen gegen computergenerierte Feinde (»Player vs. Environment«, PvE) in Dungeons oder Raids präsentieren. Hier treten fünf oder mehr Spieler_innen gemeinsam gegen besonders starke gegnerische Figuren an. Untrainierte verlieren diese Kämpfe zumeist in den ersten Versuchen, denn ein Dungeon kann nur dann siegreich abgeschlossen werden, wenn die Gruppe gelernt hat, zusammen zu agieren, und sich mit den Fähigkeiten der gegnerischen Figuren sowie mit der Umgebung vertraut gemacht hat. Um einen Begriff von David Seamon[22] hierauf zu übertragen: Es sind »Ortsballette« (*place ballets*), die hier stattfinden. Die Handlungssequenzen werden durch das Training standardisiert, um das bestmögliche Ergebnis unter Zeitdruck zu erreichen, indem die Handlungen routiniert und quasi vorbewusst ausgeführt werden. Wie bei einer Theateraufführung wurde das oftmals geprobt, so dass sich die Aufführungen dann nur noch in Nuancen voneinander unterscheiden. So können routinierte Spieler_innen auch dann gemeinsam einen Dungeon bestehen, wenn sie vorher nicht gemeinsam geprobt haben, aber alle Beteiligten sowohl ihre eigene Rolle als auch die Rollen der anderen kennen.

22 David Seamon, *Body Ballets, Time-space Routines and Place Ballets*, in: *The Human Experience of Space and Place*, hrsg. von Anne Buttimer und dems., London: Croom Helm 1980, S. 146–165.

Liveness und Aufzeichnungen

Die eben beschriebenen Performances können – wie Theateraufführungen auch – nur beobachtet oder angeschaut werden, wenn man als Zuschauer_in präsent ist. Diese Präsenz wird nicht durch leibliche Anwesenheit an einem bestimmten Ort zu einer bestimmten Zeit hergestellt, sondern medial als digital vermittelte Präsenz.[23] Um die alltäglichen Performances in Form von Duellen vor den Stadttoren der World of Warcraft-Hauptstädte zu sehen, muss man sich erst auf einem Server (Realm) einloggen und sich dann mit dem Avatar zu einer der Hauptstädte begeben. Will man an einer In-Game-Aktion teilnehmen, beispielsweise einem Protestmarsch, so muss man sich zu einer bestimmten Zeit auf einem bestimmten Server einloggen und sich zu dem auf diesem Server vereinbarten diegetischen Ort begeben. Kommt man zu spät, wird die Aktion vorbei sein; ist man am falschen Ort, so wird man von ihr ebenfalls nichts mitbekommen: Die Aktionen finden live statt. Wer über Games forscht (oder auch über das Internet allgemein), wird also zum Teil vor die gleichen methodischen Probleme gestellt wie Theaterwissenschaftler_innen oder Ethnolog_innen. Denn so wie Theateraufführungen und Aufführungen im täglichen Leben sind auch Videogame-Aufführungen flüchtig. Um über die tagtäglichen Aufführungen in Videospielen zu sprechen, ist also die teilnehmende Beobachtung die Methode der Wahl.[24]

Besondere Aufführungen können natürlich aufgezeichnet werden, was in der mediatisierten Umgebung von Videospielen auch häufig geschieht. Oftmals wird dafür keine spezielle Software benötigt, da viele Spiele, so auch World of Warcraft, Aufzeichnungssoftware bereitstellen. So sind die oben erwähnten Protestmärsche in World of Warcraft heute vor allem über YouTube-Videos zugänglich bzw. überhaupt bekannt. Auch Spielsequenzen werden oftmals aufgezeichnet und als Video zugänglich gemacht. Häufig stellen solche Videos besondere spielerische Leistungen von Einzelnen oder Gruppen und gelungene

---

23 Zum Konzept der Präsenz in digitalen Umgebungen vgl. den einflussreichen Text von Matthew Lombard und Theresa Ditton, *At the Heart of It All. The Concept of Presence*, in: *Journal of Computer Mediated Communication* 3/2, 1997, <onlinelibrary.wiley.com/doi/10.1111/j.1083-6101.1997.tb00072.x/full> (Abruf am 1. Juni 2017); zur Diskussion von Präsenz und Liveness von Videospiel-Performances siehe Britta Neitzel, *Performing Games* (wie Anm. 9).

24 So stammt mein Wissen über die hier angeführten Performances aus meiner teilnehmenden Beobachtung an World of Warcraft.

Kämpfe gegen schwer zu besiegende Feinde heraus. Neben der Selbstdarstellung haben einige dieser Videos aber auch die Funktion von Guides, die erklären, wie eine gegnerische Figur zu überwinden ist.

Teilweise professionalisiert werden solche Leistungen im E-Sport. In Ligen organisiert, reichen die E-Sports-Veranstaltungen von kleinen Events bis zu Übertragungen mit Zehntausenden von leiblich anwesenden Zuschauer_innen und hohen Preisgeldern. Für die Berichterstattung zu diesen Veranstaltungen gibt es spezielle Aufzeichnungssoftware, so dass die Kommentator_innen ihrer Arbeit nachgehen können, ohne selbst spielen zu müssen. Inzwischen gibt es bei einigen professionell gespielten Spielen – beispielsweise DOTA 2 (DEFENSE OF THE ANCIENT 2: Valve/Valve, 2013) – einen Zuschauermodus nicht nur für die Kommentator_innen: Man kann sich in ein Spiel als Zuschauer_in einloggen und anderen beim Spielen zusehen.[25] BATTLEFIELD 1 (EA Dice/Electronic Arts, 2016) geht den umgekehrten Weg: Noch kein E-Sports-Titel, besitzt es doch einen Zuschauermodus, der jedoch vor allem mit seiner integrierten Aufzeichnungsfunktion beworben wird.[26] Das Zuschauen selbst scheint hier seinen Wert also wiederum vor allem aus einer erneuten Performance – dem Herstellen und Posten eines Videos – zu generieren.

Let's-Play-Videos

Zuletzt möchte ich mich einer spezifischen mediatisierten Form von Aufführungen in Videogames widmen, den »Let's Plays«. Seit ungefähr 2010 zeichnen Spieler_innen ihr Spiel auf, kommentieren es und posten das Ergebnis auf YouTube. Diese Videos zeigen zumeist zwei Fenster. Im größeren ist die Spielsequenz zu sehen, in einem kleineren in einer oberen Ecke der/die Let's Player/in (zumeist Kopfhörer tragend) beim Kommentieren des Spiels. Solche Let's Plays sind inzwischen ein bekanntes und beliebtes Format von Internetvideos, das schon einige Stars hervorgebracht hat.

25 *Spectating*, in: *DOTA 2 Wiki*, <dota2.gamepedia.com/Spectating> (Abruf am 1. Juni 2017).

26 David Sirland, *Fangt das Geschehen mit dem Zuschauermodus von Battlefield 1 ein*, 10. Mai 2016, <www.battlefield.com/de-de/news/article/battlefield-1-spectator-mode> (Abruf am 1. Juni 2017).

Standbild aus PewDiePie, *Giraffe Simulator – Tall Goat* (wie Anm. 28)

Let's Plays machen das Grunddispositiv von Videospielen, in dem Spieler_innen ihre eigenen Zuschauer_innen sind, besonders deutlich. So kommentiert Felix Arvid Ulf Kjellberg alias PewDiePie, der bekannteste Let's Player,[27] im Video *Giraffe Simulator – Tall Goat*[28] sein Spiel mit der simulierten Ziege mit den Worten »*I*'m outside the map« oder »*I* broke free from the laws of physics« und verbalisiert damit die Selbstbeobachtung. Durch den Kommentar wird zwar die Spielsituation verändert (denn nun wird explizit für Zuschauer_innen gespielt), nicht aber das grundlegende Dispositiv des Videospiels.

Let's-Play-Videos zeigen im Gegensatz zu den im letzten Abschnitt genannten Spielaufzeichnungen *keine* herausragenden Performances. Sie konzentrieren sich vielmehr auf die Spiel-Erfahrung oder auf die (mangelnde) Performance des Computers. So werden in den Kommentaren der Let's Plays häufig Fragen verbalisiert, die sich auch Spieler_innen, die ein Spiel zum ersten Mal spielen, stellen könnten: »What is this?« oder »How does it work?«. Diese Fragen können auch von Kommentaren begleitet werden: »It doesn't work – oh, it does work« oder »It's so cute«.[29] Jochen Venus spricht von einer »sophisticated illiteracy«, welche die

27 PewDiePie führt die Zahl der Abonnent_innen von Einzelpersonen mit 55 Millionen Abonnements an, insgesamt liegt sein Kanal in der Abonnementstärke auf Platz 4. Zum Vergleich: Justin Bieber hat ›lediglich‹ 29 Millionen Abonnent_innen, siehe *Social Blade YouTube Stats*, <socialblade.com/youtube> (Abruf am 1. Juni 2017).

28 PewDiePie, *Giraffe Simulator – Tall Goat*, 30. März 2014, <www.youtube.com/watch?v=c2qUTXxI1mM> (Abruf am 1. Juni 2017).

29 Alle Kommentare ebd.

Let's Player_innen, die sowohl mit den Eingabemodalitäten als auch mit dem jeweiligen Spiel vertraut sind, an den Tag legen.[30] Auch Gefühle – Freude nach einem gelungenen Spielzug, Angst in bestimmten Situationen –, wie sie während eines Spiels aufkommen können, werden (zumeist übertrieben) in Let's Plays dargestellt.[31]

So enthüllen Let's Plays Dinge oder Zustände, die oftmals im Spiel einfach vergehen. Sie sind ein selbstreferenzielles Genre, das darauf abzielt, die performative Natur von Videospielen auszustellen. Dabei wird nicht nur die Performance der Spieler_innen herausgestellt, sondern auch die Performance des Computers und der computergenerierten Figuren. So amüsiert sich PewDiePie königlich, wenn die Ziege mit dem Kopf in der Mauer eines Turms aus Ziegelsteinen feststeckt, lässt ihren Körper noch eine Zeitlang hin und her schwingen (vgl. die Abbildung) und kommentiert das mit den Worten »Look at my sexy body!«[32]

Das Spiel Goat Simulator (Coffee Stain Studios/Coffee Stain Studios, 2014), auf dem das Video *Giraffe Simulator – Tall Goat* beruht (die ›große Ziege‹ ist eine Giraffe), wurde im Frühjahr 2014 in kurzer Zeit entwickelt und enthielt zum Release zahlreiche Fehler.[33] Bis heute bewirbt das Studio das Spiel mit einem Disclaimer, der es als »small, stupid and broken« bezeichnet.[34] Und gerade auf diese Blödsinnigkeit und Fehlerhaftigkeit heben die Let's Plays von PewDiePie ab und stellen sie aus. Niemand, der jemals ein Videospiel gespielt hat, wird nicht Figuren begegnet sein, die mit Gliedmaßen in scheinbar festen Gegenständen steckten, weil die Kollisionsabfrage des Spiels unzureichend war. Alle Gamer_innen werden sich schon einmal darüber gewundert (oder geärgert) haben, dass ihr Avatar, der ansonsten phantastische Sprünge vollziehen kann, plötzlich nicht in der Lage war, eine winzige Mauer zu überwinden, weil das Spiel diesen Pfad nicht vorsah. Solche Fehler, Bugs und Inkonsistenzen gehören zur Erfahrung des Videospielens. Jochen

30 Jochen Venus, *Stilisierte Rezeption. Überlegungen zum epistemischen Status von Let's Play-Videos*, in: *Phänomen Let's Play-Video. Entstehung, Ästhetik, Aneignung und Faszination aufgezeichneten Computerspielhandelns*, hrsg. von Judith Ackermann, Wiesbaden: Springer 2016, S. 20–29, hier S. 26.

31 Vgl. etwa KingAnonymous187, *Gronkh erschreckt sich beim Cry of Fear spielen – Best Of*, 29. Januar 2013, <www.youtube.com/watch?v=tzXXl_01yoY> (Abruf am 1. Juni 2017).

32 Zitat aus PewDiePie *Giraffe Simulator – Tall Goat* (wie Anm. 28).

33 *Goat Simulator*, <en.wikipedia.org/wiki/Goat_Simulator> (Abruf am 1. Juni 2017).

34 *Goat Simulator*, <www.goat-simulator.com> (Abruf am 1. Juni 2017).

Venus spricht in dieser Hinsicht den Let's-Play-Videos einen demaskierenden Effekt zu:

> »Wenn wir Let's Play-Videos betrachten, sitzen wir nicht selber an den Eingabegeräten, sondern verfolgen das Spielgeschehen aus der Distanz. Dadurch teilt sich uns die Spielspannung, der Handlungsdruck der virtuellen Hindernisse und Gegner, nur indirekt mit. Wir sehen lediglich die virtuelle Szenerie, das fiktionale Als-ob der virtuellen Welt. Und dieses fiktionale Als-ob wird durch den Voice-over-Kommentar auch noch permanent konterkariert. Indem wir Let's Play-Videos ansehen, nehmen wir die virtuelle Welt des Computerspiels als schräges Artefakt wahr.«[35]

Wenn die virtuelle Welt als »schräges Artefakt«, als inkonsistent, artifiziell oder auch unlogisch wahrgenommen wird und damit als Fiktion nicht mehr funktionieren kann, tritt meines Erachtens etwas anderes in den Vordergrund, nämlich der *Umgang* mit diesem Artefakt: das Spielen und, wie Jochen Venus betont, auch die Spieler_innen. Konkret geht er davon aus, dass der Computerspieldiskurs einen Körpercode propagiert, in dem zwischen den öffentlich wahrnehmbaren Avatarkörpern und den privaten Leibern der Spieler_innen rigide getrennt wird. Das werde in Let's-Play-Videos »drastisch exponiert«.[36] Jedoch werden im Let's Play *beide* ins Bild gesetzt – wenn auch in zwei voneinander unterschiedenen Bildern. Das verdeutlicht, dass es sich um unterschiedliche Körper handelt, die jedoch beide am Spiel beteiligt sind. Und auch die Affizierung des Leibes durch das Gerät und die Bewegungen des Avatarkörpers werden herausgestellt, nicht zuletzt durch die (übertriebenen) Gefühlsausbrüche der Autor_innen dieser Videos. Wenn Spieler_innen im Computerspiel also ihre eigenen Zuschauer_innen sind, so stellt das Genre der Let's-Play-Videos genau diese Tatsache aus.

35 Jochen Venus, *Stilisierte Rezeption* (wie Anm. 30), S. 26f.

36 Ebd., S. 27.

Gaming-Strategien im Theater: Spiel-Situationen, dokumentiert und notiert

Methodische Überlegungen zur (Aufführungs-)Analyse

Barbara Büscher

Die im Beitrag von Juliane Männel (S. 205–217 in diesem Band) vorgestellten Beispiele einer aktuellen Entwicklung zu aufführenden Spielen oder spielenden Aufführungen werfen methodische Fragen auf, die aktuelle Konfigurationen von Aufführungen und deren Analyse betreffen. Die folgenden Überlegungen zu den Verschiebungen zwischen Aufführen und Spielen und den Möglichkeiten ihrer Analyse beruhen u. a. auf Ergebnissen und weiterführenden Fragestellungen, die im Rahmen eines Forschungsprojektes zu Archivprozessen der Aufführungskünste entstanden sind.[1] In einer zentralen Frage, nämlich der des medialen Charakters von Aufzeichnung, Dokumentation und/oder Transformation, treffen sich die Untersuchung von Archivprozessen und die Aufführungsanalyse. Und es zeigt sich – wie ich skizzieren möchte –, dass neue Parameter der Beschreibung und ergänzende Verfahren der Aufzeichnung notwendig werden, um diese aktuellen Entwicklungen im Bereich der Aufführung bzw. Performance erfassen zu können. Stellt man die Performance – also die *Aus*führung und die *Auf*führung – ins Zentrum der Untersuchung, so eröffnen diese Erfordernisse die Möglichkeit einer methodischen Schnittstelle zwischen Theaterwissenschaft bzw. Performance Studies, Medientheorie und Game Studies.

---

1 Siehe zum DFG-Projekt *Verzeichnungen. Medien und konstitutive Ordnungen von Archivprozessen der Aufführungskünste* mit der Laufzeit 2012 bis 2017 <www.hmt-leipzig.de/de/home/fachrichtungen/dramaturgie/forschung/verzeichnungen--archivprozesse-der-auffuehrungskuenste> (Abruf am 4. Mai 2017).

»What is a Happening? – A game, an adventure, a number of activities, engaged in by participants for the sake of playing.«[2]

Nehmen wir diese Aussage von Allan Kaprow, der im Jahre 1959 das erste sogenannte Happening als Aufführung mit Spielstrategien veranstaltete, so wird sich zeigen müssen, ob diese neuerlichen methodischen Überlegungen auch einen differenzierten Zugang zu historischen Aufführungspraktiken ermöglichen können.

Kategorien der Beschreibung und Analyse: Räumliche Anordnung, Spiel/Regeln, Bewegungen von Akteuren

Auch wenn es vielfach unterlaufen, umfunktioniert oder perforiert wurde, können wir feststellen, dass das dominante Modell räumlicher Anordnung in den Theatern der westlichen Schauspielkulturen dasjenige ist, in dem sich Bühnenraum und Zuschauerraum – zentralperspektivisch ausgerichtet – gegenüberliegen und architektonisch voneinander getrennt sind. Diese *räumliche Anordnung* ist zugleich eine *Schauanordnung*, die die Zuschauer_innen körperlich determiniert: Sie arretiert sie unbeweglich auf dem Sitz und organisiert ihre Blickrichtung, indem es sie auf das frontal vor ihnen ablaufende Geschehen fokussiert. Durch die vorgestellten Aufführungsformate, die sich als Spiel verstehen und von Computergames, aber auch anderen Spielformen – wie Juliane Männel zeigt – inspiriert sind, wird eine solche Anordnung (erneut) in Frage gestellt. Dunkler Zuschauerraum vs. erleuchtete Bühne, zentralperspektivische Distanzierung etc. sind aufgehoben in einem ›shared space‹, einem gemeinsamen Spiel-/Aktionsfeld, in der direkten physischen Interaktion zwischen einer Spieler_innengruppe A (den Spielmacher_innen, Initiator_innen und Controller_innen) und einer Spieler_innengruppe B (den Mitspieler_innen, Teilnehmer_innen oder Nutzer_innen). Die Aufgaben und Funktionen beider Gruppen können vertauscht werden, ihre Festschreibung kann temporär bleiben. In den Kontexten, in denen sie stattfinden und für die sie produziert sind, werden diese Aufführungsformate als Theater angesehen. Was aber – das wäre ein Aspekt konkreter Einzelanalysen – verbindet

2 Ich zitiere Allan Kaprow (1967) hier nach einem Text in <www.art-in.de/incmu2.php?id=1244> vom 28. September 2016 (Abruf am 4. Mai 2017).

sie mit anderen Aufführungsformen; was macht es sinnvoll, von Theater zu sprechen? Sind beispielsweise Zuschauende vorgesehen, die als Beobachter_innen des Spiels fungieren?

Eine derartige *Spielanordnung* stellt andere räumliche Anforderungen als die skizzierte Schauanordnung: Sie erfordert andere Lichtverhältnisse, Beweglichkeit und Bewegungsmöglichkeit beider Gruppen sowie gegebenenfalls einen anderen zeitlichen Rahmen. In welcher konkreten Weise sind Schau- und Spielanordnung in diesen Formaten verbunden? Worauf basiert die Performance im doppelten Sinne, also als Aufführung bzw. Präsentation eines Ablaufs in der Zeit (vor Publikum?) ebenso wie als Ausführung eines Programms, von Regeln, Instruktionen (in einer Gruppe)?

Spielregeln strukturieren den Ablauf des Spiels in der Zeit und werden so zu einer Form der Dramaturgie – verstanden als Ablauf und prozessuale Dynamik in der Zeit –, die an die Stelle von Narration, dialogischer Struktur, vorgeführten Rollen, Figurenkonstellationen etc. tritt. Allerdings werden sowohl in den aktuell entwickelten Aufführungsformaten als auch in anderen Arten des Gamings und Gamedesigns die Verbindungen von Spielregeln und Figuren-Konstellationen, des Verhältnisses von Spieler_innen-Körpern und Persona, Masken oder Avataren relevant – Fragen also nach Hybridbildungen zwischen Formen des Schau-Spiels und Formen des Spiel-Spiels.

Soll und kann man die *Beteiligten bzw. Agierenden an und in solchen Aufführungen*, wie ich es oben vorgeschlagen habe, als Gruppen von Spieler_innen (1 + 2 + x) bezeichnen? Immerhin unterstellt dies eine nicht vorhandene Ent-Hierarchisierung zwischen denen, die sich das Spiel bzw. die Aufführung ausgedacht, die Situation inszeniert, die Regeln vorgeschrieben haben, und denen, die spielen, also ausführen, mithin reguliert und programmiert werden.[3] Schon die begriffliche Unsicherheit oder Unschärfe verweist auf Aspekte einer allgemeinen Spieltheorie oder besser: verschiedener Konzeptionen von Spiel.

Gaming-Strategien im Theater richten sich auf Formen des *gemeinsamen Spielens und der Teilhabe an Situationen* (Multiplayer), die in unterschiedlicher Weise als öffentliche Veranstaltungen gerahmt sind. Entsprechend der jeweils verschie-

3 Siehe zu einer solchen Betrachtungsweise u. a. Rolf F. Nohr, *»Now let's continue testing«. PORTAL and the Rat in the Maze*, in: *»The Cake is a Lie!« Polyperspektivische Betrachtungen des Computerspiels am Beispiel von PORTAL*, hrsg. von Thomas Hensel, Britta Neitzel und Rolf F. Nohr, Münster: LIT 2015, S. 199–224.

denen räumlichen Anordnungen und der zeitlichen Taktung der Spiel-Einheiten – die sich u. a. an die durchschnittliche Dauer traditioneller Aufführungsformate anlehnen – ist die Zahl der Teilnehmer_innen (stark) begrenzt und/oder es findet eine komplexe räumliche und zeitliche Staffelung der Teilnehmenden statt (siehe beispielsweise SITUATION ROOMS der Gruppe Rimini Protokoll), der eine strikte Logistik zugrunde liegt. Nicht vor allem als Zuschauende sind die eingeladenen (und zahlenden) Beteiligten bzw. Spieler_innen gefordert, sondern als Handelnde. Zu diesem ›inneren Kreis‹ der Agierenden/Spielgruppen können sich als ›äußerer Kreis‹ der Teilnehmenden auch Zuschauer_innen gesellen. Diese Gruppen können ihre Positionen temporär tauschen. Zuschauen und Handeln wären zwei Aspekte, die als Modi der Wahrnehmung und Involvierung die Begriffe Schau- und Spielanordnung auf der Seite der Adressierten ergänzen könnten.

Die sich so herauskristallisierende Verschränkung von Spiel- und Schauanordnung macht ein *Verständnis von Aufführung* notwendig und sinnvoll, das nicht mehr ein auf gesondertem Terrain (also dem Bühnenraum) ablaufendes Geschehen meint, sondern das Ganze einer Situation erfassen müsste. Diese Idee und Argumentationslinie, entstanden aus André Eiermanns Kritik an demjenigen Aufführungsbegriff, der in der deutschsprachigen Theaterwissenschaft vorherrscht, möchte ich hier aufgreifen. Eiermann hält fest, dass »sich auf dieser Grundlage sowohl Begegnungen mit Akteuren als auch Begegnungen mit Werken als Situationen beschreiben lassen, die sich sowohl als Aufführungen wie als Ausstellungen ereignen können.«[4] Man kann diese Aussage auch so verstehen, dass bewegte Objekte, mediale Artefakte als Basis einer derartigen ›Begegnung‹ gesehen werden müssen – auch und gerade angesichts von Entwicklungen in aktuellen Szenografien. Längst gelten ja auch in anderen Diskursen – etwa in der Filmwissenschaft und in den Exhibition Studies – Vorführungen von Film oder Projektionen von Bewegtbildern aller Art als (ephemere und temporäre) Aufführungen. Während es Eiermann im Zentrum um die Relativierung des Kriteriums der leiblichen Kopräsenz – als wesentliches Merkmal von Aufführungen[5] – geht, möchte ich mit dem Begriff der *Situation* noch einen anderen Gesichtspunkt beto-

4 André Eiermann, *Postspektakuläres Theater. Die Alterität der Aufführung und die Entgrenzung der Künste*, Bielefeld: transcript 2009 (MedienAnalysen 8), S. 358.

5 Siehe etwa Erika Fischer-Lichte, *Aufführung*, in: *Metzler Lexikon der Theatertheorie*, hrsg. von ders., Doris Kolesch und Matthias Warstatt, Stuttgart und Weimar: Metzler 2014, S. 15–26.

nen. Spielanordnungen oder Hybride zwischen Spiel- und Schauanordnungen legen in anderer Weise nahe, das Gesamte der Situation, in der sich verschiedene Gruppen von Agierenden bewegen, als einen ›shared space‹ des gemeinsamen Handelns zu betrachten. Wie zum Beispiel kann man diese Situationen aufzeichnen und damit die Praxis des Spielens/Schauens dokumentieren?[6] Wie kann man, leibhaftig oder medial vermittelt als Zuschauer_in bzw. Beobachter_in vorgesehen, überhaupt eine Position finden, die im Sinne des zentralperspektivisch gesteuerten Über-Blicks funktioniert?

Diese und weitere Fragen an die Methoden der Analyse lassen sich aus den anderen situativen Konstellationen dieses neueren Theaters erschließen, das mit Gaming-Strategien arbeitet. Sie sind aber nicht darauf zu reduzieren, da sich erweisen könnte, dass eine Verschiebung des methodischen Zugriffs auch im Hinblick auf andere Formen der Performance, des Happenings etc. sinnvoll und produktiv ist. Überall da, wo die explizite räumliche und aktionsgebundene Aufteilung zwischen Bühne und Zuschauerraum unterlaufen, überlagert oder gänzlich eliminiert wird, müssten Überlegungen zu veränderten Formen der Aufzeichnung als Basis einer Aufführungs- oder Performance-Analyse angestellt werden.

Als eine grundlegende Differenz im methodischen Zugriff lässt sich jedenfalls aus der Sicht und Geschichte der Theaterwissenschaft bzw. der Performance Studies – und dies sowohl in der Analyse von digitalen Spielen als auch von Spielen/Anordnungen im Aufführungskontext – formulieren:

- Man fokussiert entweder die Untersuchung auf die Anlage des Spiels, die Anordnung (Spielmechanik, Regeln, Setting, Ablauf in der Zeit) als Handlungsoption und auf die Verfahren seiner Herstellung,
- oder man untersucht das Spielen des Spiels als Performance im doppelten Sinne der Aus- und Aufführung inklusive (teil-)öffentlicher Präsentations-

6 Diese Frage rekurriert auf die Tatsache, dass in einem Theater der Trennung von Bühne und Zuschauerraum üblicherweise und oftmals die Kadrierung beispielsweise des aufzeichnenden Films der Bühne entspricht. Nicht die gesamte Situation wird aufgezeichnet, sondern allein das, was im Rahmen des Bühnen-Bildes stattfindet. Installative Performances oder performative Installationen sind ebenso wie die hier angesprochenen Spiel-Situationen mit anderen Anforderungen an die Aufzeichnung konfrontiert.

formate und Wettbewerbe.[7] So erst werden Eingriffe in Spielmechaniken, kreativ verändernde Gebrauchsweisen und Neu-Definitionen von Hard- und Software in der spielerischen Praxis sichtbar[8] – und erst so kann hervortreten, was beispielsweise Katie Salen und Eric Zimmerman als »transformative play« beschreiben.[9]

In beiden Fällen erweist sich eine Verbindung von Methoden der Performance Studies bzw. Theaterwissenschaft und der Game Studies als produktive Konstellation. Die von Britta Neitzel im Konzept von »Point of View« und »Point of Action« entfaltete analytische Differenz zwischen Beobachtungs- und Handlungsoption[10] lässt sich mit dem verbinden, was ich für diejenigen Aufführungsformate, die Gaming-Strategien verfolgen, als Differenz zwischen Zuschauen und Handeln beschrieben habe. Der Versuch von Judith Ackermann, mit dem Begriff des »hybrid reality theatre« diese Brücke ausdrücklich zu schlagen, scheint mir noch zu sehr in den Kategorien der Theaterwissenschaft verhaftet zu bleiben, wenn sie etwa von der »triadic collusion« nach Klaus Lazarowicz ausgeht.[11] Von der anderen Seite her gesehen, erscheint die neuerlich durch ein Projekt der Berliner

---

7 Siehe beispielsweise Judith Ackermann, *Digital Games and Hybrid Reality Theatre*, in: *New Game Plus. Perspektiven der Game Studies. Genres – Künste – Diskurse*, hrsg. von Benjamin Beil, Gundolf S. Freyermuth und Lisa Gotto, Bielefeld: transcript 2015 (Bild und Bit. Studien zur digitalen Medienkultur 3), S. 63–88; dies., *Meaning Creation in Digital Game Performances. The Intraludic Communication of Hybrid Reality Theatre*, in: *Dichtung Digital. Journal für Kunst und Kultur digitaler Medien* 2014/44, <www.dichtung-digital.de/journal/aktuelle-nummer/?postID=2437> (Abruf am 12. Juni 2017); Melanie Fritsch, *Live Performance Games? Musikalische Bewegung sehen, hören und spielen*, in: *Bewegungen zwischen Hören und Sehen*, hrsg. von Stephanie Schroedter, Würzburg: Königshausen & Neumann 2012, S. 609–624.

8 Siehe beispielsweise Dirk Förster, *Live Machinima – Vom Spiel zur Performance*, in: *Imaginary Spaces. Raum / Medien / Performance / Imaginary Spaces. Prostor / média / performance*, hrsg. von Barbara Büscher und Jana Horáková, Prag: KLP 2008, S. 100–122.

9 Katie Salen und Eric Zimmerman, *Rules of the Game. Game Design Fundamentals*, Cambridge, Mass.: MIT Press 2004, S. 268 und S. 304.

10 Britta Neitzel, *Point of View und Point of Action – Eine Perspektive auf die Perspektive in Computerspielen*, in: *Repositorium Medienkulturforschung* 4, 2013, <repositorium.medienkulturforschung.de/?p=360> (Abruf am 9. Juni 2017); siehe auch den Beitrag von Britta Neitzel zum vorliegenden Band, S. 179–192.

11 Siehe Judith Ackermann, *Meaning Creation* (wie Anm. 7).

Festspiele angefachte Diskussion um ›immersives‹ Theater[12] gegenüber der seit vielen Jahren im Bereich der Medienkunst und Game Studies diskutierten Frage danach, was Immersion meint und wie Adressierungsformen und Rezeptions-/Gebrauchsweisen von Medien/Spielen beschrieben werden können, wenig differenziert zu sein. Schon vor geraumer Zeit hatte Neitzel vorgeschlagen, »in Hinblick auf Computerspiele weniger von *Immersion* als vielmehr von *Involvierung* zu sprechen, um das für das Spiel entscheidende aktive Moment in den Vordergrund zu rücken, während klassische Konzepte von Immersion häufig Passivität und die Utopie der Totalität konnotieren.«[13]

Exkurs: Schau- und Spielanordnung

Mit den Begriffen »Schauanordnung« und »Spielanordnung« wird eine Differenzierung versucht, die sich sowohl für Aufführungen als auch für das (öffentliche oder teilöffentliche) Spielen von Spielen (also ›playing games‹) produktiv machen lässt. Zunächst erlaubt sie, die räumliche Form des westlichen Schauspiel- und Musiktheaters, in dem die einen schauen und hören, die anderen spielen bzw. zeigen, als historisch entstandene Anordnung zu verstehen, von der das gemeinsame Spielen eines Spiels sich grundsätzlich unterscheidet. Beide Begriffe erweisen sich in der Analysepraxis als griffig und einleuchtend. Eine kontextualisierende Reflexion über Gebrauchsweisen ist aber sinnvoll und notwendig.

An prominenter Stelle gebraucht und definitorisch konturiert hat den Begriff der »Schauanordnung« Sabine Nessel in ihren Arbeiten zum Verhältnis von Zoo und Kino, zur Medialität der Tiere, zu Präsentationsformen im Vergleich und zu historisch spezifischen Ausprägungen. Ausgehend von Michel Foucaults Analyse des »Panopticons« als visuelles Machtinstrument und seinem Vergleich mit der fürstlichen Menagerie, entwickelte sie verschiedene Aspekte dieses Begriffs:

---

12 Im Herbst 2016 haben die Berliner Festspiele einen dreijährigen Themenschwerpunkt *Immersive Künste* gestartet und den Begriff der Immersion damit erneut ins Zentrum eines Kunstdiskurses gerückt. Das Eintauchen als ein Sich-Einlassen und Aufgehen in Situationen wurde vor kurzem von einer ersten *Schule der Distanz* begleitet, siehe <blog.berlinerfestspiele.de/schlagworte/immersive-kuenste> (Abruf am 4. Mai 2017).

13 Britta Neitzel, *Facetten räumlicher Immersion in technischen Medien*, in: *Montage / AV* 17/2, 2008, S. 145–158, hier S. 156.

> »Das lebendige bzw. für den Betrachter lebendig erscheinende Tier ist in Zoo und Kino eingebunden in eine Schauanordnung, das heißt, in eine Grammatik, welche die Zurschaustellung und das Schauen organisiert.[14] […]
> Betrachtet als theatralisierter Ort eines Traumschauspiels mit festen Regeln, wäre die Menagerie vergleichbar mit der Ordnung des Theaters (oder des Kinos), die dem Zuschauer einen festen Platz zuweist. Oder anders formuliert: Die fürstliche Menagerie wäre eine Schauanordnung, die für den Betrachter keinerlei Handlungsspielraum vorsieht. Der Handlungsspielraum des Betrachters, der den Zoo zu einem Ort des ›kontrollierten Massenvergnügens‹ macht, der ›eigene Lesarten‹ mitsamt Pausen ermöglicht, ist von der fürstlichen Menagerie grundsätzlich zu unterscheiden.«[15]

Schauanordnung als wesentlicher Aspekt einer Aufführungsanalyse bzw. Analyse von Präsentationsformen legt den Fokus auf das räumliche Verhältnis von Zeigen/ Handeln und Schauen, auf die Art und Weise der Adressierung der Zuschauenden, auf ihren Handlungsspielraum, auf die Frage nach der Reziprozität von Schauen und Zeigen. Dabei impliziert der Begriff durchaus in der durch Foucault inspirierten Lesart die Idee einer machtvollen und repräsentativ gesetzten Ordnung, die eben (temporäre) Hierarchien bewusst setzt.

In gewisser Weise trifft sich der Begriff der Schauanordnung mit dem des Displays, das ja nicht nur in der Computertechnik Formen der Visualisierung und Präsentation bezeichnet, sondern auch in neueren Debatten zum Ausstellen (u. a. von Kunst) einen prominenten Platz eingenommen hat. Auch hier wurde die begriffliche Schärfung durch Analysen motiviert, die gezeigt haben, wie sehr die visuelle Ordnung von Betrachter_in und Objekten/Werken, deren Einbindung in räumliche Anordnungen und die Wegesysteme der Ausstellungen Lesarten derselben initiieren und steuern.[16]

»Spielanordnung« verweist demgegenüber auf Formen und Verteilungen (gemeinsamen) Handelns sowohl in räumlicher Hinsicht als auch im Hinblick auf das, was im Kontext der Game Studies als »Spielmechanik« bezeichnet wird. Spielanordnung beschreibt all das, was das Spielen des Spiels herausfordert, er-

---

14 Sabine Nessel, *Medialität der Tiere. Zur Produktion von Präsenz am Beispiel von Zoo und Kino*, in: *Hide and Seek. Das Spiel von Transparenz und Opazität*, hrsg. von Markus Rautzenberg und Andreas Wolfsteiner, München: Fink 2010, S. 297–310, hier S. 297.

15 Ebd., S. 305f.

16 Siehe dazu u. a. *Re-Visionen des Displays. Ausstellungs-Szenarien, ihre Lektüren und ihr Publikum*, hrsg. von Jennifer John, Dorothee Richter und Sigrid Schade, Zürich: Ringier 2008.

möglicht, reguliert: Regeln, Szenarien und Narration, Interfaces zwischen Spielstruktur und Spieler_innen.

Beide Begriffe bezeichnen zunächst strukturelle Aspekte von Aufführungs- und (theatralen) Spiel-Strategien. Die Konkretion des jeweiligen Spielens des Spiels, des Verhältnisses von Schauen/Zeigen und Handeln, die auch diese Struktur transformieren oder unterlaufen kann, wäre ein nächster Schritt der Analyse. Beide Begriffe fußen zudem – was ich hier nicht weiter ausführen kann – auf der Historizität und dem je differenten kulturellen und institutionellen Kontext, in dem sie entwickelt wurden.[17] Bei der Untersuchung von Spielanordnungen wird man also auf diese Relationen aufmerksam werden, die den Prozess des Entwerfens und diejenigen Konzepte, die der Entscheidung für bestimmte Spielanlässe und -strukturen vorausgehen, steuern. So hat es etwa Natascha Adamowsky formuliert:

> »Der Prozess des Entwerfens von Spieleinladungen ist ein Modellieren, ein Experimentieren mit Gegenständen und ihrer Bewegung in Zeit und Raum. Zum Modellieren gehören Abstraktion, Komplexitätsreduktion, Vorstellungs- wie Einbildungskraft und gestalterische bzw. technische Geschicklichkeit.«[18]

Eine Frage an aufführende Spiele oder spielende Aufführungen könnte sich in diesem Sinne darauf richten, inwiefern die Spielanordnung sich als experimentierendes Modell verstehen lässt, welche Freiheitsgrade sie dem Spieler eröffnet und ob sie Unbestimmtheit (»indeterminacy«, wie John Cage es genannt hat) einschließt.[19]

---

17 Siehe dazu beispielsweise Natascha Adamowsky, *Spielen und Erkennen – Spiele als Archive*, in: *Anthropologie und Pädagogik des Spiels*, hrsg. von Johannes Bilstein, Matthias Winzen und Christoph Wulf, Weinheim und Basel: Beltz 2005, S. 37–51. Die Autorin hat hier den Begriff der »Spieleinladungen« eingeführt und diese als spezifisch historische und kulturell determinierte Praktiken und Objekte beschrieben.

18 Ebd., S. 49.

19 John Cage, *Komposition als Prozeß. Drei Studios (1958)*, in: *Musik-Konzepte*, Sonderband *Darmstadt-Dokumente*, hrsg. von Heinz-Klaus Metzger und Rainer Riehn, München: edition text + kritik 1999, S. 137–174. Siehe dazu auch Barbara Büscher, *Gegenseitige Durchdringung und Nicht-Behinderung*, in: *MAP – Media | Archive | Performance* Nr. 3, April 2012, <www.perfomap.de/map3/kapitel1/Gegenseitige%20Durchdringung> (Abruf am 23. Juli 2017).

Aufzeichnen des Spiel- und Entwicklungsprozesses & Dokumentieren der Spielanordnung

Instruktionen, Spielregeln und räumliche Anordnungen sind im Theater des dramatischen Textes in Form literarischer Texte und Paratexte überliefert. Inszenierungen werden üblicherweise durch Regiebücher[20] oder durch den sogenannten Film-/Video-»Mitschnitt« einer Aufführung dokumentiert. Für diese Form der filmischen Dokumentation bietet oft genug der Rahmen des Bühnenraums den Anhaltspunkt für die Bildkadrierung. Sie erfasst damit eben nicht das Gesamte der Aufführungssituation. Sobald sich die Aktionen nicht mehr in einer zentralperspektivisch ausgerichteten Raum-Inszenierung ereignen, wird die Aufzeichnung in einer filmischen Transformation zu einem komplexen Konstrukt, das Raumerfahrung und Bewegung übertragen und neu inszenieren muss.

In Aufführungen, die auf gemeinsames Spiel – im Wechsel von Schauen/Beobachten und Handeln – setzen, die in einem ›shared space‹ und mit einer Multiplizität von Erfahrungen in ständig wechselnden Perspektiven operieren, sind die Fragen, wie man das Spielen des Spiels beobachten, aufzeichnen und analysieren kann, noch neu und kaum erprobt.

Wie die Prozesse zur Ausarbeitung der Spielanordnung aufgezeichnet werden, ist wiederum die andere Seite dieser Fragestellung. Juliane Männel zeigt in ihrem Beitrag zum vorliegenden Band, dass mit den Spielanordnungen im Aufführungskontext neue Formen des Aufzeichnens entwickelt werden. Lichtpläne oder andere Protokolle zur Steuerung technischer Module bekommen eine neue Bedeutung für die Beschreibung und Festlegung der gesamten (Schau- und Spiel-)Anordnung, des räumlichen Settings und der zeitlichen Taktung als Teil der Dramaturgie. Listen von Handlungsanweisungen, Schaltpläne, Grundrisse und Raumpläne werden explizit zu Bestandteilen der künstlerischen Konzepte.

Diese Entwicklung lässt sich zumindest bis in die 1950er Jahre zurückverfolgen. Sie zeigt sich sowohl in Handlungsanweisungen oder Diagrammen als auch in durch Zufallsprozesse ausgewählten Parametern der Anordnung in Raum und

20 Wie sehr sich diese Regiebücher mit den Formen des stark auf Bilder bzw. Visualisierungen setzenden postdramatischen Theaters verändern, ist u. a. Gegenstand eines Forschungsprojektes an der Universität Antwerpen: *The Didascalic Imagination. Refigurations of the Regiebuch in Contemporary Postdramatic Theatre*, <dighum.uantwerpen.be/didascimagination> (Abruf am 4. Mai 2017).

Zeit (Dramaturgie), wie sie in Happening, Fluxus und Live-Elektronik-Musik konzipiert wurden (und die nicht allein auf John Cages Ideen und Praktiken der Kreation basieren). Der eingangs bereits zitierte Allan Kaprow hat beispielsweise in einer solch diagrammatisch orientierten Form die Anordnung und den Ablauf seiner Performances EAT (1964) festgehalten.[21] Die Grafik enthält Informationen zu den Wegesystemen, dem räumlichen Setting, den Spielobjekten etc. sowie eine Notiz zur Konzeption.

Die Entwicklung der 1960er Jahre zur konzeptionellen Integration zeitgenössischer technischer Medien manifestiert sich andererseits im starken Interesse an der Verbindung von technischen und künstlerischen Innovationen, in der Kooperation von Künstler_innen und Ingenieur_innen, die u. a. auf technischen Zeichnungen und Diagrammen als Arbeitsinstrumenten beruhte.[22]

Aspekte dieser Formen des Aufzeichnens sind:

- Die Verbindung von Zeichnung/Grafik und Schrift ordnet sich nicht mehr entlang eines dialogischen Textes oder einer anderen narrativen Struktur.
- Die Verteilung der Aktion(en) oder Personen im Raum und damit ihre Relationen zueinander werden auf einer Fläche festgehalten. Der topologische Aspekt rückt in den Mittelpunkt.
- Sie sind sowohl Aufzeichnung als auch Handlungsanweisung, oder anders betrachtet: Sie umfassen sowohl technische Informationen als auch Bewegungsverläufe.

---

21 Die Grafik findet sich in Michael Kirby, *Allan Kaprow's »Eat«*, in: *Happenings and Other Acts*, hrsg. von Mariellen R. Sandford, London und New York: Routledge 1995, S. 48–50, hier S. 49.

22 Das gilt u. a. für das 1966 in New York gezeigte zehnteilige Aufführungsprojekt 9 EVENINGS: THEATRE AND ENGINEERING. Im Programmheft sind künstlerische Konzeptionen und Schaltpläne der technischen Gadgets abgebildet, die extra für die Performances entwickelt oder modifiziert wurden. Siehe Barbara Büscher, *Live Electronic Arts und Intermedia – die sechziger Jahre. Über den Zusammenhang von Performance und zeitgenössischen Technologien, kybernetischen Modellen und minimalistischen Kunst-Strategien*, Habil.-Schrift Leipzig 2002, <urn:nbn:de:bsz:14-qucosa-39497>, und beispielsweise Vincent Bonin, *9 Evenings. Theatre and Engineering Fonds. Fonds Presentation*, <www.fondation-langlois.org/html/e/page.php?NumPage=294> (Abruf jeweils am 4. Mai 2017).

Alle drei Aspekte können als Merkmale für das gelten, was man seit einer Weile unter dem Stichwort des »Diagrammatischen« beschreibt und untersucht. Die Berliner Philosophin Sybille Krämer ist eine Protagonistin dieses Forschungsfeldes, das sie allgemeiner noch als »Schriftbildlichkeit« bezeichnet hat:

> »If there is a crucial dichotomy in the human sciences, it is that between word and image, between representation und presentation, between the discursive and iconic forms of the symbolic. [...] However, there exists a sizable class of representational tools which challenge this binary ordering of the symbolic: consider writing, tables, graphs, diagrams or maps. They arise as a conjunction of language and image; let us call this class the ›diagrammatic‹. Diagrammatics' smallest common denominator arises from the interaction between point, line and plane. ›Saying‹ and ›showing‹ work together in the diagrammatic to create an ›operative iconicity‹. These graphical representations open up a field of both aesthetic and epistemic experience.«[23]

Die Entwicklung von Instrumenten und Formaten diagrammatischer Aufzeichnung ist im Bereich der Theaterwissenschaft bzw. der Performance Studies in einem Anfangsstadium (wenn man von Tanznotationen absieht), in dem die Theater- oder Spielemacher_innen selbst mit sinnvollen und für die Weitergabe nützlichen Formen experimentieren. In dem Reigen möglicher Aufzeichnungsformen von Text, Fotografie, Bewegtbild, Erstellen von Soundscapes sind die Diagramme u. a. notwendige Ergänzung und Basis, da nur so die Strukturen einer (Spiel-)Anordnung sichtbar gemacht werden können. An der Schnittstelle zwischen Performance Studies und Game Studies könnte sowohl die Untersuchung der Entwicklungsprozesse von Spiel-Anordnungen als auch die Beobachtung von Performances des Spielens methodisch fundiert werden.

23 Sybille Krämer, *Trace, Writing, Diagram. Reflections on Spatiality, Intuition, Graphical Practices and Thinking*, in: *The Power of Image. Emotion, Expression, Explanation*, hrsg. von András Benedek und Kristóf Nyírí, Frankfurt am Main: Peter Lang 2014, S. 3–22, hier S. 3.

›Put theater at play‹: Spielanordnungen im Theater

Aktuelle Tendenzen und methodische Fragen an Aufführungen als Spiel-Situationen

Juliane Männel

»In our Ludic century, information has been put at play«,[1] schrieb Eric Zimmerman 2013 in seinem *Manifesto for a Ludic Century*. Mit Blick auf die Entwicklungen im Theater der letzten zehn bis fünfzehn Jahre ließe sich seine These reformulieren: »In our Ludic century, theater has been put at play.« Aber wie genau wäre das zu verstehen? Welche Strategien von Inszenierung, Wissensaneignung und Performativität stecken hinter dieser Behauptung? Was genau wird da zum Spielmaterial und was ›ins Spiel gesetzt‹? Zimmerman beschreibt in der vierten These des Manifests eine Wende zum spielerischen Moment von Wissensgenerierung und -aneignung, die er am Beispiel von Wikipedia erläutert:

> »Wikipedia is not about users accessing a storehouse of expert knowledge. It is a messy, chaotic community in which the users are also the experts, who together create the information while also evolving the system as a whole.«[2]

Das gemeinschaftliche Schreiben und Kreieren von Informationen definiert Zimmerman als spezifisch spielerische Komponenten. Er beschreibt keinen bloßen Zugriff auf vorhandenes Wissen, sondern eine aktive Aneignung im kollektiven Prozess des Schreibens, der das Online-Lexikon als solches überhaupt erst konstituiert.

---

1 Eric Zimmerman, *Manifesto for a Ludic Century*, in: *The Gameful World. Approaches, Issues, Applications*, hrsg. von Steffen P. Walz und Sebastian Deterding, Cambridge, Mass., und London: MIT Press 2014, S. 19–22, hier S. 19.

2 Ebd., S. 20.

Im Bereich der performativen Künste loten Kollektive wie machina eX, Prinzip Gonzo, God's Entertainment, Invisible Playground, 400asa, Turbo Pascal, Rimini Protokoll und viele weitere seit mehreren Jahren die Performativität von Spielanordnungen im Kontext von Theateraufführungen aus. Der vorliegende Artikel stellt einen Versuch dar, die Spezifik dieser Spielanordnungen anhand einzelner Projekte zu untersuchen.

Einige dieser Gruppen (aber bei weitem nicht alle) beziehen ihre Arbeiten auf das Gameplay und Design von Computerspielen. Vor diesem Hintergrund hat sich der Begriff »Game Theater« etabliert. Im Lexikon der Online-Plattform <nachtkritik.de> findet sich dazu folgende Definition:

> »Game Theater nennt man Theaterformen, die sich auf Computerspiele als Inspirationsquelle für ihre Arbeitsweise berufen. Zwei Grundformen lassen sich unterscheiden: zum einen Theaterabende, die in Anlehnung an tradierte Game-Genres selbst live interaktive Spiele für Zuschauer realisieren. [...] Zum anderen werden nicht-interaktive Theaterformen als ›Game Theater‹ bezeichnet, sofern ihre Erzähllogik und ihre Darstellungsweisen durch Rückbezüge auf Computerspiele geprägt sind.«[3]

Exemplarisch für computerspielbasierte Arbeiten sind die Projekte der Künstler_innengruppe machina eX, die sich dezidiert auf Point-and-Click-Adventures beziehen. Ähnlich, aber angelehnt an andere Genres des Computerspiels wie zum Beispiel Sandbox- oder Beat-'em-up-Spiele, arbeiten u. a. Prinzip Gonzo oder God's Entertainment. Das Kollektiv machina eX bezeichnet die eigenen Arbeiten als »*Point 'n' Click Adventures* in lebensechter Grafik«[4] und erläutert: »Durch ein komplexes System von Sensoren, Elektronik und Computerprogrammen wird ein inter-reaktiver Raum geschaffen, in dem die Geschichte spielbar wird.«[5]

In vielen Produktionen von machina eX wird das Publikum in Gruppen von Spieler_innen gebündelt. Als Kollektiv tauchen sie in die Welt des Spiels ein und finden sich inmitten der Handlung wieder, die ohne ihre gemeinsame Initiative nicht voranschreitet. Die Zuschauer_innen – treffender müsste man natürlich von Mitspieler_innen sprechen – sind dazu aufgerufen, den Performer_innen durch

3 *Game Theater*, in: *nachtkritik.de*, <www.nachtkritik.de/index.php?option=com_seoglossary&view=glossaries&catid=78&letter=G&Itemid=67> (Abruf am 22. Mai 2017).

4 *MACHINAEX*, <www.machinaex.de> (Abruf am 22. Mai 2017).

5 *MACHINAEX. Point 'n' Click Adventures in lebensechter Grafik*, <machinaex.de/wp-content/uploads/2013/08/mex_broschure_web.pdf>, S. 2 (Abruf am 22. Mai 2017).

Abbildung 1 (links): Hedge Knights von machina eX, © Paula Reissig
Abbildung 2 (rechts): Toxik von machina eX, © Philipp Steimel / machina eX (CC BY-NC 3.0 DE)

die lebensecht gestalteten Räume zu folgen, Rätsel zu lösen und Entscheidungen zu treffen, die Ereignisse auslösen und den Fortgang der Geschichte wesentlich beeinflussen. Sie bewegen sich dabei durch minutiös ausgearbeitete, illusionistische Räume und Bühnenbilder, die auf ein möglichst intensives und immersives[6] Erleben der Spielsituation abzielen.

Die Beschreibung ›inter-reaktiver Raum‹ verweist auf das impulsgebende Moment, das von den Bühnenräumen von machina eX ausgeht: Die Interaktion ihrer Produktionen spielt sich nicht nur auf der Ebene ›Spieler_innen versus Performer_innen‹ ab, sondern zielt auf eine haptische Aneignung des Raumes durch

6 Der Begriff der Immersion öffnet ein breites Spektrum an Diskussionen und Definitionsversuchen, vgl. dazu u. a. Barbara Büscher im vorliegenden Band (S. 193–204). Im von mir verwendeten Kontext ist unter anderem die Einlassung von Doris Kolesch zum Bruch einer immersiven Situation relevant: »Für die Erfahrung der tiefen Versunkenheit, der intensiven Immersion ist ein besonderes Moment der Distanz, des Bruchs konstitutiv. Mit anderen Worten: vor allem die Spannung zwischen dem Ein- und Auftauchen in eine Situation oder eine (virtuelle, künstliche) Welt prägt die Immersionserfahrung. [...] Insbesondere in künstlerischen Zusammenhängen wird deutlich, dass die bloße Hingabe an die Illusion, die Bereitschaft, sich verführen zu lassen und sich distanzlos der Sogwirkung einer Illusion emphatisch hinzugeben, zur Erklärung immersiver Situationen und Erfahrungen nicht hinreicht: vielmehr geht es um eine subtile Choreografie von Eintauchen und Auftauchen, also ein Zusammenspiel von Illusionierung und Desillusionierung«: *Theater und Immersion. Das Theater kann von Anbeginn an als Dispositiv der Immersion aufgefasst werden – ein historischer Überblick*, 22. September 2016, <blog.berlinerfestspiele.de/theater-und-immersion> (Abruf am 22. Mai 2017).

das Publikum. Sie umfasst das Suchen, Austesten, Re-Arrangieren, Entwerfen und/oder Auflösen von Bühnenutensilien und ist konstitutives Moment der dramaturgischen Konzeption. Nur über die kreative Aneignung der vorgefundenen räumlichen Situation können sich die Spieler_innen den Zugang zu höheren Spiellevels erarbeiten.

Die Vorlagen und Inspirationsquellen von performativen Spielanordnungen im Theater erschöpfen sich allerdings bei weitem nicht im Genre des Computerspiels. In Arbeiten von Rimini Protokoll, Turbo Pascal, Dominic Huber oder Invisible Playground tauchen vermehrt analoge, diskursive und nicht-narrative Spielkonzepte als Referenzrahmen auf. Eine kritische Befragung des Begriffs »Game Theater« scheint mir daher notwendig: Die einseitige Bezugnahme auf den Kontext des Computerspiels grenzt den Diskurs über die Bedeutung von Spielanordnungen für das zeitgenössische Theater ein. Sie verstellt den Blick darauf, wie sich das Verständnis von Aufführungen als Wissens- und Erfahrungsräumen unter dem Einfluss von Spielstrategien sukzessive erweitert und verändert hat.

»Was geschieht ist festgelegt, aber nicht wie«:[7] So beschreibt Helgard Haug das Spielprinzip ihrer Produktion HAUSBESUCH EUROPA (2015). Sie kommt damit dem »Es könnte auch anders sein«,[8] das Christian Rakow 2013 als Botschaft des Game Theaters formulierte, erstaunlich nahe. Rakow meinte vor allem eine Erzählhaltung, die die narrative Erzählung einer Aufführung »nie als automatisch gegeben ansetzt, sondern als interaktiv und offen ausstellt.« Die damit verbundene Spielsituation erschöpft sich jedoch nicht im Übertragen interaktiver Gaming-Strategien in den dreidimensionalen Bühnenraum: Vielmehr implizieren die von mir untersuchten Spielanordnungen eine durchlässige Verbindung zwischen Bühnen- und Zuschauerraum, die den Fokus auf den Ereignischarakter des theatralen Settings lenkt. Die Spezifik der Aufführungen setzt sich dabei aus einem Neben-

---

7 Andreas Klaeui, *Suchbewegungen in verschiedene Richtungen. Gespräch mit Helgard Haug, Stefan Kaegi und Daniel Wetzel über ästhetische und konzeptionelle Handschriften, die Als-ob-Brille und endlich die wirkliche Wahrheit, wie es zu dem Namen ›Rimini Protokoll‹ gekommen ist*, in: *MIMOS 2015: Rimini Protokoll, Schweizer Theaterjahrbuch* 10, 2015, S. 31–43, hier S. 32.

8 Christian Rakow, *Playing Democracy*, Vortrag bei der Konferenz *rePLAYCE the:City*, Zürich, 9. November 2013, in: *nachtkritik.de*, <www.nachtkritik.de/index.php?option=com_content&view=article&id=8724:ein-vortrag-ueber-das-neue-game-theater-und-seine-politische-relevanz-bei-der-konferenz-replayce-thecity-in-zuerich&catid=53:portraet-a-profil&Itemid=83> (Abruf am 22. Mai 2017).

einander der strukturellen Inszenierungskonzeption und ihrer nur schwer bestimmbaren Konkretisierung im Moment des Spiel-Ereignisses zusammen. Dieter Mersch beschrieb dieses Wechselspiel wie folgt:

> »Das Ereignis, wiewohl ein Gemachtes, ist doch kein Machbares. Geplant ist es gleichwohl nichts Planbares; konstruiert ist es dennoch nichts Konstruierbares.«[9]

Ich möchte diese Überlegungen exemplarisch anhand der Inszenierungen HAUSBESUCH EUROPA von Rimini Protokoll sowie ALGORITHMEN von Turbo Pascal umreißen. Dabei konzentriere ich mich auf zwei Analysekategorien, die vor diesem Hintergrund besonders relevant erscheinen. Das sind zum einen die Raumanordnungen und Bühnensettings der Inszenierungen, zum anderen ist es die Frage nach der Bedeutung der spielimmanenten Regeln, der Spielregeln der Projekte. Sowohl in der Analyse von Spielsituationen als auch beim Auswerten konkreter Spiel-Erlebnisse drängt sich außerdem die Frage nach deren Notationsweisen, Skriptformen und Aufzeichnungsverfahren auf, die als Artefakte der Aufführungen wiederum spezifische Zugänge zu deren Lesbarkeit bieten.

Abbildungen 3–6: HAUSBESUCH EUROPA von Rimini Protokoll, Standbilder aus der Video-Dokumentation, © Expander Berlin

9 Dieter Mersch, *Geplant aber nicht planbar. Ereignis statt Werk: Plädoyer für eine Ästhetik performativer Kunst*, in: *Frankfurter Rundschau* Nr. 99, 29. April 1997.

Die Produktion Hausbesuch Europa von Rimini Protokoll findet in Privatwohnungen statt. Inszeniert wird ein Schau-Spiel, in dem die Blickachsen und mit ihnen die inhaltlichen Perspektiven auf das in der Öffentlichkeit breit diskutierte Schlagwort »Europa« individualisiert werden: In Hausbesuch Europa trifft die abstrakte europäische Idee auf die Individualität einer Privatwohnung. Die klassische Zentralperspektive des verdunkelten Zuschauerraums wird gegen die intime Situation eines Küchen- oder Wohnzimmertisches eingetauscht, an dem sich 15 einander unbekannte Personen begegnen. Alle Spieler_innen sind zu jedem Zeitpunkt für alle einsehbar. Jede Aufführung findet in einer anderen Wohnung statt, deren Interieur Rimini Protokoll nicht beeinflusst. Die Spielleiter_innen – die zuvor ein Trainingscamp mit dem Rimini-Team absolviert haben; die Regisseur_innen sind bei den Aufführungen nicht anwesend – betreten die Wohnung etwa eine Stunde vor Vorstellungsbeginn. Auch die eintreffenden Theatergäste haben den Spielort nie zuvor gesehen; sie haben über die Theaterkasse ein Ticket gekauft, auf dem lediglich die Adresse des Gastgebers/der Gastgeberin notiert ist. Die Spielanordnung von Hausbesuch Europa implementiert über verschiedene Abstimmungs- und Diskussionsszenarien sowohl die direkte, verbale Auseinandersetzung mit anderen Mitspieler_innen als auch die durchaus körperlich intensive Erfahrung einer Einladung bei bis dahin unbekannten Gastgeber_innen: die Inszenierung einer Begegnung auf unbekanntem Terrain. Die Situation wechselt zwischen Küchenparty und Konferenz. Das bedeutet nicht nur, dass sich die Spieler_innen gegenseitig beobachten, sondern auch, dass sie sich darin selbst beobachten; die Spezifik der Spielsituation von Hausbesuch Europa ergibt sich also vor allem aus der An-Ordnung der Spieler_innen im (Privat-)Raum.[10] Als Erweiterung zu diesen Überlegungen könnte man hier auch die Inszenierungen im Stadtraum bei machina eX oder Invisible Playground heranziehen.

Die Raumanordnungen dieser Inszenierungen ermöglichen ein Spielen mit und in Gesellschaft, das multiperspektivische Zugänge zu einem öffentlichen Erfah-

10 Zu untersuchen wäre in diesem Zusammenhang auch, ob es sich tatsächlich um eine Enthierarchisierung der Theatersituation handelt. Stefan Kaegi von Rimini Protokoll spielt darauf an, wenn er deren Ästhetik als eine »Ästhetik des hellen Raumes« beschreibt: »Was sicher die meisten unserer Produktionen in den letzten Jahren prägt, ist eine Ästhetik des hellen Raumes. Also eine Ästhetik, wo man nicht unten im Dunkeln sitzt und bewundert, was andere tun«: zitiert nach Andreas Klaeui, *Suchbewegungen in verschiedene Richtungen* (wie Anm. 7), S. 31.

rungsraum legt. HAUSBESUCH EUROPA fordert die Formation einer Gemeinschaft der Spieler_innen ein und stellt diesen Prozess zugleich zur Diskussion, indem es die Funktionsprinzipien von Gemeinschaft als solche ausstellt. Man könnte es als Gesellschaftsspiel im klassischen und analogen Sinn bezeichnen: ›Gesellschaftsspiel‹ vor allem auch verstanden als Spielen in Gesellschaft und mit den Regeln gesellschaftlichen Zusammenlebens, den inhärenten Konventionen und deren Unterwanderung.

Die Auseinandersetzung mit den Regeln des Spiels treiben Turbo Pascal in ihrer Inszenierung ALGORITHMEN (2014) auf die Spitze. Mit ›Algorithmen‹ sind im Kontext der Inszenierung Handlungsvorschriften gemeint. Die Inszenierung findet im Bühnenraum statt, auch hier also in einem Setting, das die Zentralperspektive auflöst und den gesamten Theaterraum einschließlich Zuschauertribüne und Bühne bespielt. Die Stühle sind in verschiedenen Formationen einander zu- oder abgewandt positioniert, die Zuschauertribüne scheint förmlich in den Bühnenraum überzuschwappen. Das Ganze erinnert an eine Wartehalle. In diesem Setting entwerfen Turbo Pascal immer wieder neue Szenarien von Algorithmen, von Handlungsanweisungen für ihr Publikum, das über den Abend hinweg von den Performer_innen nach immer neuen Kriterien bewertet, klassifiziert und sortiert wird – teils nach offensichtlichen, teils nach versteckten Kriterien. Das Publikum selbst wird zum »datenverarbeitenden Apparat, zum Publikumsprozessor«.[11]

Ab einem bestimmten Punkt der Inszenierung überlässt Turbo Pascal die Zuschauer-Mitspieler_innen dann ihren eigenen Entscheidungen, Vorurteilen und Selbsteinschätzungen. Dabei druckt ein kleiner Drucker in der Mitte des Raumes einem Kassenbon ähnliche Zettel aus, die an die Theatergäste verteilt werden (siehe Abbildungen 7 und 8 auf S. 212). Die Spielregel – ›Zettel entgegennehmen‹ und ›Zettel weitergeben‹ – begründet ein komplexes System aus Eigen- und Fremdwahrnehmung. Als Empfänger_in eines Zettels ist man sowohl damit konfrontiert, wie die Überbringer_innen die eigene Person einschätzen (daraus resultierend dem Abgleich mit der Eigenwahrnehmung), als auch damit beschäftigt, alle anderen Mitspieler_innen wahrzunehmen, einzuschätzen und eine eigene Entscheidung zu treffen. Im Moment der Begegnung und Überbringung der Zettel wird die individuelle Einschätzung öffentlich sichtbar und provoziert eine Positionierung gegenüber einem/einer anderen Mitspieler/in. Wer wann welchen Zettel

11 *Algorithmen*, <www.turbopascal.info/produktionen/algorithmen-2> (Abruf am 22. Mai 2017).

Abbildungen 7 und 8: »Gib diesen Zettel weiter an jemandem aus der bürgerlichen Mitte.« Algorithmen von Turbo Pascal, Standbilder aus der Video-Dokumentation von Gernot Wöltjen, © Turbo Pascal

übergibt und welche Art der Begegnung sich daraus ergibt, ist in keiner Vorstellung gleich. Das Ergebnis der ausagierten Spielregel bleibt individuell, unausgewertet und als Teil der persönlichen Spiel-Erfahrung nicht öffentlich ausformuliert.

In Algorithmen schafft die Spielregel eine Situation, die in ihrem spezifischen Ausagieren nicht vorhersagbar ist, weil sie von der individuellen Entscheidungsfreiheit der Mitspieler_innen abhängt. Sie ist im Rahmen dieser Produktion auch nicht dokumentierbar. Spielregeln, ihre Be- oder Missachtung sowie ihre Interpretation werden bei Turbo Pascal zum zentralen Gegenstand der spielerischen Auseinandersetzung und damit des Produktionsprozesses selbst. Sie weisen den Zuschauer_innen ihre Position innerhalb des Spielsystems zu, sind Handlungsaufforderung und Positionszuweisung zugleich und somit das entscheidende Regulativ für den Verhaltensspielraum der Spieler_innen. An ihrer Ausformulierung fächert sich das Verhältnis von Immersion und Partizipation innerhalb der Spielanordnung auf.

Als wichtiger Bezugspunkt für die Überlegungen von Funktionsweisen und Bedeutung von Spielregeln erscheinen mir die Veröffentlichungen zum Zusammenhang von Spiel und Erkenntnis von Natascha Adamowsky. Den Prozess des Entwerfens von Spieleinladungen beschreibt sie als »ein Modellieren, ein Experimentieren mit Gegenständen und ihrer Bewegung in Zeit und Raum. […] Das Erfinden von Spielen hat sich kulturgeschichtlich als ein Prototyp von Modellentwicklung etabliert.«[12] Die epistemologischen Dimensionen von Spiel-

12 Natascha Adamowsky, *Spielen und Erkennen – Spiele als Archive*, in: *Anthropologie und Pädagogik des Spiels*, hrsg. von Johannes Bilstein, Mathias Winzen und Christoph Wulf, Weinheim und Basel: Beltz 2005, S. 37–51, hier S. 49.

räumen sind nach Adamowsky den »medialen Eigenschaften des Spiels zur Organisation des Abstrakten geschuldet«.[13] Begreift man Spielanordnungen in diesem Sinn als Modell von Wissens- und Erfahrungsräumen, an dem sich nach Hans-Jörg Rheinberger »Probehandlungen«[14] vornehmen lassen, bedeutet das auch, die spezifische Verbindung von Erkenntnisgewinn/Informationsstruktur auf der einen und Affiziertsein/Involvierung der Spieler_innen auf der anderen Seite in den Blick zu nehmen.

Sowohl in HAUSBESUCH EUROPA als auch in ALGORITHMEN geht das Ausagieren einer aufgestellten Spielregel in eine ergebnisoffene Begegnung zwischen den Spieler_innen über. Der Spiel-Raum performativer Spielanordnungen manifestiert sich in genau diesem Nebeneinander von regelbasierten Strukturen einerseits und Momenten der – zumindest scheinbaren – Wahlfreiheit und selbstbestimmten Entscheidung andererseits. Die Inszenierungen eröffnen so eine Leerstelle für ein im Vorhinein nicht bestimmbares Moment der Publikumsreaktion, einen Zwischen-(Spiel-)Raum, der sich aus dem Wechselspiel von Regeln sowie ihrer Übertretung, Auslegung oder Ausführung definiert. Dieter Mersch beschreibt diese Leerstelle als Phänomen der »Lücke« und als ein für Spiele im Allgemeinen konstitutives Moment:

> »Die Lücke entspringt nicht dem Regelbruch, sondern umkränzt seine Anwendung mit Erfindung und Kontingenz. Das lässt sich auch so fassen: Der Aktionskreis des Spielens wird durch den ›Spiel-Raum‹ zwar im weitesten Sinne eingegrenzt und festgelegt, doch so, dass dieser an seinen Rändern unbestimmt bleibt und ausfranst. […] Zu spielen heißt, sich auf diese Unbestimmbarkeit einlassen, buchstäblich mit deren Nichtbeherrschbarkeit rechnen und sich kraft des Spielraums und seiner Regeln im Ungerichteten und Nichtintentionalen aufhalten.«[15]

Um die von Mersch beschriebene Lücke konkretisieren zu können, möchte ich kurz auf die Auswertung der Notationsweisen und Skriptformen bei machina eX und Rimini Protokoll eingehen. Sie zeigen ein sich über mehrere Medien erstreckendes, komplexes Zuweisungssystem.

---

13 Ebd., S. 37.

14 Hans-Jörg Rheinberger, *Experimentalsysteme und epistemische Dinge*, in: *Ding und System*, hrsg. von Gerhard Gamm u. a., *Jahrbuch Technikphilosophie* 1, 2015, S. 71–79, hier S. 78.

15 Dieter Mersch, *Spiele des Zufalls und der Emergenz*, in: *Dies ist kein Spiel. Spieltheorien im Kontext der zeitgenössischen Kunst und Ästhetik*, hrsg. von Arno Böhler und Krassimira Kruschkova, *Maske und Kothurn* 54/4, 2008, S. 19–34, hier S. 22f.

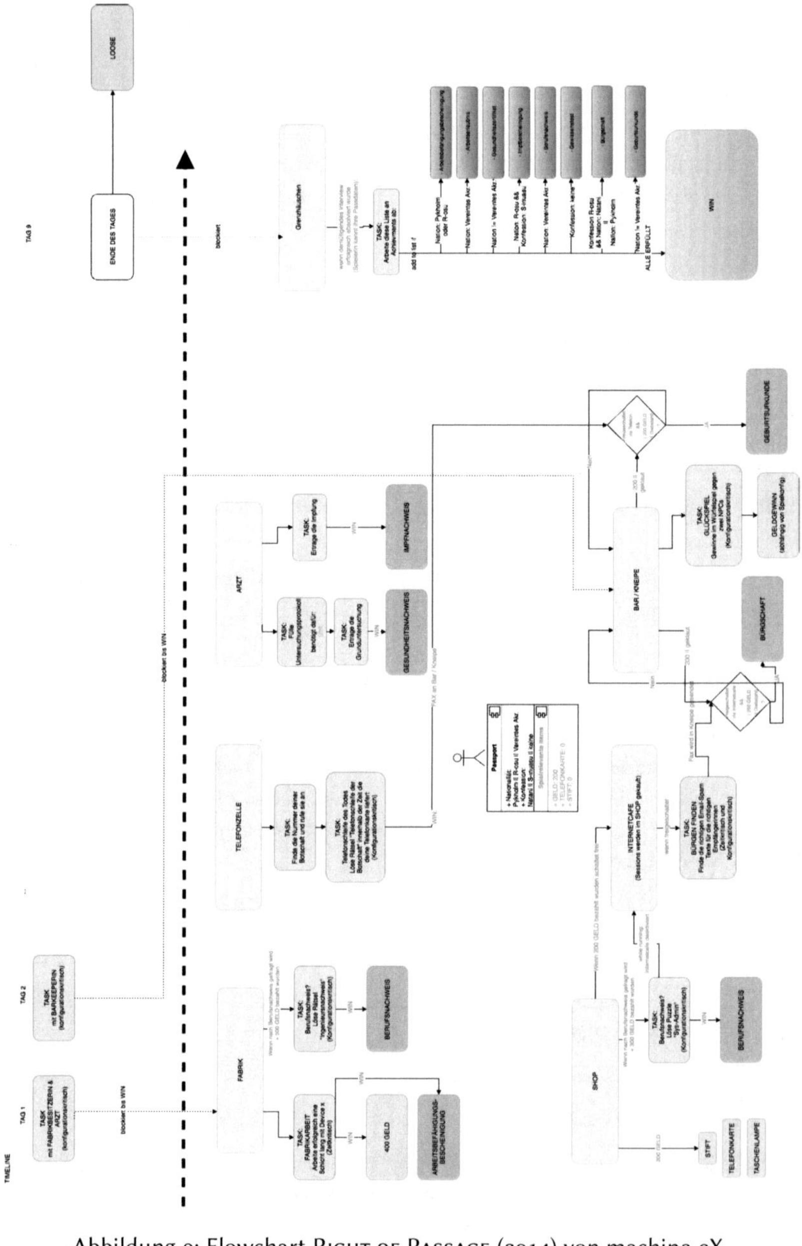

Abbildung 9: Flowchart RIGHT OF PASSAGE (2014) von machina eX, © Philipp Steimel / machina eX (CC BY-NC 3.0 DE)

	ID für die Webseite (NO TOUCH)	Trig-ger	Wait (s)	Text	MC Notes	Abstimmungsoptionen
Karte	29-30-31-32	Follow	0	Bitte gebt eine Selbsteinschätzung ab, zu Kategorien, die ich gleich nennen werde, indem ihr mit den Fingern eine Zahl zwischen Null und Fünf anzeigt. "Null" bedeutet "sehr gering", "Fünf" bedeutet "sehr viel". Auf mein Zeichen zeigt Ihr die betreffende Zahl und lasst die Finger in der Luft. Der/die Gastgeber/in sagt dann die Zahl laut und dann der Reihe nach weiter. Also: - Meine Solidaritätsbereitschaft 3-2-1: Jetzt - bitte zeigen! - Mein Ehrgeiz 3-2-1: Jetzt! - Mein Vertrauen in die Demokratie 3-2-1: Jetzt! - Mein persönlicher Vorteil aus dem Spiel der Märkte 3-2-1: Jetzt		
Sound	42	Go	0	stop		
Karte	41	Follow	0	Ich möchte Euch nun alle bitten, Eure Handys rauszuholen. Ruft eine Person Eurer Wahl in einer ANDEREN Stadt an und fragt sie, WO genau sie ist und WEN sie sieht. Schreibt das Ergebnis vor Euch auf den Tisch! Los geht's! Ihr habt eine Minute Zeit!	Bitte GO drücken, wenn alle telefonieren! Das startet den 60-Sekunden-Countdown.	
Sonstiges	43	Go	0	countdown_fies (60 Sekunden) + Alarm (fies)	Kein GO vor Ende des Countdowns!!!!	
Sound	44	Go	0	stop		
Sound	159	Follow	0	lies_fuer_dich2b.mp3		
Karte	45	Follow	0	ACHTUNG!!! L I E S F Ü R D I C H: Gib den Apparat weiter. Krieche dann unter den Tisch und studiere die Schuhe und/oder Socken der anderen. Überlege Dir, wen du fragen möchtest, was seine längste Wanderung war. Bleib dort, bis Du ein Klopfzeichen hörst. Dann kannst Du wieder auftauchen.	Pop Up: 1. Jetzt: Alarm! 2. Vergiss nicht, wer unter dem Tisch war.	
Sonstiges	46	Follow	10	countdown_leise (60 Sekunden) + Alarm		
Karte	47	Go	0	ACHTUNG!!! L I E S F Ü R D I C H: Gib den Apparat weiter, dann lies. Siehst Du den Countdown am Apparat? Bitte klopf auf den Tisch, wenn er bei Null ist, sodass die Person unter dem Tisch wieder auftauchen kann.	Pop Up: Jetzt: Alarm!	
Sound	160	Go	0	stop		
Sound	48	Follow	0	LEVEL3.mp3		

Abbildung 10: Hausbesuch Europa von Rimini Protokoll, Auszug aus dem Skript, © Rimini Protokoll

Der Arbeit von machina eX liegt eine Art Schaltplan zugrunde, der die angelegten Narrationslinien und Entscheidungsbäume der Inszenierungen visualisiert. Im konkreten Fall (siehe Abbildung 9 auf S. 214) ist er als vereinfachte Darstellung im Anschluss an die Inszenierung entstanden. Die originalen Arbeitsdokumente des Probenprozesses sind mehrdimensionale und komplexere Visualisierungen, die in Erweiterung an Ordner- und Dateistrukturen geknüpft sind und im Grunde als eine Art Hypertext fungieren. Der Skriptauszug von HAUSBESUCH EUROPA (siehe Abbildung 10 auf S. 215) zeigt ein multifunktionales Excel-Dokument, das als Interface zwischen Probenarbeit, Webseiten-Upload und Systemsteuerung funktioniert. In beiden Fällen sind die abgebildeten Notationsweisen Versuche, die Gleichzeitigkeit verschiedener Vorgänge und Gewerke zu synchronisieren und zu visualisieren. In diesem Sinne sind sie einem klassischen Regiebuch durchaus ähnlich. Allerdings liefern sie keine komplette Sammlung des während der Aufführung gesprochenen Textes, sondern fungieren vielmehr als Standpunktbeschreibung der Spieler_innen im zeitlichen Kontinuum der Aufführungen. Aus beiden Artefakten wird deutlich, dass die Handlungsoptionen der Zuschauer_innen zu jedem Zeitpunkt der Inszenierung determiniert und immer schon systemintern vorprogrammiert sind. Wahlfreiheit ist in diesen Fällen höchstens eine Illusion.

Als Strukturreferenz beschreibt Barbara Büscher »die Möglichkeit, Relationen innerhalb einer Aufführung / eines Ereignisses auf einer abstrahierenden Ebene über grafische Modellierungen sichtbar zu machen.«[16] Nimmt man die Strukturreferenz der beschriebenen Notationen ernst, so wird deutlich, dass erstens das Herbeiführen des theatralen Ereignisses aus einem überaus strukturierten Ablauf heraus entspringt und in diesen eingebettet ist und dass sich zweitens die von Mersch beschriebene Lücke nicht auf eine an sich undeterminierte, frei assoziierte Situation bezieht, sondern auf das jeweils konkrete Ereignis eines individuellen Erlebnisses, also auf die Einzelwahrnehmung der Spieler_innen.[17]

---

16 Barbara Büscher, *AUFZEICHNEN. TRANSFORMIEREN – Wie Wissen über vergangene Aufführungen zugänglich werden kann. Eine medientheoretische Skizze*, in: *MAP – Media / Archive / Performance* Nr. 6, Juli 2015, <www.perfomap.de/map6/medien-und-verfahren-des-aufzeichnens/aufzeichnen.-transformieren/aufzeichnen-transformieren> (Abruf am 22. Mai 2017).

17 Die konkrete Abgrenzung der Begriffe »Erlebnis« und »Ereignis« müsste Gegenstand einer erweiterten Untersuchung sein.

Die Lücke zwischen dem Installieren von Spielregeln und ihrer konkreten Ausführung im Moment der Aufführung erscheint mir als Spezifikum theatraler Spiel-An-Ordnungen. Die beschriebenen Produktionen inszenieren Begegnungen einander unbekannter Spieler innen und öffnen die Aufführungen damit für ein im Vor- wie Nachhinein nicht bestimmbares Moment der Begegnung. Es ereignet sich nur im Moment der Aufführung und lässt sich zwar inszenatorisch anlegen, aber in seiner konkreten Ausführung weder vorausplanen noch abschließend dokumentieren.

⁂

In Hausbesuch Europa lautet eine Handlungsanweisung:

> »Jetzt wird eine Weile still gesessen und geschwiegen. Wie lange, bestimmt die Gruppe. Hebt die Hand, wenn ihr das Schweigen brechen wollt. Erst, wenn alle Hände oben sind, wird es weitergehen.«

Die durchschnittliche Länge des Schweigens aller bisherigen Aufführungen im europäischen Raum beträgt 174 Sekunden.[18] Das Warten auf das letzte Handzeichen lässt das Potenzial des Abends für einen Moment im wahrsten Sinne des Wortes greifbar werden. Als »Glitches« werden Fehler im Programmcode eines Computerspiels bezeichnet, die – so beschreibt es Dan Gorenstein – »bisweilen auch ohne das Zutun einer Autoreninstanz auftreten können«.[19] Das Potenzial dieser Form von Störungen in Bezug auf die kritische Befragung der Autorschaft und/oder der möglicherweise aus ihnen resultierenden Affektsteigerung auf Seiten der Spieler_innen wäre in der Übertragung auf Spielanordnungen im theatralen Kontext weiter zu untersuchen.

---

18 Die Projektwebsite von Hausbesuch Europa fungiert unter anderem als Archiv, in dem diese und ähnliche Daten von allen bisher gespielten Aufführungen einsehbar sind: <www.homevisiteurope.org> (Abruf am 22. Mai 2017).

19 Dan Gorenstein, *The Otherness Inherent in That Place. Widerspenstige Weltenschau, oder: Immersion zweiter Ordnung im Computerspiel*, 20. März 2017, <blog.berlinerfestspiele.de/the-otherness-inherent-in-that-place> (Abruf am 20. März 2017).

Opera Fatal und die Folgen: ein Erfahrungsbericht[1]

Jasmin Solfaghari

Mein Thema ist das Videospiel Opera Fatal. Lassen Sie mich kurz erzählen, wie ich als Opernregisseurin damit in Berührung gekommen bin. Ich bin Mutter zweier Söhne, und da kommt man automatisch nicht um das Thema Computerspiele herum, zumal sich in unserem Haushalt ein Fernseher befindet und ich dessen Gebrauch auch ausdrücklich erlaube. Ich habe Menschen kennengelernt, die als Erwachsene eine Fernsehsucht entwickelt haben, da zu Hause das Fernsehen verboten wurde. Von den ersten Game Boys, Nintendo-Konsolen und Computerspielen an wurde in der Familie der Umgang meiner Söhne mit der elektronischen Versuchung in puncto Zeitlimits, mögliche Auswirkungen auf Schulzensuren, eventuell auftretende Erschöpfungszustände und mehr besprochen. Diese Diskussionen waren kräftezehrend und zeitfressend, der Erschöpfungszustand lag am Ende bei mir. Heute sind meine Söhne 16 und 17 Jahre alt und ich habe teilweise aufgegeben.

»Kommst Du bitte Essen?«
»Ich kann nicht afk gehen, ich bin ingame!«

Dialoge dieser Art sind Teil meines Alltags, die Gespräche meiner Söhne sind für mich inhaltlich kaum zu verfolgen, wenn es um Online-Game-Erfolge und -Misserfolge in Form von Schwertern, Punkten, Kisten, Skins oder nicht kompatiblen Mitspieler_innen geht. Ihren Gamer-Wortschatz beherrsche ich noch immer nicht und werde ihn wohl auch nicht mehr lernen. Eines Nachts holte ich die beiden nahe des Schönefelder Flughafens in Berlin bei einem internationalen Live-Turnier

1 Dieser Text erscheint in der Fassung meines Vortrags im Rahmen der Leipziger Tagung *Videospiele: interdisziplinäre Perspektiven* im Dezember 2016.

der League of Legends-Community ab. Ich bemerkte rasch, dass das keine reine Jugendveranstaltung war, sondern sich auch enthusiastische Herrschaften meines Alters mit allerlei krötenartigen Kopfbedeckungen und Hoodies mit dem Aufdruck der spannendsten Champions tummelten.

Ich selbst bin eine harmlose Userin von Spielen auf dem Smartphone. Als Hobbygärtnerin fing es mit dem Schlumpf-Spiel an (The Smurfs' Village bzw. Das Schlumpfdorf, Beeline Interactive/Capcom Entertainment, 2010), das in großem Frust endete, da alle angebauten Pflanzen während einer einzigen Opernprobe bereits verwelkten. Und dann das schlechte Gewissen...: dass man gewagt hat, das Spiel in seiner Probenpause zu ignorieren, und dass damit ein Pflanzen- und Gemüse-Sterben ausgelöst wurde! Eine Erleichterung gab es dann bei Die Simpsons: Springfield (The Simpsons: Tapped Out, EA Mobile, Fox Digital Entertainment und Gracie Films/EA Mobile, 2012); alles Gebaute und Angepflanzte hatte da Beständigkeit. Hier wie im Schlumpf-Spiel jedoch ist das Erreichen der nächsthöheren Levels mit viel Geduld verbunden. Das lässt sich nur beschleunigen, indem man reales Geld investiert, und damit hatte sich mein Spieltrieb in dieser Hinsicht auch rasch erschöpft.

Ein Bühnenbildner hat mich Anfang des neuen Jahrtausends auf Opera Fatal gebracht. Gesagt, getan: Ich spielte es auf einem sehr langsamen Laptop, mit schwachem WLAN, aber ich spielte und spielte und spielte. Worum geht's in diesem 1996 im Heureka-Klett-Softwareverlag veröffentlichten, als »Lernspiel« und »Point-and-Click-Adventure« bezeichneten Computerspiel? Es wird geführt unter der Thematik »Musik« für Einzelspieler_innen, spielbar auf Deutsch, seit 1997 auf Italienisch und seit 1998 auch auf Englisch. Von der Unterhaltungssoftware-Selbstkontrolle freigegeben ab 0 Jahren, finden sich im Zusammenhang mit diesem sich bald als Kultspiel behauptenden Opernrätsel auch die Begriffe »Edutainment«, »Lernadventure«, »Musikadventure«. Viele Preise hat dieses Spiel ergattert: von den sechs Mäusen des Macromedia-Awards für Kindersoftware bis zum *Milia d'Or* in Cannes, gelobt von den Printmedien *Eltern*, *Die Zeit* bis hin zur *Computer Bild*.

Schon das umseitig abgebildete Cover stimmt auf »das Abenteuerspiel aus der Welt der Musik« und seine Atmosphäre ein: Hier ist in Untersicht eine klassische Theaterfassade im Tempelmotiv gezeichnet, die im Dreiecksgiebel die Aufschrift »Ars Musica« trägt. Vom Zaunpfeiler im Bildvordergrund blickt eine Büste, vermutlich Beethoven, grimmig hinab, während ein Dirigent mit wirrer Künstlermähne und flatterndem Frack die Treppen emporeilt und hektisch ins Opernhaus hineinläuft. Der verdunkelte Himmel lässt zudem nichts Gutes ahnen.

von Abenteurern kann für die historische Piraterie des 17. und 18. Jahrhunderts ausgeschlossen werden, zumal ab 1722 die Crews der früher oft überbesetzten Piratenschiffe mit dem Problem geringer Besatzungszahlen zu kämpfen hatten.[27] Insofern nimmt PIRATES! eben diese Problematik des Einstiegs in das Piratenleben auf und bettet die Ungereimtheiten seiner einführenden Videosequenz im Laufe des Spiels in eine faktisch solide Basis ein.

Alltag eines Piraten

Wie sah der Alltag eines Piraten aus – entern und kämpfen, Seemannslieder singen, Schätze bergen, Geld verprassen und dabei immer ›eine Buddel voll Rum‹ in der Hand? Im Folgenden sollen einige ausgewählte Details der Spiele mit den historischen Begebenheiten abgeglichen werden.

Nachdem ein Schiff aufgebracht wurde, stahlen Piraten dort nicht nur Geld – vorausgesetzt, es gab das in größerer Menge –, sondern vor allem Dinge des täglichen Lebens: Küchengeräte, Segeltuch, Taue, Lebensmittel, frisches Wasser, Seife usw. Daneben konnten Waren wie Zucker, Gewürze und Luxusgegenstände gut verkauft werden. Diese Waren werden in SID MEIER'S PIRATES! in unterschiedlichen Mengen von besiegten Schiffen geplündert und können in den karibischen Siedlungen später verkauft werden. Bei ASSASSIN'S CREED IV: BLACK FLAG kommen noch Rohstoffe wie Holz und Metall dazu, die zum Ausbau und zur Reparatur des Schiffes dienen, sowie Fisch als explizit genanntes Nahrungsmittel. Geld spielt bei beiden Spielen als Beute nur eine nebensächliche Rolle. In PIRATES! findet dagegen noch Zucker »als ein zentraler Faktor der atlantischen Ökonomie der Frühen Neuzeit«[28] Erwähnung.

Nachdem Spieler_innen von PIRATES! ein Schiff aufgebracht haben, werden sie stets vor die Entscheidung »keep her« oder »sink her« gestellt.[29] Überlebende

27 Zu den sinkenden Zahlen der Besatzungen siehe Marcus Rediker, *Outlaws of the Atlantic* (wie Anm. 11), S. 64.

28 Gunnar Sandkühler, *Sid Meier's Pirates!*, in: *Frühe Neuzeit im Videospiel. Geschichtswissenschaftliche Perspektiven*, hrsg. von Florian Kerschbaumer und Tobias Winnerling, Bielefeld: transcript 2014 (Histoire 50), S. 181–194, hier S. 186.

29 Auch Alexandre Exquemelin schrieb (*Die Americanische See-Räuber*, wie Anm. 10, S. 120): »[U]nd im Fall das eroberte Schiff bässer / als das / worinne sie sind / nehmen sie selbiges / und stecken das andere in Brand.«

Entsprechend verspricht der Text auf der Packungsrückseite »lehrreichen Nervenkitzel«, »mysteriöse Effekte«, »klangvolle Musikbeispiele« sowie »exzellent ausgearbeitete Lernebenen zu Musiklehre, Epochen und Instrumenten«. Ein Lösungsbuch sei ebenfalls enthalten. »Basiswissen der Musik« erlerne man spielerisch, durch Interaktionen und »lustige Eselsbrücken« würden musikalische Bildung und multimediales Vergnügen verbunden. Schon die Introduktion lässt ein großes Orchester erklingen. Ob elektronisch hergestellt oder nicht: Spannung aufbauende Violinen, Perkussion, Cluster auf dem Klavier, ein tiefer Chor – das beeindruckt zunächst.

Das Spiel

Ein Dirigent verzweifelt, denn er hat vor der Premiere von Ludwig van Beethovens Oper *Fidelio* seine Partitur verloren. Wir alle wissen, dass das eine Situation ist, in der wir nicht stecken möchten. In Dirigierpartituren sind zahllose Eintragungen vermerkt: aus der Assistentenzeit bis hin zur 100. Vorstellung akribisch festgehaltene Notizen, Tempoangaben berühmter, längst verstorbener Kolleginnen und Kollegen sowie korrigierte Editionsfehler – abgesehen von den Eintragungen, die für grafisch lernende Musiker_innen von größter Wichtigkeit bei der Orientierung durch den Abend sein können: Takt- und Tempowechsel werden oft groß und in Farbe schon vor dem Wenden einer Seite prophetisch und als rote Achtungsschilder erkenntlich hineingemalt.

Im Opernhaus soll ein Widersacher die Partitur versteckt haben. Über die Motivation des Unbekannten wissen wir aber nichts. Ist das ein einzelner Kollege, der dem Maestro am Stuhl sägt, oder ist er Teil eines ganzen Komplotts? Das bleibt bis zum Schluss ein wohlgehütetes Geheimnis. Nur das Geräusch schneller, hallender Schritte verrät ihn.

Was müssen die Spieler_innen mitbringen? Sehr viel Geduld, da gerade musikalische Laien lange in der Bibliothek stöbern müssen, um Fragen zu beantworten.

Was bekommen sie für diese Suche? Requisiten, die wirklich weiterhelfen. Wie schon gesagt befindet sich ein Lösungsteil, Gott sei Dank!, auch mit im Spielekarton, ist aber ebenso online zu finden. Allerdings: nur Lösungen eintragen und keine Requisiten sammeln – läuft nicht, man kommt dann einfach nicht ins nächste Level.

Level 1

Die Grafik ist das, was mich als Bühnenmensch am meisten fasziniert. Die Auswahl der verwendeten Farben und Formen und vor allem die Liebe zu den Details ist für mich das Bestechendste an OPERA FATAL. Man betritt das Foyer und sieht am *Fidelio*-Plakat einen sepiafarbenen Zettel, der besagt, dass man in der Rolle des Maestros hier Fragen beantworten soll. Natürlich stelle ich mir umgekehrt die Frage, warum man einem Dirigenten ausgerechnet *musikalische* Fragen stellt, aber lassen wir diese dramaturgischen Spitzfindigkeiten. Durch aufpoppende Pfeile, die einem den Weg durchs Opernhaus weisen, erfährt man, dass die Untersuchung zum Beispiel des Kassenhäuschens gefragt ist. Dort findet man allerlei Schubladen, die sich, immer von einem passenden Geräusch untermalt, öffnen lassen. Man findet ein angegessenes Pizzastück, Krümel, Zettel und einen für später wichtigen Schraubenzieher, der sich unter einem nach oben gespielten tuschartigen Lauf der Holzblasinstrumente (der erklingt immer, wenn man etwas Wichtiges findet) ins eigene Inventar gesellt. Auf Zetteln stehen Fragen, die Symbole zeigen, die man noch nicht orten kann: Da geht es los. Alles mitschreiben, man geht am besten vor wie die Kripo.

Von da geht's in den Keller, weil man einen Zettel in einem verkrusteten Waschbecken gesehen und bemerkt hat, dass das Wasser nicht läuft. Dort kommt man auch in einen Raum, in dem Wandtafeln zur Instrumentenkunde hängen: Instrumente, die entsprechende Laute geben, wenn man sie ›berührt‹. Wenn man den Stromschaltkasten reparieren kann, erklingt durch den wieder funktionierenden Lautsprecher die Arie *Der Hölle Rache* der Königin der Nacht aus Mozarts *Zauberflöte*. Die ersten Fragen sind beantwortet und man wird in das erste Obergeschoss weitergeleitet. Dort findet man das Zimmer des Maestro mit manchem schlauen Buch über Musikgeschichte, aber auch einen Zettel des Räubers, unterzeichnet mit »har, har«. Übrigens, es ist ja ein Lernspiel: Was man in jedem Fall lernt, ist, dass man gefälligst alle Schubladen, Schränke und Vorhänge wieder zu schließen hat, bevor es weitergehen kann. Ordnung muss sein. Im Sekretariat liegt dann schließlich das wichtige Buch, in das wir unsere ersten sieben Antworten eintragen, und über den Bildschirm eines Computers erfahren wir, wo wir als nächstes hinmüssen.

Level 2

Das nächste Level führt uns mit spannungsgeladenen, Suspense-verdächtigen Klängen zunächst aufgeregter *staccato*-Flöten, dann mit dem Klang von Hörnern und allerlei Hall in den Orchestergraben. Im Keller bemerken wir einen kaputten Aufzug, den wir leider noch nicht reparieren können, sehen verschlossene Wendeltreppentüren nach oben und das Hausmeisterzimmer mit dem wichtigen Wasserschlüssel. Aus dem Radio erklingt ein Streichquartett, das wir natürlich sofort als Haydns ›Kaiserquartett‹ erkennen. Wir beantworten die Fragen 8 bis 13 und bekommen im Computer die plötzlich geöffnete Aufzugstür hinter der Galerie auf der Hinterbühne gezeigt, die wir noch nicht kennen.

Level 3

Wir lernen, dass wir zu Fuß über den Aufzug ins erste Obergeschoss kommen, denn über das Foyer hatten wir nur verschlossene Türen vorgefunden. In der Gemäldegalerie lernen wir die Bildnisse von Felix Mendelssohn Bartholdy, der uns einen Kussmund entgegenreckt, und Joseph Haydn kennen, aus dessen Rahmen uns die Grammophonkurbel entgegenspringt, die wir für eine Frage benötigen. Mit Nitro

im Gepäck schaffen wir es, ein übermaltes Gemälde zum Leben zu erwecken, und es erscheint Fryderyk Chopin, unsere Antwort auf die 18. Frage. Wir untersuchen die Garderoben- und Maskenräume (siehe die Abbildung auf S. 223 unten) und beantworten dadurch die Fragen 14 bis 19.

Level 4

Zurück in der Maske finden wir ein schier unlösbares Spiel, öffnen plötzlich im Erdgeschoss die Türen zum noch dunklen Zuschauerraum und betreten ein reizendes Café. Glockenspiel und kleine Caféhaus-Streicherbesetzung empfangen uns mit einem Walzer. Da findet sich auch ein interessanter Aufenthaltsraum für Lebensmittel, musizierende Kaffeemaschinen, der Schlüssel für die Wendeltreppe und, und, und: Wir bekommen den Zuschauerraum hell. Die Antworten 20 bis 25 bleiben wir nicht schuldig.

Level 5

Wir reparieren begeistert den Aufzug von der Unterbühne aus, öffnen mit dem Wissen um Beethovens Todesjahr (1827) die Aufzugstüre und landen hinter der Bühne in den Werkstätten. Ein Vogel aus der Kuckucksuhr hält einen Zettel im Schnabel und wir sollen wieder ein Musikstück im freien Fall erraten: Es ist die *Symphonie fantastique* von Berlioz. Über die Wendeltreppe hören wir einen schräg aufspielenden Pianisten und wie er sich lauten Schrittes entfernt. Eine witzige Kantine im Stil der 1950er Jahre mit Jukebox ist einen Kurzaufenthalt wert. Endlich geht's auf die Bühne. Eine Schaufel steht im *Fidelio*-Bühnenbild; wenn man Beethovens Grabe-Duett *Nun hurtig fort* assoziiert, könnte sie zur Rolle des Kerkermeisters Rocco gehören. Die Hebebühne muss repariert werden und in den Logen schneiden wir Indizien aus den Sitzpolstern. Die Antworten 26 bis 33 sind eingetragen.

Level 6

Nun Countdown. Wir sammeln die wichtige Schaufel auf. Die Taschenlampe auf der zuvor verschlossenen Toilette ist auch super, ab in den Keller in den Geheimraum, der hinter einer zu zerstörenden Mauer liegt. Dort eine Kiste: Wir öffnen sie, starren ins Dunkel und gruseln uns. Die musikalische Untermalung gleicht einem Edgar-Wallace-Film auf Synthesizer, es taumeln uns Bilder von Komponisten der Galerie entgegen, – und dann? Ein Wecker klingelt, der Maestro ist aus dem Mittagsschlaf aufgewacht und findet die Partitur auf dem Nachttisch. Ähnlichkeiten mit Opernregieansätzen der 1980er Jahre, in denen Tamino, Hoffmann und andere Protagonisten die Handlung nur geträumt haben und ein Statist in deren Kostüm den geschlagenen Abend vor einer Gaze lag, finden hier eine neue Form.

***

Mich hat Opera Fatal vor allem deswegen begeistert, weil sich die Grafikdesigner_innen überschwänglich mit der liebevollen Ausgestaltung eines klassischen Theatersettings befasst haben. Die Bilder transportieren die Atmosphäre des Spiels in erster Linie: Man ›riecht‹ die Theaterluft, den Geruch der Schminke, den abgestandenen Rauch einer liegengelassenen Zigarette und die muffigen Kellerräume. Ferner machen die Detektiv-Arbeit, das Aufnehmen der Details und der Einsatz der gesammelten Requisiten einfach Spaß.

Aus dramaturgischer Sicht habe ich mir zwar schon diese Frage gestellt: Warum mauert ein Widersacher umständlich eine Partitur ein und stellt dann dem Dirigenten, der sie verloren hat, ausgerechnet Fragen aus dem Bereich der Musik? Sägt da ein Kollege am Stuhl des Maestros? Die hallenden Schritte des weglaufenden Pianisten, denen wir im oberen Stockwerk begegnet sind, könnten auf den Urheber des Diebstahls hinweisen. Da es vermutlich kein Orchestermusiker ist (im *Fidelio* gibt es keinen Klavierpart), könnte es natürlich ein Korrepetitor sein, dem ein *Fidelio*-Dirigat versprochen wurde. Aber das entspringt alleine meiner Fantasie. Alpträume von Dirigent_innen, mit der falschen Partitur vor einem Orchester zu stehen, sind ja bekannt. Durch den Traum wird die Frage nach der Dramaturgie im Nachhinein hinfällig. Die musikalischen Fragen sind schließlich dazu da, dass wir etwas über Musik lernen sollen und uns anschließend in einem Opernhaus bestens auskennen.

Die Geräusche und musikalischen Zuordnungen von Melodien sind vor allem den Räumen zugewiesen. Wir wissen dadurch sofort, ob wir beispielsweise in der Kantine (mit der Jukebox) oder im Keller (mit düsteren Sounds) sind. Das ist charmant und überzeugend umgesetzt worden.

Aus Gesprächen mit anderen Spieler_innen habe ich erfahren, dass manchen das Suchen nach Musik-Begriffen irgendwann zu mühsam wurde und sie das Spiel aufgaben. Das ist nachvollziehbar und darin liegt sicherlich auch ein Schwachpunkt des Spiels. Andererseits erinnert mich das an die Frage eines Amerikaners, warum wir im europäischen Fußball nicht einfach die Abseitsregel abschaffen, damit endlich mal mehr Tore fallen...

Wenn Captain Morgan vor der Schatzinsel Schiffe versenken spielt

Wahrheit und Fiktion in Piratenspielen

Clarissa Renner

Spätestens seit dem Niedergang des Piratenwesens in der Karibik, Westafrika und im indischen Ozean in der ersten Hälfte des 18. Jahrhunderts boomte das Geschäft mit der Thematik. Es entstanden Theaterstücke, Opern, Operetten und Romane, seit dem 20. Jahrhundert auch Comics, Filme und Videospiele.[1] Piraten[2] – und die durch das Wort suggerierte Freiheit und Ungebun-

Eine Bemerkung zum Titel: Captain Henry Morgan trank selbst so viel Rum, dass er nicht nur an den Folgen verstarb, sondern gleich zum Emblem für eine ganze Marke wurde. Eine Piratenschatzinsel hat es nie gegeben, auch wenn Robert Louis Stevenson & Co. viel zu deren Mythos beigetragen haben. Und Schiffe versenken war das letzte, was Piraten wollten – die Schiffe und ihre Ladung waren viel zu wertvoll.

1 Etwa Charles Johnson, *The Successful Pyrate* (1712); Daniel Defoe, *The Life and Strange Surprizing Adventures of Robinson Crusoe* [...] *With An Account how he was at last as strangely deliver'd by Pirates* (1719); Johann Christoph Pepusch, *Polly, an Opera* (1729); Thomas Ansell, *The Rover; or, a Pirate's Faith* (1827); Robert Louis Stevenson, *Treasure Island* (1881/82); The Sea Hawk (USA 1940, Regie: Michael Curtiz); The Crimson Pirate (USA 1952, Regie: Robert Siodmak); Hannes Hegen, *Dig, Dag und Digedag im Kampf gegen Piraten* (1956); Pirates of the Caribbean (USA, seit 2003) usw.

2 Ich verzichte im Weiteren auf eine zwischen den Geschlechtern unterscheidende Formulierung, da die allermeisten Piraten Männer waren (siehe unten). Außerdem unterscheide ich nicht zwischen Piraten, Kaperfahrern, Freibeutern und Bukanieren, sondern setze den Begriff der Piraterie mit räuberischer Seefahrt gleich. Zu den Unterschieden siehe Andreas Kammler, *Piraten! Das Handbuch der unbekannten Fakten und schönsten Anekdoten*, Frankfurt am Main: Fischer 2008, S. 14–26.

denheit, die vielfältigen Gestaltungsmöglichkeiten, das feucht-fröhliche Leben ohne Regeln – übten seit jeher eine Faszination auf die braven, zu Hause gebliebenen Bürger_innen aus. Dabei prägen die Schilderungen, die Kupferstiche und nicht zuletzt die Romantisierung im 19. Jahrhundert noch immer unser Bild von der Piraterie. Einen ersten regelrechten Hype löste Lord Byrons Gedicht *The Corsair* von 1814 aus: So ließen sich beispielsweise die Komponisten Giuseppe Verdi (für seine 1848 entstandene Oper *Il Corsero*) und Hector Berlioz (für seine Ouvertüre *Le Corsaire* von 1852) hiervon inspirieren.[3] Berlioz beschrieb seine Faszination für Byrons Korsaren folgendermaßen: »Ich folgte auf den Wogen den kühnen Zügen des Korsaren, verehrte tief diesen zugleich unerbittlichen und zarten, unbarmherzigen und großmütigen Charakter.«[4]

Eine solche Polarität von Reiz und Abschreckung, von vertretbarer Grenzüberschreitung und Kriminalität hatte im Jahre 1655 bereits Thomas Haywood in seinem Bühnenstück *Fortune by Land and Sea, a Tragi-Comedy* ausgedrückt. Die dort auftretenden Piraten Purser und Clinton sind an die historischen Vorbilder Thomas Walton und Clinton Atkinson angelehnt, die wegen ihrer brutalen Vorgehensweise bei Kaperungen berühmt-berüchtigt waren und 1583 hingerichtet wurden. Haywood thematisierte also noch während der Blütezeit der Piraterie den Dualismus des bösen Piraten, der von der Gesellschaft geächtet und bestraft wird, und des guten Piraten, der durch äußere Umstände in die Illegalität getrieben wurde und, nachdem seine individuellen Probleme gelöst waren, schließlich wieder den Zugang zum gesellschaftlichen Leben fand.[5]

Stereotype, die seit dem Erstarken der Piraterie im 17. Jahrhundert entstanden und sich nach deren Untergang verfestigten, formen bis heute die populäre Vorstellung von ›dem Piraten‹ an sich: je nach Generation und Vorliebe vielleicht dem roten Korsaren, Long John Silver oder Captain Jack Sparrow. Die stets ähnliche, aber zugleich immer abgewandelte Verarbeitung dieser Klischees gibt einen »wertvollen Beweis für darunterliegende Mentalitäten, Ideologien und Identitä-

3 Vgl. David Cordingly, *Life Among the Pirates. The Romance and the Reality*, London: Little Brown 1995, S. 11f.

4 Hector Berlioz, *Lebenserinnerungen*, hrsg. von Hans Scholz, München: Beck 1914, Kapitel 36, <gutenberg.spiegel.de/buch/lebenserinnerungen-8312/39> (Abruf am 27. Mai 2017).

5 Vgl. Christoph Ehland, *Towards a New Order. Mobilität und Freiheit in der frühen Neuzeit zwischen Gesetz und Piraterie*, Paderborn: Universität Paderborn 2012 (Paderborner Universitätsreden 124), passim.

ten«.[6] Zu deren Rekonstruktion im Bereich der digitalen Spiele unserer Zeit soll mein Artikel eine Grundlage schaffen. Die Videospiele, die ich dafür untersucht habe, spiegeln in verschiedenem Maße die heutige Sicht auf das ›Damals‹ wider. Sie sind manchmal an den historischen Quellen angelehnt und schweifen an anderer Stelle aus dramaturgischen Gründen von ihnen ab. Im vorliegenden Artikel wird es um diese historischen Quellen und die Frage gehen, inwiefern die Spiele die Piratenthematik ihnen gemäß verarbeiten und wiedergeben. Dabei werden die jeweiligen Situationen der Videospiele in den Kontext historischer Ereignisse gestellt: Der Fokus liegt auf der Frage nach der historischen Authentizität der Spiele, um auf diesem Wege zugleich die in ihnen jeweils verarbeiteten Stereotypen freilegen zu können.

In die Untersuchung wurden drei Videospiele einbezogen: SID MEIER'S PIRATES! in der iOS-Fassung von 2011 (ursprünglich MicroProse/MicroProse, 1987),[7] THE SECRET OF MONKEY ISLAND in der Fassung von 2009 (ursprünglich Lucasfilm Games/Lucasfilm Games, 1990)[8] und die vierte Folge der ASSASSIN'S CREED-Reihe: BLACK FLAG (Ubisoft Montreal/Ubisoft, 2013).[9] Als methodischen Leitfaden wähle ich das Nachvollziehen idealtypischer Lebensstationen eines Piraten des 17. und

---

6 Eugen Pfister, *»Don't eat me, I'm a mighty pirate!«. Das Piratenbild in Computerspielen*, in: *Frühe Neuzeit im Videospiel. Geschichtswissenschaftliche Perspektiven*, hrsg. von Florian Kerschbaumer und Tobias Winnerling, Bielefeld: transcript 2014 (Histoire 50), S. 195–210, hier S. 196.

7 Die Spieler_innen schlüpfen hier in die Rolle eines Piratenkapitäns in der Karibik des 17. Jahrhunderts. »[A] Pirate Captain [amasses] fortune and fame in an attempt to seize [his] rightful place as one of the most revered (and feared!) pirates in history. Test your skills as a sea captain exploring the high seas and exotic ports [...]. Overtake the enemy and seize valuable booty. Exchange plank-shattering broadsides in fierce naval battles, and engage in duels with worthy opposing captains«: *Pirates! Overview*, <www.2k games. com/pirates/pc/overview.php> (Abruf am 24. März 2017). Darüber hinaus können Schätze gefunden werden, und letztendlich ist es das Ziel, so lange und immer wieder mit einer Gouverneurstochter zu tanzen, bis man sie heiraten darf.

8 Das Point-and-Click-Adventure soll als Darstellung der Missgeschicke des Protagonisten keine ernsthafte Darstellung des Stoffs bieten: Guybrush Threepwood muss Beleidigungsduelle ausfechten, einen Schatz finden, einen wertvollen Gegenstand stehlen und viele andere Dinge tun, um zu beweisen, dass er ein guter Pirat sein kann.

9 Das Spiel entspricht dem Konzept der ASSASSIN'S CREED-Reihe von mörderischen Aufgaben in historischen Settings. Neben etlichen Missionen können die Spieler_innen sich frei in der Offenen Welt bewegen und die Handlung nach eigenem Gusto gestalten.

18. Jahrhunderts in der Karibik. Diese gleichsam biografische Methode wird durch eine soziografische ergänzt, die danach fragt, wer im 17. und 18. Jahrhundert überhaupt Pirat wurde. Grundlage für alle Informationen ist eine intensive Literatur- und vor allem Quellenrecherche.[10]

Wer wurde Pirat?

Das Klischee des freiwilligen Abenteurers, der sein Glück im schnellen Geld sucht, wird in allen drei Spielen deutlicher bedient als die Vorstellung eines verzweifelten, arbeitslosen oder unter schlechten Arbeitsbedingungen leidenden Matrosen. Gleichwohl stellten den Quellen zufolge Letztere die weitaus größere Gruppe dar. Stattdessen kommt in The Secret of Monkey Island am Beginn des Spiels der junge Held mit den Worten »I want to be a pirate!« zum blinden Späher von Mêlée Island. Über weitere Beweggründe oder die Herkunft des Protagonisten Guybrush Threepwood erfahren die Spieler_innen nichts. Reale Piraten kamen zum Großteil naheliegenderweise aus seemännischen Berufen. Dabei spielte es keine Rolle, ob sie auf Handels- oder Marineschiffen gelernt oder im Freibeutergeschäft ihre Erfahrungen gesammelt hatten. Piraterie war keine Option für »Landratten«.[11] Schon mit der ersten Szene des Spiels wird also deutlich, worauf Monkey Island grundsätzlich abzielt: Gängige Piratenklischees werden in der Absurdität ihrer Umkehr bedient und dadurch dekonstruiert.

Die beiden anderen Spiele sind differenzierter in der Beschreibung der Herkunft ihrer Protagonisten. Edward Kenway in Assassin's Creed IV: Black Flag

10 Siehe *A Complete Collection of State-Trials, and Proceedings upon High-Treason, and other Crimes and Misdemeanours; from The Reign of King Richard II. To The End of the Reign of King George I.*, Bd. 4, hrsg. von Thomas Salmon und Sollom Emlyn, London: Walthoe, 2. Aufl. 1730; Alexandre Exquemelin, *Die Americanische* [sic] *See-Räuber, Endeckt, In gegenwärtiger Beschreibung der grössesten, durch die Französisch- und Englische Meer-Beuter, wider die Spanier in America, verübten Rauberey und Grausamkeit*, Nürnberg: Riegel 1679; Charles Johnson, *A General History of the Robberies and Murders of the Most Notorious Pyrates*, London: Rivington, Lacy und Stone 1724.

11 Vgl. Marcus Rediker, *Outlaws of the Atlantic. Sailors, Pirates, and Motley Crews in the Age of Sail*, London: Verso 2014, S. 67.

– ein einfacher, verheirateter,[12] aber mit seinem Leben unglücklicher und deshalb trunksüchtiger Bauer – zieht mit den Worten aus: »Ich will kein Essen, das mich krank macht. Ich will Wände, die den Wind abhalten. Ich will ein anständiges Leben.« Das Developerteam impliziert damit eine häufige Ursache der Seeräuberei im 17. und 18. Jahrhundert: Auf See soll Geld für ein besseres Leben in der Heimat verdient werden. Die ständische Gesellschaft, die einen Aufstieg im System nicht vorgesehen hatte, nahm in ihrem geregelten Rahmen alle Hoffnung auf Besserung. Dagegen hatte das Meer seine eigenen Gesetze: Piraten – wohlgemerkt herrschten auf Handels- und Marineschiffen dagegen ähnlich starke Hierarchien wie an Land – wurden eher nach Fähigkeiten und Erfahrung beurteilt als nach Herkunft und Rang.[13]

Aber nicht nur Abenteurer wie Edward Kenway und Guybrush Threepwood fanden den Weg an Bord der Piratenschiffe. Die politischen und religiösen Gegensätze der Frühen Neuzeit prägten auch die Gemeinschaft der Piraten. Randgruppen, die in der ständisch-absolutistischen oder religiös eindeutig positionierten Gesellschaft keinen Platz fanden, wurden durch Ausgrenzung schnell in die Kriminalität gedrängt.[14] Piraten waren daher eine bunt gemischte Gruppe, deren Diversität die sonst üblichen Eigenschaften einer Gemeinschaft auflöste und andere Gründe für das Zusammenbleiben verlangte. Der Zusammenhalt entstand aus der gemeinsamen Erfahrung einer schlechten bis desolaten Lebenslage und der damit verbundenen Hoffnung auf ein besseres Leben. Allerdings war die Crew oft nicht mehr als eine Zweckgemeinschaft, die sich bei Bedarf auch schnell wieder auflösen konnte.[15] Sid Meier's Pirates! stellt eine Crew in Form handelnder Individuen nicht einmal dar: Im Spiel wird lediglich angezeigt, wie das Befinden der Crew als Ganzes sei. Mit der zunehmenden Dauer der Expeditionen, den schrumpfenden Vorräten und dem Ausbleiben von Beute wächst die Gefahr einer Meuterei. Auch der Protagonist von Monkey Island ist größtenteils ein Einzelkämpfer;

---

12 »Though evidence is sketchy, most pirates seem not to have been bound to land and home by familiar ties or obligations. Wives and children were rarely mentioned in the records of trials of pirates, and pirate vessels, to forestall desertion, often would ›take no Married man‹«: ebd., S. 67. – Die Beziehung des Protagonisten zerbricht während des Spiels, dramaturgisch gesehen vermutlich um die Beziehung Kenways zu einer Piratin zu ermöglichen.

13 Vgl. ebd., S. 70.

14 Vgl. Robert Bohn, *Die Piraten*, München: Beck 2003, S. 13.

15 Vgl. ebd., S. 111.

andere Piraten trifft er nur auf seinen Missionen. BLACK FLAG tritt zwar insofern hervor, als dass das Spiel auch von den persönlichen Beziehungen zwischen Kenway und anderen Piraten bzw. handelnden Personen lebt, aber die Crew an sich spielt hier abermals keine Rolle.

Neben dem sozialen Aspekt eines gemeinsamen Traumas einte die Piraten des 17. Jahrhunderts oftmals der Hass auf alles Spanische und damit Katholische: Die ersten Freibeuter waren Hugenotten aus Frankreich, später überwogen die Engländer. So wurde der kontinentaleuropäische Glaubenskrieg auch auf der karibischen See ausgetragen. Erst gegen Ende des Piraterіewesens und mit dem Aufstreben Englands als Seemacht verschwammen die nationalen und religiösen Zugehörigkeitsgefühle. Englische Schiffe wurden nunmehr auch für englische Piraten zur lukrativen Beute.[16] In PIRATES! wird mit einem solchen System des ›Jeder gegen jeden‹ gespielt, wenn man die Flagge auswählen kann, die je nach Beuteziel oder angesteuertem Hafen gehisst werden soll. Hier wird auf die Taktik zurückgegriffen, unter neutraler oder freundlicher Flagge zu fahren, um sich der Beute ungestört nähern zu können.[17] Allenfalls verweigert ab und zu ein Händler das Geschäft, weil man zuvor ein Schiff seiner Nation angegriffen hat.

Die historisch verbürgte Persönlichkeit Stede Bonnet als Wegbegleiter des Protagonisten Kenway verbindet in ASSASSIN'S CREED IV: BLACK FLAG das Klischee des Abenteurers mit dem seltenen Phänomen des Piraten als gut situiertem Bürger. 1688 als Sohn eines Plantagenbesitzers auf Barbados geboren, gehörte Bonnet eigentlich zur gesellschaftlichen Oberschicht. Er hatte zeitweise das Amt des Friedensrichters und Majors der Inselarmee inne.[18] Eines Tages rüstete er eine Schaluppe mit zehn Kanonen aus und fuhr eher schlecht als recht als Pirat zur See.

Auch in PIRATES! stammt die Hauptfigur aus dem wohlhabenden Bürgertum: Sid Meiers Protagonisten treibt allerdings nicht in erster Linie die Abenteuerlust an, sondern – nach der Entführung seiner Familie – das Streben nach Rache und Gerechtigkeit. Die (iOS-)Titelsequenz erzählt die Hintergrundgeschichte: Eine bürgerliche Familie sitzt am Tisch und will mit einem üppigen Mahl die baldige Rückkehr der Handelsflotte feiern, als der böse Marquis Montalbàn, Kreditgeber der

16 Vgl. Bernd Hausberger, *Piraten oder der Kampf um die Karibik zwischen Glorie und Anarchie*, in: *Die Karibik. Geschichte und Gesellschaft 1492–2000*, hrsg. von Bernd Hausberger und Gerhard Pfeisinger, Wien: Promedia 2005 (Edition Weltreligionen 11), S. 29–48, hier S. 39–48.

17 Vgl. Andreas Kammler, *Piraten* (wie Anm. 2), S. 192.

18 Vgl. Robert Bohn, *Die Piraten* (wie Anm. 14), S. 89.

Unternehmung, die Nachricht verkündet, dass die Flotte gesunken sei. Die Familie wird festgenommen, nur ein Junge kann entkommen. Er schwört Rache und heuert einige Jahre später auf einem Handelsschiff an. Dort muss er niedere Arbeiten verrichten und wird vom Kapitän physisch und psychisch misshandelt, so dass er eine Meuterei anzettelt. Ein Teil der Crew schlägt sich auf seine Seite. Der Kapitän wird im Duell bezwungen und auf einem Beiboot ausgesetzt,[19] während auf dem Schiff die Piratenflagge[20] gehisst wird. Der Protagonist wird zum Kapitän gewählt und stellt sich stolz hinters Steuerrad.[21] – In dieser Eingangssequenz wird die Verarbeitung moderner Stereotype und kollektiver Annahmen über Piraten besonders deutlich, die wegen ihres Wiedererkennungswertes den Vorrang gegenüber der Authentizität der Quellen genießen. Ehre, das Bedürfnis nach Gerechtig-

19 Das Aussetzen oder »marooning« von Kapitänen und anderen Besatzungsmitgliedern war eine tatsächliche Piratenpraxis, falls der Kapitän nicht getötet wurde oder sich wieder in die Gemeinschaft einreihen durfte. Wie mit dem Kapitän verfahren wurde, war häufig eine demokratische Entscheidung der Crew, vgl. Marcus Rediker, *Outlaws of the Atlantic* (wie Anm. 11), S. 63. »Nach der Eroberung eines Schiffes hielten sie [die Piraten] nicht selten Gerichtshof über [den] Kapitän, den sie grausam bestraften, wurden von der Mannschaft Klagen über ihn geäußert«: Bernd Hausberger, *Piraten oder der Kampf um die Karibik* (wie Anm. 16), S. 42.

20 Die Macher des Spiels haben sich für eine der berühmtesten Piratenflaggen mit dem Totenkopf vor gekreuzten Knochen entschieden. Diese Flagge war eigentlich Kapitän Richard Worley zugeschrieben und war eine Variante des »Jolly Roger«. Jeder Kapitän hatte seine eigene Flagge, so dass man wusste, mit wem man es zu tun bekam. Allerdings begann diese Mode erst um 1700, während das Spiel vorher angesiedelt ist. Bevor personalisierte Flaggen aufkamen, hissten die Piraten die rote Flagge der Quarantäneschiffe, um ihre Letalität deutlich zu machen. Später kamen bekanntlich verschiedene Symbole auf: ein blutendes Herz, Pfeil oder Speer, Skelett, Entermesser und vieles mehr.

21 Laut Johann Heinrich Zedler waren die Funktionen des Kapitäns und des Steuermanns klar voneinander getrennt. Der Steuermann oder Pilot musste hervorragende Kenntnisse der Navigation besitzen, da er für den Kurs des Schiffes verantwortlich war und besonders in Angriffssituationen den Erfolg entscheidend bestimmte. Er agierte normalerweise in Schichten gemeinsam mit einem bis zwei weiteren Kollegen. Sie unterstanden dem Kapitän, der zwar auch navigieren können sollte, aber eher für die gesamte Expedition den Kurs vorgab: *Grosses vollständiges Universal-Lexicon Aller Wissenschafften und Künste*, Halle und Leipzig: Zedler 1731–1754, Bd. 5 (1733), S. 656, Bd. 28 (1741), S. 197f. – Dass der Protagonist des Spiels also vom einfachen Handlanger aufsteigt und schließlich in Personalunion die Aufgaben sowohl des Kapitäns als auch des Steuermanns übernimmt, ist utopisch.

keit – Gerechtigkeit durch Rache ist für Piratenstoffe geradezu paradigmatisch[22] – und die Hoffnung auf Wiedervereinigung der Familie als Ausgangspunkte lassen in Verbindung mit der Darstellung schlechter Lebensbedingungen an Bord des Handelsschiffes kein anderes Bild mehr zu als das des guten, ehrbaren Piraten,[23] der nach Erfüllen seiner Aufgabe ins bürgerliche Leben zurückkehren wird. Alle Vergehen oder moralisch zweifelhaften Spielentscheidungen verlieren vor diesem Hintergrund ihre Schärfe.

Wie wurde man Pirat?

Voraussetzung und Erklärung für die nautischen Erfolge der Piraten war die Tatsache, dass die meisten von ihnen ausgebildete Seeleute waren. Auf Marine- oder Handelsschiffen angeheuert, flohen sie wie gesagt vor Unterbezahlung, schlechten Arbeitsbedingungen und geringen Aufstiegschancen.[24] Ein Seemann konnte aber auch den direkten Weg wählen und nach dem Entern des eigenen Schiffs durch Piraten freiwillig zu ihnen überlaufen.[25] So hat man in SID MEIER'S PIRATES! regelmäßig nach der Übernahme eines Schiffes die Wahl, Überläufer in die eigene Crew aufzunehmen oder nicht.

Ein nicht unerheblicher Prozentsatz der Piratenbesatzungen wurde allerdings nach Kämpfen gezwungen, sich der Crew anzuschließen. Vor allem speziell ausgebildete Arbeitskräfte wie Steuermänner, Schiffszimmermänner, Küfer, Wundärzte, Köche, Tischler etc. wurden meist dringend benötigt[26] und genötigt, sich der Crew anzuschließen. Das geschah nicht nur auf See, sondern teils auch in Häfen; in PIRATES! wird dieser Prozess euphemistisch »überreden« oder »überzeugen« genannt. Gerade laut den überlieferten Gerichtsakten (siehe Anm. 10 und 49) benutzten Piraten häufig das Argument des »pressing« als Grundlage ihrer Unschuldsbehauptung. Ein ausschließlich freiwillig erfolgter Zusammenschluss

22 Vgl. Marcus Rediker, *Outlaws of the Atlantic* (wie Anm. 11), S. 77.

23 Auch Eugen Pfister beschreibt den »stereotyp edelmütigen Piraten, der nur durch äußere Umstände dazu gezwungen wurde, ein Leben als Gesetzloser zu führen, und dem es am Ende der Erzählung immer gelingt, sich wieder erfolgreich in die Gesellschaft einzugliedern«: *Das Piratenbild in Computerspielen* (wie Anm. 6), S. 200.

24 Vgl. David Cordingly, *Life Among the Pirates* (wie Anm. 3), S. 21.

25 Vgl. Marcus Rediker, *Outlaws of the Atlantic* (wie Anm. 11), S. 65.

26 Vgl. David Cordingly, *Life Among the Pirates* (wie Anm. 3), S. 21.

der besiegten Mannschaft wurden den Quellen zufolge meist an Land gebracht.[30] Im iOS-/Android-Spiel ASSASSIN'S CREED: PIRATES (Ubisoft Paris/Ubisoft, 2013) geht es dagegen – neben Jump-'n'-Run-Missionen in einstürzenden Mayatempeln, Wal- und Fischfang sowie Schatzsuche – zum Großteil darum, Schiffe ohne vorherige Plünderung zu versenken: Hier wurde zugunsten des Spielspaßes an der Geschichte vorbei produziert. Ein gesunkenes Schiff warf schließlich keinen Gewinn, keine »Prise« mehr ab. Vielmehr entwickelten die historischen Piraten sogar spezielle Munition, die zwar die Besatzung schwächte, das Boot aber unversehrt ließ.[31]

Stand der direkte Kampf bevor, so wurde versucht, den Kapitän gezielt zu töten oder gefangen zu nehmen, um unter der Besatzung Panik zu verbreiten. Die Duelle, die in PIRATES! geführt werden, um ein Schiff zu übernehmen, geschehen dementsprechend stets zwischen der Spielfigur und dem Kapitän der gegnerischen Mannschaft. Der Sieg über den Kapitän bedeutet sodann die Entscheidungshoheit über Ladung, Mannschaft und Schiff: Das Spiel greift hier die gängige Praxis auf, auch wenn sie zugunsten des Spielflusses vereinfacht wird.

Musik

Das Designerteam von ASSASSIN'S CREED IV: BLACK FLAG hat als Begleitmusik einige Shantys einsingen lassen. Durch die grobe Ausführung dieser Lieder mit dem Schema Vorsänger – Nachsänger wird vermutlich ein recht authentisches Bild vergangener Musiziersituationen gemalt. Im Spiel kommen mehr als 50 dieser Shantys vor, darunter ›Evergreens‹ wie *Drunken Sailor* oder *Dead Horse*, aber auch *Captain Kidd*, eines der wenigen piratenspezifischen Shantys. Als Beispiele mündlich tradierter Worksongs sind zu solchen Liedern heute nur wenige schriftliche Zeugnisse[32] aus dem 17. und 18. Jahrhundert überliefert. Zudem ist zu fragen,

30 Vgl. Andreas Kammler, *Piraten* (wie Anm. 2), S. 198.

31 Vgl. ebd., S. 176.

32 In der Sammlung *The Early Naval Ballads of England* (hrsg. von James Orchard Halliwell-Phillipps, London: The Percy Society 1841) stehen einige frühe Texte von Shantys, darunter eines, das 1400 auf einem Pilgerschiff auf dem Weg von England nach Santiago de Compostela gesungen worden sei. Vgl. auch die Sammlungen *Wit and Mirth, or Pills to Purge Melancholy* (hrsg. von Thomas D'Urfrey, London: Pearson 1719/20) und aus neuerer Zeit *Songs of the Sea* (hrsg. von Terry L. Kinsey, London: Hale 1989).

ob sich allgemeine Seemannslieder von denen der Piraten signifikant unterschieden oder ob, gerade wegen des hohen Aufkommens ehemaliger Handels- oder Marineseeleute, das Repertoire zum Großteil deckungsgleich war.

Während in BLACK FLAG Notenblätter gesammelt werden können, die das Liedrepertoire erweitern, sind es in PIRATES! Instrumente, die die Moral der Crew heben sollen. Unter anderem kann man eine Geige und sogar ein Bandoneon erhalten. An dieser Stelle wird allerdings ein erheblicher Recherchefehler deutlich, da das Bandoneon erst nach 1800 gebaut wurde: Das Klischee des typischen Seemannsinstrumentes wird der historischen Realität vorgezogen.[33]

Schätze

Spätestens mit Robert Louis Stevensons Abenteuerroman *Treasure Island* (1881/82) hatte sich das Klischee des Piratenschatzes etabliert und wurde seitdem über Generationen hinweg weitergetragen. Voraussetzung für die Existenz von Piratenschätzen musste jedoch sein, dass Piraten ihr erbeutetes Geld aufheben wollten. Wer aber wirklich im Piratengeschäft tätig war, wusste nicht, ob er von der nächsten Tour überhaupt zurückkehren und die Insel, auf der er seinen Schatz vergraben hatte, jemals wiedersehen würde. Nicht nur deswegen haben die meisten Piraten das Geld in Tavernen und Bordellen ausgegeben und ihr Leben in vollen Zügen genossen. Die Piratenhochburg Port Royal auf Jamaica mit gerade einmal 3.000 Einwohner_innen konnte zwischen 1665 bis 1685 nicht weniger als 19 Neu-

33 Zur Musik bei den Piraten ist wenig bekannt. David Cordingly spricht von Gesang, Tanz, Fideln und sogar kleinen Orchestern an Bord von Marineschiffen, schränkt aber sogleich ein: »To what extent the pirates employed music is hard to tell from the fragmentary records«: *Life Among the Pirates* (wie Anm. 3), S. 115. Gesicherte Belege über Musiker an Bord sind selten. Bei der Gefangennahme der Crew der Royal Fortune um Bartholomew Roberts im Jahre 1722 waren zwei Musiker an Bord, mindestens einer von ihnen war Geiger. Vor Gericht wurde berichtet, dass die Crew spanische und französische Lieder aus einem holländischen Gebetbuch gesungen hat (vgl. ebd., S. 115f.). In den 1592 und 1628 erschienenen und autorisierten Reiseberichten von Francis Drake kann man von Trommeln und Trompeten (Sir Francis Drake, *Pirat im Dienst der Queen. Berichte, Dokumente und Zeugnisse des Seehelden und seiner Zeitgenossen 1567–1586*, hrsg. von John Hampden, Wiesbaden: Erdmann 2009, S. 73), ausgezeichneten Musikern (S. 171), gesungenen Psalmen (S. 256) und anderem mehr lesen.

registrierungen von Tavernen verzeichnen und es durch den erheblichen Geldfluss mit der damals größten Stadt der Neuen Welt – Boston mit 7.000 Einwohner_innen – aufnehmen. Die englische Krone überlegte zeitweise sogar, vor Ort eine Münzprägeanstalt zu eröffnen. 1683 schrieb der Anwalt Francis Hanson: »In Port Royal there is more plenty of running Cash (proportionately to the number of its inhabitants) than is in London.«[34] Eine Person gab in einer Nacht durchaus 2.000 bis 3.000 Pieces of Eight aus,[35] was heute umgerechnet der Kaufkraft von 110.000 bis 170.000 Euro entspricht.[36] »Erworbener Reichtum wurde verspielt und vertrunken, was man als Primitivität, aber auch als Verachtung materiellen Besitzes und der dominanten Gesellschaft mit ihren puritanischen Tugenden wie Sparsam- und Genügsamkeit deuten kann.«[37] Wegen seiner Bars und Freudenhäuser sowie seiner zwielichtig erscheinenden Einwohner_innen galt Port Royal als »the Sodom of the New World«[38] – passenderweise ging es auch durch eine (Natur-)Katastrophe unter[39] –: Die Stadt ist also das beste Beispiel dafür, dass Piraten ihr Geld gewiss nicht aufbewahrt, sondern stattdessen ausgegeben haben. Wenn in Assassin's Creed IV: Black Flag immer wieder Schätze gefunden und geborgen werden sollen oder man in Sid Meier's Pirates! in Nebenmissionen anhand von Karten deren Verstecke finden kann, dient das demnach der Bestätigung des Piratenschatz-Klischees, nicht der Rekonstruktion von Geschichte:[40] Der seit Stevenson gängige Mythos der verborgenen Schätze wird aufrechterhalten und weitergeführt.

34 Zitiert nach Terry Breverton, *Admiral Sir Henry Morgan. King of the Buccaneers*, Gretna: Pelican 2005, S. 51.

35 Vgl. ebd., S. 51; Kris E. Lane, *Pillaging the Empire. Piracy in the Americas, 1500–1750*, Armonk: Sharpe 1998 (Latin American Realities), S. 106.

36 Berechnung nach Francis Turner, *Money and Exchange Rates in 1632*, <projects.exeter.ac.uk/RDavies/arian/current/howmuch.html> (Abruf am 10. April 2017).

37 Bernd Hausberger, *Piraten oder der Kampf um die Karibik* (wie Anm. 16), S. 41.

38 Zitiert nach Terry Breverton, *Admiral Sir Henry Morgan* (wie Anm. 34), S. 51.

39 Nachdem Port Royal im Jahre 1692 von einem Erdbeben und anschließender Flutwelle fast vollständig zerstört wurde, baute man eine neue Stadt gegenüber auf, Kingston.

40 Andreas Kammler verweist auf den Ausnahmefall von Rock Brasiliano, der eine nicht unwesentliche Summe in Sicherheit gebracht hatte. Brasiliano verriet den Behörden das Versteck, der Schatz wurde gehoben: *Piraten* (wie Anm. 2), S. 209f.

Gesetze

Piraten waren keine gesetzlose Gemeinschaft. Schon 1640 entstand der *Bund der Brüder der Küste* bzw. *Les frères de la côte*, in dem das Leben an Bord, das Verhalten während der Kriegszüge und die Verteilung der Beute geregelt wurde.[41] Für alle Besatzungsmitglieder galten klare Regeln, die unter Strafandrohung zu befolgen waren und auf die vor Fahrtantritt ein Eid geleistet wurde.[42] Diese Regeln bildeten zugleich die Grundlage einer protodemokratischen Gemeinschaft, in der durchlässige Strukturen, Gleichberechtigung und Mitspracherecht einen großen Platz einnahmen.[43]

So wurde der Kapitän eines Piratenschiffes demokratisch gewählt und konnte bei Unzufriedenheit der Mannschaft auch wieder abgewählt werden. SID MEIER'S PIRATES! stellt diese demokratische Wahl leicht vereinfacht dar, indem durch lautes Grölen das allgemeine Einverständnis zur Wahl des neuen Kapitäns ausgedrückt wird. Den Quellen zufolge übernahm der Quartiermeister als Bindeglied

41 Vgl. Bernd Hausberger, *Piraten oder der Kampf um die Karibik* (wie Anm. 16), S. 40f.

42 »Dis alles wird vorher vom Capital abgezogen und dann der Überrest gleich getheilt in so viel Theile als Mann auf dem Schiffe sind. [...] So mag auch in Eroberung eines Schiffes niemand etwas plundern oder nehmen / solches für sich zu behalten / sondern es wird alles eroberte an Geld / Juwelen / köstlichen Steinen und Gütern unter sie gleich getheilet / also daß keiner einen Pfenning mehr weder der ander darvon geniest; und damit kein Betrug unterlauffe / ist ein jeder / ehe das Gut getheilet wird / verbunden / mit Auflegung zweyer Finger auf die Bibel / einen Eid zu schweren«: Alexandre Exquemelin, *Die Americanische See-Räuber* (wie Anm. 10), S. 119.

43 Vgl. Robert Bohn, *Die Piraten* (wie Anm. 14), S. 42 und 111. – »This social order, articulated in the organisation of the pirate ship, was conceived and deliberately constructed by the pirates themselves. Its hallmark was a rough, improvised, but effective egalitarianism that placed authority in the collective hands of the crew. A core value in the broader culture of the common tar, egalitarianism was institutionalized aboard the pirate ship«: Marcus Rediker, *Outlaws of the Atlantic* (wie Anm. 11), S. 67f. Dennoch waren die europäischen Männer in ihrer Kultur so verwurzelt, dass auch in ihrer freiheitsliebenden Mikrogesellschaft die Hautfarbe eine Rolle spielte: So durften trotz eines vermutlich hohen Anteils westafrikanischer Männer oder entlaufener Sklaven an Bord von Piratenschiffen dunkelhäutige Männer keine Waffe tragen und waren für niedere Aufgaben zuständig: vgl. David Cordingly, *Life Among the Pirates* (wie Anm. 3), S. 27f.

die Interessenvertretung der Mannschaft und war zugleich der wichtigste Berater des Kapitäns.[44]

Alkohol

Auf die Regeln wurde vor Fahrtantritt oder bei Kapitänswechsel von allen Männern an Deck ein Eid geschworen.[45] Ein überliefertes Regelwerk von Bartholomew Roberts gibt u. a. Aufschluss über die Verteilung von Spirituosen. Darin heißt es:

> »Jeder Mann hat [...] den gleichen Anspruch auf frische Lebensmittel oder starke Spirituosen, unabhängig davon, wann sie erbeutet wurden, und darf sie genießen, wann immer es ihm gefällt.«[46]

Jeder Pirat hatte nicht nur uneingeschränkten Zugang zur Kapitänskajüte, sondern auch zum Rumvorrat, es sei denn, die Vorräte gingen zur Neige. Rum hielt die Crew an Land und auf See bei Laune. Bart Roberts wurde sein eigenes Regelwerk 1722 allerdings zum Verhängnis, als er nicht zuletzt deshalb so leicht gefangen genommen werden konnte, als die Hälfte der Crew zu betrunken war, um zu kämpfen. So nimmt es nicht Wunder, dass Piraten in ihrer aktiven Zeit im Allgemeinen als alkoholabhängig, grausam und unberechenbar beschrieben wurden.[47]

Alkohol spielt in den ausgewählten Videospielen allerdings nur eine untergeordnete Rolle. Die zentrale Rolle der Spirituosen im Alltag wird in ASSASSIN'S CREED IV: BLACK FLAG immerhin im Hintergrund vermittelt: Als Edward Kenway

---

44 Ein Beispiel für die Strukturen an Bord gibt Thomas Carey, *The History of the Pirates, containing the Lives of those noted Pirate Captains, Mission, Bowen, Kidd, Tew,* [...] *And their several Crews,* Hartford: Benton 1829, S. 77: »Encouraged by this success, Capt. Tew proposed going in quest of the other five ships, of which he had intelligence from the prize; but the quartermaster opposing him, he was obliged to drop the design, and steer for Madagascar.«

45 Vgl. Marcus Rediker, *Outlaws of the Atlantic* (wie Anm. 11), S. 68.

46 Thomas Pierson, *Piraten – Skizzen eines prekären Rechtslebens,* in: *Zeitschrift der Savigny-Stiftung für Rechtsgeschichte, Germanistische Abteilung* 128, 2011, S. 169–211, hier S. 209 bis 211; deutsche Übersetzung des Zitats aus dem Programmheft der Musikalischen Komödie Leipzig zur Operette *The Pirates of Penzance* von Arthur Sullivan (Spielzeit 2016/17).

47 Vgl. Robert Bohn, *Die Piraten* (wie Anm. 14), S. 46f.

eine eingenommene Insel als Stützpunkt auf- und ausbaut, wird er als erstes gebeten, eine Taverne zu errichten. Viele Zwischensequenzen spielen in diversen Gasthäusern, einige Figuren darin sind auch eindeutig dem Rum (zu) sehr zugeneigt. So wird John Rackham alias »Calico Jack« als dauerbetrunkener Draufgänger dargestellt, während Kenways Piratenkollegen neue Pläne entwickeln und im Hintergrund der eine oder andere Pirat seinen Rausch auf dem Tisch ausschläft.

Auch im ersten Kapitel von THE SECRET OF MONKEY ISLAND muss Guybrush Threepwood immer wieder in die »Scumm Bar« genannte Taverne gehen – ein Wortspiel aus englisch *scum* für »Abschaum« und der SCUMM (Script Creation Utility for Maniac Mansion)-Engine, auf deren Version 4 das Spiel 1990 lief –, um dort die nötige Ausrüstung zu sammeln und Aufträge entgegenzunehmen. Seinen Widersacher LeChuck bekämpft er im Sinne der Dekonstruktion von Stereotypen dann aber nicht mit Grog – oder dessen Varianten »Diet Grog«, »Cherry Grog«, »Grog Classic« und »Caffeine Free Grog« aus dem Getränkeautomaten –, sondern mit alkoholfreiem »root beer«, das in seiner sozialen Funktion als Getränk für Jugendliche ungefähr dem deutschen Malzbier ähnelt.

In SID MEIER'S PIRATES! dient die Taverne als Ort, um neue Crewmitglieder zu finden, aber auch, um unter der Hand mehr oder weniger relevante Gegenstände zu kaufen und um den neuesten Klatsch und Tratsch aus der Seefahrerwelt zu erfahren, etwa welcher Pirat oder Kapitän gerade wo gesehen wurde. Hier kann auch zwischen dem Protagonisten und einem der Kellnerin zudringlichen Gast ein Duell ausgefochten werden. Der eventuelle Alkoholkonsum des jeweils agierenden Protagonisten hat aber in allen drei Spielen keine weiteren Auswirkungen.

Atmosphäre

Selbst wenn in ASSASSIN'S CREED IV: BLACK FLAG das Wetter wechselt und das Schiff durch Unwetter und Wolkenbrüche manövriert werden muss oder wenn die gefangenen Sklaven unter Deck in Ketten gelegt ihr Dasein fristen, kommt keine ungemütliche Stimmung auf. Die Schiffe sind aufgeräumt und großzügig, es gibt jede Menge Platz, und eventuelle Gerüche können über Spielkonsolen bisher nicht transportiert werden. Das Piratenleben scheint hier tatsächlich voller Abenteuer zu sein, nach deren Beendigung man an Land zurückkehrt, um am Lagerfeuer die Flasche herumgehen zu lassen. Robert Bohn zeichnet allerdings ein völlig anderes Bild des mühsamen Piratenalltags, das in den drei Verarbeitungen kaum eine Rolle spielt:

> »So hockten die Piraten mitunter wochenlang in meist drangvoller Enge auf einem stinkigen, verlausten Segelschiff, das sich schwankend zwischen den beiden Wendekreisen des Krebses bewegte, wo brütende Hitze und drückende Schwüle oder sintflutartiger Regen die Lebensbedingungen an Bord zusätzlich erschwerten.«[48]

Mögliche Enden einer Piratenkarriere

Die vielleicht aufschlussreichste, da am wenigsten ausgeschmückte Quelle zur Piraterie sind die Gerichtsakten der Piratenprozesse.[49] Das für Strafsachen zuständige königliche Gericht Englands unterstand dem *common law*, das sich an Präzedenzfällen orientierte, deren Protokolle in Jahrbüchern zusammengefasst tradiert wurden. Aus älteren Urteilen leitete man die Strafe für das aktuell zu verhandelnde Verfahren ab.[50] Das ist für die heutige Forschung ein glücklicher Umstand, denn so stehen zahlreiche Protokolle zur Verfügung und erleichtern u. a. die Antwort auf die Frage, wie eine Piratenkarriere zu Ende ging.

Zum Klischee des romantisierten Piraten gehört das seit dem Mittelalter tradierte Bild des Heldenschicksals: Sieg oder Tod. Der schon angesprochene Dualismus kommt auch hier zum Tragen: Entweder stirbt der gute Pirat durch die Hand des bösen Piraten (bzw. des bösen Offiziers) oder er geht aus diesen Duellen siegreich hervor. In jedem Fall unterliegt er einem Ehrenkodex, der ihn vor unmoralischen Entscheidungen bewahrt. Die zu besiegenden und vor allem in ASSASSIN'S CREED IV: BLACK FLAG zu tötenden Duellpartner bleiben in allen Spielen unnahbar, unidentifiziert und unpersönlich. Der Kampf soll Spaß machen und

48 Robert Bohn, *Die Piraten* (wie Anm. 14), S. 116.

49 *A Complete Collection of State-Trials, and Proceedings upon High-Treason*, hrsg. von Thomas Salmon und Sollom Emlyn (wie Anm. 10). Seit dem *Second Act of Grace* konnten Prozesse auch in der Neuen Welt geführt werden, so dass dort ebenfalls Akten überliefert sind, siehe etwa *The Tryals of Captain John Rackham, and Other Pirates*, Jamaica: Baldwin 1721.

50 Gerhard Köbler, *Zielwörterbuch europäischer Rechtsgeschichte*, <www.koeblergerhard.de/ZusammenfassendesWoerterbucheuropaeischerRechtsgeschichte.pdf> (Zugriff am 26. Mai 2017), Stichwörter *Court of King's Bench* (S. 116), *Englisches Recht* (S. 168) und *Fallrecht* (S. 192f.).

die Spieler_innen nicht damit konfrontieren, dass sie das Leben von Menschen zum Teil wahllos beenden. In SID MEIER'S PIRATES! müssen die Gegner auch gar nicht sterben, sondern werden bloß auf amüsante Art und Weise vom Schiff befördert. Einen völlig anderen Weg ging wieder einmal das Designerteam von THE SECRET OF MONKEY ISLAND: Duelle werden nicht mit dem Schwert entschieden, sondern mit Worten. Der Protagonist muss in verbalen ›Kämpfen‹ erlernen, wie man auf Beleidigungen möglichst ›schlagfertig‹ antwortet, um schließlich sogar die Schwertmeisterin von Mêleé Island – neben der Gouverneurin Elaine Marlay als scheinbarer »Damsel in Distress« eine der weiblichen Figuren des Spiels – in die Knie zwingen zu können.

Im Gegensatz zu ihren stereotyp heldenhaften Abbildern späterer Fiktionen starben die meisten historischen Piraten allerdings selten ›ehrenvoll‹ im Kampf, bei Duellen oder Seeschlachten:

> »They got a hard, close look at death. Disease and accidents were commonplace in their occupation, natural disasters threatened incessantly, rations were often meager, and discipline was brutal, even murderous on occasion.«[51]

Nur etwa die Hälfte der Piraten hatte das Glück, diese immerwährende Nähe und Unmittelbarkeit des Todes zu überleben und älter als 30 Jahre zu werden.[52] Die anderen starben vorher an Krankheiten oder Mangelernährung, bei Unfällen oder Stürmen. Wegen dieser Gefahren für Leib und Leben gehörten zu den Regeln der Piraterie auch ausgefeilte Versicherungssysteme: Der zu Beginn der Fahrt zu beschwörende Regelkodex bestimmte oftmals die Höhe und Art der Entschädigungen, die an ein Crewmitglied bei Verletzung gezahlt werden sollte und von der gesamten Prise des Beutezugs abgezogen wurde. Ein abgetrennter rechter Arm wurde beispielsweise mit 600 Pieces of Eight oder sechs Sklaven aufgewogen, ein linker Arm oder das rechte Bein mit 500 Pieces of Eight oder fünf Sklaven, ein linkes Bein mit 400 Pieces of Eight oder vier Sklaven, ein Auge mit 100 Pieces of Eight oder einem Sklaven.[53]

Wer das Leben auf See überstand, wurde trotzdem oft genug gefangen und nach einer Gerichtsverhandlung (manchmal mit, manchmal ohne Anwalt) auf dem

51 Marcus Rediker, *Outlaws of the Atlantic* (wie Anm. 11), S. 65.

52 Vgl. Kris E. Lane, *Pillaging the Empire* (wie Anm. 35), S. 186.

53 Vgl. Alexandre Exquemelin, *Die Americanische See-Räuber* (wie Anm. 10), S. 119.

Londoner Execution Dock, »the usual Place for the Execution of Pirates«,[54] hingerichtet. Spanische Gerichte befanden meist auf Ketzerei, das Urteil zog den Tod im Kerker oder auf dem Scheiterhaufen nach sich. Im besten Falle wurde der Delinquent als Sklave in Bergwerken oder Plantagen eingesetzt.[55] Wer trotz allem lebendig davonkam – etwa durch die Amnestieangebote der englischen Regierung –, ließ sich in der Regel als Landbesitzer nieder.

Dass alle Protagonisten der untersuchten Spiele ihre Zeit als Piraten überleben, ist also mehr als ungewöhnlich, aber für den Spielverlauf unerlässlich. Beim Spielen von SID MEIER'S PIRATES! fällt allerdings eine Besonderheit auf: Der Protagonist altert. Seine Gesichtszüge verändern sich, seine Reaktionsfähigkeit und -schnelle nehmen ab.[56] Sterben ist im Spiel trotzdem nicht vorgesehen. In THE SECRET OF MONKEY ISLAND könnte der Protagonist zwar in der Tat an einer Stelle sterben, allerdings letzten Endes nur dann, wenn die Spieler_innen es unbedingt darauf anlegen, Guybrush Threepwood ertrinken zu lassen. Kenway, der Protagonist von ASSASSIN'S CREED IV: BLACK FLAG, übernimmt am Ende des Spiels die Verantwortung für seine Tochter, segelt zurück nach England und gründet eine neue Familie. Die letzte Szene spielt in einem Opernhaus, das er mit seinen zwei Kindern besucht. Außer ihm sterben aber fast alle anderen handlungstragenden Personen. Unter anderem sieht man in einer Zwischensequenz den Gerichtsprozess der Anne Bonny und Mary Read, den einzigen namentlich bekannten Piratinnen des 17. und 18. Jahrhunderts.[57] Sie bekennen sich schuldig und werden zum Tode ver-

54 *A Complete Collection of State-Trials, and Proceedings upon High-Treason*, hrsg. von Thomas Salmon und Sollom Emlyn (wie Anm. 10), Fall 158, S. 17.

55 Vgl. Robert Bohn, *Die Piraten* (wie Anm. 14), S. 28.

56 Vgl. Gunnar Sandkühler, *Sid Meier's Pirates!* (wie Anm. 28), 191f.

57 Im 18. Jahrhundert war Travestie in verschiedenen Formen keine Seltenheit. Vor allem Frauen flohen vor schwierigen Lebenssituationen in die Männerwelt der Armee, der Marine oder als ›Seemänner‹ auf Handelsschiffe: Robert Bohn, *Die Piraten* (wie Anm. 14), S. 103. Frauen, die als Männer verkleidet waren, nahmen männlich konnotierte Verhaltensmuster an, kämpften mit ihren Kollegen Seite an Seite und verbargen um jeden Preis ihre weiblichen Attribute. Es wird eine hohe Dunkelziffer bezüglich verkleideter Frauen auf Schiffen angenommen, vgl. David Cordingly, *Life Among the Pirates* (wie Anm. 3), S. 73–97. Charles Johnson erzählt in seiner *General History of the Robberies and Murders of the Most Notorious Pyrates* (wie Anm. 10) ausführlich die Geschichte von Anne Bonny und Mary Read: Beide trugen als uneheliche Kinder seit jeher Jungen- und Männerkleidung. Mary Read kämpfte als Soldatin in Flandern und Holland. Als ihr dortiger Geliebter starb, suchte sie ihr Glück auf einem niederländischen Schiff,

urteilt. Da sie aber nach der Urteilsverkündung vorgeben, schwanger zu sein, werden sie bis zur Geburt ihrer Kinder ins Gefängnis gesperrt.[58] Anne konnte aus dem Gefängnis fliehen, zu Mary sind keine weiteren Zeugnisse bekannt. Das Spiel schließt sich der Meinung an, dass sie vermutlich im Gefängnis gestorben ist.

⁂

Sid Meier's Pirates!, The Secret of Monkey Island und Assassin's Creed IV: Black Flag zeigen im Detail also drei verschiedene Strategien des Umgangs mit den Stereotypen der Piraterie auf. Sid Meier hat sich während der Vorbereitung auf Pirates! mit den damals zur Verfügung stehenden geschichtlichen Quellen genau auseinandergesetzt und wollte das Spiel explizit auf einen historisch fundierten Grund stellen.[59] Das Ergebnis ist zum Teil erstaunlich detailgetreu, wobei auch Meier gelegentlich die historische Rekonstruktion der Spielfreude unterordnet und sich dann mehr an den Stereotypen als an den Quellen orientiert.

Abseits von allen Details, die die Authentizität des Spiels und die Recherchetiefe betreffen, wird in Assassin's Creed IV: Black Flag eine für Spieler_innen

---

das bald von Piraten aufgebracht wurde. So schloss sie sich deren Crew an. Johnson schreibt, dass, als ihr Schiff von der Marine angegriffen wurde, »none kept the Deck except Mary Read and Anne Bonny, and one more; upon which, she, Mary Read, called to those under Deck, to come up and fight like Men, and finding they did not stir, fired her Arms down the Hold amongst them, killing one, and wounding others« (S. 161f.).

58 »And further said, That the Two Woman, Prisoners at the Bar, were then on Board the said Sloop, and wore Mens Jackets, and long Trouzers, and Handkerchiefs tied about their Heads; and that each of them had a Machet and Pistol in their Hands, and cursed and swore at the Men, to murder the Deponent [...]. Then the said Two Witnesses declared, [...] That they were very active on Board, and willing to do any Thing; That *Ann Bonny*, one of the Prisoners at the Bar, handed a Gun-powder to the Men That when they saw any Vessel, gave Chase, or Attacked, they wore Men's Cloaths; and, at other Times, they wore Women's Cloaths; That they did not seem to be kept, or detain'd by Force, but of their own Free-Will and Consent. [...] After Judgement was pronounced, as aforsaid, both the Prisoners inform'd the Court, that they were both quick with Child, and pray that Execution of the Sentence might be stayed. Whereupon the Court ordered, that Execution of the said Sentence should be respited, and that an Inspection should be made«: *The Tryals of Captain John Rackham, and Other Pirates* (wie Anm. 49), S. 18f.

59 Vgl. Eugen Pfister, *Das Piratenbild in Computerspielen* (wie Anm. 6), S. 207.

des 21. Jahrhunderts nachvollziehbare und relevante Geschichte erzählt. Die Charaktere entwickeln sich während des Spiels, werden immer differenzierter dargestellt und ermöglichen die Identifikation oder zumindest das Sympathisieren mit ihnen. Dieser lebensweltliche und nicht explizit belehrende Zugang ist der Grundgedanke der populären Geschichtsvermittlung innerhalb von digitalen Spielen.[60] Im Besonderen wurde die Handlung von den Spieledesigner_innen in einem realgeschichtlichen Referenzrahmen verortet, der die grafisch-gestaltliche Realität in Form von Architektur, Kleidung, Waffen, Schauplätzen etc. rekonstruiert.[61] Außerdem wird versucht, die äußere Wirklichkeit der karibischen Piraterie auch akustisch – durch Shantys ebenso wie durch weitere Onscreen-Geräusche – zu imitieren.

Wie in der ASSASSIN'S CREED-Serie üblich, stellten die Entwickler_innen dem Spiel eine Beschreibung des Anspruchs voran – es sei »inspired by historical events and characters«. So reklamieren sie einerseits, in der Umsetzung historischer Gegebenheiten präzise gearbeitet zu haben, andererseits suggeriert der Zusatz »a work of fiction«, dass das Spiel bewusst und gewollt von der Geschichte abweicht.[62] Für Georg Lukác spielt dafür in einem Spiel nicht die Anzahl der genau wiedergegebenen ›historischen Fakten‹ die entscheidende Rolle, sondern »that its arrangement of these facts produces a certain form of historical consciousness.«[63] Martin Isaac Weis fasst den Zugang von ASSASSIN'S CREED IV: BLACK FLAG zur Frage der Historizität dann auch so zusammen, dass es in diesem Spiel nicht darum geht, die Vergangenheit – in einer Abwandlung des Satzes von Leopold von Ranke – so abzubilden, wie sie tatsächlich geschehen ist, sondern stattdessen so, wie sie hätte sein können.[64]

Ron Gilbert dagegen hatte bei der Entwicklung von THE SECRET OF MONKEY ISLAND gar nicht erst die Absicht, eine vorstellbare Realität der karibischen Pira-

60 Vgl. Tim Raupach, *Authentizität als Darstellung interaktiver Simulationsbilder populärer Videospiele mit historischem Setting*, in: *Frühe Neuzeit im Videospiel. Geschichtswissenschaftliche Perspektiven*, hrsg. von Florian Kerschbaumer und Tobias Winnerling, Bielefeld: transcript 2014 (Histoire 50), S. 99–115, hier S. 99.

61 Vgl. ebd., S. 107.

62 Vgl. Martin Isaac Weis, *The Ahistorical and the Historical Video Game*, in: *Frühe Neuzeit im Videospiel. Geschichtswissenschaftliche Perspektiven*, hrsg. von Florian Kerschbaumer und Tobias Winnerling, Bielefeld: transcript 2014 (Histoire 50), S. 117–126, hier S. 117.

63 Zitiert nach ebd., S. 118.

64 Vgl. ebd., S. 120.

terie zu rekonstruieren. Vielmehr ging es ihm im Zusammenhang der Lucasfilm Games-/LucasArts-Adventures darum, lustige Figuren und Situationen zu entwerfen.[65] Das Spiel greift alle relevanten Klischees auf und dekonstruiert sie ausnahmslos; aus einem Spiel über Piraten wird somit das Spiel mit den einschlägigen Stereotypen. Einem Anspruch auf Authentizität wird dagegen kein Stellenwert zugemessen: Stattdessen liegt gerade in der Absurdität der Witz und der Spaß am Spiel.

So lässt sich also auch an den Varianten der Darstellung von Piraten im Videospiel ein Gedanke zum heutigen Wissen über Piraterie im Allgemeinen explizieren, den David Cordingly wie folgt ausgedrückt hat: »Our picture of the pirates is inevitably fragmentary, and no more so than in the matter of their daily lives.«[66]

65 Vgl. Eugen Pfister, *Das Piratenbild in Computerspielen* (wie Anm. 6), S. 204.

66 David Cordingly, *Life Among the Pirates* (wie Anm. 3), S. 111.

Layers of Fear – ein Spiel mit Stereotypen?

Alexandra Vinzenz

Layers of Fear (Bloober Team/Bloober Team, 2016) wird gemeinsam mit der im gleichen Jahr erschienenen Erweiterung Layers of Fear: Inheritance im Allgemeinen dem Adventure-Genre zugerechnet.[1] Inhaltlich klassifizieren die Entwickler es als »psychedelic horror«[2] und spielen mit einschlägigen Stereotypen des Genres aus der Bildenden Kunst, dem Film und der Architektur, wenn sich im Spiel der Protagonist in streng linearer Ordnung durch ein Spukhaus bewegt. Mit einigen Jumpscares, aber ohne Jagd- und Kampfszenen (wie man sie im Genre des Survival-Horrors erwarten würde) verfehlt das Spiel nicht seine Wirkung: Layers of Fear wurde beispielsweise von Dominic Stetschnig als »Mindfuck auf höchstem Niveau«[3] bezeichnet. Solch ein Urteil setzt im Spiel ein hohes Maß an Immersionskraft voraus. Layers of Fear generiert diese nicht zuletzt aus Rückgriffen auf bewährte Strategien älterer Medien. Meine These basiert hierbei auf Umberto Ecos Theorie der ikonischen Codes: Visuelle Vorbilder müssen bereits aus einem ›Original‹ oder dessen abgeänderter Form (beispielsweise der Verfilmung eines Romans) bekannt sein, damit die Codierung entschlüsselt werden kann. Dann (und nur dann) können die visuellen Mittel als Kommunikation wahrgenommen und verstanden werden.[4] Es gilt im Folgenden

1 Bloober Team wurde im Jahre 2008 von Peter Babieno und Peter Bielatowicz in Kraków gegründet; vgl. <www.blooberteam.com/about.html> (Abruf am 21. März 2017).

2 *Layers of Fear*, <www.blooberteam.com/projects.html#lof> (Abruf am 21. März 2017).

3 Dominic Stetschnig, *Ich scheiß' mich an: Layers of Fear ist Mindfuck auf höchstem Niveau!*, 18. Februar 2016, <www.giga.de/spiele/layers-of-fear/specials/ich-scheiss-mich-an-layers-of-fear-ist-mindfuck-auf-hoechstem-niveau> (Abruf am 21. März 2017).

4 Umberto Eco, *Function and Sign. The Semiotics of Architecture*, in: *Rethinking Architecture. A Reader in Cultural Theory*, hrsg. von Neil Leach, Padstow: Routledge, Chapman & Hall 2006, S. 182–202.

also zunächst die visuelle Ebene von LAYERS OF FEAR zu analysieren und hinsichtlich ikonischer Codes, Vorbilder und Orientierungspunkte zu befragen. Erst dann kann der Frage der Kommunikation zwischen Spiel und Spieler_innen nachgegangen werden.

Methodisch bedeutet das eine primär kunsthistorische Zugangsweise zum Untersuchungsgegenstand. Auch wenn die bildästhetische Entwicklung des Computerspiels in den letzten Jahren verstärkt in den Fokus der Forschung gerückt ist,[5] werden dabei doch kaum bildwissenschaftliche Methoden verfolgt. In der deutschsprachigen Kunst- und Medienwissenschaft wird die Forschung zur Bildlichkeit des digitalen Spiels von vier Ansätzen dominiert:[6] Thomas Hensel thematisiert die (Selbst-)Reflexivität des Mediums,[7] Stephan Schwingeler die Ästhetik der Raumdarstellungen sowie auf Spielen basierende Kunstwerke,[8] Stephan Günzel nimmt die First-Person-(Shooter-)Perspektive als eine besondere Form des Simulationsbildes unter Berücksichtigung des Raums in den Blick,[9] Benjamin Beil untersucht das Avatarbild als Werkzeug zur Manipulation der Spielwelt.[10] Alle diese Positionen berühren die Frage der Beziehung von Bild und Spieler/in und streifen damit rezeptionsästhetische Ansätze. Dieser ursprünglich von Wolfgang Iser[11] entwickelte Ansatz ist von Wolfgang Kemp[12] in den kunsthistorischen Diskurs aufgenommen worden. Im zweiten Schritt nach der Analyse der visuellen Codes

5 Siehe den Literaturüberblick bei Benjamin Beil, *Avatarbilder. Zur Bildlichkeit des zeitgenössischen Computerspiels*, Bielefeld: transcript 2012 (Kultur- und Medientheorie), S. 8.

6 Über die deutschsprachige Literatur hinaus zeigen sich derzeit keine bildwissenschaftlichen Forschungen im Bereich des Computerspiels.

7 Siehe jüngst Thomas Hensel, *Zwischen »ludus« und »paidia«. »The Last of Us« als Reflexion des Computerspiels*, in: *New Game Plus. Perspektiven der Game Studies. Genres – Künste – Diskurse*, hrsg. von Benjamin Beil, Gundolf S. Freyermuth und Lisa Gotto, Bielefeld: transcript 2014 (Bild und Bit. Studien zur digitalen Medienkultur 3), S. 145 bis 183. Für Ende 2017 ist eine weitere Studie von Thomas Hensel angekündigt.

8 Stephan Schwingeler, *Die Raummaschine. Raum und Perspektive im Computerspiel*, Boizenburg: VWH 2008; ders., *Kunstwerk Computerspiel. Digitale Spiele als künstlerisches Material*, Diss. Universität Trier 2014, Bielefeld: transcript 2014 (Image 72).

9 Stephan Günzel, *Egoshooter. Das Raumbild des Computerspiels*, Frankfurt am Main und New York: Campus 2012.

10 Benjamin Beil, *Avatarbilder* (wie Anm. 5).

11 Wolfgang Iser, *Der Akt des Lesens. Theorie ästhetischer Wirkung*, München: Fink 1984.

12 Wolfgang Kemp, *Der Betrachter ist im Bild. Kunstwissenschaft und Rezeptionsästhetik* (1985), Neuausgabe Berlin: Reimer 1992.

von LAYERS OF FEAR wird im vorliegenden Beitrag daher nach der Wirkungsmacht und Immersionskraft der Bilder gefragt.

*
**

Der Spieler oder die Spielerin schlüpft in LAYERS OF FEAR in die Rolle eines dem Wahnsinn verfallenen Künstlers und steuert diesen aus der Egoperspektive durch ein altes Herrenhaus. Bei der Durchsuchung der Räume geben aufgefundene Notizen und Gegenstände sowie der Zustand des ›eigenen‹ Körpers und des Hauses Aufschluss über die Familiengeschichte und den Protagonisten. Dabei enthüllt sich die Geschichte eines Verfalls: Man erfährt, dass es sich um einen einst erfolgreichen und gefeierten Maler handelt, der ein Leben im Wohlstand führte. Seine hübsche, künstlerisch und musisch begabte Frau sah er bis zu ihren entstellenden Verletzungen, die sie sich bei einem Kaufhausbrand zuzog, als seine Muse an. Der Verlust dieser Muse sowie die eigene künstlerische Blockade führten den Maler in den Alkoholismus und in einen zunehmend labilen psychischen Zustand. Seine Frau wurde depressiv und beging Suizid, die Tochter wurde in ein Waisenhaus gebracht.

An dieser Stelle beginnt das Spiel. Der (namenlose) Maler befindet sich alleine in seinem großen, viktorianisch anmutenden Herrenhaus. Dieses Haus scheint im Verlauf des Spiels und synchron zur Erkundung der tragischen Familiengeschichte immer weiter zu verfallen. Überall spiegelt sich der körperliche und mentale Zusammenbruch des Protagonisten: Er hinkt schließlich auf seinem Holzbein inmitten einer aufgelösten Architektur vorbei an leeren Alkoholflaschen, bildet sich eine Rattenplage ein, hat Visionen von seiner toten Frau und diversen Erinnerungen aus dem Familienleben.

Aufgabe der Spieler_innen ist es, sechs Gegenstände zu finden, die der Maler braucht, um sein Opus magnum fertigzustellen. Es handelt sich dabei um Körperteile seiner toten Frau: So nutzt er ihre Haut als Leinwand, ihr Knochenmark als Grundierung, ihr Blut als Farbe, ihre Haare und Finger als Pinsel, ihr Auge zum Betrachten. Abhängig von diversen Entscheidungen, die die Spieler_innen während des Geschehens treffen (die aber in ihrer Signifikanz nicht erkennbar sind), wird schließlich eine von drei Endsequenzen ausgewählt.[13] So kann am Schluss des

13 Schauerland, *Layers Of Fear: Alle drei Enden | Indie Horror Game*, 24. Februar 2016, <www.youtube.com/watch?v=KiEYKaYgXoI> (Abruf am 10. Mai 2017).

Spiels ein Porträt der toten Frau in perfekter Schönheit entstehen, das vor dem inneren Auge des Malers jedoch umgehend zu einer verbrannten Fratze wird: Er wirft das Bild in einen Raum, der mit anderen, vermeintlich ebenso misslungenen Gemälden angefüllt ist, und das Spiel und damit der Wahnsinn beginnt von Neuem. Er kann aber auch ein Selbstporträt malen, das ihn wieder zum gefeierten Künstler macht: Während das Werk im Museum landet, bleibt der Maler jedoch allein. Oder er produziert in der dritten Variante ein Porträt seiner Frau mit ihrem Kind, das er mit anderen Porträts und sich selbst verbrennt.

Die sechs zu findenden Körperteile gliedern das Spiel in sechs Level, die jeweils mit Veränderungen der Leinwand im Atelier des Malers schließen. Am Ende des ersten Levels enthüllt sich eine spärlich bemalte Leinwand in schlammigen Farbverläufen, wobei sich im unteren Bereich eine Landschaft anzudeuten scheint. Irritation entsteht durch zwei rote, nach unten linear abgezogene Farbflecken in der Mitte. Aus ihnen entwickeln sich am Schluss des zweiten Levels zwei Flamingos auf einem schon deutlich dunkleren Hintergrund. Im nächsten Stadium werden diese zu einem höhlenähnlichen Eingang deformiert, über den Blut zu laufen scheint. In den beiden folgenden Leveln kristallisiert sich dann zunehmend ein menschliches, aber entstelltes Wesen heraus, das weder männlich noch weiblich zu sein scheint: Dies entscheidet sich erst mit dem letzten Level und einem der drei Enden.[14]

Auch wenn der zunehmende Verfall des Hauses, durch das sich die Spieler_innen immer wieder von neuem bewegen, die Level zusammenschließt, können aufgrund der Motive und Themen im Einzelnen durchaus Differenzen zwischen den Durchgängen erkannt werden. Das erste Level dient der vermeintlichen Orientierung im Gebäude und Sichtung der darin befindlichen Gegenstände sowie Gemälde, die trotzdem bereits erste Anzeichen von Veränderbarkeit aufweisen. Die folgenden zwei Level zielen auf eine zunehmende Entmaterialisierung des Raums und Externalisierung des psychischen Zustands der Spielfigur. Das vierte Level steht dann mit zerbrochenen Puppenkörpern ganz im Zeichen des Kindes, das fünfte führt die imaginierte Rattenplage näher aus. Das letzte Level bringt eine Synthese dieser gestalterischen Elemente.

⁂

14 *The Magnum Opus*, in: *Layers of Fear Wikia*, <layersoffear.wikia.com/wiki/The_Magnum_Opus> (Abruf am 10. Mai 2017).

LAYERS OF FEAR bedient auf verschiedenen Ebenen die Stereotypen des ›psychedelischen Horrors‹. Der Plot konzentriert sich maßgeblich auf den Topos des dem Wahnsinn verfallenen Künstlers. Deutlich werden darin die Hauptcharakteristika von Horror als besonderer Art des Phantastischen abgebildet, das durch Reibung von Wirklichkeit, (Alp-)Traum und Schrecken entsteht, so dass der Traum wie die Wirklichkeit erzählt wird und umgekehrt: Die Grenzen verschwimmen, der Protagonist gehört meist weder vollständig der einen noch der anderen Sphäre an. Dadurch, dass die Spieler_innen in die Rolle des Malers schlüpfen, lassen sie sich auch auf dessen psychische Problematik ein und begeben sich in einen entsprechenden visuellen Taumel des Zerfalls.

Solche Motive und Strategien sind aus dem äquivalenten Filmgenre bekannt.[15] Allgemein arbeitet nach Georg Seeßlen und Fernand Jung das Horror-Genre auf drei Ebenen mit Ängsten:[16] mit der Angst vor Tieren, die es (bei uns) nicht mehr gibt oder niemals gab, mit der Angst vor dem Unbekannten, der Dunkelheit, der Einsamkeit und der unterbrochenen Kommunikation, vor dem Abgründigen und Zweifelhaften sowie mit der Angst vor dem Phallischen (Klauen, Vampirzähne etc.) und Vaginalen (etwa im Versinken in Kellerlöchern verhexter Häuser).[17] Mit diesen Ängsten spielten schon die frühesten filmischen Beispiele des Horrors wie DAS CABINET DES DR. CALIGARI (D 1920, Regie: Robert Wiene) oder NOSFERATU – EINE SYMPHONIE DES GRAUENS (D 1922, Regie: Friedrich Wilhelm Murnau). Waren sie noch ›klassisch‹ gestaltet, indem sie auf das Unheimliche im Bild zielten, so wurde das Genre in ORLACS HÄNDE (D 1925, Regie: Robert Wiene) durch einen psychologisierenden Aspekt erweitert, der subjektive Empfindungen erfahrbar machte. Horrorfilme können seitdem gleichsam mit den Augen ihrer Hauptfiguren

---

15 Es handelt sich hier nicht um Adaptionen eines bestimmten Films o. ä.; siehe zu solchen Beispielen *Film und Games. Ein Wechselspiel*, hrsg. vom Deutschen Filminstitut – DIF e. V. / Deutsches Filmmuseum, Katalog der Ausstellung vom 1. Juli 2015 bis 31. Januar 2016 im Deutschen Filmmuseum in Frankfurt am Main, Berlin: Bertz + Fischer 2015.

16 Das Moment der Angst ist sowohl dem Horror als auch der phantastischen Erzählung eigen, was häufig zu einer Gleichsetzung der Genres führt. Allerdings muss deutlich unterschieden werden, da sich das unerwartet Schreckliche oder das Grauenhafte in Horrorgeschichten, nicht aber in phantastischen Erzählungen findet. Siehe dazu Rein A. Zondergeld und Holger E. Wiedenstried, *Lexikon der phantastischen Literatur*, Stuttgart, Wien und Bern: Weitbrecht 1998, S. 398f.

17 Georg Seeßlen und Fernand Jung, *Horror. Geschichte und Mythologie des Horrorfilms*, Marburg: Schüren 2006, S. 31.

gesehen werden, und doch kann man zugleich erkennen, dass die Bilder täuschen.[18] Orlacs Hände markiert gemeinsam mit Fritz Langs Mabuse-Filmen (Dr. Mabuse, der Spieler, D 1922; Das Testament des Dr. Mabuse, D 1933) den Beginn der Wechselwirkung zwischen dem Phantastischen und dem Melodramatischen; man könnte dies als den Anfang des ›psychologischen Horrors‹ bezeichnen.[19] Die Entwicklung lässt sich ab den 1970er Jahren in der Überblendung von Horror und Thriller weiterverfolgen.[20]

Layers of Fear lässt in einigen Aspekten eine Nähe zu diesen frühen Filmbeispielen erkennen, etwa dann, wenn die Spielfigur sich vor der eingebildeten Rattenplage fürchtet. Darüber hinaus werden Stereotype aus dem späteren Horror-Genre aufgegriffen: Es regnet, blitzt und donnert, die Farbigkeit wird zusehends grün-blau, Schatten wandern über Wände, Vorhänge bauschen sich auf. All diese Elemente können mittlerweile als kanonisch bezeichnet werden.[21] Unterstützt wird die visuelle Gestaltung durch die ebenso atmosphärische auditive Ebene: Die Musik von Arkadiusz Reikowski wird zwar am Beginn des Spiels noch überwiegend von friedlich erscheinenden Klaviermotiven getragen, doch werden diese zunehmend von tiefen Bässen durchdrungen und münden schließlich in einen disharmonischen Klangteppich. Hinzu kommen die diegetischen Geräusche der virtuellen Welt: das Unwetter, quietschende Türen oder gequälte Schreie.

Architektur, oft in Form von Ruinen und verlassenen Haunted Houses (also Spukhäusern), spielte von jeher eine entscheidende Rolle im Horrorfilm. Sie nimmt nahezu ein personales Eigenleben an und entzieht sich damit der Kontrolle des Menschen. Das Haus dient als kinematografischer Ort der Darstellung von Krisen, seien sie gesellschaftlich oder persönlich, und spricht Betrachter_innen aufgrund

---

18 Georg Seeßlen und Fernand Jung, *Horror* (wie Anm. 17), S. 116.

19 Ebd., S. 121.

20 Parallel entwickelte das Horror-Genre im Film auch andere Ausprägungen, beispielsweise Splatter- oder Exorzismus-Filme; siehe zu den vielfältigen Formen sowie einer Entwicklungsgeschichte ebd.

21 Das gilt auch für den Einsatz von Puppen. Die Faszination für die künstlich geschaffene Kreatur, die ein Eigenleben führt, zeigt sich bereits in Das Cabinet des Dr. Caligari, den Frankenstein-Filmen (erstmals USA 1910) oder in Chucky – Die Mörderpuppe (Child's Play: USA 1988, Regie: Tom Holland). Das entsprechende Level in Layers of Fear ist aber wohl das schwächste, da der plötzlich inflationäre Einsatz unbekleideter und teils leicht zerstörter Spielzeugpuppen weder im Gameplay noch optisch zu überzeugen vermag.

ihrer unmittelbaren Alltagserfahrungen an. Es kommt darüber hinaus der Erzählweise des Kinos entgegen, indem es Übergänge (von innen nach außen, von unten nach oben und vom einen in den anderen Raum) visualisiert.[22] Das viktorianische Wohnhaus, wie es in LAYERS OF FEAR bespielt wird, ist dabei geradezu ein Klassiker der Schauerromane und des Horrorfilms. Viktorianische Gothic Novels arbeiten mit der Projektion psychischer Vorgänge in die Außenwelt:[23] So können das Haus, die Natur etc. das Innere des Protagonisten symbolisieren. Die Möglichkeit einer weitergehenden Interpretation gleichsam durch die Brille Sigmund Freuds zeigt aber auch, weshalb sich das Genre noch im 20. Jahrhundert so großer Beliebtheit erfreute, was sich beispielsweise an den Kontinuitäten zum frühen Film demonstrieren lässt.[24]

Die Entscheidung, das Setting von LAYERS OF FEAR in ein (scheinbar) verfallendes Herrenhaus zu verlegen, lässt außerdem an literarische und filmische Bezugspunkte denken: beispielsweise an Edgar Allan Poes Kurzgeschichte *The Fall of the House of Usher* von 1839, in welcher der psycho-physische Niedergang der Hauptfigur Roderick Usher in der Architektur gespiegelt wird, wenn der Ich-Erzähler sie mit Einsamkeit, Krankheit und Zerfall assoziiert (die gesamte Handlung spielt in einem suggestiv-atmosphärischen Raum), oder an das Wohnhaus der Familie Bates aus Alfred Hitchcocks Film PSYCHO von 1960 nach Robert Blochs gleichnamigem Roman von 1959.[25] Das Haunted-House-Motiv[26] baut in solchen

22 Georg Seeßlen und Fernand Jung, *Horror* (wie Anm. 17), S. 539f.

23 Zur Definition des Victorian Gothic siehe Leslie A. Fiedler, *Love and Death in the American Novel*, New York: Criterion Books 1960, S. 23–38.

24 Rein A. Zondergeld und Holger E. Wiedenstried, *Lexikon der phantastischen Literatur* (wie Anm. 16), S. 395–397. »Spätestens seit der Popularisierung von Sigmund Freuds Theorien gehen wir in der westlichen Gesellschaft davon aus, dass der Mensch keineswegs Meister seiner Sinne, ›nicht Herr im eigenen Haus‹ ist, sondern von Trieben und Kräften des Un- und Unterbewussten gesteuert wird«: Toni Stoos, *Vorwort*, in: *Rollenbilder – Rollenspiele*, hrsg. von dems. und Esther Ruelfs, Katalog der Ausstellung vom 23. Juli bis 30. Oktober 2011 im Museum der Moderne Salzburg, München: Hirmer 2011, S. 6–11, hier S. 9.

25 Steven Jacobs, *Schizoid Architecture. Bates House & Motel*, in: *The Wrong House. The Architecture of Alfred Hitchcock*, hrsg. von dems., Katalog der Ausstellung vom 20. September bis 25. November 2007 auf dem deSingel International Arts Campus Antwerpen, Rotterdam: 010 Publ. 2007, S. 118–135.

26 Sarah Burns, *»Better for Haunts«. Victorian Houses and the Modern Imagination*, in: *American Art* 26/3, 2012, S. 2–25.

Beispielen stets darauf auf, das Haus anfangs als Ort der Zuflucht vor Bedrohungen des Alltags zu setzen, diesen Ort dann jedoch in sich zusammenfallen zu lassen – was in LAYERS OF FEAR über die ganze Dauer des Spiels hinweg nachzuvollziehen ist – und dadurch ein größtes Maß an Unsicherheit zu konstruieren.[27] Die Apotheose eines solchen filmarchitektonischen Spukhauses findet sich vermutlich mit dem Overlook-Hotel in Stanley Kubricks THE SHINING (1980) nach einem Roman von Stephen King, in dem sowohl die labyrinthische Struktur als auch die subversive Veränderung von Räumen ähnlich wie später in LAYERS OF FEAR vorgeprägt ist.

Diese Veränderlichkeit der Räume kann in LAYERS OF FEAR sowohl auffällig als auch unauffällig geschehen. Auffällig ist sie, wenn der gesamte Raum im Augenblick des Aufenthalts darin aufgelöst (so dissoziiert in Level 5 das Büro in einzelne Bestandteile) oder geschlossen wird (so werden immer öfter die Räume mit einer latexartigen schwarzen, weich fließenden Masse überzogen). Letzteres ist etwa in Level 2 im Schlafzimmer zu beobachten, wenn der Raum durch die sich langsam überziehende dunkle Masse klaustrophobisch verengt und damit das Gefühl der Beklommenheit während des Kaufhausbrandes evoziert wird. Mit diesen Formen der Entmaterialisierung und zeitlichen Entgrenzung erinnert LAYERS OF FEAR an Werke von Salvador Dalí. Gewissermaßen handelt es sich also um eine Visualisierung eines der vielen surrealistischen Manifeste, wie es 1924 von André Breton proklamiert wird:

> »Ich glaube an die künftige Auflösung dieser scheinbar so gegensätzlichen Zustände von Traum und Wirklichkeit in einer Art absoluter Realität, wenn man so sagen kann: *Surrealität.*«[28]

Unauffälligere und subversivere Veränderungen zeigen sich im Verschwinden von Türen, der ständigen Umdisponierung der Räume und ihrer labyrinthischen

---

27 Birgit Grein, *Von Geisterschlössern und Spukhäusern. Das Motiv des ›gothic castle‹ von Horace Walpole bis Stephen King*, Wetzlar: Förderkreis Phantastik 1995 (Schriftenreihe und Materialien der Phantastischen Bibliothek Wetzlar 7).

28 André Breton, *Manifeste du Surréalisme*, Paris: Éditions du Sagittaire [1924], zitiert nach Felix Krämer, *Schwarze Romantik. Eine Annäherung*, in: *Schwarze Romantik. Von Goya bis Max Ernst*, hrsg. von dems., Katalog der Ausstellung vom 26. September 2012 bis 20. Januar 2013 im Städel Museum in Frankfurt am Main, Ostfildern: Hatje Cantz 2012, S. 14–28, hier S. 22.

Anordnung, durch die die Spieler_innen immer weiter die Orientierung verlieren und keinen ›mentalen Grundriss‹ zeichnen können: Der anfangs suggerierte einfache Bau des unterkellerten, zweigeschossigen Hauses mit großer Diele und Galerie, von denen jeweils Zimmer abgehen, wird mit zunehmender Dekonstruktion hinfällig. Sowohl vertikal als auch horizontal verlieren die Spieler_innen jede Orientierung. Diese Krise der Wahrnehmung und der Verlust der Kontrolle über den Raum findet sich in ähnlicher Weise schon in The Shining:[29] Man denke beispielsweise an die Szene, in der Danny Torrance auf einem Fußboden spielt, dessen Muster sich mit dem Filmschnitt umkehrt. Das Haus wird damit sowohl in The Shining als auch in Layers of Fear zugleich zum Dämon wie auch zum Anagramm des Körpers. Die prekäre Struktur der Architektur visualisiert ebenso die der familiären Ordnung sowie der Bereiche des Privaten und Öffentlichen. Darüber hinaus bildet das Haus aber auch den Zustand einer Kultur ab: Spielt man diesen Gedanken weiter, wäre dies – wenn nämlich der zunehmende Zerfall des Gebäudes nicht nur mit dem Wahn des Protagonisten gleichgesetzt wäre, sondern zusätzlich mit einem vermeintlichen Niedergang der Kunst – eine starke Kritik an der Kunst und ihrem Markt, die das Spiel aussprechen würde.

Auffällig ist neben dem ähnlichen Umgang mit der Architektur auch die ähnliche Figuren- und Problemkonstellation: In The Shining fährt der trockene Alkoholiker Jack Torrance auf der Suche nach schriftstellerischer Produktivität zur Fertigstellung eines Buchs mit Frau und Kind in das verlassene Overlook-Hotel in den Rocky Mountains. Der Film spielt bis auf wenige Szenen fast ausschließlich in diesem Hotel. Es entfaltet sich eine Geschichte, die immer mehr die Paranoia, Hysterie und Schizophrenie von Jack, Wendy und Danny Torrance herausarbeitet und damit diverse Arten psychischer Störungen in einer dysfunktionalen Kleinfamilie bündelt. In Layers of Fear wird diese Konstellation nochmals verdichtet, indem der alkoholkranke Vater *sowohl* an Paranoia *als auch* an Schizophrenie leidet, die Mutter depressiv ist und auch das Kind eine nicht näher definierte psychische Störung aufzuweisen scheint. Zudem bleiben alle Figuren durchgängig namenlos – die aufgefundenen Notizen mit Namensnennung sind geschwärzt – und weitgehend gesichtslos: Die Gesichtszüge der Spielfigur sind nur mit etwas Aufwand im Spiegel des Badezimmers und des Ateliers zu erkennen, die der Frau höchstens im vermeintlichen Opus magnum am Ende des Spiels. Diese Kombination von Namens- und Gesichtslosigkeit legt die Vermutung nahe, dass nicht nur

29 Georg Seeßlen und Fernand Jung, *Horror* (wie Anm. 17), S. 550.

die bei Kubrick angelegte Parallelisierung von Kleinfamilie, Gesellschaft und psychischer Erkrankung in Layers of Fear aufgegriffen, sondern durch die Leerstellen zudem noch die Identifikation der Spieler_innen mit der Spielfigur ermöglicht werden soll.

Bleiben wir bei den visuellen Details des Spiels und untersuchen die im Haus befindlichen Gemälde. Bei den knapp 40 Werken handelt es sich überwiegend um Ölgemälde,[30] die meist mehrmals in verschiedenen Leveln des Spiels ›auftreten‹. Sie kommen unterschiedlich zum Einsatz: Sie können erstens dekorativ und kommentierend sein, indem sie die Verortung des Spiels in einem Künstlerhaus unterstreichen. Zweitens können sie den jeweiligen inneren Zustand des Malers visualisieren und drittens aktiv das Handlungsgeschehen mit steuern. Freilich kann ein Werk auch mehrere Einsatzmöglichkeiten zugleich bedienen. So sehen die Spieler_innen am Beginn quasi im Windfang des Hauses das mittlere Bild des Triptychons *Past and Present* (1858) von Augustus Leopold Egg, das sich mit dem Thema *Misfortune* beschäftigt. Zu erkennen ist dort der Salon eines bürgerlichen Hauses, in dem der Moment des Zusammenbruchs der heimischen Familienidylle dargestellt wird. Über zahlreiche ikonografische Motive ist zu erschließen, dass der Mann vom Ehebruch seiner Frau erfahren hatte, die nun tot vor ihm auf dem Boden liegt. Die beiden Töchter haben ein Kartenhaus gebaut, das im Zusammenfall begriffen ist; es steht auf einem Roman von Honoré de Balzac: vielleicht *Le Curé de village* von 1841. Ob im Gemälde die Frau von ihrem Ehemann ermordet wurde oder wie sie sonst zu Tode kam, bleibt offen. In dieser Bildkomposition im Windfang des Hauses von Layers of Fear wird den Spieler_innen bereits die Hintergrundgeschichte des Spiels angedeutet, ohne dass sie das zu diesem Zeitpunkt jedoch wüssten: Der Vorausgriff kommentiert also ein Geschehen, das sich die Spieler_innen sodann erst mühevoll erschließen müssen.

Nach dem Eintritt in das Gebäude werden die Spieler_innen durch die Gemälde entlang des Treppenaufgangs in der Diele in einen Künstlerhaushalt versetzt: Hier finden sich Francisco de Goyas *El Tio Paquete* (ca. 1819/20), Johann Heinrich Füsslis *Nachtmahr* (1781), Salvator Rosas *Landschaft mit Tobit und Engel* (um 1670), Rembrandt van Rijns *Gewitterlandschaft* (1638), Juan van der Hamens *Porträt eines Zwerges* (um 1625), Guido Renis *Lotta tra Putti e amorini* (um 1625), das Porträt *Tognina Gonsalvus* von Lavinia Fontana (1583) sowie ein Ausschnitt

30 Eine nahezu vollständige Liste der im Haus befindlichen Gemälde ist unter <layersoffear.wikia.com/wiki/The_Paintings> einzusehen (Abruf am 26. April 2017).

aus Herri met de Bles' *Inferno* (Mitte 16. Jahrhundert). Es handelt sich also um eine bunte Mischung von Gemälden aus dem 16. bis 19. Jahrhundert mit einer thematischen Bandbreite von Porträts über symbolische Landschaftsdarstellungen bis zu religiösen Themen. Die Auswahl könnte auf den ersten Blick willkürlich erscheinen, doch zeigt sich schnell, dass die Bilder bewusst im Spiel positioniert sind. Einige zeigen Fabelwesen oder Monster, beispielsweise der Ausschnitt aus Hieronymus Boschs *Abstieg Christi in die Unterwelt* (ca. 1550–60), der rechts beim Eintritt in das Atelier zu sehen ist. Andere Gemälde verweisen auf körperliche Eigenarten, beispielsweise Lavinia Fontanas *Tognina Gonsalvus*: Es porträtiert den ältesten in Europa beschriebenen Fall menschlicher Überbehaarung und wird an exponierter Stelle im Büro ausgestellt. In diesen Bereich des Fremdartigen fällt ebenso van der Hamens *Porträt eines Zwerges*: Alle diese Bilder kommentieren über die Darstellungen des zu ihrer Zeit als monströs angesehenen Inhalts hinaus symbolisch den Zustand des Protagonisten und das Geschehen des Spiels und dienen daher einer Einstimmung auf das Setting.

Die Werke treten im weiteren Verlauf des Spiels unversehens an anderen Stellen wieder auf und werden dann teilweise deutlich aktiver. Das gilt in erster Linie für die (Selbst-)Porträts, die etwa ein Drittel der Gemälde ausmachen. Bereits vor Beginn des Spiels wird die Bedeutung des Porträts mit der Einblendung eines Zitats von Oscar Wilde herausgestrichen: »Every portrait that is painted with feeling is a portrait of the artist, not of the sitter.«[31] Und so findet sich in LAYERS OF FEAR eine Reihe von Beispielen aus dem 15. bis 19. Jahrhundert: die Selbstporträts von Rembrandt (1669), Bartolomé Esteban Murillo (1670–73), Anthonin Schoonjans (17. Jahrhundert) und Sir Joshua Reynolds (1748) ebenso wie Jan van Eycks *Mann mit rotem Turban* (1433) und die Porträts *Francisco Pacheco* (gemalt von Diego Velázquez, 1622), *El Tio Paquete* (Francisco de Goya, 1819/20), *Zélie Courbet* (Gustave Courbet, 1847) usw. Der Rückgriff auf die Gattung des Porträts verwundert im Sinne einer Visualisierung des seelischen Zustands des Protagonisten umso weniger, als gerade das Selbstporträt als »Schlüssel zur Psyche des Künstlers« gilt:[32] Künstler_innen inszenieren sich im Bildnis selbst und treten damit auch in den Dialog mit sich selbst. Subjektivität und Individualität stehen also im Zen-

31 Oscar Wilde, *The Picture of Dorian Gray* (1890), hrsg. von Jules Barbey d'Aurevilly, New York: Mondial 2015, S. 4.

32 Oskar Bätschmann, *Ausstellungskünstler. Kult und Karriere im modernen Kunstsystem*, Köln: DuMont 1997, S. 117.

trum dieser künstlerischen Gattung, die in den 1960er Jahren mit der Krise des Subjekts und dem ›Verschwinden‹ oder ›Tod des Autors‹ radikal infrage gestellt wurde,[33] sodass eher die Zersplitterung und Facettierung von Identität die theoretischen Debatten und künstlerischen Arbeiten dieser Jahre bestimmten.[34] Wenn ausgerechnet Werke dieser Gattung in Layers of Fear mit fortschreitendem Spielstand immer häufiger überblendet und dadurch verfremdet werden, wird auf einer Metaebene der Verlust des Ichs visualisiert.

Einen anderen großen Teil der Werke bestimmen Gemälde der sogenannten »Schwarzen Romantik«.[35] Eines der Paradebeispiele hierfür ist Johann Heinrich Füsslis *Nachtmahr* von 1781 im Atelier, der zentralen Schaltstelle des Spiels. Das Bild veranschaulicht den Wettstreit von Gut und Böse, Mann und Frau, Licht und Finsternis, Träumen und Wachen und steht exemplarisch für zentrale Charakteristika der Schwarzen Romantik. Gleiches gilt aber auch für die Werke Francisco de Goyas, von dem in Layers of Fear *Saturn* (1820–23),[36] *Der Schlaf der Vernunft gebiert Ungeheuer* (Blatt 43 aus *Los Caprichos*, 1797–99) und *Bandit ermordet eine Frau* (um 1809) hängen. Häufig, so auch in den hier genannten Werken, verlässt Goya die traditionelle Ikonografie und bleibt rätselhaft in seinen Darstellungen von Sinn und Unsinn, Zudringlichkeiten monströser Erscheinungen etc., die von Verstörung und Schrecken gezeichnet sind.[37] Oftmals hilft ihm bei der Inszenierung und Evokation des Schreckens der verschleierte Blick, indem sichtbar wird,

---

33 Roland Barthes, *Der Tod des Autors* (*La mort de l'auteur*, 1968), in: *Texte zur Theorie der Autorschaft*, hrsg. von Fotis Jannidis u. a., Stuttgart: Reclam 2000, S. 185–193; Michel Foucault, *Was ist ein Autor?* (*Qu'est-ce qu'un auteur?*, 1969), in: ebd., S. 198–229.

34 Sabine Kampmann, *Künstler als Kunstwerk. Der Künstlerkörper zwischen Material, Identitätsmarker und Selbstporträt*, in: *Rollenbilder – Rollenspiele*, hrsg. von Toni Stoos und Esther Ruelfs, Katalog der Ausstellung vom 23. Juli bis 30. Oktober 2011 im Museum der Moderne Salzburg, München: Hirmer 2011, S. 100–105, hier S. 100f.

35 Indem ich »Schwarze Romantik« als Geisteshaltung statt als abgeschlossene Epoche verstehe, folge ich dem Katalog der Ausstellung *Schwarze Romantik. Von Goya bis Max Ernst*, hrsg. von Felix Krämer, Ostfildern: Hatje Cantz 2012, siehe auch Felix Krämer, *Schwarze Romantik* (wie Anm. 28), S. 24f.

36 Sigmund Freud besaß eine Reproduktion des Gemäldes, die im Eingang zu seinem Ordinationszimmer hing: ebd., S. 22.

37 Johannes Grave, *Unheimliche Bilder. Die ›Nachtseiten‹ der Bildenden Kunst um 1800*, in: *Schwarze Romantik. Von Goya bis Max Ernst*, hrsg. von Felix Krämer, Katalog der Ausstellung vom 26. September 2012 bis 20. Januar 2013 im Städel Museum in Frankfurt am Main, Ostfildern: Hatje Cantz 2012, S. 30–40, hier S. 34.

was eigentlich nicht sein darf und doch ist. Weniger auf die Faszination des Wahnsinns oder phantastische, groteske Phänomene bauend, gehört in den Reigen dieser Künstler aber auch Caspar David Friedrich. Seine *Abtei im Eichenwald* (1809/10) setzt nicht so sehr auf einen schockierenden Gehalt als vielmehr auf den Eindruck lastender Stille, die eine schauerliche Atmosphäre evoziert. Die Stimmung dieser Bilder der Schwarzen Romantik lässt sich mit den viktorianischen Schauerromanen also verknüpfen, so dass sich auch das Haunted-House-Motiv in vergleichbarer Ausprägung zeigt.[38] Während die entsprechenden Gemälde am Beginn von LAYERS OF FEAR noch hauptsächlich der Verortung des Plots dienen, wird später immer klarer, dass der darin ausgedrückte Schrecken auch dem Wahn des Protagonisten entspricht.

Gegen Ende des Spiels ist kaum ein Gemälde noch im Originalzustand oder ohne Aktionspotenzial geblieben. Beispielsweise verschwindet Murillo in Level 2 aus seinem Selbstporträt in der Bibliothek, während die Spielfigur dies betrachtet; zurück bleibt eine schwarze Fläche im gemalten Medaillon-Rahmen. Nachdem sich die Spielfigur umgedreht hat, wirken die Figuren von *A Party Angling* (George Morland, 1789) wie erhängt, aus ihren Augen läuft Blut. Stärker interaktiv wirkt die Veränderung des *Stilllebens mit Früchten* von Antonio de Pereda (1650), das ebenfalls in Level 2 in der Küche mit den herausfallenden Äpfeln die Spielfigur zu treffen und erschlagen droht und danach in seinem morbiden und leergeräumten Ausdruck den zweiten Gegenstand zur Vervollkommnung des Opus magnum freigibt, ein Stück Haut. Die meisten dieser aktiven Veränderungen der Gemälde erfolgen in Level 2 und sind damit im Anfangsstadium des Spiels die im Vergleich zur Architektur wirkungsvolleren und subversiveren Visualisierungen des Wahnsinns.

Dabei ist der Topos des dem Wahn verfallenen Künstlers seit dem 19. Jahrhundert gängig, so dass nicht nur die architektonische Gestaltung (also das ›viktorianische‹ Herrenhaus) und die darin gezeigten Kunstwerke (keines entstammt dem 20. Jahrhundert, obwohl sich auch aus dieser Zeit Beispiele für die genannten Stoffbereiche finden ließen), sondern auch dieses Motiv die Spieler_innen in ein Setting des 19. Jahrhunderts entführt. In mancher Hinsicht lässt sich an Oscar Wildes *Bildnis des Dorian Gray* (*The Picture of Dorian Gray*, 1890) denken. Insbesondere erinnert das Ziel von LAYERS OF FEAR an einen Gedanken aus Wildes

38 Siehe Felix Krämer, *Schwarze Romantik* (wie Anm. 28), S. 15f. und S. 21.

Vorwort – das im Spiel nicht ohne Grund eingangs zitiert wird –, in dem der Schriftsteller für die Kunst eine Sphäre außerhalb der Moral fordert:

> »The moral life of man forms part of the subject-matter of the artist, but the morality of art consists in the perfect use of an imperfect medium.«[39]

Diese Proklamation des Ästhetizismus sowie die Vertauschung von Kunst und Leben, von Ästhetik und Realität lassen sich auf LAYERS OF FEAR übertragen: Körperteile eines toten Menschen zum Malen eines Bildes zu verwenden, liegt wohl außerhalb eines moralisch vertretbaren Rahmens. Zudem ist die für das Horror-Genre charakteristische Reibung von Wirklichkeit, (Alp-)Traum und Schrecken im Spiel ausgebaut; auch in der Figur des Malers zeigt sich die Problematik der permanenten Grenzüberschreitung von Kunst und Leben, von Traum und Realität. Genau diese Punkte beschäftigen zugleich die Spieler_innen: Sie fragen sich während des Spielverlaufs, ob nicht vielleicht mit ihnen selbst gespielt wird.

⁂

Wenn LAYERS OF FEAR gewissermaßen ein Potpourri arrivierter medialer Strategien und künstlerischer Vorbilder darstellt, so wirft das die Frage auf, wieso das Spiel mit eigentlich antiquierten Stereotypen seine Wirkung auch heute nicht verfehlt.[40] Dieser Umstand ist sicherlich auf visueller Ebene in erster Linie der Kameraperspektive geschuldet. Der Point of View ist ausschließlich subjektiv, indem (filmisch gesprochen) die Kamera den Blickpunkt der Figur selbst einnimmt. Im Computerspiel wird von »First-Person-Perspektive« gesprochen, die u. a. in Ego- oder First-Person-Shootern zum Einsatz kommt, in welchen sie der Spielmechanik des Zielens entspricht. So werden die Spieler_innen durch die vermeintliche Kontinuität von Betrachter- und Bildsphäre in den virtuellen Raum

39 Oscar Wilde, *The Picture of Dorian Gray* (wie Anm. 31), S. 1.

40 Partizipative Praktiken digitaler Medien liegen mittlerweile in großer Vielfalt vor, können hier jedoch nicht in dieser Breite diskutiert werden; siehe die exemplarische Bibliografie bei Pablo Abend und Benjamin Beil, *Editor-Games. Das Spiel mit dem Spiel als methodische Herausforderung der Game Studies*, in: *New Game Plus. Perspektiven der Game Studies. Genres – Künste – Diskurse*, hrsg. von Benjamin Beil, Gundolf S. Freyermuth und Lisa Gotto, Bielefeld: transcript 2014 (Bild und Bit. Studien zur digitalen Medienkultur 3), S. 27–61, hier S. 34f.

hineingezogen. Gleichzeitig kommt es aber nicht zum ›Kurzschluss‹ zwischen Spieler_innen und Spielwelt, da die Ich-Perspektive eigentlich einen Avatar benötigt, einen diegetischen Stellvertreter. In LAYERS OF FEAR ist die Spielfigur aber nicht im Bild, nicht einmal die Arme und Hände (mit den signifikanten Ausnahmen des Selbstverbrennungs-Schlusses und der verschwommenen Spiegelbilder), und auch sonst wird der Avatar erst nach und nach konstruiert und entschlüsselt. Es ist gerade diese strategisch offengelassene Leerstelle, die die Spieler_innen zur immer intensiveren Auseinandersetzung mit der Spielfigur, schließlich zur Identifikation mit ihr führt oder führen kann.

Während des Spiels werden also mittels bestimmter Wahrnehmungsbilder – die optisch vermittelt werden – bestimmte Vorstellungsbilder evoziert, die in ihrer Gesamtheit wiederum die Geschichte ergeben. Solchen Konzepten des Involvierens kann methodisch mithilfe der Rezeptionsästhetik begegnet werden: Nach diesem ursprünglich im Bereich der Literaturwissenschaft entwickelten Modell – was zur ludonarrativen Struktur von LAYERS OF FEAR besonders passt – ergibt sich laut Wolfgang Iser

> »ein unzertrennlicher Zusammenhang von Vorstellungsbild und lesendem Subjekt. Das heißt aber nun nicht, daß die im Vorstellungsbild gegenwärtige Beziehung der Zeichenkomplexe der Willkür der Subjektivität entspringt – so subjektiv ihre Inhalte auch eingefärbt sein mögen; es heißt vielmehr, daß das Subjekt durch den im Bild vorgestellten Zusammenhang seinerseits affiziert wird. Charakterisieren sich die von uns im Lesen gebildeten Vorstellungsgegenstände dadurch, daß sie Abwesendes bzw. Nicht-Gegebenes zur Präsenz bringen, so besagt dies immer zugleich, daß wir in der Präsenz des Vorgestellten sind. Ist man aber in einer Vorstellung, so ist man nicht in der Realität. In der Gegenwart einer Vorstellung zu sein bedeutet daher stets, eine gewisse Irrealisierung zu erleben […]. Wenn nun ein fiktionaler Text über die von ihm hervorgerufenen Vorstellungen den Leser zumindest für die Dauer der Lektüre irrealisiert, so ist es nur folgerichtig, wenn am Ende eines solchen Vorganges ein ›Erwachen‹ stattfindet. […] Die Bedeutung eines solchen Vorganges liegt darin, daß in der Vorstellungsbildung die für alle Beobachtung und für alle Wahrnehmung unabdingbare Subjekt-Objekt-Spaltung gelöscht ist, die sich allerdings im Erwachen zu unserer Lebenswelt desto schärfer akzentuiert. […] Geschieht im Vorstellungsbild eine Irrealisierung des Lesers, so ist diese Irrealisierung die Bedingung dafür, daß ihm im Bild das Ungesagte der Zeichenbeziehung als Realität erscheinen kann.«[41]

41 Wolfgang Iser, *Der Akt des Lesens* (wie Anm. 11), S. 226f.

Überträgt man diese Ideen auf digitale Spiele, so verweisen sie auf wesentliche Punkte zur Frage der Immersion: die gegenseitige Affizierung von Subjekt und Bild, die wechselseitige Irrealisierung und Realisierung sowie das Verlassen und Wiedererwachen von und in der Realität.[42] Dieses Eintauchen in eine phantastische Welt der Schrecken sowie das Verschwimmen der Grenzen zwischen Leben und Kunst, zwischen Realität und virtueller Welt ist auch mit seinen visuellen Potenzialen grundlegend für das Horror-Genre. Im Spiel kommt zur Zweidimensionalität der Leinwand – und damit zur Illusionsfunktion der Bilder – die polysensuelle Immersion hinzu.[43] So argumentiert Oliver Grau, dass ein ästhetisches Erleben aus dem Einlassen auf einen artifiziellen und polysensuellen Erlebnisraum resultiert, dessen Suggestionen intensive Emotionen auslösen können.[44] Träger und Adressat der Emotionen sind im spielimmanenten Raum die Spieler_innen; erst durch ihre affektive Betroffenheit entsteht eine Atmosphäre.[45] Emotionen können als gerichtete, ›verkörperlichte‹, aber schwer lokalisierbare Phänomene verstanden werden:[46] Gerichtet werden können sie – wie ich eingangs mit Umberto Eco argumentiert habe – durch die Lesbarkeit von Codes. Layers of Fear begibt sich also auf sicheres Terrain, indem es mit kanonischen Elementen und Strategien arbeitet. Sie können schnell entschlüsselt und sodann verlässlich gelesen werden. Allerdings ist spätestens nach der Hälfte des Spiels das Repertoire dieser Effekte erschöpft, der Fortgang wird trotz höherer Intensität der visuellen Mittel letztlich redundant.

---

42 Thomas Hensel, *Zwischen »ludus« und »paidia«* (wie Anm. 7), S. 168f.

43 Oliver Grau, *Immersion & Emotion. Zwei bildwissenschaftliche Schlüsselbegriffe*, in: *Mediale Emotionen. Zur Lenkung von Gefühlen durch Bild und Sound*, hrsg. von Oliver Grau und Andreas Keil, Frankfurt am Main: Fischer 2005, S. 70–106, hier S. 81.

44 Ebd., S. 94.

45 Gernot Böhme, *Architektur und Atmosphäre*, München und Paderborn: Fink 2006, S. 88: »Der leibliche Raum ist weder der Ort, den ein Mensch durch seinen Körper einnimmt, noch das Volumen, das diesen Körper ausmacht. Der leibliche Raum ist für den Menschen die Sphäre seiner sinnlichen Präsenz.«

46 Nach der Definition von Wolfgang Lenzen, *Grundzüge einer philosophischen Theorie der Gefühle*, in: *Pathos, Affekt, Gefühl. Die Emotionen in den Künsten*, hrsg. von Klaus Herdinger, Berlin und New York: de Gruyter 2004, S. 80–108; siehe auch Hermann Schmitz, *Spüren und Sehen als Zugänge zum Leib*, in: *Quel corps? Eine Frage der Repräsentation*, hrsg. von Hans Belting, Dietmar Kamper und Martin Schulz, München: Fink 2002, S. 429–438.

Geht man mit Dieter Mersch davon aus, dass sich das digitale Spiel nicht nur technisch vom Film oder Video abgrenzt, sondern eigentlich »in Allem«,[47] da es in unmittelbarer Abhängigkeit von der Entscheidungslogik operiert, so wird einmal mehr deutlich, wie entscheidend die Rezipient_innen dabei sind. Es wird demnach nicht nur von einer emotionalen Partizipation oder Involvierung ausgegangen, sondern von der Möglichkeit der Performanz. So müssen die Spieler_innen für sich selbst entscheiden, ob Layers of Fear genügend Freiraum und Interaktionsmomente lässt. Die Antworten auf diese Frage sind zwischen begeisterten Rezensionen und der Bemängelung der schlauchartigen Struktur einer digitalen Geisterbahn sehr verschieden ausgefallen.[48] Festhalten lässt sich gewiss, dass das Spiel die Möglichkeiten des Mediums nicht umfassend ausschöpft.[49] Es bedient sich vielmehr etablierter Stereotypen der Literatur, Bildenden Kunst, Architektur und vor allem des Films, um eine Grundstimmung und Atmosphäre zu gestalten, in deren Rahmen sich die Geschichte um einen dem Wahnsinn anheimgefallenen Künstler abspielt.

47 Dieter Mersch, *Logik und Medialität des Computerspiels. Eine medientheoretische Analyse*, in: *Game Over!? Perspektiven des Computerspiels*, hrsg. von Jan Distelmeyer, Christina Hanke und dems., Bielefeld: transcript 2008 (Metabasis. Transkriptionen zwischen Literaturen, Künsten und Medien 1), S. 19–41, hier S. 20.

48 Siehe Anm. 3; siehe ferner Michael Krosta, *Test: Layers of Fear (Survival-Horror)*, in: *4Players. Das Spielemagazin*, 17. Februar 2016, <www.4players.de/4players.php/dispbericht/Allgemein/Test/36989/81656/0/Layers_of_Fear.html>; Sly Boots, *Layers of Fear im Lesertest: Kunst, Horror und Spiel verschmelzen zu einer Einheit*, in: *Gamezone*, 1. März 2016, <www.gamezone.de/Layers-of-Fear-Spiel-55923/Lesertests/Layers-of-Fear-im-Lesertest-1187722>; Ann-Kathrin Kuhls, *Layers of Fear im Test – Eine Lage Horror, bitte*, in: *GamePro*, 15. Februar 2016, <www.gamepro.de/artikel/layers-of-fear-im-test-eine-lage-horror-bitte,3267997.html>; Bertram Küster, *»Layers of Fear«. Wie gruselig ist das Horrorspiel wirklich?*, in: *Bild*, 20. Februar 2016, <www.bild.de/spiele/spiele-test/survival-horror/layers-of-fear-44597352.bild.html> (Abruf jeweils am 18. Mai 2017).

49 Thomas Hensel, *Zwischen »ludus« und »paidia«* (wie Anm. 7), S. 154f.

Musik

Sidology[1]

Zur Geschichte und Technik des C64-Soundchips

Klaus Rettinghaus

Er gilt heute als der beste Soundchip des Acht-Bit-Zeitalters. Das Magazin *Byte* zählte ihn 1995 zu den 20 einflussreichsten Chips.[2] Und allein der Klang seines Namens lässt die Herzen von Tausenden Fans noch heute höher schlagen. Die Rede ist vom MOS Technology SID, dem Soundchip des Commodore 64, der so maßgeblich den Klang der Heimcomputerzeit der 1980er Jahre geprägt hat wie kein zweiter und nachhaltig das allgemeine Bild, die Idee von Computer(spiel)musik formte.

… aus der Not geboren

Es ist durchaus keine Seltenheit, dass erfolgreiche und Maßstäbe setzende Produkte eher durch Zufall entstehen als durch intensive, jahrelange Planung. Ähnliches gilt auch für den C64. Seine Geschichte – und die seines Soundchips – begann bereits im Jahre 1977. Die Firma MOS Technology entwickelte einen günstigen Computerchip für die Ausgabe von Bild und Ton auf Fernsehern und Monitoren, den VIC (»Video Interface Controller«). MOS Technology zielte mit dem von Albert Charpentier entworfenen Chip hauptsächlich auf den Videospiele-Markt, schaffte es jedoch nicht, Abnehmer für ihr Produkt zu interessieren.

1 Der Titel meines Beitrags, *Sidology*, greift den Titel eines dreiteiligen Medleys von beliebten C64-Spielsoundtracks der schwedischen Band Machinae Supremacy auf. Siehe <www.machinaesupremacy.com> (Abruf am 5. Mai 2017).

2 *Most Important Chips*, in: *Byte* 20/9, 1995, S. 74f.

Abbildung 1: Der SID-Chip (MOS 6581) auf der Hauptplatine des C64, Quelle: Christian Taube/Wikimedia Commons

Der US-Konzern Commodore, der MOS Technology 1976 übernommen hatte, verfügte Anfang 1980 nun nicht nur über einen fertig entwickelten Grafikchip, sondern zufällig auch über einen Überschuss an Speicherchips. In dieser Situation entschied sich Jack Tramiel, der Präsident von Commodore, aus der Not eine Tugend zu machen, und veranlasste die Entwicklung eines neuen Computers. Das Ergebnis war Commodores erster Heimcomputer, der VIC-20,[3] der seinen Namen von seinem Videocontroller ›geerbt‹ hatte.[4]

Parallel zur Markteinführung des VIC-20 im Jahre 1981 arbeitete Charpentier bereits am Nachfolger des VIC, dem VIC-II. Nach wie vor war die Idee, einen günstigen Grafikprozessor für die Videospielindustrie zu entwickeln, der den Fähigkeiten der aktuellen Generation von Spielautomaten der Firmen Taito, Konami

---

3 Im deutschsprachigen Raum wurde der Rechner als »VC 20« vermarktet.

4 Die »20« leitet sich von der Fähigkeit ab, 20 Zeichen in einer Zeile darstellen zu können.

und Atari in nichts nachstehen sollte. Bei MOS Technology entwickelte der Ingenieur Robert Yannes zur gleichen Zeit einen neuen Soundchip, der den geplanten VIC-II ergänzen sollte. Yannes hatte bereits an der Finalisierung des VIC-Designs mitgearbeitet und dessen klangliche Möglichkeiten verbessert. Seinen Vorstellungen nach sollte der neue projektierte Chip eigentlich in professionellen Synthesizern zum Einsatz kommen: Seines Erachtens waren die damals auf dem Markt verfügbaren Chips von Personen entwickelt worden, die – anders als er selbst – keine Ahnung von Musik hatten.[5] Die Bezeichnung SID ist, wie auch beim VIC, ein simples Akronym und steht für »Sound Interface Device«, also schlicht Klangschnittstellengerät.

Als sich der VIC-20 überraschend zu einem großen Erfolg entwickelte, wurde entschieden, die neuen Chips in einen Nachfolger zu integrieren. Und bereits auf der Consumer Electronics Show in Las Vegas konnte der Prototyp im Januar 1982 der Öffentlichkeit präsentiert werden. Kurz vorher wurde der Name des neuen Rechners noch von VIC-40 in C64 geändert. Mit der Vorstellung des designierten Nachfolgers brachen die Verkaufszahlen des VIC-20 erwartungsgemäß ein, und es lastete ein enormer Zeitdruck auf dem Entwicklerteam, den C64 zur Produktionsreife zu bekommen.

Technische Eigenschaften

Wie bereits erwähnt, hatte Robert Yannes ursprünglich hehrere Ziele für seinen SID als die bloße Verwendung in einem Heimcomputer. Die technischen Eigenschaften des SID entsprechen daher teilweise jenen von digitalen Synthesizern der Zeit.[6] Die kurze Entwicklungszeit sowie der begrenzte Platz auf dem Chip waren die Gründe dafür, dass der Chip allerdings nur drei Hardwarestimmen bekam.

5 »I thought the sound chips [...] obviously had been designed by people who knew nothing about music. [...] I was attempting to create a synthesizer chip which could be used in professional synthesizers«: Robert Yannes im Interview mit Andreas Varga, August 1996, in: *SID In-Depth Information Site. Dedicated to 6581, 8580 and 6582*, <sid.kubarth.com/articles/interview_bob_yannes.html> (Abruf am 5. Mai 2017).

6 Beinahe zeitgleich mit dem C64 erschien der Yamaha DX7, der erste kommerziell erfolgreiche digitale Synthesizer.

Die technischen Eigenschaften im Einzelnen:

- Hybridchip (digital / analog)
- drei unabhängige Oszillatoren (›Stimmen‹)
- vier verschiedene, teilweise kombinierbare Wellenformen pro Stimme (Dreieck-, Sägezahn- und pulsbreitenmodulierbare Rechteckschwingung sowie weißes Rauschen)
- Grundfrequenzen von 0 kHz bis 4 kHz, in 65.536 (= 2^{16}) Stufen (16 Bit)[7] einstellbar, d. h. 4.000 Hz ÷ 65.536 ≈ 61 mHz Auflösung[8]
    - für den Ton A_2 gilt: 451 × 4.000 Hz ÷ 65.536 ≈ 27,53 Hz; Abweichung zur 440 Hz-Stimmung ca. 1,7 Cent (1.200 Cent entsprechen einer Oktave)
    - für den Ton h^4 gilt:[9] 64.734 × 4.000 Hz ÷ 65.536 ≈ 3.951,05 Hz; Abweichung zur 440 Hz-Stimmung < 0,01 Cent
- drei kombinierbare analoge Filter (Tiefpass, Hochpass, Bandpass), variable Resonanz mit Vier-Bit-Auflösung, Grenzfrequenz 11 Bit, je Stimme einzeln zuschaltbar, Zwei-Pol-Filter)
- je Stimme einstellbare vierstufige digitale ADSR-Hüllkurve (Attack/Decay/Sustain/Release, siehe Abbildung 2)
- gemeinsame Lautstärkeregelung in 16 (= 2^4) Stufen (4 Bit)
- je Stimme einzeln einschaltbare digitale Synchronisation mit der jeweils nächsten Stimme
- je Stimme einzeln einschaltbare digitale Ringmodulation von Dreieckswellen mit der jeweils nächsten Stimme
- Stimme 3 am Ausgang unterdrückbar
- externer Audio-Eingang (analoge Stimme misch- und filterbar)
- zwei einfache A/D-Wandler
- Zufallszahlengenerator[10]

---

7 Adressierbar über zwei Register zu je 8 Bit (HI FREQ und LOW FREQ).

8 »It should be noted that the frequency resolution of SID is sufficient for any tuning scale and allows sweeping from note to note (portamento) with no discernable frequency steps«: Commodore Business Machines, *Commodore 64 User's Guide* (1982), S. 462, als Scan verfügbar unter <www.commodore.ca/commodore-manuals> (Abruf am 5. Mai 2017).

9 h^4 ist der höchste Ton (der gleichschwebenden Stimmung), den ein SID erzeugen kann.

10 Vgl. Neil Boyle, *Random Numbers in Machine Language for Commodore 64*, in: *Compute* 72, 1986, S. 77.

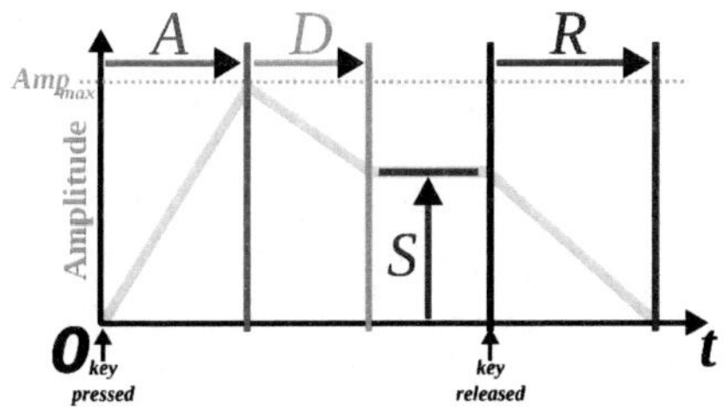

Abbildung 2: ADSR-Hüllkurve,
Quelle: Wikimedia Commons

Es gibt verschiedene Versionen (Revisionen) des SID, bei denen kleinere Anpassungen am Design oder am Fertigungsprozess vorgenommen wurden. Die Eingangsspannung lag beim originalen SID (MOS 6581) ursprünglich bei 12 Volt, bei einer späteren Revision des Chips (MOS 8580) wurde sie auf 9 Volt gesenkt. Die Spezifikationen, also die klanglichen Eigenschaften des Chips, blieben dabei unangetastet. Robert Yannes hatte keine Möglichkeiten mehr, den Chip zu verbessern, da er MOS Technology bereits verlassen hatte, um die Firma Ensoniq zu gründen.

Die Beschränkung auf drei physische Stimmen scheint die musikalischen Möglichkeiten stark einzuengen. Ein Ausweg, der schnell gefunden wurde, um zwei Stimmen (Lead- und Bass-Stimme) harmonisch zu füllen, war das Vortäuschen von Akkorden durch schnelles Arpeggieren. Die Einzeltöne wechseln dabei in solch hohem Tempo, dass das Gehör keine diskreten Töne mehr wahrnehmen kann und sie zu einer flirrenden Klangfläche zu verschwimmen beginnen. Und genau diese Arpeggiotechnik wurde ein wesentliches Charaktermerkmal der Klangästhetik der Acht-Bit-Ära.

Ein Computer für die historische Aufführungspraxis?

Im Bedienungshandbuch zum C64 war zu lesen: »Sie brauchen kein Musiker zu sein, um mit dem Commodore 64 Melodien zu erzeugen.«[11] Das war ein durchaus vollmundiges Versprechen. Und so ganz stimmte es natürlich nicht. Aber in der

11 *Bedienungshandbuch*, S. 84. Im Original: »You don't have to be a musician to make music on your Commodore 64!«: *Commodore 64 User's Guide* (wie Anm. 8), S. 81.

Tat war es sehr einfach, Töne zu erzeugen, denn eine Besonderheit des C64 war, dass man über den BASIC-Interpreter, der unmittelbar nach dem Einschalten zur Verfügung stand, durch zwei einfache Befehle – PEEK und POKE – direkten Zugriff auf die Hardware und somit auch auf den Soundchip hatte. Bei anderen Computern oder Spielekonsolen war dies mitunter erheblich schwieriger.[12] Die Werte, die in die zwei Register zu schreiben sind, um einen bestimmten Ton (in gleichschwebender Stimmung) zu erzeugen, konnten einer Tabelle im Anhang des Bedienungshandbuchs entnommen werden. Durch das Anpassen dieser diskreten Werte war es durchaus auch möglich, different temperierte Stimmungen zu erzeugen oder den Stimmton zu verschieben.

Die Taktfrequenz des Prozessors im C64 betrug nominal 1 MHz, jedoch nicht exakt 1 MHz. Der Grund hierfür lag im Videosignalgenerator (VIC-II), der ja ein fernsehfähiges Videosignal ausgeben sollte, oder, genauer gesagt, an der US-amerikanischen Fernsehnorm und deren Farbübertragungssystem NTSC mit merkwürdig ungeraden Frequenzen.[13] So schlug das Herz des C64 wie auch schon das des VIC-20 mit 1,022727 MHz. Allerdings nur auf dem amerikanischen Markt: Das in Europa vorherrschende System war PAL,[14] bei dem andere Frequenzen zum Einsatz kamen,[15] zum Beispiel eine andere Bildwiederholrate. Daher hatten die Exemplare des C64 für den europäischen Markt einen etwas langsameren Systemtakt von 0,985248 MHz. Nun war der SID auch vom Systemtakt abhängig, was zur Folge hatte, dass Musikstücke, die auf amerikanischen Geräten programmiert wurden, auf europäischen Geräten gänzlich anders klangen, und zwar um etwa 4 % langsamer und auch tiefer. Die Ausgabefrequenz f_{OUT} berechnet sich aus dem Systemtakt f_{SYS} über folgende Formel:

$$f_{OUT} = n_f \times f_{SYS} \div 16.777.216,$$

wobei n_f der Dezimalwert der beiden Frequenzregister ist. Das heißt, bei einem Registerwert von 7.217 für das *a*¹ ergibt sich auf amerikanischen Geräten eine

12 Vgl. z. B. Karen Collins, *Fine Tuning the Terrible Twos: The Musical Aesthetic of the Atari VCS*, in: *Philip Tagg online*, <www.tagg.org/xpdfs/kcflat2.pdf> (Abruf am 5. Mai 2017).

13 NTSC-Farbträgersubfrequenz (Colorburst) f_{NTSC} = (315 ÷ 88) MHz. Siehe dazu auch Volker Zota, *Zahlen, bitte! Vom Colorburst im PC (und anderen Computern)*, in: *heise online*, 5. April 2016, <www.heise.de/-3162090> (Abruf am 5. Mai 2017).

14 PAL steht für »Phase Alternating Line«.

15 PAL-Farbträgersubfrequenz f_{PAL} = 4,43361875 MHz.

Frequenz von etwa 439,93 Hz. Derselbe Wert auf der PAL-Version des C64 erzeugt einen Ton mit ca. 423,80 Hz, klingt also mit 65 Cent einen knappen Halbton tiefer. Überspitzt könnte man folglich sagen, der C64 käme in Europa der historischen Aufführungspraxis mit ihrem tieferen Stimmton entgegen.

Daher finden sich im Anhang des deutschen Handbuchs des C64 auch Registerwerte für die Tonhöhen, die von jenen der englischen Originalfassung abweichen. Und ›offiziell‹ kann der europäische Commodore 64 in gleichschwebender Temperatur mit nur 122 Tönen einen Ton weniger erzeugen als sein amerikanischer Kollege. Der 123. Ton, das *h⁴*, würde einen Registerwert von 67.284 erfordern, was den 16-Bit-Zahlenraum (65.536 Werte) deutlich übersteigt.[16]

Die verborgenen Stimmen

Wegen des Zeitdrucks bei der Entwicklung und Implementierung des SID-Chips konnten die Spezifikationen nicht ganz erfüllt werden. Beispielsweise weisen die Filter der frühen Revisionen (MOS 6581) große Nichtlinearitäten auf, die zudem von Chip zu Chip stark variieren. Im Ergebnis erzeugt jeder dieser Chips einen individuellen Klang. Dies hebt ihn als vermutlich einzigen digitalen Klangerzeuger auf eine Ebene mit analogen Instrumenten. Ein weiteres Problem betrifft die Lautstärkeregelung. Zum einen gibt es ein leichtes Übersprechen des Signals, wenn die Lautstärke eigentlich auf den Wert 0 gesetzt ist; das wiederum führt zu einem verminderten Signal-Rausch-Verhältnis.[17] Zum anderen legt der SID eine zum Registerwert lineare Vorspannung (Bias) auf den Ausgang, was sich beim Wechseln zwischen den Werten in einem deutlichen Knacken im Lautsprecher äußert. Schon bald kamen Spieleentwickler_innen und Sounddesigner_innen auf die Idee, diese ›Fehlfunktion‹ zu ihrem Vorteil zu nutzen. Schließlich kann man auf diese Weise die Membran eines angeschlossenen Lautsprechers ziemlich präzise steuern und durch schnelle Zustandsänderungen beliebige Frequenzen erzeugen – beispielsweise Vier-Bit-Samples abspielen.[18] Die drei Oszillatoren, die

16 Die maximale Ausgabefrequenz ist der 256. Teil der Taktfrequenz f_{SYS}.

17 Zusammen mit dem Filter-Verhalten ergibt dies den berühmt-berüchtigten ›schmutzigen Sound‹ des C64.

18 Als erstes machten 1984 die Spiele IMPOSSIBLE MISSION (Epyx) und GHOSTBUSTERS (Activision) von dieser Technik Gebrauch und integrierten eine Sprachausgabe.

eigentlich den Klang erzeugen sollen, bleiben davon unberührt. Wenn man nun ein Vier-Bit-Sample zusätzlich zu den drei Stimmen des SID abspielt, führt das ständige Ein- und Ausschalten über das Lautstärkeregister zu einem unerwünschten Rauschen. Dies kann behoben werden, wenn dafür gesorgt wird, dass die Lautstärke nicht unter einen bestimmten Wert abfällt. Reduziert man die Wiedergabequalität der Samples von vier auf drei Bit, wird nur die ›obere Hälfte‹ des Lautstärkeregisters benötigt.[19] Dadurch gewinnt man wiederum die Möglichkeit, zwei Drei-Bit-Samples gleichzeitig wiederzugeben.[20] Der erste, der es schaffte, auf dem C64 fünfstimmige Musik abzuspielen, war der Musiker und Programmierer Chris Hülsbeck.[21]

In einer später verbauten Revision des SID (MOS 8580) wurde das Problem des Übersprechens behoben. Zwar verringerte sich hierdurch das Grundrauschen, reine Samples (ohne gleichzeitigen Einsatz eines Oszillators) wurden allerdings nur noch sehr leise wiedergegeben. Mittels eines kleinen Hardwarehacks kann man, indem man einen hochohmigen Widerstand am SID auflötet, verstummte Samples wieder zum Sprechen bringen.[22] Es besteht mittlerweile jedoch auch die Möglichkeit, zwei Chips der entsprechenden Revisionen parallel in einem Gerät zu benutzen.[23]

Piratenlieder

Das Ausloten (und mögliche Überschreiten) von Hardwaregrenzen des C64 wurde auch durch die sich bildende Crackerszene vorangetrieben. Viele der unzähligen Spiele, die für den C64 veröffentlicht wurden, waren mit einem Softwarekopierschutz versehen. Die sogenannten Cracker versuchten diesen Schutz zu umgehen – und hinterließen bei der Gelegenheit gleich einen Gruß in Form eines kleinen Programms, das vor dem eigentlichen Spiel startete: ein »Intro«. Mit der Zeit entwickelte sich ein regelrechter Wettbewerb zwischen den einzelnen Cracker-Grup-

19 André und Frank Hugenroth, *Neuland Sound*, Folge 6, in: *64'er* 10/9, 1993, S. 86–88.

20 Natürlichen passen nicht beliebig viele Samples in den knappen Hauptspeicher.

21 Ein Meilenstein war sein Soundtrack zum Spiel To be on Top (Rainbow Arts/U.S. Gold, 1987).

22 Dies wird in den einschlägigen Internet-Foren als »DigiFix« bezeichnet.

23 Felix Pfeifer, *SIDFX: alter und neuer SID unter einer Haube*, in: *Make:*, 29. April 2016, <www.heise.de/-3180665> (Abruf am 5. Mai 2017).

pen, wer in die letzten freien Bytes auf den Disketten wohl die schönsten Grafik-Effekte und den tollsten Soundtrack pressen konnte. Mittlerweile ist dieses Milieu aus dem Schatten der Softwarepiraterie ans Licht getreten und nennt sich nunmehr selbstbewusst »Demoszene«.[24] Bis heute finden regelmäßig Demopartys – große, internationale Treffen – statt, auf denen in »Compos« (Competitions) verschiedener Kategorien um die jeweils besten Demos gewetteifert wird. Auch wenn die Demoszene nunmehr zumeist mit modernen PCs arbeitet, wird weiterhin auch ›veraltete‹ Hardware wie der C64 bedacht.

Anfang und Ende einer Ära

Erstaunlicherweise kam kein wirklicher Nachfolger zum C64 auf den Markt;[25] mit ihm endete bereits das Acht-Bit-Zeitalter. Computer und Spielekonsolen, die in der zweiten Hälfte der 1980er Jahre neu entwickelt wurden, waren zumeist schon 16-Bit-Geräte.[26] Dennoch war der C64 noch 1990 extrem populär – nicht zuletzt auf Grund des über die Jahre gesunkenen Verkaufspreises. Commodore begann die Entwicklung eines Nachfolgers: Der C65 sollte bei voller Software-Abwärtskompatibilität neben verbesserter Grafikleistung gleich zwei SID-Chips (für echten Stereoklang) erhalten. Mitte 1991 wurde die Entwicklung jedoch plötzlich eingestellt.[27] Eine Fehlentscheidung? Am 29. April 1994 ging Commodore International Ltd. offiziell in Insolvenz.

24 Karen Collins, Bill Kapralos und Holly Tessler, *The Demoscene*, in: *The Oxford Handbook of Interactive Audio*, hrsg. von dens., Oxford u. a.: Oxford University Press 2014, S. 512f. Vgl. auch Anders Carlsson, *Chip Music: Low-Tech Data Music Sharing*, in: *From Pac-Man to Pop Music. Interactive Audio in Games and New Media*, hrsg. von Karen Collins, Aldershot: Ashgate 2008 (Ashgate Popular and Folk Music Series), S. 153–162, hier S. 154 bis 156.

25 Der 1985 vorgestellte C128 besaß den gleichen Grafik- und Soundchip wie der C64. Die Produktion des C128 wurde bereits 1989 wieder eingestellt.

26 1985: Atari ST; 1987: Commodore Amiga 500; 1988/90: Sega Mega Drive.

27 Die genauen Gründe liegen wohl im Dunkel der Geschichte. Im Internet und in verschiedenen Magazinen werden unterschiedliche Ursachen angeführt, die von Problemen bei der angestrebten Kompatibilität bis hin zur Eigenwilligkeit des Firmenvorsitzenden Irving Gould reichen, der vermutlich keine Konkurrenz aus eigenem Hause duldete.

35 und kein bisschen leise

Totgesagte leben bekanntlich länger, und so erfreut sich der C64 auch heute noch einiger Beliebtheit – sogar neue Software wird nach wie vor entwickelt. Beispielsweise wurden auf der Gamescom 2016 wieder etliche neue Spiele für den betagten Rechner vorgestellt.[28] Insbesondere der SID-Chip kann sich einer beinahe ungebrochenen Popularität rühmen, auch außerhalb seiner angestammten Umgebung.

In Göteborg entwickelte Ende der 1990er Jahre die heutige Firma Elektron einen MIDI-Synthesizer, der als Klangerzeuger auf einen SID-Chip (MOS 6581) setzte. Diese Idee und das schließlich 1998 auf den Markt gebrachte Gerät mit dem Namen »Sidstation« gehören zum Gründungsmythos der schwedischen Firma.[29] Die Sidstation wurde in kleiner Serie gefertigt und fand bei Akteuren der elektronischen Musik großen Anklang. Elektron kaufte dafür praktisch alle auf dem Weltmarkt verfügbaren Restbestände des längst nicht mehr hergestellten Chips auf. Bei internationalen Künstler_innen und Bands wie z. B. Daft Punk, Depeche Mode und Nine Inch Nails kam und kommt die Sidstation zum Einsatz. Besonders im skandinavischen Raum fand sie eine große Verbreitung.

Mittlerweile gibt es zahlreiche Hobby-Hardwareprojekte für den SID und den C64.[30] Und die heutigen Möglichkeiten, den SID außerhalb von C64 und C128 einzusetzen, machen ihn zu einem rege gehandelten Produkt.[31] Im Laufe der Zeit wurden aber auch zahlreiche Software-Emulationen des SID-Chips entwickelt, hauptsächlich zu dem Zweck, Musik des C64 auf anderen Plattformen wiedergeben zu können.[32] Aus demselben Bestreben heraus wurde auch ein spezielles Dateiformat entwickelt. Mit der *High Voltage SID Collection*[33] wird versucht, die für den C64 geschriebene Musik zu sammeln und zu archivieren.

---

28 Markus Schwerdtel, *Gamescom 2016 – Die besten C64-Spiele*, 22. August 2016, <www.gamestar.de/specials/spiele/3301527/gamescom_2016.html> (Abruf am 5. Mai 2017).

29 Elektron, *Legacy Products*, <www.elektron.se/legacy-products> (Abruf am 5. Mai 2017).

30 Beispielhaft seien hier die MIDIbox SID V2, die ein ähnliches Konzept wie die Sidstation verfolgt, und der MixSID genannt.

31 Auf der Handelsplattform ebay erzielte der MOS 6581 Anfang 2017 Preise zwischen 30 und 50 Euro.

32 Auf Grund seines Hybridcharakters ist es fast unmöglich, den SID exakt zu emulieren.

33 *High Voltage Sid Collection. Commodore 64 Music for the Masses*, <www.hvsc.de> (Abruf am 5. Mai 2017). Dort finden sich auch Links zu Programmen für die Wiedergabe sowie Informationen zum verwendeten Dateiformat.

Nachklänge

Ohne den C64 und seinen Soundchip sähe die Welt der elektronischen Musik heute sicherlich anders aus, das Genre der Chip Music würde vielleicht gar nicht existieren. Sein Klang hat ästhetisch Maßstäbe gesetzt und mehr als eine Generation von Computerspieler_innen geprägt. Er übt bis heute Einfluss auf Musiker_innen und Spieledesigner_innen aus – und darüber hinaus. Und auch zukünftig wird der Eindruck, den er hinterließ, gewiss nachwirken: In jüngerer Zeit sind vereinzelt Computerspiele auf den Markt gekommen, die nicht nur auf scheinbar überkommene Spielmodelle zurückgreifen, sondern auch bewusst die typische Acht-Bit-Ästhetik der 1980er Jahre imitieren; das erfolgreiche Spiel VVVVVV (Terry Cavanagh, 2010) mit Musik von Magnus Pålsson ist dafür wohl das markanteste Beispiel.[34]

34 *VVVVVV*, <thelettervsixtim.es> (Abruf am 5. Mai 2017). Der Soundtrack *PPPPPP – The VVVVVV Soundtrack* ist einzeln erhältlich.

Hardwaremusik

Yvonne Stingel-Voigt

In unserem Alltag sind wir ständig von Klang umgeben. Neben Klängen aus der Natur stehen die Geräusche, die zahlreiche Geräte und Maschinen von sich geben. Sie unterscheiden sich u. a. je nach Apparat und Hersteller: Manch eine Waschmaschine klingelt, wenn sie fertig ist, manch eine Benzinanzeige im Auto löst einen Piepton aus, wenn getankt werden soll. Beiden Beispielen ist gemeinsam, dass die Maschinen akustische Signale nutzen, um dem Menschen eine Information zukommen zu lassen. Das Signal wird kennengelernt, um sodann verstanden zu werden. Aber auch Arbeitsgänge von Maschinen können auditiv erfasst werden: So brummt eine Kaffeemaschine, während das Wasser durch den Filter gepresst wird. Die Motoren des Staubsaugers oder der elektrischen Zahnbürste dröhnen mal lauter und mal leiser. Das Geräusch kann als Signal wirken, sobald es auditiv erkannt und verstanden wird: Es quietscht und surrt im Arbeitszimmer, also ist der Drucker aktiv.

Laufwerke, Drucker, Scanner etc. produzieren im laufenden Betrieb unterschiedliche Geräusche. Eben diese machen sich musizierende Bastler (oder bastelnde Musiker?) zunutze, wenn sie Hardware innerhalb eines bestimmten Systems zum Erklingen bringen.[1] Mithilfe der richtigen Zusammenstellung der einzelnen Geräte und der Erzeugung der gewünschten Klänge durch mechanische Bewegungen der Maschinen werden sie zum Klingen gebracht.

Hardwaremusik ist Musik, die durch Geräusche und Klänge entsteht, die das Computerzubehör – die Hardware – bei unterschiedlichen Arbeitsprozessen er-

1 Vgl. dazu bereits Yvonne Stingel-Voigt, *Soundtracks virtueller Welten. Musik in Videospielen*, Glückstadt: VWH 2014, S. 234–237.

zeugt.[2] Entsprechend aufeinander abgestimmt, können die Geräte zu performativen Apparaten werden, zu musizierenden Automaten. Die Hörer müssen umdenken. Sie hören zwei Dinge gleichzeitig: die Maschine, die aufgrund ihres typischen Klangs erkennbar bleibt, sowie den neuen, für diese Maschine ungewöhnlichen und plötzlich ›harmonischen‹ (Zusammen-)Klang, der als Musikstück wahrgenommen wird. Beim Hören von Hardwaremusik werden die Hörerwartungen auf den Kopf gestellt: In einer Geräuschwelt werden bekannte Songs gecovert und es erklingt Musik.

Die Hardware, über die im Folgenden berichtet wird und die Bastler heutzutage zum Klingen bringen, ist zum großen Teil veraltet. Sie wird sozusagen (wenn auch nicht unbedingt in erster Linie stofflich) ›upcycled‹: Es findet eine Auf- oder Neuwertung veralteter und für den heutigen Anwender im ursprünglichen Funktionszusammenhang nutzlos gewordener Technik statt. Dem liegt wohl eine Mischung aus dem modernen Retro-Aspekt, eine Art Kultstatus der Hardware und ein rein praktischer Gesichtspunkt (da die alte Technik geräuschvoller ist als die moderne) zugrunde. Der ursprüngliche Zweck dieser Geräte wird heute nicht mehr gebraucht, sie sind technisch vollkommen überholt – wer nutzt für seinen Heim-PC noch ein Diskettenlaufwerk, wer ein 56k-Modem? Die Retro-Welle für alte Hardware begründet sich also anders als in anderen Retro-Bereichen. Dass etwa heute wieder Vinyl gehört und auch gepresst wird, hängt mit dem ursprünglichen Zweck von Schallplatten zusammen – sie sollen angehört werden. Der typische Klang von Vinyl sowie das haptische Erlebnis durch die Handhabung der Geräte stehen hierbei im Vordergrund. Das Diskettenlaufwerk wird dagegen

2 Vorweg eine kurze Einordnung der Begriffe, über die zu lesen sein wird: Klang ist ein »allgemeiner Begriff für akustische Erscheinungen, die in der Skala der Einheitlichkeit etwa zwischen Ton (prägnant) und Geräusch (amorph) liegen«: *Klang*, in: *Brockhaus Riemann Musiklexikon*, hrsg. von Carl Dahlhaus und Hans Heinrich Eggebrecht, Bd. E bis K, Mainz und München: Schott und Piper 1995, S. 296. Töne wiederum haben periodische Schwingungen. Sie sind in ihrer Tonhöhe definierbar. Geräusche »sind nur approximativ in ihren Tonhöhen definierbar«: Karlheinz Stockhausen, *Texte zur Musik 1963–1970*, Bd. 3, hrsg. von Dieter Schnebel, Köln: DuMont 1972, S. 329. Im vorliegenden Text wird folgende Definition zugrunde gelegt: Ein *Ton* ist ein einzelner Ton mit bestimmbarer Tonhöhe, ein *Klang* besteht aus mehreren Tönen, die gleichzeitig erklingen. Ein *Geräusch* ist etwas Diffuses, im vorliegenden Fall beispielsweise ein Kratzen, Knarzen, Quietschen oder Ähnliches. Rhythmik, Melodik und Harmonik lassen dann aus Klängen, Tönen und Geräuschen Musik entstehen.

einem anderen und kreativen Gebrauch zugeführt. Es soll Geräusche erzeugen und Klang produzieren, der in einem neuen Zusammenhang weiterverwendet wird.

Die Idee, eine Maschine ihres eigentlichen Zwecks zu entfremden und sich ihrer kreativ zu bedienen, ist nicht dem modernen Retro-Gedanken entsprungen, sondern geht mit der Entwicklung von Maschinen und Automaten einher. Eine Art Parallelentwicklung zur technischen Innovation verläuft offenbar stets im kreativen Bereich. Nicht nur in E. T. A. Hoffmanns Romanen erscheinen Automaten als seltsame Hybride mit anthropomorphen Zügen. Auch der ungarische Künstler László Moholy-Nagy stellte 1922 am Bauhaus in seinem Essay *Produktion – Reproduktion* Fragen nach den Möglichkeiten einer künstlerischen Verwertung von Technologie.[3] Dass die Maschinen im vorliegenden Fall nun ausgerechnet musizieren, stellt eine Parallele zum technischen Fortschritt der Musikinstrumente dar: Die Erfindung neuer Instrumente umfasst – seit im Jahre 1899 der singende Lichtbogen als erster elektronischer Klangerzeuger vorgestellt wurde – Technik, Mechanik und Elektronik.[4] Der erste Computer, der im Zuge solcher Experimente ›zum Singen gebracht‹ wurde, war der Z22 von Zuse – »and there is even a recording of it«.[5] Z22 erzeugte Geräusche beispielsweise, indem Daten auf einen Lochstreifenstanzer übertragen wurden. Die so hervorgebrachten Töne wirkten anscheinend so inspirierend, dass schon 1958 damit experimentiert und musiziert wurde: »The Zuse Z22 was playing ›Hänschen klein‹, ›Mitternachtsblues‹, and probably some other stuff as well [...] at the production place in Neukirchen, Germany.«[6]

---

3 László Moholy-Nagy, *Produktion – Reproduktion*, in: *De Stijl* 5/7, 1922, S. 97–101. Vgl. auch Nina Jukić, *The Sound of Obsolescence. Wie aus alter Hardware Musik wird*, in: *Geräusch – das Andere in der Musik*, hrsg. von Camille Hongler, Christoph Haffter und Silvan Moosmüller, Bielefeld: transcript 2015, S. 151–161, hier S. 154.

4 »Neben technischer Experimentierfreudigkeit und der Suche nach unbekannten Klängen spielte bei der Erfindung von Instrumenten auch die Anpassung an die neuen Übertragungswege eine Rolle. [...] Jeder existierende oder denkbare Schwingungsverlauf kann seitdem als musikalischer Klang kontrolliert eingesetzt werden«: Hans-Joachim Maempel, *Medien und Klangästhetik*, in: *Musikpsychologie. Das neue Handbuch*, hrsg. von Herbert Bruhn, Reinhard Kopiez und Andreas C. Lehmann, Reinbek bei Hamburg: Rowohlt, 3. Aufl. 2011, S. 231–252, hier S. 235.

5 Anders Carlsson, *More Computer Music Recordings From the 1950's*, in: *Chipflip*, 6. Mai 2013, <chipflip.wordpress.com/2013/05/06/more-computer-music-recordings-from-the-1950s> (Abruf am 5. Mai 2017).

6 Ebd.

Automaten mittels Lochstreifen zum Klingen zu bringen war Ende der 1950er Jahre dabei nichts Neues gewesen. Jeder Zähl- oder Taktzeit ist in so einem System durch ein Logiknetzwerk ein Ton, Klang oder Geräusch zugeordnet.[7] Lochplatten musizierten bereits auf der Weltausstellung im Jahre 1900 in Paris, bei der das Polyphon als neuer Musikautomat vorgestellt wurde. 1904 nutzte dann die Firma Welte & Söhne die Lochstreifen-Technik, um selbstspielende Klaviere zu realisieren. Dazu wurde das Spiel bekannter Musiker aufgenommen und auf Lochstreifen mit 80 bis 88 Spuren gespeichert. In das Instrument wurde bekanntlich das entsprechende Wiedergabegerät eingebaut: Auch hier spielt also ein Apparat.

Dass aus einem Klavierkorpus (mit oder ohne Spieler) Klaviermusik ertönt, ist dabei nicht ungewöhnlich. Dass aber ein Computer ›singt‹, ist schon etwas weiter von dessen ursprünglichem Zweck entfernt. 1968 wurde der singende Computer mit einer weiteren Kunstrichtung verknüpft und als Filmmotiv verarbeitet: Im Film 2001: A SPACE ODYSSEY (UK/USA, Regie: Stanley Kubrick) singt der Computer HAL 9000 das Lied *Daisy Bell* (in der deutschsprachigen Fassung *Hänschen klein*).[8]

Musik ist, betrachtet man sie reduziert, eine Abfolge von Frequenzen – genau wie die Geräusche, die sich bewegende Computerbauteile machen:

> »Mit den richtigen Befehlen lassen sich den Gerätschaften Töne in einer bestimmten Frequenz und Reihenfolge entlocken [...]. Schon in den Achtzigern machten sich die ersten Software-Bastler die eigentlich nicht vorgesehenen musikalischen Eigenschaften ihrer Maschinen zunutze. Heute ist Hardware-Gesang ein regelrechtes Genre, mit Stars, Hits und Evergreens.«[9]

Die Band Kraftwerk ließ 1981 in dem Stück *It's More Fun to Compute* aus dem Album *Computerwelt* einen Flipperautomaten musizieren. Im Song *Pocket Calculator* desselben Albums sind die Tastentöne eines Taschenrechners zu hören, des Casio FX-501P. Zu Merchandisingzwecken wurde ein weiterer klingender Taschenrechner, der Casio VL-80, für die Allgemeinheit zugänglich und damit zu einem

7 Vgl. auch Erich Merkel, *Technische Informatik. Grundlagen und Anwendungen Boolescher Maschinen*, Wiesbaden: Springer 1973, S. 188.

8 Vgl. Yvonne Stingel-Voigt, *Soundtracks virtueller Welten* (wie Anm. 1), S. 234.

9 Ole Reißmann, *Singende Schreib-Lese-Köpfe: Süßer die Rechner nie knarzten*, in: *Spiegel online*, 11. Februar 2011, <www.spiegel.de/netzwelt/web/singende-schreib-lese-koepfe-suesser-die-rechner-nie-knarzten-a-744782.html> (Abruf am 5. Mai 2017).

Kraftwerk-Fansymbol. Mit dessen ›klingender Tastatur‹ und der folgenden Tastenkombination lässt sich beispielsweise der Anfang des Songs *Pocket Calculator* nachspielen: 4599 845887 4599 845887 6.[10] So wurde ein Taschenrechner zum Minikeyboard. Die Verwandtschaft der beiden Geräte Keyboard und Taschenrechner manifestiert sich noch durch die Tatsache, dass das Minikeyboard VL-1 (bekannt durch seinen Einsatz im Song *Da Da Da* der Gruppe Trio, 1982) einen Taschenrechner enthielt – die Rechenmaschine musizierte.

Auch mit den Geräuschen, die die Arbeitsschritte unterschiedlichen Computerzubehörs hervorbringen, also den Motorengeräuschen von Diskettenlaufwerken, Flachbettscannern und Nadeldruckern, werden Töne erzeugt. Diese Geräuschkulisse kann zur Wiedergabe von Musik genutzt werden; der sonst eher unerwünschte ›Lärm‹ der Geräte wird damit neu kontextualisiert. Wenn aus Lärm Musik wird, geht das mit einer veränderten Wahrnehmung einher:[11] Der Gesamtklang kann als Song erkannt werden. Dies gilt nicht nur für Coverversionen bereits existierender Songs: Der Maschinenklang kann ebenso etwas Neues darbieten. Im Jahre 2000 produzierte die Rockband »Man or Astroman?« den Song *A Simple Text File*. Er wurde für einen damals schon veralteten Nadeldrucker, den Apple ImageWriter II, komponiert. Der Drucker, das einzige Instrument in diesem Song, wurde also nicht in seiner ursprünglichen Funktion verwendet, sondern trat gewissermaßen als Musikinstrument auf.[12]

Auch in Kombination, quasi als Band, wird mit obsoleter Technik musiziert. Ein Bastler namens George Whiteside hat beispielsweise mehrere 3,5″- und 5,25″-Diskettenlaufwerke an einen Mikrocontroller angeschlossen und mit Daten im MIDI-Format angesteuert. So konnten 128 Töne erzeugt werden, von denen wiederum vier Töne gleichzeitig ausgegeben wurden. In dieser Konstellation zirpten die Laufwerke dann die Toccata und Fuge in d-Moll BWV 565, die üblicherweise Johann Sebastian Bach zugeschrieben wird.[13] Dass die Arbeitsprozesse Klang erzeugen, hat teils mechanische Gründe. Dieser Klang ist durch die Eingabe von

---

10 Martin Schneider, *Sheet Music to Play Kraftwerk's ›Pocket Calculator‹ on a Pocket Calculator*, in: *Dangerous Minds*, 15. März 2017, <dangerousminds.net/comments/sheet_music_to_play_kraftwerks_pocket_calculator_on_a_pocket_calculator> (Abruf: 26. Juli 2017).

11 Vgl. Nina Jukić, *The Sound of Obsolescence* (wie Anm. 3), S. 152.

12 Ebd., S. 154.

13 Das Musikvideo *Phantom of the Floppera* ist anzusehen via <www.spiegel.de/netzwelt/web/singende-schreib-lese-koepfe-suesser-die-rechner-nie-knarzten-a-744782.html> oder direkt unter <youtu.be/dmoDLyi QYKw> (Abruf am 5. Mai 2017).

Steuerungsdaten modellier- und reproduzierbar, die Geräte erfahren also eine kreative Zweckentfremdung.[14]

Mittels einer Kombination diverser Geräte coverte der Hardwarekünstler James Houston einen Song der Gruppe Radiohead.[15] Der Acht-Bit-Computer Sinclair ZX Spectrum wurde in dieser Hardware-Band genutzt, um die Stimmen der Lead- und Rhythmusgitarre zu spielen, der Nadeldrucker LX-86 von Epson fungierte als Schlagzeug, ein HP ScanJet 4C stellte die Basslinie dar, verschiedene alte Festplattenlaufwerke dienten als Lautsprecher, die Stimmen und Effekte wiedergaben. Der Song wurde auf YouTube hochgeladen und innerhalb kurzer Zeit von zahlreichen Nutzern angeschaut und kommentiert. Der User dappcin beispielsweise schmunzelt in einem Nutzerkommentar: »I had that same printer for years; it never understood its potential.«[16]

Inzwischen sind von den unterschiedlichsten Hardwaremusikern viele Lieder auf solche Art gecovert worden. Ein namentlich unbekannter Nutzer aus Toronto hat eine Bastelei zu Queens *Bohemian Rhapsody* auf YouTube hochgeladen.[17] Sein ›Ensemble‹ besteht aus einem Atari 800XL, einem 3,5″-Diskettenlaufwerk, einer Adaptec 2940UW SCSI-Karte, einem TI-99/4A-Computer mit Bandlaufwerk, einem 8″-Diskettenlaufwerk und einem HP ScanJet 3C.[18] Das Ergebnis kann sich hören lassen: Es summt, brummt und quietscht eindeutig erkennbar und recht lyrisch die bekannte Melodie mit ihrer Begleitung. Manche Künstler brauchen nur ein kleines Ensemble aus wenig Geräten. 2014 fügte der User Midi Desaster zusammen, was epochal zusammengehört: Er ließ den Song *Westerland* der Band Die Ärzte von einem Apple Dot Matrix Printer spielen.[19] Das Gerät übernimmt außer sämtlichen Instrumenten zusätzlich noch die Singstimme. Iron LongJohn stellte auf YouTube eine Mischung aus sechs Disketten- und zwei Festplattenlaufwerken vor, die seine Version des Songs *Engel* der Gruppe Rammstein dar-

14 Nina Jukić, *The Sound of Obsolescence* (wie Anm. 3), S. 153.

15 James Houston, *Big Ideas: Don't Get Any – by James Houston*, 4. Juni 2008, <www.youtube.com/watch?v=pmfHHLfbjNQ> (Abruf am 5. Mai 2017).

16 Vgl. auch Yvonne Stingel-Voigt, *Soundtracks virtueller Welten* (wie Anm. 1), S. 235; Nina Jukić, *The Sound of Obsolescence* (wie Anm. 3), S. 156.

17 bd594, *Queen Bohemian Rhapsody Old School Computer Remix*, 17. April 2009, <www.youtube.com/watch?v=Ht96HJ01SE4> (Abruf am 5. Mai 2017).

18 Vgl. auch Ole Reißmann, *Singende Schreib-Lese-Köpfe* (wie Anm. 9).

19 Midi Desaster, *Westerland – Die Ärzte on Dot Matrix Printer [HD]*, 19. Oktober 2014, <www.youtube.com/watch?v=54oi6Nmrekw> (Abruf am 5. Mai 2017).

bieten.[20] Die gleichen Geräte kommen im Video von Arganalth zum Einsatz, in dem sie *Smells Like Teen Spirit* von Nirvana musizieren.[21]

Andere Künstler lassen eine Vielzahl unterschiedlichster Technik gemeinsam erklingen. Unter dem Namen The Floppotron finden sich zahlreiche Musikvideos des Künstlers Paweł Zadrożniak: Er hat unter anderem *The Final Countdown*, *Highway to Hell* oder auch das Intro zu GAME OF THRONES von Ramin Djawadi gecovert. Auf seiner Website[22] erklärt er diese Arbeiten. Aufgrund der Komplexität besonders beeindruckend sind seine Versionen von *Video Killed the Radio Star*[23] sowie das Titelthema aus THE LEGEND OF ZELDA von Kōji Kondō:[24] Verschiedene 3,5″-Diskettenlaufwerke, Festplatten und Flachbettscanner sowie einen Videorekorder und einen Fernseher hat er dafür mit einer eigenen Elektronikschaltung via Arduino-Plattform und einen PC verbunden und angesteuert.

Ein regelrechtes Orchester aus alter Technik, kombiniert mit Livegesang, stellte James Houston in einem weiteren seiner Videos, *Polybius // Music For Old Technology*, gemeinsam mit Julian Corrie auf YouTube vor.[25] In einem leeren Schwimmbecken musizieren ein 16-Bit-SEGA-Mega-Drive, ein Commodore 64 und verschiedenste Diskettenlaufwerke und Festplatten. Zu sehen sind außerdem diverse Gamepads und Joysticks, ein Game Boy, alte Videospiele, ein Oszillator, ein Atari-Computer, eine Tastatur und ein Mischgerät von Akai. Diese obsolete Technik ist kunstvoll arrangiert und liebevoll im Kerzenlicht dargestellt. Das wirkt wie ein Gedenken an Vergangenes – und Houston kommentierte das Video mit folgenden Worten: »The unusual ensemble (controlled live via MIDI) are given a last curtain call in a nostalgic farewell to forgotten friends.«[26]

---

20 Iron LongJohn, *Floppy Music, Rammstein: »Engel«*, 28. April 2013, <www.youtube.com/watch?v=zssfSRkUG90> (Abruf am 5. Mai 2017).

21 Arganalth, *HDD and Floppy Music: Nirvana – Smells Like Teen Spirit*, 8. April 2015, <www.youtube.com/watch?v=G081hDonwWE> (Abruf am 5. Mai 2017).

22 Paweł Zadrożniak, *Silent's Homepage*, <silent.org.pl/home> (Abruf am 5. Mai 2017).

23 Ders., *The Floppotron: Video Killed the Radio Star*, 6. April 2017, <www.youtube.com/watch?v=zJwEgxmE3Dw> (Abruf am 5. Mai 2017).

24 Ders., *The Floppotron: The Legend of Zelda*, 7. Januar 2017, <www.youtube.com/watch?v=ZGlVt3x-QWI> (Abruf am 5. Mai 2017).

25 James Houston, *Polybius // Music For Old Technology // by James Houston & Julian Corrie*, 29. August 2013, <www.youtube.com/watch?v=Bzwm_2M7NX4> (Abruf am 5. Mai 2017).

26 Ebd.

Selbst die Hardwarefirma Brother hat das musikalische Potenzial der Maschinen entdeckt. In einem Werbespot aus dem Jahre 2012 spielt ein Druckerorchester Bob Dylans Song *The Times They Are a-Changin'*. Der Titel ist Programm: In diesem Video, dargeboten durch veraltete Hardware, wird das Voranschreiten der Technik geradezu plakativ veranschaulicht und thematisiert.[27]

In allen genannten Beispielen zeigt sich: Der Bastler wird zum Arrangeur oder Komponisten, die Maschine zum Instrument. Eine Differenzierung zwischen musikalischen Tönen oder Klängen und Alltags- bzw. Umweltgeräuschen ist nicht mehr nötig. Der Wahrnehmung von Musik liegen stets »Prinzipien der Gestalterkennung«[28] zugrunde. Die Geräusche selbst sind zwar (bei genauem Hinhören) noch eindeutig ihren Produzenten (also beispielsweise Druckern) zuzuordnen, aber sie werden als Musik wahrgenommen.[29] Das Geräusch der Maschine erhält mithin eine neue, eine musikalisierte Bedeutung und damit eine eigene Klangästhetik.

Computer können, wenn sie mit künstlicher Intelligenz ausgestattet sind, aber auch selbst komponieren bzw. das Komponieren lernen. Hier wird dann die Software aktiv. Schon im Jahre 1976 haben schwedische Forscher ein Programm entwickelt, das einfache Lieder erstellen konnte. Danach entstanden weitere Programme, in denen zahlreiche Regeln zur Satz- und Harmonielehre zum Einsatz kommen; das AI-Programm Choral aus dem Jahre 1992 beherrschte bereits ca. 350 solcher Regeln. Trainiert werden viele dieser Programme mit Chorälen von Johann Sebastian Bach. Die Softwarelösungen nehmen in Komplexität und Anspruch zu: GenJam (Genetic Jammer)[30] wird seit Mitte der 1990er Jahre entwickelt und basiert auf ›genetischen‹ Algorithmen; das Programm soll Jazzsoli ›improvisieren‹ können.[31]

27 Vgl. Yvonne Stingel-Voigt, *Soundtracks virtueller Welten* (wie Anm. 1), S. 236.

28 Hans-Joachim Maempel, *Medien und Klangästhetik* (wie Anm. 4), S. 242.

29 Die »Art und Weise, wie ein Geräusch wahrgenommen wird«, hängt »vom Nutzer im aktuellen situativen Kontext ab«: Nicola Fricke, *Warn- und Alarmsounds im Automobil*, in: *Funktionale Klänge. Hörbare Daten, klingende Geräte und gestaltete Hörerfahrungen*, hrsg. von Georg Spehr, Bielefeld: transcript 2009 (Sound Studies 2), S. 47–64, hier S. 55.

30 Vgl. John A. Biles, *GenJam*, <igm.rit.edu/~jabics/GenJam.html> (Abruf am 5. Mai 2017).

31 Petri Toiviainen, *Musikalische Wahrnehmung und Kognition im Computermodell*, in: *Musikpsychologie. Das neue Handbuch*, hrsg. von Herbert Bruhn, Reinhard Kopiez und Andreas C. Lehmann, Reinbek bei Hamburg: Rowohlt, 3. Aufl. 2011, S. 476–489, hier S. 484.

Als weiterer Bereich der elektronischen Retro-Musik kommt die »Chiptune Music« hinzu. Ab 1982 hielt die MIDI-Schnittstelle Einzug in die elektronischen Tonstudios; Sequencer-Programme ermöglichten in Verbindung mit elektronischen Klangerzeugern eine Erweiterung der bis dahin gängigen Musikproduktion. Die Tools zur Musikerzeugung verbreiteten sich seitdem weit. Chiptune-Musiker nutzen alte Tongeneratoren, Soundchips und Heimcomputer wie beispielsweise den Amiga. Typisch für Chiptune Music sind Wellenformen in niedriger Bit-Tiefe (von vier bis acht Bit). Um diese Klänge interessant zu gestalten und komplexere Klänge zu erzeugen, ist ein schnelles Umschalten zwischen den verschiedenen Wellenformen möglich. Anstatt wie in der oben beschriebenen Hardwaremusik beispielsweise gleichzeitig klingende Oszillatoren zu verwenden, wird bei den Chiptunes den technischen Limitierungen der Mehrstimmigkeit durch den Einsatz sehr schneller Arpeggien abgeholfen.[32] Zwischen ihnen wird als Teil der Waveshaping- oder auch der Vektor-Synthese interpoliert.[33] Kurz kann man sagen: Chiptune Music ist programmierte Musik, die in Echtzeit entwickelt werden kann.[34]

Der typische Klang der Chiptunes, der ›Wenig-Bit-Ära‹, mag manchen Hörer an die Videospielmusik der 1980er Jahre erinnern. Sound und Musik spielten auch hier eine Rolle. Zunächst erklangen innerhalb von Videospielen nur wenige Töne. Heute geht die Bedeutung der Videospielmusik weit über die der Filmmusik hinaus, teilweise werden hier wie dort die Soundtracks von Orchestern eingespielt. Insbesondere in den 1980er Jahren geschah eine rasante Entwicklung dieser Spiele-Soundtracks. Sie erfüllten bereits diverse dramaturgische Funktionen von der Signalwirkung über Leitmotivtechnik bis zur Funktion der Musik als Tool.[35] Game

32 Vgl. auch Philip Phelps, *UFEE63-30-3 – A Modern Implementation of Chiptune Synthesis*, in: *woolyss*, [22. April 2007], <woolyss.com/chipmusic/chipmusic-discovery/PhillPhelps-ChiptuneSynth.pdf> (Abruf am 5. Mai 2017), S. 5.

33 Weitere technische Details können an dieser Stelle nicht tiefergehend erläutert werden, das würde den Rahmen sprengen.

34 Vgl. auch Anders Carlsson, *Chip Music: Low-Tech Data Music Sharing*, zitiert nach Karen Collins, *Game Sound. An Introduction to the History, Theory and Practice of Video Game Music and Sound Design*, Cambridge, Mass., und London: MIT Press 2008, S. 153 bis 162, hier S. 154.

35 Vgl. Yvonne Stingel-Voigt, *Soundtracks virtueller Welten* (wie Anm. 1); dies., *Funktionen von Musik in virtuellen Welten*, im Blog des Landesmedienzentrums Baden-Württemberg, 14. Januar 2016, <www.lmz-bw.de/bibliothek/buecher-texte/musik.html?medium_id=1651> (Abruf am 5. Mai 2017).

Music erklang zunehmend differenzierter, teilweise wurde sie bereits adaptiv eingesetzt. Außerdem entwickelte die Technik sich so weit voran, dass gleichzeitig zur Musik auch Geräusche (zum Beispiel Schritt- oder Waffensounds) erklingen konnten. Chiptunes trugen lange zu diesem (damals) modernen Klangbild bei, einige Spielemusik-Komponisten erlangten im Zuge dieser Entwicklung große Popularität. Der SUPER MARIO-Soundtrack (Nintendo/Nintendo, seit 1985) von Kōji Kondō erreichte beispielsweise schon in den 1980er Jahren einen hohen internationalen Bekanntheitsgrad und Stellenwert.[36]

Ein älteres Beispiel für musikalische Sounds in Videospielen ist das Spiel MISSILE COMMAND (Atari/Atari, 1981). Hier stehen rhythmische und perkussive Elemente im Vordergrund. Der für die Acht-Bit-Ära typische Soundchip Pokey verfügte dann bereits über vier Stimmen und konnte dreieinhalb Oktaven wiedergeben.[37] Außerdem ermöglichte Pokey ein Nebeneinander von Geräuscheffekt und Musik.[38] Mit der Musik zu TURRICAN (Rainbow Arts und Factor 5/Rainbow Arts und Accolade, 1990) erreichte in den frühen 1990er Jahren dann ein weiterer Spielemusik-Komponist Berühmtheit und Kultstatus: Chris Hülsbeck holte damals Erstaunliches aus dem SID-Chip[39] des Commodore 64 heraus und trug zu einer weiteren Entwicklung der Qualität und Funktionalität von Spielemusik bei. Sie beschränkte sich nun nicht mehr auf das Intro und einzelne Töne innerhalb des Gameplays: Das *gesamte* Spielgeschehen wurde von Musik unterlegt und begleitet. Digitale Spiele können spätestens seit dieser Zeit also in einer ausgeprägten musikalischen Kulisse stattfinden, die jeweils an die In-Game-Situation angepasst wird. Musik und Sound in Spielen wurden nicht nur häufiger, sondern auch differenzierter und abwechslungsreicher.[40]

36 »In Japan, video game soundtracks are among some of the top selling albums«: Matthew Belinkie, *Video Game Music: Not Just Kid Stuff*, in: *Video Game Music Archive*, 15. Dezember 1999, <www.vgmusic.com/information/vgpaper.html> (Abruf am 5. Mai 2017).

37 Vgl. Kevin Driscoll und Joshua Diaz, *Endless Loop: A Brief History of Chiptunes*, in: *Transformative Works and Cultures* 2, 2009, <dx.doi.org/10.3983/twc.2009.0096> (Abruf am 5. Mai 2017).

38 »The additional sound chips were typically used for more advanced sound effects [...]. Any music included could play without being interrupted by the sound effects«: Karen Collins, *Game Sound* (wie Anm. 34), S. 15.

39 Siehe dazu den Beitrag von Klaus Rettinghaus zum vorliegenden Band, S. 269–279.

40 Yvonne Stingel-Voigt, *Aus Sound wird Gamemusik (1978–1999)*, in: *Retro-Games und Retro-Gaming. Nostalgie als Phänomen einer performativen Ästhetik von Computer- und*

Hülsbeck hatte 1986 außerdem bereits den SOUNDMONITOR für den Commodore 64 entwickelt. Mit dieser Software optimierte er die Möglichkeiten der Klangproduktion mit der vorhandenen Hardware. Das nutzte nicht nur ihm bei seiner Arbeit als Komponist von Spielemusik: Auch Hobby-Musiker konnten damit zu Hause am Computer Musik produzieren. Populäre Bands integrierten den Computerklang in ihre Musik. Songs von Kraftwerk, Vangelis oder Tangerine Dream enthielten fortan den typischen Sound der modularen Synthesizer.[41]

Mitte der 1980er Jahre war nicht nur eine Blütezeit der Chiptune Music, mit der Musik für Videospiele *erzeugt* wurde: Die Musik wurde mithilfe sogenannter Tracking-Tools – etwa für den Commodore Amiga, den Atari ST und den IBM-kompatiblen MS-DOS-PC – den Spielen auch *entnommen* und so kopiert und modifiziert, dass aus einzelnen Sounds oder ganzen Passagen neue Songs entstehen konnten; heute würde man das als Sampling oder Mashup bezeichnen.[42] Diese Tracking-Produkte brachten auch für den ›Hausgebrauch‹ eine neue Musikrichtung auf den Weg, die populäre elektronische Musik. Teenager in der aufkeimenden Tracking- und Demoszene begannen eigene Musik zu machen. Bis 1991 war die Musikdiskette ein etabliertes Format mit qualitativ hochwertigen Releases wie *Bruno's Music Box 3*, *Crystal Symphonies*, *His Master's Noise* oder auch *Tekkno Bert*.[43]

Eine Besonderheit innerhalb des ›Wenig-Bit-Klangs‹ in der Musikproduktion stellte der Game Boy von Nintendo dar. Auch er wurde als Hardware-Instrument zweckentfremdet.[44] 2003 eröffnete das »gameboyzz orchestra project«, ein Projekt von »Kunstbande SLA« aus Polen, das internationale Medienkunstfestival Trans-

Videospielkulturen, hrsg. von Ann-Marie Letourneur, Michael Mosel und Tim Raupach, Glückstadt: VWH 2015, S. 219–229, hier S. 221f.

41 Ebd., S. 220.

42 Streng genommen sind Tracker-Melodien keine Chiptunes mehr, denn sie spielen digital abgetastete Sounds, anstatt sich auf die Hardware-Synthese zu verlassen: vgl. Kevin Driscoll und Joshua Diaz, *Endless Loop* (wie Anm. 37).

43 Vgl. Anders Carlsson, *More Computer Music Recordings From the 1950's* (wie Anm. 5).

44 Obwohl sich der Klang stark ähnelt, kann hier eher nicht die Rede von Chiptunes sein. Der Game Boy hat keinen eigenen Soundchip. Stattdessen ist der Hauptprozessor für die Tonausgabe zuständig. Dazu hat der Game Boy vier Kanäle. Die Kanäle 1 und 2 sind Pulswellenoszillatoren, Kanal 3 ist ein programmierbarer Wellenformkanal, der in der Lage ist, komplexere Wellenformen zu synthetisieren. Der letzte Kanal ist ein Rauschkanal: vgl. Sebastian Tomczak, *Handheld Console Comparisons: Lateral Consumer Machines as Musical Instruments*, in: *milkcrate*, 2007, <milkcrate.com.au/_other/downloads/writing_stuff/tomczak.acmc2007.pdf>, S. 3 (Abruf am 5. Mai 2017).

mediale.03 in Berlin. Auch auf YouTube ist dieses Game-Boy-Orchester zu bestaunen: Die Mitglieder spielen hier eine modernisierte Neufassung der oben schon genannten Toccata und Fuge in d-Moll.[45]

Den Game Boy als Low-Tech-Synthesizer oder auch als Musikinstrument zu benutzen, ist bei Chiptune-Musikern und Acht-Bit-Komponisten nichts Neues. Das genannte Game-Boy-Orchesterprojekt »setzt unter dem Motto ›Lowtech music for hightech people‹ Gameboy-Konsolen als Musikinstrumente ein. Die Erschließung neuer Klangräume reflektiert den Kultstatus des Gameboy und kombiniert dessen Retro-Technologie mit neuester Technik.«[46] Auch der Künstler Lo-bat[47] experimentiert sowohl mit Hardware-Klängen als auch mit Acht-Bit-Technologie und spielinternen Sounds aus Game-Boy-Titeln.[48] Und am 17. März 2017 wurde die Game-Boy-Musik sogar im öffentlich-rechtlichen Fernsehen salonfähig: Jan Böhmermann stellte in seinem »Geekchester« den Game Boy als Musikinstrument vor. Die Handheldkonsole wird hier wireless durch eine Guitar Hero-Gitarre (Harmonix Music Systems/RedOctane, seit 2006) angesteuert und zum Klingen gebracht.[49] Zusammen kommen die Themengebiete »Game Boy«, »Game Music« und »Hardwaremusik« dann spätestens in dem Moment, in dem Kōji Kondōs Titelthema zu Nintendos Super Mario von einem Schrittmotor gespielt wird.[50] Michael Abraham hat auf YouTube ein Video hochgeladen, das zeigt, wie mehrere Schrittmotoren mit einem Arduino-Controller dieses *Mario Theme* musizieren.[51]

Die Maschinen – der Computer und sein Zubehör – werden in allen genannten Beispielen zweckentfremdet und als Musikinstrumente gebraucht. Klang und Ge-

45 azarrocz, *Gameboy Orchestra*, 28. Januar 2008, <www.youtube.com/watch?v=yRCdalqoa50> (Abruf am 5. Mai 2017).

46 *Kult und Klang: Gameboy-Orchester*, in: *PC Games*, 7. Januar 2003, <www.pcgames.de/Transmediale03-Event-54460/News/Kult-und-Klang-Gameboy-Orchester-117880> (Abruf am 5. Mai 2017).

47 Lo-bat, *Game Boy*, in: *8bitpeoples*, <www.8bitpeoples.com/discography/by/lo-bat> (Abruf am 5. Mai 2017).

48 Vgl. Yvonne Stingel-Voigt, *Soundtracks virtueller Welten* (wie Anm. 1), S. 236.

49 Jan Böhmermann, Tweet vom 17. März 2017, <twitter.com/janboehm/status/842709254620528640> (Abruf am 5. Mai 2017).

50 Vgl. Ole Reißmann, *Singende Schreib-Lese-Köpfe* (wie Anm. 9).

51 Michael Abraham, *Mario Theme Played on Stepper Motors with an Arduino*, 22. Juni 2009, <www.youtube.com/watch?v=Kh2AWswAMvw> (Abruf am 5. Mai 2017).

räusch werden musikalisiert. Die auditive Wahrnehmung des Zusammenwirkens verschiedener moderner und obsoleter Technik wird zur ästhetischen Erfahrung. Doch birgt die Hardwaremusik nicht nur eine neue Hörerfahrung: Die einfache, schnelle und weite Verbreitung eigener Musikproduktionen über das Internet bietet vielen Bastlern und Künstlern Spielraum für Kreativität, Konkurrenz und Kritik. Somit haben sowohl Hard- als auch Software einen Einfluss auf die aktuelle Produktion und Distribution von Musik.

Im vorliegenden Artikel ging es um veraltete, obsolete Technik, die ihres ursprünglichen Zwecks enthoben und zu Musikapparaten umfunktioniert wurde. Software zum Musizieren gibt es mittlerweile en masse; eine virtuelle Musikmaschine lässt sich schon auf dem Smartphone oder Tablet erstellen. In den App-Stores sind Soundtoys und auch zunehmend Musikapps verfügbar, die sowohl hohe klangfarbliche Komplexität bieten als auch ein großes Maß an Kontrolle über deren Erzeugung erlauben:[52] »Solche Apps bieten Bausteine und Routinen an, mit denen Nutzer_innen Musikmaschinen bauen können, die auch live (mehr oder weniger) gespielt werden können.«[53] Man darf gespannt erwarten, was die Zukunft bringt.

52 Vgl. dazu Matthias Krebs und Marc Godau, *Trixapps – Tablets als Instrumentenwerkstatt*, in: *Forschungsstelle Appmusik*, Universität der Künste Berlin, 23. Mai 2016, <forschungsstelle.appmusik.de/trixapps-tablets-als-instrumentenwerkstatt> (Abruf am 5. Mai 2017).

53 Ebd.

Dem Spieler folgend – Monkey Island 2: LeChuck's Revenge und der Beginn der adaptiven Videospielmusik

Asita Tamme

Seit ihren Anfängen in den 1970er Jahren hat sich die Videospielmusik rasant entwickelt. Zunächst eingeschränkt durch technische Limitierungen wie den geringen Arbeitsspeicher oder andere Hardwaredefizite der Plattformen, wurden die musikalischen Möglichkeiten im Zuge der technischen Entwicklungen immer vielfältiger. Angelehnt an die Hardware und deren technische Voraussetzungen, lässt sich die Geschichte der Videospielmusik grob in drei Phasen einteilen, wie dies in ähnlicher Form bereits Karen Collins vorgeschlagen hat:[1] Beginnend mit der Acht-Bit-Ära[2] in den 1970er Jahren und gefolgt von der 16-Bit-Ära in den 1980ern mit der Entwicklung des MIDI-Formats, auf dessen Grundlage adaptive Konzepte wie iMUSE entstanden,[3] wurde die Spielmusik durch die CD-ROM (1991) in die vorerst letzte bedeutsame Phase vor der aktuellen Abkehr von physischen Datenträgern geführt. Als externes Speichermedium ermöglichte die CD-ROM erstmals die Verwendung ›realer‹, also auch gesampelter Klänge

1 Vgl. dazu Nils Dittbrenner, *Soundchip-Musik, Computer- und Videospielmusik von 1977 bis 1994*, Osnabrück: epOs Music 2007; Karen Collins, *Game Sound. An Introduction to the History, Theory, and Practice of Video Game Music and Sound Design*, Cambridge, Mass., und London: MIT Press 2008.

2 Vgl. Melanie Fritsch, *History of Video Game Music*, in: *Music and Game. Perspectives on a Popular Alliance*, hrsg. von Peter Moormann, Wiesbaden: Springer 2013, S. 11–40, hier S. 15.

3 Siehe Willem Strank, *The Legacy of iMUSE. Interactive Video Game Music in the 1990s*, in: ebd., S. 81–91.

und eröffnete dadurch einen größeren Spielraum im Kompositionsprozess von Videospielmusik.

Aber außer der Qualität der Klänge ist die Erzählweise ein weiterer entscheidender Faktor. Handlungsbasierten Videospielen, beispielsweise Rollenspielen oder Adventures, liegt eine nonlineare Erzählstruktur zu Grunde. Die möglichen Verläufe der Spielhandlung werden aufgrund ihrer Verzweigungen am besten als Baumdiagramm visualisierbar.[4] Innerhalb der nonlinearen Narration können von den Spieler_innen Entscheidungen getroffen oder auch nicht getroffen werden, die den Spielverlauf mehr oder minder grundlegend ändern. Soll die Musik sich dem anpassen, so stehen für ihre Struktur diese Handlungsverläufe im Mittelpunkt, auf Grund derer sich, einhergehend mit den Entscheidungen der Spieler_innen, grundlegende Charaktereigenschaften der gesteuerten Spielfigur, deren Beziehungen zu anderen Spielcharakteren oder auch die Schauplätze des Spiels ändern können. Das alles kann die Atmosphäre merklich beeinflussen.

Adaptive Musik

Musik, die in der Lage ist, den Spieler_innen bei ihren Entscheidungen durch die nonlinear erzählte Handlung zu folgen, wird als »adaptive Musik« bezeichnet. Nach Andrew Clark[5] ist auf Softwarebasis für die Komposition solcher Musik ein technisches System zur Generierung unterschiedlicher Varianten eines Musikstücks notwendig. Sie stehen in Abhängigkeit von den Eingangsevents, also den von den Spieler_innen ausgewählten oder vom Spiel getriggerten Ereignissen.[6] Flexibilität, Kohärenz und Variation sind die Ziele von adaptiver Musik: Sie soll schnellstmöglich auf eingehende Events reagieren, aber gleichzeitig muss ein schlüssiger Zusammenhang gewahrt bleiben – die Musik soll trotz ihrer nonlinearen Funktionsweise doch ›organisch‹ und in sich geschlossen wirken, ohne

4 Siehe dazu den Beitrag von Andreas Capek zum vorliegenden Band, S. 139–153.

5 Andrew Clark, *Composing Music for Video Games* (Ms., 2005), zitiert nach Benjamin Krause, *Adaptive Musik in Computerspielen. Grundlagen und Konzepte zur dynamischen Gestaltung*, Diplomarbeit, Hochschule der Medien Stuttgart 2008, <www.hdm-stuttgart.de/~curdt/Krause.pdf>, S. 9 (Abruf am 6. Mai 2017).

6 Vgl. ebd.

dass es etwa zu ›unlogischen‹ Brüchen käme. Die folgende Grafik, basierend auf Clark, stellt ein solches adaptives Musiksystem im Überblick dar:

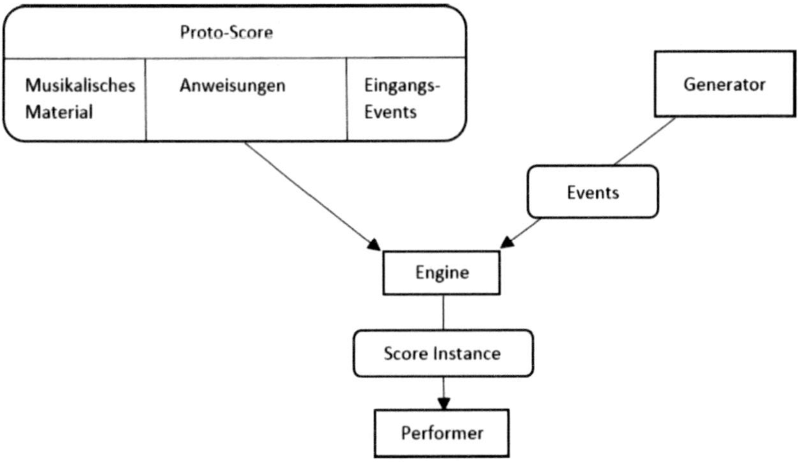

Abbildung 1 (nach Andrew Clark) aus Benjamin Krause, *Adaptive Musik in Computerspielen* (wie Anm. 5), S. 9

Das System setzt sich aus folgenden Komponenten zusammen:[7] Der Proto-Score stellt zum einen das musikalische Ausgangsmaterial bereit, zum anderen enthält er eine Liste der möglichen eingehenden Events sowie Anweisungen, wie die Musik auf sie reagieren soll. Der Generator – im Falle eines Videospiels der/die Spieler/in – löst diese Events aus. Die Engine nimmt schließlich die Events entgegen und setzt das musikalische Ausgangsmaterial anhand der Anweisungen des Proto-Scores zum auszugebenden Musikstück (Score Instance) zusammen. Die Ausgabe dieses Produkts erfolgt abschließend durch den Performer. Dabei handelt es sich im Falle eines Videospiels um die Soundkarte des Computers.

Nonlinear konzipierte Musik ist keine Erfindung der Videospielindustrie. In der Musikgeschichte folgten beispielsweise schon die musikalischen Würfelspiele des 18. Jahrhunderts einem solchen Ansatz: Aus einzelnen vorgegebenen Takten oder größeren Abschnitten wird mittels Zufallsoperationen ein Stück zusammengesetzt. Wolfgang Amadé Mozart gilt gemeinsam mit Johann Philipp Kirnberger als einer der bekanntesten Vertreter dieser in den Jahrzehnten um 1800 beliebten

7 Ebd.

Spielerei; ihm wird eine 1798 erschienene *Anleitung Walzer oder Schleifer mit zwei Würfeln zu componiren, so viele man will, ohne etwas von der Musik oder Composition zu verstehen* zugeschrieben.

Im Vergleich zu solchen Ansätzen, die im Kern auf einem strukturellen und harmonischen Schematismus beruhten, ist die heutige adaptive Spielmusik weitaus komplexer, da sie in der Pflicht steht, zudem die generellen Grundfunktionen einer Spielmusik zu erfüllen: Adaptive Spielmusik soll beispielsweise durch ihre eigene Struktur diejenige der Spielhandlung verdeutlichen, räumlich und zeitlich getrennte Ereignisse verbinden und in einen größeren Zusammenhang stellen sowie eine zusätzliche Wahrnehmungsebene anbieten.[8] Heutige Game Music ist in diesen Aufgaben mit der linearen Filmmusik vergleichbar.

iMUSE

Die Developer bei LucasArts, damals noch unter dem Namen »Lucasfilm Games« firmierend, waren stark an diesen filmmusikalischen Potenzialen orientiert. Das ist nicht verwunderlich, denn die Firma hielt zu dieser Zeit bereits die Rechte an den Star Wars- und Indiana Jones-Serien (USA, seit 1977; USA, seit 1981) und deren Soundtracks. War Lucasfilm also insbesondere dem Abenteuerfilm-Genre stark verbunden, so wurde Lucasfilm Games bzw. LucasArts vor allem für seine Adventure-Games bekannt (siehe dazu auch den Beitrag von Alexander Faschon zum vorliegenden Band, S. 325–335). Bis 1991 fehlte der Videospielmusik jedoch weithin die Möglichkeit, musikalische Veränderungen durch flexible Übergänge herzustellen, die sich dem Spielgeschehen interaktiv und adaptiv anpassten. Zwar gab es Spiele, deren Musik – durch Soundeffekte oder Loops – auf das Spielgeschehen reagieren konnte,[9] trotzdem musste man zu einem adaptiven Soundtrack nach heutigem Verständnis noch einige Schritte weitergehen.

8 Durch die Musik können Informationen transportiert werden, die über das Bild oder die Sprache hinausgehen. Sie übernimmt eine aktive Funktion im Spielgeschehen und dient als Informationskanal; vgl. Karen Collins, *In the Loop. Creativity and Constraint in 8-bit Video Game Audio*, in: *Twentieth Century Music Journal* 4/2, 2007, S. 209–227.

9 Oft war dies eine einfache Form von Interaktion wie das »Mickey Mousing« beispielsweise in Fast Eddie (Sirius Software/Sirius Software, 1982). Das Heraufklettern einer Leiter korrespondiert hier mit vier einzelnen Tönen, jeder Ton steht für je eine Stufe.

Nach dem großen Erfolg von The Secret of Monkey Island (Lucasfilm Games/Lucasfilm Games, 1990) sollte die Musik des Folgetitels mittels eines flexibleren Systems in das Spiel integriert werden. Der erste Teil der Monkey Island-Reihe hatte noch auf einem einfachen Algorithmus beruht, der eine Musikdatei jeweils einem Ort oder einem Charakter zuordnete. Dafür stand zwar eine Reihe von Motiven und Themen zur Verfügung, oft aber auch bloße Stille. Michael Land, der Komponist von Monkey Island, wollte im zweiten Spiel stattdessen einen durchkomponierten Soundtrack hören. Gemeinsam mit Peter McConnell, als Komponist ebenfalls ein Mitarbeiter der Firma, entwickelte er für diesen Zweck eine spezielle Software, die »Interactive Music Streaming Engine«, kurz iMUSE, und ging damit den entscheidenden Schritt in Richtung adaptiver Soundtracks. Die Idee hinter iMUSE war die Vision einer intelligent umgesetzten Spielmusik, die sich flexibel und stufenlos von jedem beliebigen Punkt aus in jede Richtung weiterspinnen konnte:

> »Although music and sound effects are an important part of the game's ›feel‹, the technological progress which has been made in this area has been relatively limited. The use of technology from the music industry, such as synthesizers and the Musical Instrument Digital Interface (MIDI), has yielded an increase in the quality of the composition of music in computer entertainment systems, however, there has been little technological advancement in the intelligent control needed to provide automated music composition which changes gracefully and naturally in response to dynamic and unpredictable actions or the ›plot‹ of the game.«[10]

Das Konzept von iMUSE beruht auf sogenannten »decision points«, die innerhalb der Musikstücke gesetzt wurden:

> »The decision points [...] comprise a composing decision tree, with the decision points marking places where branches in the performance in the musical sequences may occur.«[11]

10 Michael Z. Land und Peter N. McConnell (LucasArts Entertainment Company), *Method and Apparatus for Dynamically Composing Music and Sound Effects using a Computer Entertainment System*, Anmeldenummer US 07/800,461, Patent US 5315057 A, Eintrag am 25. November 1991, Veröffentlichung am 24. Mai 1994, <www.google.com/patents/US5315057>, <docs.google.com/viewer?url=patentimages.storage.googleapis.com/pdfs/US5315057.pdf> (Abruf am 6. Mai 2017).

11 Ebd.

Land und McConnell zufolge stellen die *decision points* somit mögliche Wende- oder Verzweigungspunkte im musikalischen Geschehen dar. Die Aktion der Spielerin oder des Spielers kann an diesen Stellen und abhängig vom Ausgangspunkt sowie Ziel der Handlung den musikalischen Verlauf verändern. Technisch wird dies durch die Erweiterung der MIDI-Befehlsebene um weitere Kontrolleinheiten gelöst. Diese können beispielsweise zu einem bestimmten Punkt in einem bestimmten Segment eines bestimmten Stücks springen, indem sie den Befehl mit dem erklingenden Sound abgleichen und an einem anderen, zur Musik passenden und vorher definierten Entscheidungspunkt fortsetzen.

Mit Hilfe der Ereignisse innerhalb des Spiels, den sogenannten Events (vgl. Abbildung 1, S. 297), wird die Reaktion der Musik auf das Spielgeschehen überhaupt erst möglich. Nach heutigen Betrachtungen adaptiver Musik lassen sich diese Events in zwei Arten unterteilen: Flags und Parameter.[12] Ein Flag bezeichnet ein einzelnes Ereignis, zum Beispiel das Öffnen einer Tür oder den Tod eines Charakters. Die Parameter beschreiben dagegen Zustände, die auf einem Verlauf basieren, etwa das Sammeln von Hinweisen oder von Punkten. Nicht jedes Event hat Einfluss auf die Musik: Vielmehr ist das Aufeinandertreffen mehrerer Zustände ausschlaggebend, um ein Event als musikalisch relevant einzustufen. Diese Relevanzstufen sind im Programmcode des Spiels niedergelegt. Einzelne Events können also in ein übergeordnetes Event zusammengefasst werden, man spricht von Single-Events und Meta-Events.[13]

Monkey Island 2: LeChuck's Revenge

Ihren ersten Einsatz hatte die iMUSE-Engine im zweiten Spiel der Monkey Island-Serie: LeChuck's Revenge (LucasArts/LucasArts, 1991). Dieses zweite Adventure mit dem Möchtegern-Piraten Guybrush Threepwood in der Hauptrolle wurde im Dezember 1991 veröffentlicht. Ort der Handlung ist wie zuvor eine fiktive Inselreihe »deep in the Caribbean«. Guybrush Threepwood macht sich auf die Suche nach dem Schatz Big Whoop. Am Beginn des Spiels führt ihn sein Weg auf Scabb Island, wo es Hinweise auf das Versteck des Schatzes geben soll. Die

12 Diese Funktionsweise der Engine-Musik-Beziehung gilt nicht nur für iMUSE, sondern für adaptive Systeme allgemein.

13 Vgl. Benjamin Krause, *Adaptive Musik in Computerspielen* (wie Anm. 5), S. 19.

Suche wird allerdings durch Largo LaGrande behindert, der diese Insel beherrscht und Guybrushs Erzfeind LeChuck (aus dem ersten Teil der Serie) als Zombie zurückholt. Mit kuriosen Charakteren, Situationskomik und Dialogwitz ist das Spiel humorvoll gestaltet (siehe zu den Erzählstrategien der MONKEY ISLAND-Reihe auch den Beitrag von Clarissa Renner zum vorliegenden Band, S. 227–247): Historische Authentizität wird zugunsten moderner Elemente und popkultureller Referenzen ironisch gebrochen.

MONKEY ISLAND 2 ist wie der Vorgänger THE SECRET OF MONKEY ISLAND technisch ein Point-and-Click-Adventure mit 2D-Grafik. Figuren und Kulissen sind handgezeichnet und aus Sprites zusammengesetzt. Eine seit MANIAC MANSION (Lucasfilm Games/Lucasfilm Games, 1987) weiterentwickelte Maussteuerung ermöglicht es, die Spielfigur durch die wechselnden Lokalitäten zu bewegen. Aktionen können mit den Maustasten ausgelöst werden, wodurch die Spielfigur mit ihrer virtuellen Umwelt in Kontakt treten und interagieren kann. So können die Spieler_innen Gegenstände finden und im Inventar ablegen, sie zur Lösung der Rätsel auf die Umgebung oder andere Gegenstände anwenden und mit anderen Figuren kommunizieren. Mit fortschreitendem Handlungsverlauf werden weitere Orte freigeschaltet, die neue Hinweise auf die Lage des Schatzes geben.

Die Musik des Spiels basiert auf verschiedenen Themen und Loops. So ist den Hauptcharakteren und wichtigsten Schauplätzen (etwa der Hauptstadt von Scabb Island, Woodtick) jeweils ein spezielles Thema zugeordnet – John Williams' Scores für Lucasfilms STAR WARS-Serie basierten ebenfalls auf solchen ›leitmotivischen‹ Techniken, für die oftmals Richard Wagners Kompositionsprinzipien als Inspiration genannt werden. Largo LaGrande ist eine der Figuren, die in MONKEY ISLAND 2 nicht nur mit einem musikalischen Thema verknüpft sind, sondern durch diese Musik auch charakterisiert werden:

Abbildung 2: Beginn des Largo-Themas (Takte 1–16 und Wiederholung)

Das ›Largo-Thema‹ ist durch seine Off-Beats und die Mollskala mit chromatischen Wendungen bestimmt; die Instrumentation mit (MIDI-)Bläsern in Kombination mit Drums und dem swingenden Rhythmus orientiert sich – wie bei vielen anderen Themen des Games auch – an Idiomen des Jazz. Das Thema taucht gleich am Beginn des Spiels auf: Im ersten Kapitel, *The Largo Embargo*, betritt Guybrush die Brücke zur Stadt Woodtick. Kurz darauf erklingt das Largo-Thema, und mit ihm erscheint Largo LaGrande, der Guybrushs Geld stiehlt und ihm dadurch gleich demonstriert, wer auf dieser Insel das Sagen hat. Den Spieler_innen wird also zum einen durch die Handlung, zum anderen durch die Musik deutlich gemacht, um was für einen Charakter es sich bei Largo handelt:

> »We learn about Largo, understanding aspects of his character, because of the music, which seems more rich and characterful than the low-resolution pixelated image we see on the screen.«[14]

Der Stadt Woodtick ist in diesem ersten Kapitel ein weiteres musikalisches Thema zugeordnet. Auf der Basis eines Reggae-Grooves spinnt sich eine Melodie in Viertakt-Einheiten fort:

Abbildung 3: Woodtick-Thema (Takte 1–8)

Dass der Soundtrack über solche situativen Marker-Funktionen hinaus auch grundlegend adaptiv funktioniert, wird ebenfalls schon am Beginn des Spiels deutlich. Woodtick besteht aus einer Hauptstraße und verschiedenen anliegenden Schiffen, die jeweils einen Laden oder ein Hotel beherbergen. Ein Loop ohne ein deutlich hervortretendes Hauptthema erklingt, sobald Guybrush sich im ersten

14 Tim Summers, *Understanding Video Game Music*, Cambridge u. a.: Cambridge University Press 2016, S. 74.

Kapitel in diese kleine Stadt begibt. Von der Hauptstraße aus hat er fünf Schiffe zur Auswahl, die er nun – auf Anweisung der Spieler_innen – betreten kann. Für die technische Umsetzung bedeutet dies, dass vom Developerteam im Ausgangsloop *decision points* gesetzt wurden, die fünf verschiedene musikalische Auswege aus dem Loop eröffnen. Jedes Schiff, das Guybrush nun betritt, wird im Soundtrack durch eine spezielle Variante des Woodtick-Themas charakterisiert. Die Varianten unterscheiden sich durch die Instrumente, rhythmische und melodische Variationen oder auch verschiedene harmonische Verläufe.

Statt einen linearen Score vorzugeben, ermöglicht iMUSE an dieser Stelle die Auffächerung des Soundtracks in eine Palette vordefinierter Varianten. Entscheidet sich der/die Spieler/in beispielsweise dafür, Guybrush eines der Schiffe betreten zu lassen, so wechselt die Engine am nächstmöglichen *decision point* ohne Pause in die für das jeweilige Schiff vorgesehene Variante über. Ein Wechsel in eine ›angeswingte‹ Variation des Woodtick-Themas vollzieht sich beispielsweise, wenn Guybrush das Schiffswrack der drei Piraten am hinteren Ende der Hauptstraße erreicht. Dabei kennt iMUSE mitunter spezielle Vermittlungspassagen: In diesem Fall wird der Wechsel in die Swing-Variante durch einen Überleitungstakt mit Zuschaltung einer Posaunenspur und einem Wechsel des Schlagzeugrhythmus realisiert. Im Kontrast zu dieser Swing-Variante steht die Musik zum Raum des Kartenzeichners Wally B. Feed: Neben prägnanten Synthesizer-Sounds und der stummgeschalteten Schlagzeug-Spur ist hier ein die Melodie führender Pizzicatosound prägnant. Abbildung 4 (S. 304) zeigt den interaktiv und adaptiv realisierten Verlauf der Tonspur.

Einige Varianten stellen mehr als nur variierte Fassungen des Woodtick-Themas dar: Sie zeigen eine wesentlich komplexere Gestalt. Betritt Guybrush beispielsweise Largos Hotelzimmer in Abwesenheit des Piraten, so wird dann das Woodtick- durch das Largo-Thema ergänzt, das sich in diesem Fall tonal wie auch rhythmisch an den langsameren Reggae-Groove des Woodtick-Themas anpasst. Was wir in diesem Moment hören, ist also eine Kombination von horizontaler Resequenzierung und vertikaler Reorchestration. Robert Winter beschreibt solche Variantentechniken als gängige Kompositionsprinzipien von interaktiver Musik:

> »Enhancements to this simple audio engine model include the technique of horizontal re-sequencing […] where precomposed sections of music are repositioned in time according to the state of game-play. Another technique used is vertical re-orchestration that involves the dynamic mixing of the instrumentation of a pre-composed audio loop to reflect the decisions made by the user. The common techniques described above are

Abbildung 4: Übergang vom Ausgangsloop zur Variation des Kartenzeichners in MONKEY ISLAND 2. Akkordeon und Schlagzeug werden stummgeschaltet. Die Orgel behält den Grundrhythmus bei.

> all based around pre-composed sections of music that are shifted in time or remixed to reflect an ever-changing storyboard.«[15]

Diese grundlegenden Mechanismen von iMUSE gelten sinngemäß für alle anderen musikalischen Übergänge in MONKEY ISLAND 2. Stummschalten und/oder Hinzufügen neuer Spuren mit Beibehaltung einer verbindenden rhythmischen und harmonischen Struktur stellt die wesentliche Funktionsweise zur Konstruktion flüssiger Übergänge dar. Transpositionen und Tempowechsel trifft man dagegen selten an. Schroffe Wechsel ohne solche auskomponierten Übergänge werden im Spiel bewusst als Kontrast eingesetzt, um überraschende Situationen musikalisch hervorzuheben, beispielsweise den unerwarteten Auftritt des Piraten Largo. Solche Überraschungseffekte können in adaptiver Musik also die emotionale Wirkung nochmals verstärken.

Im Gegensatz zu späterer Spielmusik arbeitet iMUSE zwar noch mit relativ kurzen Loops und einer eingeschränkten harmonischen Bandbreite, aber trotzdem sind alle wesentlichen Merkmale adaptiver Musik bereits vorhanden. Das gilt auch für die technischen Kategorien zur Modifikation der Musik. Neben dem »Layering« stellt hier das »Branching« die gängigste Technik dar (vgl. hierzu Abbildung 5 auf S. 306). Dabei wird eine lineare Komposition in verschiedene Segmente (sogenannte *branches*) unterteilt. Sie bestehen ihrerseits aus mehreren Schichten, zum Beispiel einer Drum-, Bass-, Harmonie- oder Melodie-Spur. Diese Schichten verlaufen parallel zueinander und können daher auch beliebig miteinander kombiniert werden. Durch das Stumm- oder Zuschalten vermag die Musik somit auf den Spielverlauf zu reagieren: Abhängig vom Spielgeschehen entscheidet sich, ob ein Segment wiederholt oder beim nächsten *decision point* in ein anderes Segment übergeleitet wird. Die Segmente können unterschiedlich lang sein: Kürzere Segmente haben eine kürzere Reaktionszeit auf das Spielgeschehen zur Folge, längere Segmente können dagegen größere musikalische Zusammenhänge herstellen.

Je mehr Schichten ein solches Branching-Segment besitzt, desto vielfältiger können die musikalischen Verläufe werden. Vielschichtige Segmente bedürfen für einen schlüssigen Wechsel von einem Instrument oder einer Phrase zur an-

---

15 Robert Winter, *Interactive Music: Compositional Techniques for Communicating Different Emotional Qualities*, Juni 2005, <www.speech.kth.se/prod/publications/files/1701.pdf>, S. 1 (Abruf am 6. Mai 2017).

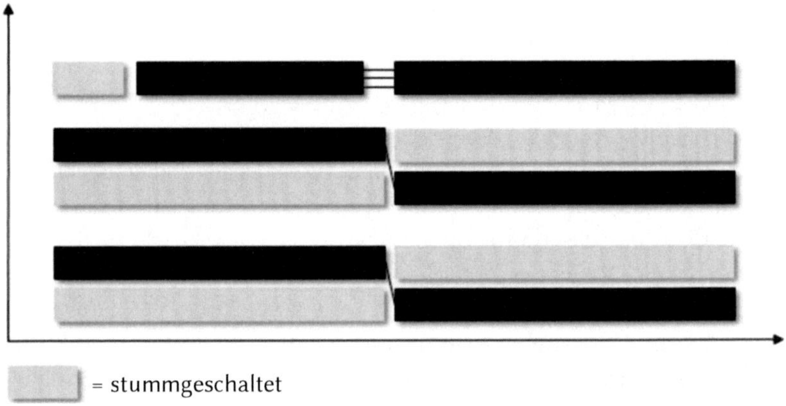

Abbildung 5: Funktionsweise des Branching. Die zwei unteren Spurpaare werden miteinander kombiniert und wechseln zusammen auf eine neue Spur, während die obere Spur zunächst einzeln einsetzt und beim Wechsel der unteren Spuren mithilfe eines kurzen Übergangs in ein anderes Segment wechselt. Grafik mit freundlicher Genehmigung nach Jonas Wolf, *Kompositionsspezifische Einschränkungen bei der musikalischen Realisierung nicht-linearer Strukturen in Videospielen. Probleme und Lösungsansätze,* Bachelorarbeit Folkwang-Universität der Künste Essen 2013, S. 24

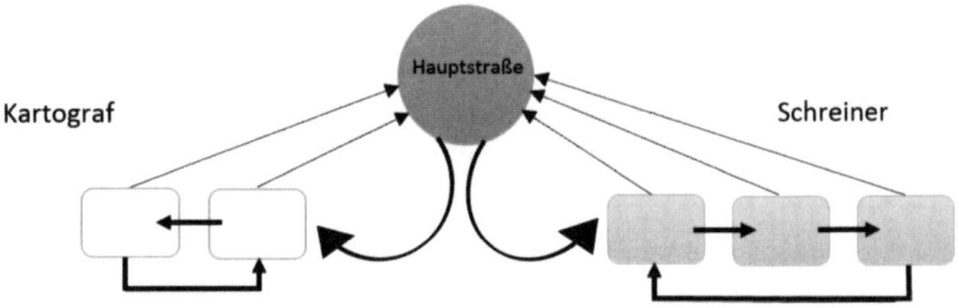

Abbildung 6: Branching-Struktur in MONKEY ISLAND 2 am Beispiel von zwei verschiedenen Räumen in der Stadt Woodtick

deren und die Kombination zwischen möglicherweise gleichzeitig erklingenden Schichten jedoch einer guten Planung. Trotz der Verbindung passender Versatzstücke und des dadurch entstehenden Ausschlusses einiger vertikaler und horizontaler Kopplungen werden dadurch oftmals zusätzliche Übergänge zwischen den Phrasen nötig.

In MONKEY ISLAND 2 wird Branching mit einer unterschiedlichen Anzahl von Segmenten eingesetzt. Betrachtet man nochmals die Wege von der Hauptstraße zum Kartografen, so erkennt man dort zwei Segmente, durch die sich zwei mögliche *decision points* ergeben, um den Raum musikalisch wieder zu verlassen. Auf dem Schiff des Schreiners sind hingegen schon drei Segmente definiert, die – abhängig von den Aktionen der Spieler_innen – in das nächste Segment oder zurück zum Ausgangsloop führen (siehe Abbildung 6 auf S. 306).

Layering und Branching sind eng miteinander verwandt. Layering benötigt allerdings weniger Aufwand, da mehrere Spuren parallel im Loop verlaufen. Fließende Übergänge und der Eindruck eines organischen Soundtracks entstehen hierbei durch den Wechsel oder das Zuschalten der synchron laufenden Spuren oder durch verschiedene Abmischungen desselben Tracks. Als Beispiel sei hierzu das Spiel TOMB RAIDER: LEGEND (Crystal Dynamics/Eidos Interactive, 2006) genannt. Durch das Hinzufügen eines Layers mit Distortion-Gitarre wird dort eine zweite Version des Musiktracks speziell für Gefahrensituationen generiert. Durch dieses Funktionsprinzip sind kontrastierende musikalische Wechsel beim Layering allerdings nicht möglich, so dass schneller als beim Branching ein repetitiver Effekt entstehen kann:

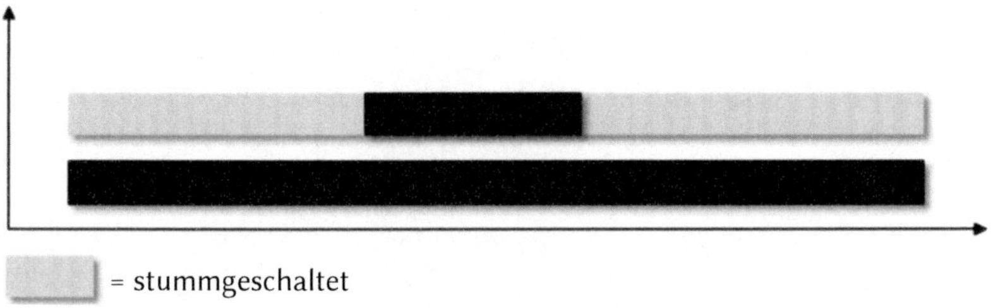

Abbildung 7: Funktionsweise des Layering. Die obere, synchron mitlaufende Spur enthält eine andere Abmischung oder zusätzliche Instrumente und wird in diesem Beispiel ergänzend eingesetzt. Grafik mit freundlicher Genehmigung nach Jonas Wolf, *Kompositionsspezifische Einschränkungen* (wie Abbildung 5), S. 25

Um von einem Segment zum nächsten zu wechseln, gibt es im Wesentlichen drei Möglichkeiten: (1) die direkte Aneinanderreihung zweier Segmente, die meist durch Ein- und Ausblenden – Fade-ins und Fade-outs – kaschiert wird, (2) auskomponierte Überleitungen und (3) den Einsatz von Stille.

Oft werden im Branching zusätzliche Übergänge benötigt. Sie können entweder zwischen den Segmenten stehen, um in harmonische oder tempobedingte Änderungen überzuleiten, oder auch innerhalb eines Segments geschehen. Die oben genannte auskomponierte Überleitung bildet als Bindeglied zwischen zwei Segmenten ein Scharnier. Das erweist sich gerade für adaptive Spielmusik als nützlich: Melodiephrasen können hierdurch musikalisch sinnvoll beendet oder ein neues Instrumentarium, eine neue Tonart oder ein Tempowechsel eingeführt werden. Für eine Engine wie iMUSE und mit Blick auf die Programmierung sowie die an das Spielgeschehen geknüpften *decision points* muss für jede mögliche Segmentkombination eine spezielle Überleitung (*transition*) komponiert werden – je nach Anzahl der gesetzten Entscheidungspunkte also auch mehrere pro Segmentkombination. Daraus ergibt sich eine sogenannte Transitions-Matrix.[16]

Neben zahlreichen auskomponierten Übergängen finden sich in MONKEY ISLAND 2 aber auch einfache Fades. Ein Beispiel dafür steht am Ende des ersten Kapitels, wenn Guybrush Threepwood sich auf den Weg zur Küste von Scabb Island macht, um dort ein Schiff zu chartern. Auf Booty Island angekommen, besucht er ein An- und Verkauf-Geschäft. Hier zeigt sich sowohl die musikalische Vielfalt innerhalb einer Lokalität als auch die durch iMUSE mögliche Umsetzung und Überleitung zwischen den Elementen: Während des Gesprächs mit dem Verkäufer und während Guybrushs Kaufentscheidungen erklingt zunächst eine Art Boogie, der nach einer Weile in einen zurückhaltenderen Loop führt. Daran schließt sich ein Jazzposaunen-Solo an, das sich durch Zunahme weiterer Bläser zum Dixieland-Arrangement wandelt, um schließlich zum Boogie zurückzukehren. Brüche innerhalb dieses musikalischen Bogens sind nicht zu hören, iMUSE vermag alle Übergänge musikalisch sinnvoll zu vermitteln.

16 Vgl. Benjamin Krause, *Adaptive Musik in Computerspielen* (wie Anm. 5), S. 16.

Ansätze adaptiver Musik in MONKEY ISLAND 2: ein Fazit

Wie die Untersuchung gezeigt hat, arbeitet die Musik zu MONKEY ISLAND 2: LECHUCK'S REVENGE sowohl mit schon vorher existenten als auch mit neu eingeführten Techniken. Aus dem ersten Teil der MONKEY ISLAND-Serie wird die prinzipiell auf Loops basierte Struktur übernommen. Aber obwohl die einzelnen Orte im ersten Spiel alle von Musik untermalt waren, bewegten sich die Spieler_innen damals noch – im Gegensatz zum Sequel – im Rahmen einer Tonspur, die vergleichsweise viel Stille enthielt. Die Entwicklung von iMUSE ermöglichte demgegenüber einen großen Sprung. Abrupte musikalische Brüche bei Szenenwechseln gehörten nun der Vergangenheit an und konnten, wurden sie doch einmal vorgesehen, zum dramaturgischen Mittel umfunktioniert werden. Die Einschränkung der Videospielmusik durch technische Limitierungen begann sich in dieser Hinsicht zu verringern. Es resultierte eine grundlegend andere Art des Komponierens.[17] Variantenbildungen in Sound, Tempo, Dynamik, Melodie und Orchestration wurden zu bevorzugten Arbeitstechniken: Auf der Basis eines gleichen Themas sind diese Unterschiede von den Spieler_innen unmittelbar wahrnehmbar. ›Glatte‹ Übergänge zwischen ähnlichen Stücken verschafften nun den Eindruck eines kohärenten Soundtracks:

> »iMUSE allows smooth musical changes. It facilitates the addition or removal of musical parts, transposition, looping, the omission of sections of score and the deployment of transition sequences, each in a seamless fashion, and all in relation to the game state.«[18]

Motive und musikalische Anspielungen verbanden die Handlung enger und stärker als bisher auf einer semantischen Ebene.

Die Entwicklung von iMUSE (und damit die Musik zum zweiten Teil der MONKEY ISLAND-Serie als erster Einsatzort der neuen Engine) war damit richtungsweisend für die folgende Generation der Spiele: Die innovative Verbindungsmöglichkeit musikalischer Segmente als Basis non- oder multilinear konzipierter Musik wurde zum Ausgangspunkt moderner Konzepte adaptiver Spielmusik.

---

17 Vgl. Jesper Kaae, *Theoretical Approaches to Composing Dynamic Music for Video Games*, in: *From Pac-Man to Pop Music. Interactive Audio in Games and New Media*, hrsg. von Karen Collins, Aldershot: Ashgate 2008 (Ashgate Popular and Folk Music Series), S. 75 bis 91; Tim van Geelen, *Realizing Groundbreaking Adaptive Music*, in: ebd., S. 93–102.

18 Tim Summers, *Understanding Video Game Music* (wie Anm. 14), S. 73.

Musik als dynamischer und interaktiver Bestandteil im Spielverlauf

The Legend of Zelda: Ocarina of Time und Twilight Princess

Daniel Ernst

Mit The Legend of Zelda ist Nintendo ein Coup gelungen, der seit dem ersten Titel aus dem Jahre 1986 immer neue Fortsetzungen gefunden hat.[1] Die verschiedenen Episoden setzen sich gleichsam zu einem Puzzle von Legenden zusammen, das im Ganzen jedoch in komplexer Erzählweise in nicht linear fortlaufender Ordnung präsentiert wird. Stattdessen werden unterschiedliche Zeitstränge vorgestellt, innerhalb derer bestimmte Charaktere, Orte und Handlungselemente immer wieder aufs Neue erscheinen. Die Details zur Gesamtgeschichte zu kennen, ist für das Zurechtfinden in der jeweiligen Welt eines bestimmten Games allerdings nicht notwendig. Die Spiele kreisen stets um zwei Hauptcharaktere: Prinzessin Zelda – die Namensgeberin der Reihe – und Link,[2] einen Jungen aus dem Kokiri-Wald, zugleich die Figur, die im Gameplay gesteuert wird. Link und Zelda sind aber nicht in jedem Teil der Spielereihe ein und dieselbe Person, sondern immer wechselnde Vertreter einer Generation. Ihnen steht jeweils der Antagonist Ganon bzw. Ganondorf gegenüber.

The Legend of Zelda eröffnet über diese Fantasywelt hinaus auch Perspektiven auf die Funktionen und Kategorisierungsmöglichkeiten von Musik in Videospielen. Für den vorliegenden Artikel habe ich zwei diesbezüglich besonders ergiebige Titel ausgewählt. Dabei handelt es sich zum einen um das Spiel Ocarina

---

1 Der erste Titel der Reihe für die NES-Konsole lautete The Legend of Zelda (Nintendo/Nintendo, 1986); zuletzt erschien The Legend of Zelda: Breath of the Wild (2017) für die Wii U und Nintendo Switch.

2 Der Name kann jedoch vor Beginn des Spiels individuell festgelegt werden.

of Time, das bei seinem Erscheinen für die Nintendo-64-Konsole im Jahr 1998 neue technische Maßstäbe setzte und bis heute eines der von Fachmagazinen konstant am besten bewerteten Videospiele aller Zeiten geblieben ist. Zum anderen werde ich Twilight Princess für die Nintendo Wii aus dem Jahr 2006 mit einbeziehen,[3] insofern sich dort einige signifikante Unterschiede zur Rolle der Musik in Ocarina of Time aufzeigen lassen.

Grundlagen: diegetische und nicht-diegetische Musik

Mit dem Soundtrack zu The Legend of Zelda schuf Nintendos ›Hauskomponist‹ Kōji Kondō[4] Themen und Melodien, die sich von Anfang an großer Beliebtheit erfreuten und in den Spielen ganz unterschiedliche Funktionen erfüllen. Die klanglichen Ereignisse in der Legend of Zelda-Reihe nähern sich der Filmmusik an, so dass auch für ihre Beschreibung eine Anlehnung an die Analyse kineastisch eingesetzter Musik naheliegen könnte. Wie ich zeigen möchte, erlaubt das nichtlineare und interaktive Medium Videospiel (hier: Konsolenspiel) jedoch Differenzierungen, die in der linearen Filmmusik weder möglich noch notwendig sind.

Ein grundlegendes Konzept der Filmmusikanalyse ist der »Diegetic Sound«. Schon Stephanie Lind hat diesen Begriff auf Ocarina of Time übertragen.[5] »Diegese« bezeichnet dabei allgemein das »raumzeitliche Kontinuum [...], in dem sich die fiktionale Handlung entwickelt.«[6] Das Filmlexikon der Universität Kiel definiert auf dieser Grundlage den Begriff »diegetischer Ton« wie folgt:

---

3 Die Titel wurden für den portablen Nintendo 2DS bzw. 3DS, teils mit Veränderungen, neu aufgelegt.

4 Kōji Kondō kann als prägender Komponist für Nintendo-Titel gelten. Er hat beispielsweise auch die Musik zur Super Mario-Reihe komponiert.

5 Stephanie Lind, *Active Interfaces and Thematic Events in »The Legend of Zelda: Ocarina of Time«*, in: *Music Video Games. Performance, Politics, and Play*, hrsg. von Michael Austin, New York u. a.: Bloomsbury 2016 (Approaches to Digital Game Studies 4), S. 83–105, hier S. 84–86.

6 Barbara Flückiger, *Sound Design. Die virtuelle Klangwelt des Films*, Marburg: Schüren, 3. Aufl. 2007 (Zürcher Filmstudien 6), S. 302.

> »Filmton, der von Objekten oder Akteuren in der erzählten Welt erzeugt wird, wird ›diegetischer Ton‹ genannt. Er ist für die Akteure der Diegese selbst hörbar. Insbesondere die Filmmusik entstammt oft nicht der Diegese, sondern ist extradiegetisch, hat kommentativen, psychologisierenden oder ähnlichen Charakter.«[7]

Unterschiede von diegetischem und nicht-diegetischem Ton lassen sich also folgendermaßen systematisieren, wobei meine Zusammenstellung keinen Anspruch auf Vollständigkeit erhebt:[8]

1 Diegetischer Ton	**2 Nicht-diegetischer Ton**
a) Lautäußerungen der Charaktere selbst	a) Hintergrund-/Stimmungsmusik
b) Geräusche, die von Objekten und der Umwelt oder den Charakteren verursacht werden	b) Musik, die einen dramatischen Effekt unterstützt
c) Musik, die innerhalb des Erzählraums erklingt	c) die Stimme eines/r Erzählers/in

Sowohl in Ocarina of Time als auch in Twilight Princess lässt sich innerhalb des nicht-diegetischen Bereichs die flächige, möglicherweise geloopte Hintergrundmusik nochmals von kürzeren melodischen Floskeln abgrenzen, die bei besonderen Ereignissen abgespielt werden. Exemplarisch für Hintergrundmusik nach Kategorie 2a der obigen Tabelle sei die Musik zum Dorf Kakariko erwähnt, die in verschiedenen Teilen der Zelda-Reihe variiert wiederkehrt. Ein weiteres Beispiel besteht in der Musik zur Ebene von Hyrule.[9] Aber schon hier kann die Tonspur zudem einen Signalcharakter erhalten, wenn sie das Erscheinen von gegnerischen Charakteren markiert – und zwar auch dann, wenn die Spielfigur diese noch gar nicht sehen kann. Beiden Hintergrundmusiken ist gemein, dass durch ihre spiel-

---

7 Hans Jürgen Wulff, *Diegetischer Ton*, in: *Lexikon der Filmbegriffe*, hrsg. vom Institut für Neuere Deutsche Literatur und Medien, <filmlexikon.uni-kiel.de/index.php?action=lexikon&tag=det&id=1435> (Abruf am 14. April 2017). – Statt »extradiegetisch« verwende ich den Begriff »nicht-diegetisch«.

8 Dabei sind andere Begriffe für Kategorie 1c »Source music« oder »Incidenzmusik«; vgl. Panja Mücke, *Diegetic Music*, in: *Lexikon der Filmmusik*, hrsg. von Manuel Gervink und Matthias Bückle, Laaber: Laaber 2012, S. 123f., hier S. 124.

9 Alternativ: Steppe von Hyrule.

übergreifende Verwendung in der gesamten Zelda-Reihe die Zuweisung von bestimmter Musik zu speziellen, immer wiederkehrenden Orten stets wiedererkennbar geschieht. Dies hat Zach Whalen veranlasst, von »something like Wagner's leitmotifs acting in reverse«[10] zu sprechen, wobei ich diese Aussage interpretiere im Sinne von: Musik wird genutzt, um bestimmte Orte zu identifizieren.

Im nicht-diegetischen Bereich kommen darüber hinaus kurze Jingles (beispielsweise bei der Lösung eines Rätsels), aber auch umfangreichere melodische Figuren (wenn etwa eine größere Truhe geöffnet wird) zum Einsatz. Beiden Momenten ist die Verwendung im Zusammenhang mit spezifischen Aktionen gemein, die häufig in einer kleinen Zwischensequenz dargestellt sind, in welche die Spieler_innen dann nicht aktiv eingreifen können. Sie dienen der Unterstützung des dramatischen Effekts (Kategorie 2b).

Einen Erzähler (2c) oder gesprochene Dialoge gibt es in der Zelda-Serie nicht, stattdessen werden untertitelte Zwischensequenzen gezeigt. (In Ocarina of Time und mehr noch in Twilight Princess hat dieser Umstand unter Fans zu Kritik geführt.[11]) Damit beschränkt sich der diegetische Sound in diesem Aspekt auf nicht-sprachliche Lautäußerungen der Personen (1a). Hinzu kommen die Geräusche der virtuellen Umwelt (1b): Sie können als akustische Marker bei Sidequests[12] helfen, wenn zum Beispiel Goldene Skultullas[13] auch dann ein Geräusch erzeugen, wenn sie zunächst noch nicht sichtbar sind.

Mag die Entlehnung der Begrifflichkeiten »diegetisch« und »nicht-diegetisch« aus der Filmmusikanalyse streng genommen schon an dieser Stelle nicht mehr ganz passen – etwa im Hinblick auf den linearen Verlauf eines Films im Gegensatz zum nichtlinearen Verlauf des Rollenspiels, das gewisse Freiheiten in

10 Zach Whalen, *Play Along – An Approach to Videogame Music*, in: *Game Studies. The International Journal of Computer Game Research* 4/1, 2004, <www.gamestudies.org/0401/whalen> (Abruf am 14. April 2017).

11 Vgl. IGN Boards, *E3 2010. Zelda: Skyward Sword Will Be Orchestrated*, zitiert nach Karen Collins, *Playing with Sound. A Theory of Interacting with Sound and Music in Video Games*, Cambridge, Mass.: MIT Press 2013, S. 70f. Der dort angegebene Link ist nicht mehr gültig; aktuell ist der Text unter <www.ign.com/articles/2010/06/16/e3-2010-zelda-skyward-sword-will-be-orchestrated> zu finden (Abruf am 16. Juli 2017).

12 Aufgaben, deren Erfüllung für den Hauptstrang der Handlung bzw. die Beendigung des Spiels nicht zwingend notwendig sind.

13 Spinnen, die in Ocarina of Time gesammelt werden sollen, um verschiedene, im Spielverlauf vorteilhafte Gegenstände zu erhalten.

der Handlung lässt –, so bieten sie doch einen guten Ausgangspunkt zur Analyse, wenn man sie nur genauer differenziert. Die Tatsache, dass in digitalen Rollenspielen oftmals vorher unbestimmte Zeitspannen durch Musik gefüllt werden müssen, führt häufig zur Verwendung von Loops. Michael Liebe entwickelte die drei begrifflichen Kategorien der »linear music« für von Spieler_innen nicht beeinflussbare Musik, »reactive music« für »music that is directly connected to the actions of the players« und »proactive music« für Musik, die Spieler_ innen veranlasst »to undertake a specific action when it is played«.[14] Für OCARINA OF TIME, in dem die Spieler_innen selbst durch Musik in das Geschehen eingreifen können, erkennt Stephanie Lind innerhalb dieses Rasters zusätzlich eine Kombination der Kategorien »reactive« und »proactive«: Eine neue Melodie wird – wie noch zu zeigen ist – zunächst erlernt, indem die Spieler_innen in eine spezielle Situation, etwa einen Dialog, eintreten (»reactive«), um schließlich die neu gehörte Melodie nachzuspielen (»proactive«). Im weiteren Verlauf verursache proaktiv gespielte Musik nicht nur »in-game events«, sondern sei selbst ein Ereignis innerhalb des Spiels. Lind bezeichnet das in der diegetischen Qualität schlicht als »active«.[15]

Karen Collins differenziert nochmals weiter. Sowohl innerhalb des diegetischen als auch des nicht-diegetischen Bereichs unterscheidet sie die Kategorien »nondynamic«, »adaptive« und »interactive«. Nicht-dynamisch und nicht-diegetisch sind demnach diejenigen Sounds und Musikstücke, auf die Spieler_innen keinen Einfluss nehmen können, wie dies beispielsweise in Einführungs- oder Zwischensequenzen der Fall ist. Dagegen wird bei interaktiven und nicht-diegetischen Audioanteilen durch eine bestimmte Aktion eine Veränderung hervorgerufen. Adaptiv und nicht-diegetisch sind Sound und Musik, wenn sie in Reaktion auf das Gameplay eintreten, jedoch nicht direkt von den Spieler_innen verursacht werden. Ähnliches gilt für die diegetischen Sound- und Musikanteile: Hier gelten Klangereignisse, die innerhalb der Diegese liegen, aber an denen Spieler_innen nicht unmittelbar beteiligt sind, als nicht-dynamisch. Als adaptiv lassen sich in OCARINA OF TIME etwa die Geräusche zur Verdeutlichung des Tag-Nacht-Wechsels beschreiben: Vogelgezwitscher am Morgen, Wolfsgeheul am Abend, Grillenzirpen

14 Michael Liebe, *Interactivity and Music in Computer Games*, in: *Music and Game. Perspectives on a Popular Alliance*, hrsg. von Peter Moormann, Wiesbaden: Springer 2013, S. 41–62, hier S. 47f. Zudem weist Liebe auf die »proactive music« als »mixture of the first and the second categories« hin.

15 Vgl. Stephanie Lind, *Active Interfaces and Thematic Events* (wie Anm. 5), S. 86.

in der Nacht. Davon grenzt sich wiederum der interaktive diegetische Sound ab, unter den alle Tonausgaben gefasst werden, welche die Spielfigur unmittelbar verursacht. Hinzu kommt schließlich eine »kinetic gestural interaction« sowohl im Diegetischen als auch im Nicht-Diegetischen. Hierfür ist die körperliche Beteiligung der Spieler_innen wesentlich: etwa dann, wenn in TWILIGHT PRINCESS durch Schwingen der realen Fernsteuerung das virtuelle Schwert einen spezifischen Sound erzeugt. Aber auch das Drücken von Tastenfolgen zum Spielen des Instruments in OCARINA OF TIME fällt unter diese Kategorie.[16] Besonders die Unterscheidung von nicht-dynamischen und adaptiven Sounds innerhalb der Diegese erweckt gleichwohl einen unscharfen Eindruck. Sowohl innerhalb als auch außerhalb des Diegetischen scheint mir daher eine je zweiteilige Unterscheidung auszureichen:

Diegetischer Ton	**Nicht-diegetischer Ton**
aktiv, beeinflussbar, interaktiv	aktiv, beeinflussbar, interaktiv
passiv, nicht beeinflussbar, nicht-dynamisch	passiv, nicht beeinflussbar, nicht-dynamisch

In beiden Bereichen erklingen Geräusche oder Musikstücke, die nicht aktiv beeinflusst werden können. Zum Diegetischen gehören ferner die Geräusche, die durch den Charakter aktiv verursacht werden (Lautäußerungen, geräuschverursachende Handlungen, vom Charakter gespielte Musik usw.). Darunter kann als Sonderfall die Kategorie diegetischer »reactive music« nach Michael Liebe gefasst werden. Zum nicht beeinflussbaren nicht-diegetischen Ton gehört Musik, die außerhalb der Erzählwelt liegt – von den Charakteren also nicht gehört werden kann – und relativ unabhängig vom Agieren der Charaktere ist (beispielsweise Hintergrundmusik innerhalb von Zwischensequenzen). Allerdings kann sich diese Hintergrundmusik im Gameplay auch auf eine aktiv beeinflussbare, interaktive Ebene verlagern, etwa wenn sich die Musik bei der Annäherung gegnerischer Figuren verändert. Die kurzen Jingles, die in OCARINA OF TIME beim Erhalt eines Gegenstandes, Öffnen einer Truhe etc. abgespielt werden und die einerseits in direktem Zusammenhang mit dem Handeln des steuerbaren Charakters, andererseits aber

16 Siehe hierzu Karen Collins, *Game Sound. An Introduction to the History, Theory, and Practice of Video Game Music and Sound Design*, Cambridge, Mass.: MIT Press 2008, S. 125 bis 127.

außerhalb der Diegese stehen, können schließlich dem aktiv beeinflussbaren nicht-diegetischen Ton zugerechnet werden.

Wesentlicher für den Spielverlauf sind die proaktiv erzeugten Sounds (also die Kategorie 1c nach obigem Schema), in OCARINA OF TIME namentlich das Spielen der Melodien auf dem titelgebenden Instrument. In OCARINA OF TIME wird das vom Spieler durch Tastenfolgen am Controller, in TWILIGHT PRINCESS durch eine Taste der Wii-Fernbedienung in Verbindung mit dem Joystick der Nunchuks gesteuert. Hier kann auf der Tonspur auch eine Überlagerung von diegetischem und nicht-diegetischem Ton stattfinden, wenn beispielsweise die Eingabe einer Melodie auf der Okarina erfolgt und währenddessen die Hintergrundmusik weiter erklingt.[17]

Die Melodien in OCARINA OF TIME

Wie erwähnt kehren mehrere Melodien in unterschiedlichen Teilen der ZELDA-Reihe unverändert oder variiert wieder. Auch OCARINA OF TIME und TWILIGHT PRINCESS sind da keine Ausnahmen. In besonderer Art und Weise spielen im erstgenannten Spiel die zwölf feststehenden Melodien eine Rolle, die auf der Okarina gespielt werden können und dabei verschiedene Funktionen im Gameplay besitzen.[18] Einige von ihnen dienen der Beeinflussung der Umgebung bzw. der computergesteuerten Charaktere.[19] Hierbei lassen sich (1) diejenigen Melodien, die für den Spielfortgang unerlässlich sind (weil sie etwa ein Verhalten bei einem Charakter hervorrufen oder versperrte Wege öffnen; siehe S. 319, Notenbeispiel 2, a und e), von (2) denjenigen unterscheiden, die nicht essenziell für den Hauptstrang des Spiels sind, jedoch gewisse weiterführende Features gewähren (etwa um einen Freund zu rufen, Feinde zu schwächen oder den Tag-Nacht-Wechsel zu beschleunigen; Notenbeispiel 2, b–d, f). Hiervon grenzen sich (3) die Melodien ab, die ausschließlich die Teleportation (Notenbeispiel 2, g–l) der Spielfigur ermöglichen.

17 Dies zeigt die Überlagerung von diegetischem und nicht-diegetischem Bereich auf musikalischer Ebene. Eine weitere und üblichere Überlagerung stellt diejenige der Geräusche der Charaktere mit der Hintergrundmusik dar.

18 Stephanie Lind unterscheidet »three roles«, die den hier genannten gleichkommen: »advancing the plot«, »assisting the player« und »warp«: *Active Interfaces and Thematic Events* (wie Anm. 5), S. 88f., siehe auch S. 89–93.

19 Charaktere, die vom Computer statt den Spieler_innen gesteuert werden.

Eine 13. Melodie ist schließlich nicht vorgegeben, sondern kann von den Spieler_innen eigenständig definiert werden. Bei ihrer Verwendung erscheint eine Vogelscheuche, die dazu dient, ansonsten unzugängliche Orte zu erreichen.

Für alle Melodien gilt, dass sie erlernt werden müssen, bevor man sie verwenden kann. Das erfolgt (mit Ausnahme der 13. Melodie) immer auf dieselbe Weise: Ein computergesteuerter Charakter spielt oder singt die Tonfolge vor, die Spielerin oder der Spieler wiederholt sie. Es erklingt ein ›Bestätigungsjingle‹, gefolgt von einer kurzen Zwischensequenz mit musikalischer Untermalung. Insofern scheint auch hier ein Ineinandergreifen von diegetischen und nicht-diegetischen Bereichen auf: Das Spielen der Okarina kann durchgehend der Diegese zugerechnet werden. Auch wenn es in der Fortführung nicht mehr aktiv gesteuert werden kann, verbleibt es doch innerhalb der erzählten Welt. Die mehrstimmige Begleitung, die nach dem korrekten Nachspielen der Melodie ergänzt wird, liegt dagegen außerhalb der Erzählwelt, gehört also dem Nicht-Diegetischen an.

Bei der Eingabe einer Tonfolge werden den Spieler_innen vier (statt der ›regulären‹ fünf) Notenlinien angezeigt. Zur traditionellen Notation fehlt also nur die oberste Linie (für den verwendeten Tonvorrat ist sie nicht notwendig);[20] die Intervalle werden wie in der üblichen Notenschrift dargestellt. Rhythmische Aspekte spielen keine Rolle.

Insgesamt stehen in Ocarina of Time fünf verschiedene Tonhöhen zur Verfügung. Von unten nach oben sind sie auf dem Gamepad auf die vier Pfeiltasten [↓], [→], [←] und [↑] sowie die Taste [A] verteilt. Sie sind den Tönen *d^1*, *f^1*, *a^1*, *h^1* und *d^2* zugeordnet:

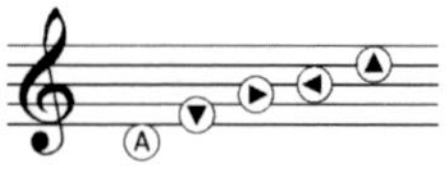

Notenbeispiel 1: Tonvorrat im Fünf-Linien-System

Dieser Tonvorrat wird tonal unterschiedlich eingebettet: *Zeldas Wiegenlied* bewegt sich im Rahmen von G-Dur, *Eponas Lied* in D-Dur, *Salias Lied* kommt ohne klare tonale Zuordnung aus.[21] Melodien wie das *Requiem der Geister* oder der *Bolero des Feuers* stehen durch ausschließliche Verwendung von Dreiklangstönen in d-Moll.

20 Auch der Schlüssel ähnelt einem Violinschlüssel, kommt in der unteren Hälfte allerdings einem Bassschlüssel nahe.

21 Der Tritonusrahmen des Initials unterstützt ein gewisses Spannungsverhältnis und lässt eine Zuweisung in Richtung C-Dur zu.

Notenbeispiel 2: Übersicht über die festgelegten Melodien in OCARINA OF TIME

Die ambitioniert gewählten Anklänge an Genres der klassischen Musik[22] haben eher illustrative Funktion, als dass sie inhaltlich legitimiert wären. Zwar wird in der Weiterführung des *Bolero des Feuers* durchaus ein Bolero-Rhythmus imitiert, und die *Serenade des Wassers* evoziert durch einen Sternenhimmel visuell eine abendliche Stimmung. Dagegen steht aber bei der (nicht in der Übersicht enthaltenen) *Vogelscheuchen-Polka* die freie Erfindung durch die Spieler_innen; der Zusammenhang mit einer Polka bleibt offen.

Während die meisten Melodien für den Hauptstrang des Spielverlaufs nicht zwingend eingesetzt werden müssen, verhält sich das bei *Zeldas Wiegenlied* anders: An bestimmten Stellen im Spiel ist ohne diese Melodie kein Weiterkommen möglich. Im Plot dient sie als Erkennungsmelodie für Angehörige und Vertraute der

22 Die Melodien werden im Englischen teilweise anders benannt; vgl. Stephanie Lind, *Active Interfaces and Thematic Events* (wie Anm. 5), S. 89.

Königsfamilie, zu der auch Prinzessin Zelda gehört. Hinweise, dass sie einzusetzen ist, gibt beispielsweise das Erscheinen des Triforce-Symbols.[23] Aber auch immer dann, wenn die Zugehörigkeit zur Königsfamilie nachgewiesen werden muss, spielt die Melodie eine Rolle. Nicht zuletzt ruft sie die Bewohnerinnen der Höhlen der großen Feen herbei – diese lehren magische Attacken, von denen zumindest eine notwendig ist, um das Spiel erfolgreich abzuschließen.

Neben dieser diegetischen Verwendung erklingt *Zeldas Wiegenlied* auch in nicht-diegetischer Funktion als Hintergrundmusik während des ersten Treffens zwischen Zelda und Link. Ähnliches gilt für die *Hymne der Zeit*: Nicht nur, dass sie in der Zitadelle der Zeit erlernt wird, in welcher der zweite Teil des Spiels beginnt und das Motiv der Zeitreise eingeführt wird – die *Hymne der Zeit* wird auch benötigt, um blaue Blöcke zu entfernen, die den Weg versperren und das Weiterkommen verhindern. Dazu kommt auch in diesem Fall ein nicht-diegetischer Einsatz als Hintergrundmusik in der Zitadelle der Zeit.

Ähnliche Funktionswechsel von diegetischer und nicht-diegetischer Musik gibt es auch bei weiteren Melodien. So erklingt *Salias Lied*, durch dessen Verwendung die Spielfigur Kontakt zum namensgebenden Charakter aufnehmen kann, in einer erweiterten Fassung als Hintergrundmusik in den Verlorenen Wäldern. Dort fungiert es auch als Wegweiser an Gabelungen, an denen der richtige Weg durch höhere Lautstärke gekennzeichnet wird. Die *Hymne des Sturms* – mit ihr werden Sturm und Regen beschworen – erklingt als nicht-diegetische Musik an dem Ort, an dem sie ursprünglich erlernt wird, nämlich der Mühle in Kakariko. *Eponas Lied*, mit dessen Hilfe auf der Lon-Lon-Farm das Pferd Epona gezähmt und auf der Ebene von Hyrule gerufen wird, wird auf der Farm als nicht-diegetische Hintergrundmusik abgespielt. Die *Hymne der Sonne* schließlich dient dazu, einen rascheren Wechsel zwischen Tag und Nacht herbeizuführen – in nicht-diegetischer Funktion taucht sie, wenn auch nur kurz, beim Tagesanbruch auf.[24]

Neben diesen sowohl diegetisch als auch nicht-diegetisch genutzten Melodien gibt es sechs weitere, die dem Teleportieren dienen und jeweils am Teleportationsort erlernt werden. Im Vergleich zu den erstgenannten sechs Melodien, die alle

---

23 Dieses Symbol versinnbildlicht die Kräfte der Göttinnen Nayru (Weisheit), Farore (Mut) und Din (Kraft) und ist fester Bestandteil der LEGEND OF ZELDA-Reihe.

24 Stephanie Lind meint zur *Hymne der Sonne*, sie sei »not heard non-diegetically, and consequently, no longer version of the song is heard elsewhere within the game«: *Active Interfaces and Thematic Events* (wie Anm. 5), S. 91.

aus sechs Tönen bestehen und sich im Aufbau ähneln – in jedem Initial werden die ersten drei Töne wiederholt –, sind die weiteren sechs Melodien unregelmäßiger gebaut: Sie bestehen aus fünf bis acht Tönen, die nach dem Initial wie üblich mehrstimmig fortgeführt werden.

Stephanie Lind hat bereits festgestellt, dass sich nicht nur die Funktion und die Struktur der Teleportations-Melodien (Notenbeispiel 2, g–l) von den restlichen Melodien (Notenbeispiel 2, a–f) unterscheiden, sondern dies bis in ihre Fortführung hineinwirkt. Hier seien die Teleportations-Melodien irregulärer gebaut als die übrigen, die größtenteils periodische oder satzartige (also aus der ›klassischen‹ Musik vertraute) Strukturen ausbilden:[25] Im Gegensatz zu den sowohl diegetisch als auch nicht-diegetisch eingesetzten Melodien werden die Teleportations-Formeln nämlich kompositorisch weitaus kunstvoller mehrstimmig fortgeführt. Als Grund für die größere Regelmäßigkeit der für die Handlung wesentlicheren Melodien im Vergleich zu den Teleportations-Melodien vermutet Lind, dass Letztere seltener benötigt werden als die anderen. Der regelmäßigere Bau durch die Wiederholung von lediglich drei Tönen und die zusätzliche Verwendung dieser Melodien in der Hintergrundmusik würden sie leichter zu erinnern machen.[26] Dabei bleibt allerdings fraglich, ob im Bewusstsein der Spieler_innen tatsächlich eine Verknüpfung bestimmter Tonhöhen mit dem Drücken bestimmter Tasten zustande kommt. Dass die Tasten nicht im korrekten Rhythmus, sondern lediglich in der richtigen Reihenfolge zu drücken sind, damit die Software die Melodie erkennt, bedeutet ja, dass gar keine Repräsentation der Melodie als Kombination aus Diastematik (also ihrer Tonhöhenstruktur) und Rhythmus nötig wird. Zudem können alle bereits erlernten Initiale im Menü nachgeschlagen werden, wenn das Spiel pausiert wird,[27] so dass ausschließlich ›didaktische‹ Begründungen für den Unterschied zweifelhaft bleiben.

---

25 Vgl. ebd., S. 94f.

26 Vgl. ebd.

27 Das eigene Spielen von Melodien und die dadurch entstehende Überführung von nicht-diegetischer zu diegetischer Musik innerhalb von Ocarina of Time mag eine stärkere Involvierung der Spieler_innen ermöglichen. Das ist generell eine Strategie des Spiels: Nicht zuletzt geschieht dies auch durch die Möglichkeit, den Namen »Link« durch den eigenen Namen zu ersetzen (siehe Anm. 2). Vgl. dazu auch Karen Collins, *Game Sound* (wie Anm. 16), S. 133–136.

Die Melodien in Twilight Princess

In Twilight Princess ist die Musiksteuerung weit weniger ausgeprägt als in Ocarina of Time. Eine Möglichkeit eines inter- bzw. proaktiven, diegetischen Musizierens besteht hier im ›Flöten‹ auf unterschiedlich geformtem Gras. Dies resultiert in verschiedenen Melodien, die entweder das Pferd Epona oder einen Adler herbeirufen; Eponas Melodie entspricht hierbei dem Initial von *Eponas Lied* aus Ocarina of Time. Die Aktivierung erfolgt allerdings lediglich durch den Druck der Taste [B] auf dem Controller – alles Weitere läuft danach von selbst ab.

Herausfordernder für Spieler_innen ist dagegen das Heulen als Wolf, in den sich Link beim Betreten der Schattenwelt verwandelt.[28] Abermals erfolgt das Erlernen über das Prinzip des einstimmigen ›Vorheulens‹ und ›Nachheulens‹, das bei richtiger Eingabe dann automatisch mehrstimmig fortgeführt wird. Auch hier kommt eine Überlagerung des diegetischen Heulens innerhalb der Erzählwelt mit der nicht-diegetischen mehrstimmigen Untermalung zustande. Spielte in Ocarina of Time die rhythmische Komponente bei der Eingabe der Melodie keine Rolle, so ist in Twilight Princess die korrekte Kombination aus Tonhöhe *und* Tondauer nötig. Um die rhythmische Orientierung zu erleichtern und die drei unterschiedlichen Tonhöhen erkennbar zu gestalten, wird in diesen Momenten eine Art Koordinatensystem angezeigt. Die Tonhöhen werden über den Joystick der Nunchuks angesteuert, durch Drücken und Halten der [B]-Taste wird der Ton produziert.

Ein »Heulstein« produziert demgegenüber selbst Töne, durch die man ihn auch finden kann, wenn er noch nicht sichtbar ist. Insgesamt gibt es sechs ›nachzuheulende‹ Melodien. Die Melodien 1 bis 3 verwenden Material aus Ocarina of Time sowie das *Lied der Befreiung* aus Majora's Mask (2000) als Umkehrung von *Salias Lied* aus Ocarina of Time. Die zweite Melodie entspricht dem *Requiem der Geister*, die dritte der *Kantate des Lichts.* Die Melodien 4 und 5 lassen sich nicht mit Ocarina of Time in Verbindung bringen; die Fortführung der sechsten Heulmelodie greift auf das *Hyrule Field Theme* aus Twilight Princess selbst zurück.

---

28 Die Existenz zweier verschiedener Welten ist ein grundsätzliches Prinzip von The Legend of Zelda. In Ocarina of Time ist das Spiel in die Welt des Link als Kind und als Jugendlicher unterschieden. Im späteren Spielverlauf kann zwischen den Welten gewechselt werden.

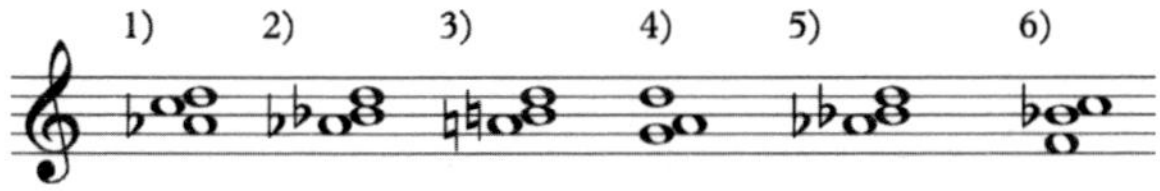

Notenbeispiel 3: Tonvorrat der Heulmelodien in TWILIGHT PRINCESS

Im Ambitus bewegen sich diese Heulmelodien stets im Quart- bzw. Quintraum unter d^2 oder c^2. Der wohl gewichtigste Unterschied zwischen OCARINA OF TIME und TWILIGHT PRINCESS liegt im *Umgang* mit den Melodien: In TWILIGHT PRINCESS werden die Heulmelodien jeweils nur ein Mal verwendet, der Nachspielvorgang geschieht dann immer proaktiv innerhalb des diegetischen Tons. Die Funktion der Musik unterstreicht noch weiter den Bedeutungsverlust der musikalischen Teilnahme der Spieler_innen: Heulsteine müssen aktiviert werden, um sogenannte okkulte Künste, also spezielle Angriffstechniken, zu erlernen. Lediglich die erste davon ist für den Spielabschluss nötig – aber für sie muss gar kein Heulstein aktiviert werden. Ist das Erlernen dieser ersten okkulten Kunst im Spielverlauf fest verankert (es kann nicht umgangen werden), so sind die restlichen Künste, für die das Aktivieren der Heulsteine obligatorisch ist, letztlich nur noch ein Bonus.

***

Die LEGEND OF ZELDA-Reihe zeigt im Detail die Vielschichtigkeit dessen, was an der Oberfläche wie eine simple Dichotomie von diegetischer und nicht-diegetischer Musik wirkt. Ein und dieselbe Melodie kann in OCARINA OF TIME sowohl diegetisch als auch nicht-diegetisch eingesetzt werden, wobei die genaue Differenzierung der Kategorien teils erhebliche Schwierigkeiten bereitet. Eine Melodie kann essenziell für den Spielverlauf werden, ohne zwangsläufig auch handlungstragend zu sein. Zudem werden schon bei diesen zwei Beispielen unterschiedliche Lösungen im Rahmen der gesamten Serie sichtbar: In OCARINA OF TIME sind die auf der Okarina gespielten Initiale wesentlicher Bestandteil der Handlung, in TWILIGHT PRINCESS bleibt das Heulen lediglich Beiwerk. Unabhängig davon, ob die aktiv gespielten Melodien handlungstragend sind oder nicht, erfüllen sie jedoch stets eine Funktion: sei es eine Zeitersparnis, wenn sie dem Teleportieren innerhalb der riesigen Spielwelt dienen, sei es das Öffnen eines neuen Weges, sei es – vor allem in TWILIGHT PRINCESS – das Erlernen neuer Fähigkeiten.

Mit den Abstufungen des diegetischen und nicht-diegetischen Tons wird innerhalb der beiden vorgestellten Teile der ZELDA-Reihe also vom Developerteam im

Einsatz der Musik planmäßig gespielt. Das wird besonders auffällig, wenn die aktiv gespielte, diegetische Melodie auf den nicht-diegetischen Rahmen der Hintergrundmusik übergreift. Zudem etabliert die Musik innerhalb der gesamten Spielereihe THE LEGEND OF ZELDA ein titelübergreifendes Netz intertextueller Bezüge zu bestimmten Orten oder speziellen Personen, indem die immer wieder gleichen Melodien diegetisch wie nicht-diegetisch eingesetzt werden. Mit allen diesen Eigenschaften kann diese Reihe also den Blick auf die Differenzierung der Funktionen und Einsatzmöglichkeiten von Musik im Videospiel im Vergleich zur Filmmusik schärfen.

Musik im Grafikadventure Loom

Alexander Faschon

Im Jahre 1990 erschien mit Lucasfilm Games' Titel Loom ein Point-and-Click-Adventure, das sich eine neue Interpretation des Genres vornahm: »A Fantasy by Brian Moriarty« lautet die Bezeichnung im Booklet.[1] Der Begleittext führt näher aus:

> »Loom is unlike traditional ›adventure games‹ in many ways. Its goal is to let you participate in the unfolding of a rich, thought-provoking fantasy.«[2]

Mit ›traditionellen‹ Adventure-Games spielen die Macher von Loom sicherlich nicht zuletzt auf ihr eigenes Œuvre der späten 1980er Jahre an, in denen sie das Genre mit Spielen wie Labyrinth (Lucasfilm Games/Activision, 1986), Maniac Mansion (Lucasfilm Games/Lucasfilm Games, 1987), Zak McKracken and the Alien Mindbenders (1988) oder Indiana Jones and the Last Crusade (1989) entscheidend geprägt hatten; Spielen also, deren Spezialität vor allem undurchsichtige Rätsel und absurd verquickte Lösungswege waren.

Mit Loom ging Lucasfilm Games (ab 1991 dann LucasArts) jedoch einen Schritt in Richtung dessen, was man heute »casual gaming« nennen würde – das Spiel verzichtet in weiten Teilen auf klassische Brainteaser und den Geduldsfaden strapazierendes Leveldesign:

> »Its simple mysteries are designed to engage your imagination and draw you deeper into the story, not to frustrate you or increase the amount of time it takes to finish.«[3]

---

1 Booklet zu Loom (1990), S. 2.

2 Ebd., S. 3.

3 Ebd.

Gleichwohl – oder gerade deshalb – blieb die Euphorie der Spielekritik weitgehend aus: In den damals publizierten Tests erzielte LOOM nicht gerade Höchstwertungen. Insgesamt wurde zwar der originelle Ansatz honoriert, gleichzeitig trübten aber die relativ kurze Spielzeit und der vergleichsweise niedrige Schwierigkeitsgrad jener von den Entwicklern als »simple mysteries« apostrophierten Rätsel den Gesamteindruck merklich: »Zu kurzes Bilderbuch«, überschrieb Anatol Locker seine zu einer 54 %-Wertung kommende Besprechung in der Zeitschrift *Power Play*,[4] und Michael Hengst sekundierte diese Einschätzung: »Leider kann man den spielerischen Gehalt dieses Programms bequem in einen Fingerhut quetschen.«[5]

In der Tat ist es nicht der ›spielerische Gehalt‹ im Sinne des Schwierigkeitsgrades, der LOOM zu einem ästhetisch interessanten Gegenstand macht, sondern es ist die Art und Weise, auf die in diesem Spiel die Erzählung, das Gameplay und die Musik programmatisch aufeinander bezogen sind. Im Folgenden möchte ich eine (spiele-)musikwissenschaftliche Interpretation dieses Adventures vorstellen, indem ich zunächst allgemeine Fragestellungen an den Gegenstand Game Music skizziere. Darauf folgend gehe ich sowohl auf LOOM allgemein als auch auf die für meine Betrachtung relevanten Ebenen des Spiels im Besonderen ein – Story, Setting, Spieltechnik und Musik – und nehme abschließend eine Kontextualisierung des Spiels hinsichtlich der darin gestalteten Integration verschiedener musikalischer Konzepte vor.

Spielemusik

Obwohl es bei der Beschäftigung mit Spielemusik zu Überschneidungen mit dem Gegenstand Filmmusik kommt, gibt es wesentliche Unterschiede zwischen Filmen und Spielen, etwa Aspekte der Linearität und der Rezeptionshaltung, die eine einfache Übertragung des Instrumentariums der Filmmusik- auf die Spielemusikforschung nicht sinnvoll erscheinen lassen. Gerade in den Jahren seit 2014 sind neben zahlreichen Artikeln, einigen Monografien und mehreren Sammelbänden

4 Anatol Locker, *Zu kurzes Bilderbuch*, in: *Power Play* 4/7, 1990, S. 103.

5 Michael Hengst, ebd.

wegweisende Beiträge zu der noch relativ jungen Disziplin der Ludomusicology erschienen.[6]

Die zunächst grundlegende Gemeinsamkeit beider Medien ist das Ziel eines immersiven und möglichst geschlossenen Erlebens audiovisueller Zusammenhänge.[7] Unterschieden sind Filme und Games vor allem mit Blick auf die technische Umsetzung: Der Spielemusik muss es gelingen, fernab einer determinierten Bildfolge einen stimmigen Soundtrack zu liefern und sich dabei flexibel und geschmeidig zufälligen Spielsituationen anzupassen. Die Entscheidungsfreiheiten, die Spieler_innen in Games zur Verfügung stehen, schränken die Möglichkeiten einer auskomponierten und einfach abzuspielenden Hintergrundmusik dabei erheblich ein.[8] Diesem Problem begegneten etwa Michael Land und Peter McConnell im Jahre 1991 mit iMUSE, einer Technik, die es erlaubte, Grafikadventures mit Loops zu unterlegen, die durch die Aktivierung von Triggern fließend ineinander übergehen.[9] Die Modulations- und Überleitungsfähigkeit der einzelnen Tracks gewährleistet dabei einen kontinuierlichen, stets an den szenischen Gegebenheiten orientierten musikalischen Fluss.[10]

Solche adaptiven und dynamischen Techniken standen 1990 jedoch noch nicht zur Verfügung, sodass LOOM mit einem starren Soundtrack aufwartet. Jeder Szene ist ein bestimmtes, potenziell in Endlosschleife ablaufendes Thema zugewiesen. Interessant an LOOM ist auch weniger die Musik *als* Musik, sondern vielmehr, dass ihr nicht wie (damals) üblich lediglich die Rolle des akustischen Hintergrunds zukommt. Stattdessen thematisiert das Spiel Musik selbst in einem breiten Kontext und sucht dabei nach Möglichkeiten, ein integrales Konzept musikalischer Darstellungs- und Handlungsformen zu präsentieren. Im Folgenden möchte

6 Für eine umfangreiche und ständig aktualisierte Übersicht vgl. *Bibliography*, hrsg. von der Society for the Study of Sound and Music in Games, <www.sssmg.org/wp/bibliography> (Abruf am 4. Mai 2017).

7 Zach Whalen, *Play Along. An Approach to Videogame Music*, in: *Game Studies. The International Journal of Computer Game Research* 4/1, 2004, <www.gamestudies.org/0401/whalen> (Abruf am 4. Mai 2017).

8 Vgl. Karen Collins, *Game Sound. An Introduction to the History, Theory, and Practice of Video Game Music and Sound Design*, Cambridge, Mass.: MIT Press 2008, S. 1–6 und S. 139–165.

9 Siehe hierzu den Beitrag von Asita Tamme zum vorliegenden Band, S. 295–309.

10 Vgl. zur Geschichte und Technik von iMUSE Karen Collins, *Game Sound* (wie Anm. 8), S. 51–57.

ich daher weniger in einem klassischen Sinne die Rolle der Spielemusik für die ästhetisch-technische Gestalt von LOOM oder gar für das Spiel-Erlebnis diskutieren: Vielmehr ist das Ziel, die Bedeutung der erzählerischen Grundlage von LOOM für die ästhetischen und technischen Entscheidungen zu beschreiben, die bei der Entwicklung des Spiels getroffen worden sind.

***

In LOOM schlüpfen wir in die Rolle des jungen Erwachsenen Bobbin Threadbare. Als Waisenkind wächst er unter der Obhut seiner Ziehmutter Hetchel auf der abgelegenen Insel Loom Island auf, der Heimat jener geheimnisvollen Magier, die als Gilde der Weber von einem Webstuhl (engl. *loom*) aus die Fäden des Lebens spinnen.

Dieses Setting greift zahlreiche klassische Motive des Fantasy-Genres auf: Magie ist das konstituierende Element der Spielwelt schlechthin. Die zipfelmützigen Roben der Magier entstammen genauso gängigem Fantasy-Vokabular wie die Darstellung kontrastierender Szenerien: Mal wandeln wir über schimmernde Märchenwiesen, mal verschlägt es uns ins düstere Dickicht zwielichtiger Zauberwälder oder wir finden uns in der Höhle eines goldraffenden und übel gesinnten Drachen wieder.

Offenbar ist Bobbin auf schicksalhafte Weise mit dem Kosmos verbunden, denn die Gildenältesten Lachesis, Klotho und Atropos bestehen darauf, dass er nicht mit den magischen Geheimnissen des Webens vertraut gemacht wird. Angesichts von Bobbins bevorstehender Volljährigkeit setzt Hetchel sich schließlich über diese Anweisung hinweg und erteilt ihrem Ziehsohn gleichwohl den verbotenen Unterricht. Diese Vorgeschichte, insbesondere wie Bobbin von Hetchel im Singen und Weben unterwiesen wird, aber auch Details über Bobbins Mutter, erfahren wir übrigens nicht aus dem Spiel selbst: Ein als Prolog fungierendes, etwa 30-minütiges Hörspiel, das *Loom Audio Drama*, wurde mit dem Spiel auf Tonkassette ausgeliefert und schildert die Hintergrundgeschichte.[11]

Als Hetchels Ungehorsam eines Tages ans Licht kommt, muss Bobbin mitansehen, wie der Ältestenrat sie zur Strafe mit einem Fluch belegt: Die drei Ältesten verwandeln sie in einen schwarzen Schwan und verbannen sie aus den Kreisen von Loom Island. Jäh wird diese Szene unterbrochen, als ein aus dem

11 *Loom Audio Drama* (MP3), <www.agamesroom.com/game/lm> (Abruf am 4. Mai 2017).

Nichts auftauchender mysteriöser Schwan attackiert, denn der Fluch, mit dem Hetchel verbannt wurde, hat den Unmut göttlicher Mächte geweckt. Auch die Ältesten nehmen in dem Gemenge die Gestalt von Schwänen an und verschwinden allesamt durch eine Öffnung im Raum-Zeit-Kontinuum, die sich sogleich wieder verschließt. Lediglich Bobbin bleibt zurück und macht sich nun zur Aufgabe, den sonderbaren Geschehnissen auf die Spur zu kommen, seine Gildengenossen wiederzufinden und überdies seine eigene Lebensgeschichte aufzuklären.

Hauptsächlich geht es in LOOM um Musik. Die kosmologische Konstitution der Spielwelt wird über musikalische Strukturen repräsentiert, die Handlungs- und Interaktionsmodi sind insbesondere von musikalischen Handlungsweisen abgeleitet. Bemerkenswert ist dabei die technisch-ästhetische Konsequenz, mit der LOOM ein durch und durch musikalisiertes Netzwerk zwischen den verschiedenen, im Folgenden zu betrachtenden Ebenen herstellt.

Spieltechnik und Zaubersprüche

Programmiert ist LOOM auf Version 3 der SCUMM-Engine.[12] Es unterscheidet sich daher in seinen grundsätzlichen Funktionsweisen kaum von anderen Grafik-Adventures seiner Zeit. Von eigener Art hingegen ist die Architektur der Bedienoberfläche: Statt des gewöhnlichen, also aus der Aktionsverbenmatrix und dem Inventar bestehenden Interfaces stehen uns in LOOM lediglich ein fünfliniges Notensystem und ein Zauberstab zur Verfügung. Das ergibt insofern bestechenden Sinn, als die einzige Möglichkeit, die Umwelt zu manipulieren, das Weben ist, jenes von der Gilde gehütete magische Geheimnis: Wer darin unterwiesen wurde, vermag mittels des Einstimmens in die Harmonie des Kosmos Kräfte zu beschwören, mit deren Hilfe Zaubersprüche in der Welt gewirkt werden können. Diese Kräfte werden durch das Aufsagen oder -singen viertöniger Motive gebündelt und freigesetzt. Über das Liniensystem, auf dem eine aufsteigende C-Dur-Skala im Violinschlüssel notiert ist, wählen wir nacheinander die einen Zauberspruch ergebenden Töne an.

Erst im Verlauf des Spiels erarbeiten wir uns den Zugriff auf den vollständigen diatonischen Tonvorrat; zu Beginn stehen uns lediglich die drei Töne *c*, *d* und *e*

12 SCUMM: Script Creation Utility for Maniac Mansion (seit 1987). – Die Abbildung eines Screenshots von LOOM hat der Rechteinhaber Lucasfilm Ltd. leider nicht gestattet.

für eine kleine Auswahl von Sprüchen zur Verfügung. Zumeist sind es Rätsel, die von Bobbin das Lernen und Anwenden eines gänzlich neuen Zauberspruchs erfordern, in denen der Vorrat um einen weiteren Ton ergänzt wird. Die Zaubersprüche, mit denen wir die Spielwelt beeinflussen, besitzen als im klassischen Notensystem repräsentierte Viertonfolgen eine konkret musikalische Gestalt. Dabei ist jeder möglichen Handlung genau ein Spruch zugewiesen, der jedoch – wohl um allzu routinierter Spiel-Erfahrung vorzubeugen – von Spielrunde zu Spielrunde anders zusammengesetzt sein kann.

Die Tonfolgen scheinen nach keinem musikalischen, mathematischen oder kombinatorischen Prinzip aufgebaut zu sein und werden zudem pro Spielinstanz neu zugeteilt. Weder lassen sie eine melodische Führung im klassischen Sinne noch einen harmonischen Bezugsrahmen erkennen, sondern sie scheinen vielmehr wie freie Zusammenstellungen zufällig aus dem diatonischen Fundus ausgewählter Töne. Einige Floskeln sind jedoch auf Umkehrbarkeit oder auch Unumkehrbarkeit angelegt, ganz abhängig davon, ob für die damit verknüpfte Handlung eine entgegengesetzte Aktionsrichtung vorgesehen ist. So sind etwa bidirektionalen Handlungspaaren wie Öffnen und Schließen ein Motiv und dessen Krebs zugewiesen, also die Spiegelung an der vertikalen Achse. Im Unterschied zu anderen Games handelt es sich zuweilen um Aktionen, die auf sehr spezifische Situationen ausgerichtet sind und mitunter nur ein einziges Mal benötigt werden.

Musik

Auch wenn LOOMS Hauptaugenmerk die spieltechnische Inszenierung eines musikalisch-magischen Narrativs ist, bindet das Spiel in gleichermaßen treffender Weise die Hintergrundmusik in diese Programmatik ein: Jedes Bild ist mit einer Nummer aus Pëtr Il'ič Čajkovskijs Ballett *Schwanensee* op. 26 (Uraufführung 1877) unterlegt, eine Wahl, die auf Chefdesigner Brian Moriarty zurückgeht:

> »The majestic sweep and melancholy atmosphere seemed perfect for a wistful story like Loom. All of the music for the game was transcribed note-by-note from Tchaikovsky's score. I also borrowed the swans, the owls and a few other elements from the scenario of the ballet.«[13]

---

13 Interview mit Brian Moriarty, in: *Adventure Classic Gaming*, 10. Juli 2011, <www.adventureclassicgaming.com/index.php/site/interviews/212> (Abruf am 4. Mai 2017).

Die Wahl dieser Ballettmusik erscheint allein schon vor dem Hintergrund konsequent gedacht, dass dadurch Schwäne auch in LOOM als wichtige Akteure auftreten: Als Wanderer zwischen den Welten, der irdischen und der überirdischen, illustrieren sie eine zutiefst romantische Haltung, die das gesamte Spieldesign charakterisiert.[14] Der Rückgriff auf eine der ungebrochen populärsten Kompositionen des ›romantischen‹ Repertoires bereichert das Spiel überdies um eine gewichtige kulturgeschichtliche Referenz und entfaltet neben den antiken Stoffen auch einen genuin neuzeitlichen Zugang zur Musik als überirdischer Instanz.

Spielabschnitt	**Nummer aus *Schwanensee***
Thema/Intro	Akt 1, Nr. 4: Pas de trois: I. Intrada: Allegro
Ältestenrat	Akt 4, Nr. 27: Danses des petits cygnes: Moderato
Glaser	Akt 2, Nr. 13: Danses des cygnes: IV. Allegro moderato
Schäfer / Drachenhöhle	Akt 1, Nr. 6: Pas d'action: Andantino quasi moderato
Schmiede	Akt 1, Nr. 4: Pas de trois: IV. Moderato
Kathedrale	Akt 1, Nr. 4: Pas de trois: II. Andante sostenuto
Webstuhl / Finale	Akt 2, Nr. 14: Scène: Moderato

Die Zuteilung der einzelnen Nummern entspricht dabei durchaus den szenischen Gegebenheiten. Sie gehorcht in dieser Hinsicht einem auch in der Filmmusik herkömmlichen Verständnis musikalischer Semantik.[15] Eine detaillierte Analyse des Bild-Ton-Verhältnisses in den einzelnen Szenen ebenso wie technische Aspekte (Instrumentierung, Modifizierung) spare ich jedoch an dieser Stelle aus.

Kontexte

Ganz im Sinne der vom Developerteam gewählten Bezeichnung »Fantasy« speist sich die magisch-musikalische Atmosphäre von LOOM aus der zunächst freien Zusammenführung mehrerer musikalischer und musikgeschichtlicher Kontexte, insbesondere eines komprimierten antiken griechischen (pythagoreischen) und eines romantischen Musikverständnisses. Äußerlich zwar weit auseinanderliegend, teilen beide jedoch die Vorstellung von einer Musik, die auf den Kosmos bzw. auf

14 Für den Hinweis auf den romantischen Charakter von LOOM danke ich Daniel Martin Feige und Melanie Fritsch.

15 Zach Whalen, *Play Along* (wie Anm. 7).

Gott verweist. Gilt in der romantischen Ästhetik die wirkliche Musik als Offenbarung des Absoluten, die jeder Einzelne für sich selbst erschließt,[16] so sind es in den griechischen Lehren vor allem Pythagoreismus und Platonismus, die in musikalischen Basisstrukturen wie Intervallverhältnissen ein proportionales Abbild der kosmologischen Konfiguration sehen.[17]

Zentral ist in der Erzählung von Loom aber zunächst der Rekurs auf die antiken Denkfiguren: Das Weben als eine handwerkliche Metapher für Erschaffung und Pflege der kosmologischen Beschaffenheit findet sich schon in den theogonischen Schilderungen der Weltentstehung bei Hesiod.[18] Programmatisch sind daher die drei Ältesten der Webergilde, Lachesis, Klotho und Atropos, nach den die Geschicke der Welt webenden Moiren[19] benannt.

Die soziale Abschottung der Webergilde weist hierbei eine eindeutige Parallele zur Bildung der pythagoreischen Schule auf, die insbesondere das *Audio Drama* in seiner Erzählung der Vorgeschichte präsentiert:

> »Like the other guilds, the weavers had evolved a philosophy of living based on the tools and terminology of their handiwork. They beheld, in their great frames of wood and metal, a symbol of universal truth, and found ways to work subtle patterns of influence into the fabrics they wove.
> The cloth of the guild soon became known for virtues other than mere beauty. Certain weaves seemed to possess remarkable powers of healing. Others held a charm against ill fortune.
> In the fullness of time, the art of the weavers transcended the limits of physical cloth. They abandoned the flax and dyes of their ancestors, to wield the very stuff of light and music, and spun new patterns directly in the fabric of reality. The ignorant looked upon these works with fear, and called them witchcraft. Many of the guild were persecuted: a few were hanged.
> To protect their heritage, the weavers expended a fraction of their wealth, to purchase a rocky island off the main coast. They packed up their spindles and skeins and shuttles, and retreated from the company of men, to refine their arts in solitude.«[20]

---

16 Vgl. Manfred Frank, *Einführung in die frühromantische Ästhetik. Vorlesungen*, Frankfurt am Main: Suhrkamp 1989, S. 208–219.

17 Vgl. Christoph Ziermann, *Musik und Metaphysik in der griechischen Antike*, in: *Musikästhetik*, hrsg. von Helga de la Motte-Haber, Laaber: Laaber 2003, S. 61–91.

18 Hesiod, *Theogonie*, übers. und hrsg. von Otto Schönberger, Stuttgart: Reclam 1999.

19 Ebd., S. 19f.

20 *Loom Audio Drama* (wie Anm. 11), Transkription des Autors.

Das Singen als Akt der Initiierung magischer Potenziale lässt sich – gerade in dieser Verbindung – als Referenz auf die antiken Schöpfungsmythen deuten, in denen es die Musen sind, deren Gesänge nachgerade als musikalische Präsentationsform des Kosmos schlechthin gelten können.[21]

In diesem Sinne greift LOOM antike Theo- und Kosmogonie auf, die schon per se durch und durch ›musikalisch‹ in einem universalen, später dann insbesondere durch den Pythagoreismus theoretisch ausgefeilten Sinne sind, und legt dieses kosmologische Konzept einer romantisch illustrierten Erzählung zugrunde. Bedenkt man, dass auch die romantische Ästhetik sich in ihrem Sinne gerade für die griechische Antike begeistert hat, erscheint die Wahl dieser zwei ästhetisch-narrativen Grundpfeiler – Antike und Romantik – bemerkenswert sinnfällig. Die gesamte Zeichnung des Spiels, der weite, unendliche Sternenhimmel am Beginn, dem Bobbin sich in einer Situation der Zurückgezogenheit und Versunkenheit gegenübersieht, darüber hinaus düster-geheimnisvolle wie leuchtend-märchenhafte Waldszenen gleichermaßen, Schäferidyll und Drachenhöhle sprechen eine romantische und durch Fantasy-Anleihen nochmals gesteigerte Bildsprache, die schließlich in der musikalischen Komplementierung durch die Arrangements von Szenen aus *Schwanensee* ihre Entsprechung findet. Die Beschränkung auf eine zusammenhängende Komposition schafft hier noch einmal programmatische Konsistenz und steht ebenso beispielhaft für die ästhetisch-narrative Dichte des Games, spielen doch Schwäne sowohl in LOOM (als Wandler zwischen den Welten und transzendentale Metamorphose der Magier) als auch in Čajkovskijs Ballett jeweils eine zentrale Rolle. Von einer rein äußerlichen Motivation zum Gebrauch klassischer Musik etwa, wie Tim Summers sie zum Beispiel für die RING-Games von Arxel Tribe sieht (RING: THE LEGEND OF THE NIBELUNGEN: Arxel Tribe/Red Orb Entertainment und Cyro Interactive, 1998; RING II: TWILIGHT OF THE GODS: Arxel Tribe/Bigben Interactive, 2002),[22] kann hier nicht die Rede sein, sondern die Wahl des Soundtracks ergibt sich tatsächlich aus der spezifischen Disposition des Spiels.

Einen anderen Aspekt der musikalischen Organizität von LOOM hat bereits Tim Summers herausgearbeitet. Zutreffend beschreibt er, in diesem Adventure

21 Hesiod, *Theogonie* (wie Anm. 18), S. 7.

22 Tim Summers, *From »Parsifal« to the PlayStation. Wagner and Video Game Music*, in: *Music in Video Games. Studying Play*, hrsg. von Kevin J. Donnelly, William Gibbons und Neil Lerner, London: Routledge 2014, S. 199–216, hier S. 201.

würden die Schlüsselereignisse des Lernens neuer Zaubersprüche stets von den entsprechenden motivischen Floskeln begleitet, und resümiert, LOOM erschaffe dadurch ein »Wagnerian wonderland«,[23] in dem Spieler_innen sich die Welt gänzlich musikalisch erschlössen.

In konsequenter Weise inszeniert LOOM auch das persönliche Heranreifen unseres Protagonisten Bobbin, denn wir verfügen nicht von Anfang an über alle sieben Töne der Skala, sondern lernen erst mit der Zeit neue Töne zu ›singen‹. Somit, anders als in anderen Adventures, entwickeln sich auch die formalen Handlungsmöglichkeiten erst mit fortschreitender Story. Die Lernbedürftigkeit des Protagonisten wird zu unserer eigenen, wir erproben gleichsam selbst das ›Singen‹, indem wir die melodischen Floskeln memorieren und reproduzieren können müssen.

⁂

Schon rein konzeptuell ist LOOM nicht auf das Erfolgserlebnis der Bewältigung möglichst kniffliger Herausforderungen angelegt. Vielmehr scheint dem Team von Lucasfilm Games die Präsentation einer in künstlerischer Weise zusammengefügten Spielwelt die hauptsächliche Attraktion des Spiels zu sein. Vor diesem Hintergrund trifft Michael Hengsts Urteil, es handele sich dabei mehr um einen »spielerische[n] Film als ein reines Spiel«,[24] womöglich genau den Kern des Games. Der monierte niedrige Schwierigkeitsgrad von LOOM wird selbst im Booklet aus einer besonderen »Game Design Philosophy« heraus begründet:

> »We believe that you buy games to be entertained, not to be whacked over the head every time you make a mistake. [...] Unlike conventional computer adventures, you won't find yourself accidentally stepping off a path, or dying because you've picked up a sharp object. We think you'd prefer to solve the game's mysteries by exploring and discovering, not by dying a thousand deaths. We also think you like to spend your time involved in the *story*, not typing in synonyms until you stumble upon the computer's word for a certain object.«[25]

---

23 Tim Summers, *From »Parsifal« to the PlayStation* (wie Anm. 22), S. 205.

24 Michael Hengst (wie Anm. 5).

25 Booklet zu LOOM (wie Anm. 1), S. 7, so auch im Booklet zu THE SECRET OF MONKEY ISLAND (Lucasfilm Games/Lucasfilm Games, 1990).

»Fünf Jahre zu früh« sei LOOM erschienen, befindet Hengst, »[d]ie heutige Computertechnik ist einfach zu beschränkt, um solche Spiele befriedigend umzusetzen«[26] – eine Einschätzung, die angesichts der kurioserweise nur kurz nach dem Release von LOOM, nämlich schon 1991 erstmals in MONKEY ISLAND 2: LECHUCK'S REVENGE angewandten iMUSE-Technik einen wahren Kern enthält: Die Entwicklung von iMUSE erlaubte – zwar innerhalb technischer Limitierungen – eine interaktive Einflussnahme der Spieler_innen auf die Musik.[27] Mit einem dynamischeren Soundtrack hätte LOOM womöglich die Chance gehabt, das ›wagnerianische‹ Potenzial, das Tim Summers dem Spiel zuspricht, durch die Interaktion von Eingabe und Musik noch umfangreicher zu entfalten und damit eine noch bestechendere narrativ-ästhetisch-spieltechnische Dichte zu präsentieren. Doch auch fernab von derlei Zukunftsmusik zeigt LOOM beispielhaft, wie digitale Spiele ihre technischen und ästhetischen Zugriffe aus den eigenen inhaltlichen Voraussetzungen entwickeln und gestalten können.

26 Michael Hengst (wie Anm. 5).

27 Karen Collins, *Game Sound* (wie Anm. 8), S. 52.

Mediale Echokammern

Überlegungen zur Musik in Prince of Persia und Assassin's Creed

Christoph Hust

Prince of Persia und Assassin's Creed zählen zu den großen transmedialen Phänomenen unserer Zeit:[1] Seit bald drei Jahrzehnten erscheinen unter diesen Titeln Computer- und Konsolenspiele, Romane, Graphic Novels und Comic-Book-Serien, Kurzfilme und abendfüllende Spielfilme, Soundtrackalben und Klaviernoten, Actionfiguren und LEGO-Sets; zu Assassin's Creed ist zudem eine Fernsehserie in Vorbereitung.[2] In beiden Fällen waren die digitalen Spiele der Ausgangspunkt: Prince of Persia kam erstmals 1989 bei Brøderbund Software heraus, Assassin's Creed 2007 bei Ubisoft. Ursprünglich gehörten die Serien zusammen: Nachdem die Rechte an Prince of Persia zunächst von Brøderbund an The Learning Company übergegangen waren, werden sie seit The Sands of Time (2003) von Ubisoft gehalten. Dort begann um 2005 die Entwicklung eines Spiels mit dem Arbeitstitel Prince of Persia: Assassin, das wegen Abweichungen

---

Dieser Text beruht auf einem Vortrag beim Kolloquium am Zentrum für Musikwissenschaft (Leipzig) im Januar 2017 zum 60. Geburtstag meiner Kollegin Prof. Dr. Martina Sichardt. – Sarvenaz Safari M. A. (Leipzig) und Haytham Awad (Mainz) herzlichen Dank für ihre Beratung zur iranischen und arabischen Kultur und Musik.

1 »Everybody these days is talking about transmedia, but Jordan [Mechner] is the first guy to actually do it«, wird der Brancheninsider Keith Boesky zitiert in: Charles McGrath, *A Gamer's World, but a Dramatist's Sensibility*, in: *The New York Times*, 21. Mai 2010, <www.nytimes.com/2010/05/23/movies/23persia.html> (Abruf am 10. März 2017).

2 Vgl. *Assassin's Creed über Netflix? Fernsehserie wird als Anime angelegt*, in: *PC Games Hardware*, 5. Juli 2017, <www.pcgameshardware.de/Assassins-Creed-Spiel-18271/News/Fernsehserie-als-Anime-1232397> (Abruf am 8. Juli 2017).

vom Reihenkonzept aber als ASSASSIN'S CREED verselbstständigt wurde.[3] Seither haben sich die Gewichtungen verschoben: Nach THE FORGOTTEN SANDS (2010) hat Ubisoft keine neuen PRINCE OF PERSIA-Titel mehr vorgelegt und sich stattdessen auf ASSASSIN'S CREED konzentriert.[4]

Eine erste Gruppe von PRINCE OF PERSIA-Spielen umspannte die Jahre 1989 bis 1999, die zweite folgte von 2003 bis 2005. 2008 wurde eine dritte Gruppe als Reboot begonnen. Einzelne Veröffentlichungen für portable Plattformen ergänzten diese Titel. ASSASSIN'S CREED setzte dagegen ab dem zweiten Teil (2009) lange Zeit auf einen jährlichen Erscheinungsrhythmus. Das Game für 2016 wurde zwar verschoben, doch hielt der im Dezember publizierte Kinofilm die Marke aktuell. Auch bei ASSASSIN'S CREED ergänzen diverse Ableger die Hauptserie.

PRINCE OF PERSIA trägt den Schauplatz im Titel. Genauer werden die ersten Games noch nicht; gedacht ist vermutlich an die Assoziation des ›alten Persien‹ mit dem Reich der Sas(s)aniden,[5] so dass die Handlung zwischen dem dritten und dem siebten Jahrhundert spielen würde.[6] Die Datierung des Kinofilms von 2010 ins sechste Jahrhundert bestätigt das. Gerade das Spiel von 1989 ließ dagegen strategische Leerstellen: Während es in der Entwicklung noch den Arbeitstitel BAGHDAD trug,[7] gibt das fertige Spiel keine räumlichen oder zeitlichen Präzisie-

---

3 *Assassin's Creed (video game) / Development*, <en.wikipedia.org/wiki/Assassin%27s_Creed_(video_game)#Development> (Abruf am 10. Februar 2017).

4 Andrew Goldfarb, *Prince of Persia Franchise ›Paused‹*, in: *Imagine Games Network*, 29. Januar 2013, <www.ign.com/articles/2013/01/29/prince-of-persia-franchise-paused> (Abruf am 10. Februar 2017). Im Podcast *Stay Forever. Gespräche über alte Spiele* von Gunnar Lott und Christian Schmidt erschien Folge 49 zu PRINCE OF PERSIA, abrufbar unter <www.stayforever.de/2015/12/prince-of-persia-folge-49> (Abruf am 22. Juli 2017).

5 Vgl. Josef Wiesehöfer, *Das frühe Persien. Geschichte eines antiken Weltreichs*, München: Beck 1999, 5. Aufl. 2015, S. 102–120.

6 Das Reich der Sasaniden bildete schon für *Tausendundeine Nacht* »den pseudohistorischen Rahmen«: Claudia Ott, *Nachwort der Übersetzerin*, in: *Tausendundeine Nacht*, übers. und hrsg. von ders., München: Beck 2004, S. 641–674, hier S. 642.

7 Zunächst hatte Gene Portwood von Brøderbund Mechner die Stichworte »Ali Baba; Sinbad« genannt (»It's versatile, familiar, visually distinctive, and – in the video game field – hasn't been done to death«), dann skizzierte Mechner mögliche Charaktere: »The Sultan. The Princess. The Boy. I saw the scenes in my mind as if it were a Disney movie.« Schon zu dieser Zeit dachte er über multimediales Erzählen nach: »Maybe the back story could even be written up and illustrated, like a comic book, and published with the game.« Später wurde der Plan »nothing more than a vague idea – ›an Arabian

rungen. Die Hintergrundgeschichte bleibt lückenhaft, der Protagonist ebenso namenlos wie die Prinzessin, deren Rettung die Aufgabe darstellt. Der einzige Name überhaupt ist der des Antagonisten, des Wesirs Jaffar aus *Tausendundeiner Nacht* bzw. den *Arabian Nights.*[8] ASSASSIN'S CREED ging im Jahre 2007 diametral verschieden vor, indem eine klare Datierung und konkrete Schauplätze genannt sind.

Hauptsächlich an der Musik sei im Folgenden danach gefragt, wie im Lauf der Zeit mit diesen wechselnd konkreten Bezügen umgegangen wurde: wie in den Spielen – insbesondere im ersten Titel und in den Beiträgen um 2010 – ›fremde‹ Kulturen repräsentiert und konstruiert werden, welche Begründungen dafür eine Rolle spielen, welcher Vorbilder sich die Komponist_innen bedienten und wie sich diese Eigenschaften zu den Reihenkonzepten sowie den sich seit 1989 verändernden Möglichkeiten und Aufgaben von Spielemusik stellen. Doch ist es unumgänglich, über die Musik auch hinauszublicken auf Illustration, Animation, Technik- und Stoffgeschichte. Die Mosaiksteine setzen sich schließlich (hoffentlich) zu einem Gesamtbild zusammen, wobei für die vorliegende Bestandsaufnahme zweier Franchises die Dokumentation der Quellen und der disziplinaren Ansatzpunkte im Zentrum stehen soll.

PRINCE OF PERSIA (1989) und die erste Spielegruppe

Konzeption und Entwicklung

PRINCE OF PERSIA (Brøderbund Software/Brøderbund Software, 1989) wurde von Jordan Mechner entwickelt.[9] Der Plot voller Märchenmotive ist schnell zusammen-

Nights-type-game‹«, dann schlug Edward Badasov, Produktmanager bei Brøderbund, den Titel PRINCE OF PERSIA vor: Jordan Mechner, *The Making of PRINCE OF PERSIA. Journals 1985–1993*, o. O.: CreateSpace (Amazon) 2011, S. 10, 11f., 22 und 29; siehe auch ders., *Who Is the Prince? An Afterword*, in: ders. u. a., *Prince of Persia. The Graphic Novel*, New York und London: First Second 2008, S. [193]–[203], hier S. [194].

8 1962 hatten René Goscinny und Jean Tabary bereits den Großwesir Iznogoud erfunden, der – bis heute sprichwörtlich – »calife à la place du calife« zu werden trachtete.

9 Vgl. Jordan Mechner, *The Making of PRINCE OF PERSIA* (wie Anm. 7); zur Zeit davor vgl. *The Making of KARATEKA. Journals 1982–1985*, o. O.: CreateSpace (Amazon) 2012. Später rekapitulierte Mechner die Seriengeschichte in *Who Is the Prince?* (wie Anm. 7).

gefasst:[10] Am Hof des Sultans möchte der Wesir Jaffar die Macht an sich reißen und hält die Prinzessin gefangen.[11] Binnen einer Stunde soll sie ihn heiraten, sonst wird sie sterben. Die Spieler_innen steuern die Figur eines fremden Abenteurers,[12] der einen Weg aus den Verliesen zur Prinzessin finden und sie befreien muss. Dabei gilt es Rätsel zu lösen, die größtenteils der Raum und seine Architektur stellen: Es sind Fallen zu überwinden und Durchgänge zu öffnen, um sich den Weg durch die à la Piranesi labyrinthisch gebauten Kerker und den Palast zu bahnen. Neben diversen Gegnern von Palastwachen bis Skeletten stellt sich ein dunkles Gegenbild des Helden entgegen. Zur Lösung dieses Mix aus Logik- und Geschicklichkeitsrätseln gibt das Spiel die vom Wesir gestellte Frist von 60 Minuten.[13] Wenn alle Hindernisse überwunden sind, können der Fremde und die Prinzessin heiraten, so dass er zum Prinz von Persien wird.

Das Spiel wurde für die rotoskopierten Animationen bekannt:[14] Sie wirkten realistisch; anders als bei vielen anderen Jump-'n'-Run-Spielen wird eine Körperlichkeit spürbar, wenn die Spielfigur läuft, abbremst, springt, fällt, sich an Klippen hochzieht etc. Für 1989 war das noch immer außergewöhnlich, auch wenn Mechner Rotoskopie – langsamer, weniger variabel und kürzer – bereits in KARATEKA (Jordan Mechner/Brøderbund, 1984) eingesetzt hatte. PRINCE OF PERSIA übernahm den Anspruch dieses Spiels auf eine am Film geschulte Darstellungsweise und Dramaturgie der Handlung: Das Interface ist reduziert, in einer Parallelmontage führen geskriptete Zwischensequenzen mehrmals zurück zur Prinzessin.

Mechner zielte aber auch im Ton auf einen Cinematic Platformer. Dass Musik ihm grundsätzlich wichtig war, lässt sich an den Tagebüchern zur Entstehungszeit von KARATEKA und PRINCE OF PERSIA ablesen. Er hörte Musik von Vivaldi, Händel (dessen *He Spake the Word* aus *Israel in Egypt* er als Spiele-Soundtrack erwog), Bach, Mozart, Beethoven, Schubert, Mendelssohn, Chopin, Wagner (insbesondere

---

10 Mechner nannte einige Vorbilder seiner Geschichte: »some illustrated storybook I'd read as a child«, »late-night TV«, die Lektüre von *Tausendundeiner Nacht*: ebd., S. [194f.].

11 Der Covertext der Apple II-Fassung schildert die Handlung aus Jaffars Perspektive.

12 In den ersten Fassungen ist er mit hellen Haaren dargestellt. – Mechner berichtete zum Vorgängerspiel KARATEKA, dies habe alles, was in Japan Erfolg garantiere: »sex, violence, and (ironically) a blond hero and heroine. And a ›Made in the USA‹ tag« (*The Making of KARATEKA*, wie Anm. 9, S. 187).

13 In der erweiterten SNES-Fassung beträgt die Frist zwei Stunden.

14 Mechner nahm als Vorlagen selbst gedrehtes Videomaterial seines Bruders, für die Kampfszenen Sequenzen aus Swashbuckler-Filmen.

Tristan und Isolde, *Die Walküre* und *Götterdämmerung*), Verdi (um die Ballettszene aus *Aida* wollte er ebenfalls ein Spiel schreiben), Brahms, Bizet, Dvořák, Rimskij-Korsakov, Rachmaninov, Ravel, Stravinskij, Orff, Šostakovič und Ella Fitzgerald, Film- und Fernsehsoundtracks von MONTY PYTHON AND THE HOLY GRAIL (UK 1975), GREMLINS (USA 1984) und AMADEUS (USA 1984) über THE THIEF OF BAGHDAD (UK 1940), SEVEN SAMURAI (JP 1954), LAWRENCE OF ARABIA (UK 1962) und SHOGUN (USA 1975/1980) bis zu Bernard Herrmanns Hitchcock-Scores und John Williams' Musik zu JAWS (USA 1975), CLOSE ENCOUNTERS OF THE THIRD KIND (USA 1977), SUPERMAN (USA 1978), der INDIANA JONES-Serie (USA ab 1981), E.T. THE EXTRA-TERRESTRIAL (USA 1982) und vor allem den STAR WARS-Filmen (USA ab 1977) sowie elektronische Musik von Vangelis. Zudem belegte er an der Yale University Lehrveranstaltungen zur Musik. Insbesondere Wagner und Williams waren seine Fixpunkte, die in den Tagebüchern immer wieder eine Rolle spielen.[15]

Den Soundtrack zu PRINCE OF PERSIA schrieb er trotz dieser breiten Kenntnis des Repertoires nicht selbst. Stattdessen wandte er sich an seinen Vater, Francis Mechner, Professor für Psychologie an der Columbia University, der schon die Musik zu KARATEKA komponiert hatte. Die Beschreibung dessen, was er sich hierfür vorstellte, formulierte Jordan Mechner in einem detaillierten Brief.[16] Er spricht darin sowohl über die Gestaltung der Titelsequenz als auch über diverse interaktive und adaptive Momente, am Schluss zudem über die Verortung des Soundtracks. Die kulturelle Differenz zwischen den US-amerikanischen Spieledesignern und dem Schauplatz in Persien sei nicht zu überbrücken. Daher könne die Musik nicht wirklich persisch klingen. Insbesondere wollte Mechner ein Leitmotivsystem etablieren, das genuin europäisch sei. So gab er die Maßgabe aus, nicht die Musik des ›Orients‹ zum Ausgangspunkt zu wählen, sondern die üblichen Zeichen der europäischen Musik für dieses Idiom. Dafür gebe es etablierte Muster: Mozarts *Entführung aus dem Serail* klinge auch nicht nach türkischer Musik, Verdis *Aida* nicht nach ägyptischer.[17] Über Mozart und Verdi hinaus nennt Mechner Vorbilder

15 Vgl. Mechners Tagebucheinträge in *The Making of* PRINCE OF PERSIA (wie Anm. 7).

16 Jordan Mechner an Francis Mechner, 11. Juni 1989, <jordanmechner.com/wp-content/uploads/1989/06/popmusicfm010.pdf> (Abruf im Januar 2011).

17 Beide Opern wurden unter dem Aspekt der Orientrepräsentation verschiedentlich untersucht, vgl. etwa Matthew Head, *Orientalism, Masquerade and Mozart's Turkish Music*, London: Royal Musical Association 2000 (Royal Musical Association Monographs 9); Edward Said, *Culture and Imperialism*, London: Vintage Books 1994, Kapitel *The Empire at Work: Verdi's »Aida«*, S. 133–159.

aus der Orient-Repräsentation des ausgehenden 19. und des 20. Jahrhunderts: Stücke von Nikolaj Rimskij-Korsakov (insbesondere die Symphonische Dichtung *Scheherazade* op. 35 von 1888), Miklós Rózsa (The Thief of Baghdad) und Maurice Jarre (Lawrence of Arabia),[18] in allen Fällen also Texte, die in den Kernbereich des »musical exoticism« fallen.[19] Was er hingegen mit keinem Wort erwähnte, ist persische Musik: Der Tonfall wird ausschließlich aus westlichen Repräsentationen entwickelt und in ein Leitmotiv-Gerüst eingepasst, für das Wagner Pate steht.[20]

Die Umsetzung klingt nach heutigen Standards allerdings dürftig. Mechner hatte Prince of Persia noch für den Apple II entwickelt, einen 1989 bereits zwölf Jahre alten, immerhin seitdem technisch weiterentwickelten[21] Acht-Bit-Computer mit sehr eingeschränkten Möglichkeiten der Tonausgabe. Der interne Klicklautsprecher musste durch in Assembler zu programmierende Soundroutinen erst in

18 Nasser Al-Taee, *Representations of the Orient in Western Music. Violence and Sensuality*, Aldershot: Ashgate 2010, beschäftigt sich im abschließenden Kapitel *»The Arabian Nights« in Music and Film* in erster Linie mit Rimskij-Korsakov und dem Aladdin-Animationsfilm von Disney (USA 1992). – Vgl. Felicitas Kleiner, *Der Dieb von Bagdad*, in: *Filmgenres. Fantasy- und Märchenfilm*, hrsg. von Andreas Friedrich, Stuttgart: Reclam 2003, S. 28–31 (im »bunt-exotische[n] Wunderreich« dieses Films [S. 29] tritt Jaffar bereits als böser Magier auf); Rainer Rother, *Lawrence von Arabien*, in: *Filmgenres. Abenteuerfilm*, hrsg. von Bodo Traber und Hans J. Wulff, ebd. 2004, S. 298–302.

19 »Exoticism in music is a quality that links a work to some especially fascinating, attractive or fearsome place: to an Elsewhere and, usually, to its inhabitants and their supposed inclinations and ways«: Ralph P. Locke, *Musical Exoticism. Images and Reflections*, Cambridge u. a.: Cambridge University Press 2009, S. 1. Vgl. zur technischen Ebene Jonathan Bellmans Vorwort zu *The Exotic in Western Music*, hrsg. von dems., Boston: Northeastern University Press 1998: »Characteristics and easily recognized music gestures from alien cultures are assimilated into a more familiar style, giving it an exotic color and suggestiveness« (S. IX).

20 Im Rückblick nannte Mechner die Wahl des »Western, Nordic epic-trilogy-struggle-between-good-and-evil format« als Fehler. Es sei bei George Lucas, John Ronald Reuel Tolkien und Richard Wagner zwar passend gewesen, wäre aber nicht für die Struktur der *Arabian Nights* geeignet: »Those were tales of wisps and dreams, whose nature was to spin and embroider themselves out of nothing, only to vanish again in the shimmering mist. In Wagner, everything is destiny. In the Nights, anything can happen«: *Who Is the Prince?* (wie Anm. 7), S. 198.

21 Das Cover nennt als Hardwarespezifikation den Apple IIe, IIc, IIc Plus und IIGS. Insbesondere im IIGS waren die technischen Möglichkeiten von Grafik und Sound (daher die Typenbezeichnung) erweitert, letztere durch den Soundchip ES5503 von Ensoniq.

die Lage versetzt werden, überhaupt Töne abzuspielen. Soundkarten konnten optional nachgerüstet werden. Mechner hatte mehrmals mit den Karten der Firma ALF Products experimentiert,[22] von denen der Apple Music Synthesizer (später Music Card MC16) mit dreistimmigem Ton etwa anderthalb Jahre nach dem Verkaufsstart des Rechners vorgestellt worden war und später mit dem von Texas Instruments entwickelten Soundchip SN76489 durch die Apple-Music-II-Karte (oder Music Card MC1) mit neunstimmigem Ton abgelöst wurde.

Trotz der hohen Ambitionen wurde die Musik erst am Schluss der Entwicklung hinzugefügt:[23] Jordan Mechner reiste dafür zu seinem Vater nach New York, im Gepäck außer einem Apple IIc »about eight pounds of CDs I grabbed off my shelf at the last minute (*Scheherezade* [sic], *Walküre*, *Götterdämmerung*, *Aida*, *Lawrence of Arabia*, Ella Fitzgerald singing ›Night in Tunisia,‹ and anything else that seemed like it might be useful)«, kaufte einen CD-Player und »[s]pent the evening showing Dad the game and listening to ›Persian‹ music for inspiration.« Was in drei Tagen nicht zu machen war, musste aufgegeben oder zurechtgestutzt werden. Dabei erwies sich die Plattform als das wesentliche Hindernis:

> »The Apple II is a piece of shit. Kyle's [Kyle Freeman von Electronic Arts] sound routines are a piece of shit. His user interface is a piece of shit. The music we play on the CD player for inspiration sounds fucking awesome. Maurice Jarre's rousing overture to *Lawrence of Arabia* – amazing. Then when we try to recapture some of that drive and ferocity on the Apple II, it sounds like a bunch of frogs' croacking being drowned out by the crinkling of cellophane wrappers. It's depressing.
> Even so, today we managed to come up with a Princess theme and a Vizier theme that aren't too bad. Also a heartbeat-like ›hourglass‹ theme that interweaves nicely with the Princess theme, and a ›staircase‹ theme with a nice Eastern twist to it. But if you step back and give it a fresh hearing, it still sounds like shit.«

Trotzdem war tags darauf der Großteil der Musik fertig; »better than I'd hoped for, once I got over the initial disappointment of remembering what a piece of shit this machine is«. Nachdem Mechner dann noch einen Fehler in der Soundroutine korrigiert hatte, war er erstmals zufrieden: »This music is *great*. It's terrific. It's everything I'd hoped for. It gives the game a whole new dimension. I'm incredibly thrilled, actually.«

22 Vgl. Mechners Tagebucheinträge in *The Making of* KARATEKA (wie Anm. 9), S. 5, 11, 61.

23 Vgl. zu den folgenden Zitaten *The Making of* PRINCE OF PERSIA (wie Anm. 7), S. 128–133.

Ohnehin war das Ende der Entwicklung ein Wettrennen gegen die Marginalisierung des Apple II gewesen (»The Apple market is dying«, fürchtete Mechner während des Prozesses[24]). Erst die Portierungen auf andere Plattformen erfüllten seine Anforderungen: »This«, schrieb Mechner zur MS-DOS-Fassung, »is going to be the definitive version of *Prince of Persia.* With VGA[25] and sound card, on a fast machine, it'll blow the Apple away.«[26] Die folgenden Bemerkungen basieren auf dieser Portierung (Brøderbund, 1990), wobei die Struktur der Musik grundsätzlich der Fassung für den Apple II entspricht.[27]

Lokalisierung und Leitmotivik

»First impressions are *so* important«, hatte Jordan Mechner seinem Vater zur Titelsequenz mit auf den Weg gegeben, und deshalb wolle er so viel »›Persian‹ flavor« hören wie möglich.[28] In der Umsetzung bedeutet das grundsätzlich den Einsatz dreier Stilmittel: übermäßiger Sekunden, triolischer Arabesken und einer perkussiven Begleitung. Das klingt, noch dazu im temperiert gestimmten chromatischen Tonvorrat, nicht im Mindesten ›persisch‹, erfüllt aber umso exakter die Stereotypen des Orientalischen.[29] Ähnlich wurde bei der Grafik gearbeitet, die »reminiscent of the frontispiece of a children's picture book of tales from the *Arabian Nights*« aussehen sollte: mit dem Sultanspalast in einem Mosaikrahmen

24 Jordan Mechner, *The Making of Prince of Persia* (wie Anm. 7), S. 115.

25 Video Graphics Array; der Standard machte Auflösungen von 640 × 480 Pixel zu zwei oder 16 Farben sowie 320 × 200 Pixel zu vier, 16 oder 256 Farben möglich.

26 *The Making of Prince of Persia* (wie Anm. 7), S. 183. – Alle Portierungen unterschieden sich (Jordan Mechner, *Who Is the Prince?*, wie Anm. 7, S. [196]): »Each new publisher and development team, in every country, put their own stamp on the graphics.«

27 Trotzdem wurde die Musik neu arrangiert (ders., *The Making of Prince of Persia*, wie Anm. 7, S. 181): »Dad delivered his new music, which he and Tom Rettig [von Brøderbund] are both pleased with. (Dad: ›That is the first music I've written that I've really liked.‹ Tom: ›This is the most exciting project I've ever worked on.‹)«

28 Jordan Mechner an Francis Mechner, 11. Juni 1989 (wie Anm. 16).

29 Ralph Locke nennt in Anlehnung an Carl Dahlhaus als Stereotype des Exotischen neben der übermäßigen Sekunde u. a. nicht-diatonische Modi, Borduntöne, Parallelen und Heterophonien, Arabesken und Ornamente, rhythmische Muster (Triolen) in Ostinatofiguren sowie Vokalisen: *Musical Exoticism* (wie Anm. 19), S. 50.

als Establishing Shot,[30] dem Blick in einen üppig ausgestatteten Innenraum mit funkelnden Sternen im Fenster, der hübschen Prinzessin und dem schurkischen Zauberer.[31]

Mechner konzipierte diese Musik einerseits in einem leitmotivischen Sinn, sah andererseits die Titelsequenz als »self-contained prologue that, taken by itself, tells the story and sets the mood«. Insofern das musikalische Material weitgehend ähnlich bleibt, wird die gewünschte Einheit hergestellt; teils unterscheiden sich die ›Motive‹ nur im Arrangement. Neben dem Material trägt aber auch die Harmonik zur Zusammenhangsbildung bei: Die Motive ergänzen sich zu einer auf D zentrierten Harmoniefolge, die durch ein plagales Pendel D-Dur – g-Moll – D-Dur und durch eine Quintfallsequenz der Fundamente H, E, A und D ausbuchstabiert wird. Die Musik zur Endsequenz greift schließlich die übermäßigen Dreiklänge auf und bringt sie zur Auflösung.

Zum Titelbild – dem Sultanspalast mit dem Schriftzug »Prince of Persia« – sah Mechner zunächst das »hero's theme« vor. Nach dem Schnitt ins Zimmer der Prinzessin wünschte er »a dreamy, slightly melancholy melody« als »the princess's theme«; die Themen für den Protagonisten und für die Prinzessin wurden in der Realisierung aus dem gleichen Material abgeleitet. Dagegen steht »a harsher, more menacing motif which we'll call the vizier's theme«. Jaffar zaubert unter einem »magic theme« (wenig mehr als einem Soundeffekt) und mit melodramatischer Geste eine ablaufende Sanduhr herbei und verlässt den Raum. Die Prinzessin bleibt zurück, »music« – ein Pulsmotiv, das sich ebenso als Herzschlag wie als Symbol des verrinnenden Sands verstehen lässt – »indicates her awareness of her predicament«. Eine Texttafel fasst zusammen, dass sie aber nicht einmal wisse, wie schlimm es wirklich um sie steht: dass nämlich der Retter, auf den sie hofft, im Kerker gefangen sei. »The music«, erläutert Mechner, »comes to some kind of crescendo or resolution (the end of the overture)«.

Die Kürze dieser Motive und Geräuscheffekte korrespondiert mit den emotionalen Gesten der Animationen: Gewänder bauschen sich bei plötzlichen Bewegungen auf, der Wesir geht drohend auf die Prinzessin zu und wirft pathetisch die Arme in die Luft. Mechner kommentierte später, das alles sei eigentlich nicht

30 Das Bild wurde von Avril Harrison erstellt, die in den 1990er Jahren für LucasArts arbeitete: Jordan Mechner, *The Making of Prince of Persia* (wie Anm. 7), S. 88–90.

31 Siehe dazu Robert Irwin, *Visions of the Jinn: Illustrations of the Arabian Nights*, London: The Arcadian Library 2010.

»cinematic«, sondern »theatrical«.[32] Ähnlich plakativ sind die Audioeffekte: Das Türknarren (offenbar aus KARATEKA übernommen), die übermäßigen Dreiklänge als Spannungsakkorde, die in tiefer Lage und langsamen Schritten bedrohlich wirkende Tonfolge beim Auftritt Jaffars oder das zuvor kontrastierend in hoher Lage gesetzte Motiv der Prinzessin konstruieren die ›Wirklichkeit‹ und Körperlichkeit,[33] die zusätzlich zur Animation und zum Raum die »Aussetzung des Unglaubens« (*suspension of disbelief*, nach Samuel Coleridge) erst möglich machen. In den Register- und Klangwechseln, die mit Genderstereotypen verknüpft sind, lässt sich dabei der Einfluss von Rimskij-Korsakovs *Scheherazade* greifen, in den übermäßigen Sekundschritten beispielsweise der von Miklós Rózsa (etwa in *The Marketplace of Basra* aus THE THIEF OF BAGHDAD).

Mechner setzte die Figurenkonstellation von PRINCE OF PERSIA für das leitmotivische Gerüst in Analogie zu Wagners *Ring*. Zur »slightly melancholy melody« der Prinzessin ergänzte er: »If this would be *Die Walküre* this would be Sieglinde's theme«; beim Auftritt des Antagonisten heißt es »Hunding himself – oops, make that the Grand Vizier Jaffar – walks in«. Gewiss können solche Bemerkungen als bloße Hilfestellung zur Übermittlung seiner Intentionen erklärt werden, auch als Zeichen für Mechners hohen Anspruch an digitale Spiele, die er emphatisch als neue Kunstform betrachtete.[34] Mit den Tagebüchern aus der Entwicklungszeit von KARATEKA lassen sie sich aber darüber hinaus kontextualisieren. George Lucas hatte nach der Veröffentlichung von STAR WARS im Jahre 1977 Joseph Campbells *The Hero with a Thousand Faces* als seine intellektuelle Grundlage benannt.[35] Campbell diskutierte in dieser komparativen Untersuchung zur Mythologie die Idee eines *monomyth*, die er im Modell der *Hero's journey* (Heldenreise) systematisierte.[36] Spätestens durch Lucas (und trotz Kritik seiner akademischen

32 Das stellte er im Vergleich zu SHADOW OF THE BEAST II (Reflections Interactive/Psygnosis, 1990) fest: *The Making of PRINCE OF PERSIA* (wie Anm. 7), S. 223.

33 Beispielsweise werden Umweltgeräusche (Schritte, rasselnde Gitter) eingeblendet, um eine multisensorische ›Wirklichkeit‹ zu generieren.

34 »To help create a *new* art form that could become as ascendant as movies are now – now *that's* a calling!«: *The Making of KARATEKA* (wie Anm. 9), S. 79. Mechner sah das speziell mit Blick auf »the possibility of a marriage of music and video games«, die »multi-dimensional, total-immersion sensory experiences« zur Folge haben könnte.

35 Brian Jay Jones, *George Lucas. A Life*, London: Headline 2016, S. 263.

36 Joseph Campbell, *The Hero with a Thousand Faces* (1949), Novato, Ca.: New World Library, 3. Aufl. 2008 (Bollingen Series XVII).

Kolleg_innen) wurde Campbell in der amerikanischen Öffentlichkeit bekannt. Noch 1988 strahlte PBS die sechsteilige Dokumentation THE POWER OF MYTH aus, die Interviews mit ihm zusammenschnitt und, gedreht auf der Skywalker Ranch, auf STAR WARS mehrfach zu sprechen kam. Gerade Autor_innen für Film und Fernsehen sahen *The Hero with a Thousand Faces* als veritable Anleitung zur Planung von Figurenkonstellationen und Handlungsstationen. Dabei bewirkte die einfache und immer ähnliche Struktur der Heldenreise zwangsläufig eine Akzentuierung ihrer je spezifischen Einkleidung und Ästhetik.

Auch Jordan Mechner, nach dem »Video Game Crash« von 1983[37] mit Ambitionen auf eine Karriere als Drehbuchautor statt als Spieledesigner, hatte dieses Buch gelesen[38] und experimentierte mit vergleichbaren Überblendungen von Mythen. So präparierte er nicht nur grundlegende Themenfelder heraus, die eine Rolle in mehreren Stoffkreisen spielten, sondern beschäftigte sich ebenso mit deren musikalischer Darstellung. Ganz im Sinne Campbells betonte er dabei das Typisierte, das er für das Funktionieren der Archetypen als Vorzug statt als Unoriginalität empfand: Er wolle, schrieb er zur Zeit der KARATEKA-Entwicklung, »some generic themes in the style of Williams and Wagner« skizzieren, und zwar »Hero theme (Luke, Siegfried, Superman, *Raiders*), Love theme (*Walküre*, Tristan, Leia, Marian), with Mournful and Triumphant variations, a Villain theme (Hunding, Vader), and a Palace theme«. Das Liebesthema sei schon fertig, und es sei »wonderfully derivative« geworden: »It sounds vaguely like a hundred other tunes.«[39] Die Jaffar/Hunding-Überblendung ist vermutlich ein Resultat dieser Auseinandersetzung mit Campbells Theorie des Monomythos. Aus der Erfahrung eines interkulturell gleichen Strukturkerns von Mythen konnte den formalen Bedenken zum Trotz die Adaption ›wagnerianischer‹, besser gesagt: filmmusikalischer Techniken und Tonfälle für den persischen Märchenstoff legitimiert werden.

37 Vgl. Steven L. Kent, *The Ultimate History of Video Games. From Pong to Pokémon and Beyond – The Story Behind the Craze That Touched Our Lives and Changed the World*, New York: Three Rivers Press 2001, S. 234–240.

38 »It's hard reading; the guy is so erudite, his prose so ornate, his footnotes frequent and long. But it's amazing stuff«: Jordan Mechner, *The Making of KARATEKA* (wie Anm. 9), S. 116.

39 Ebd., S. 91.

Musik, Interaktion und Narration

Die Apple-Plattform stellte eine weitere gravierende Einschränkung dar: Sie zwang Mechner »to stop the action every time we play a tune«; »the characters have to freeze wherever they happen to be«.[40] Daher mussten die musikalischen Signale kurz sein; flächige Hintergrundmusik war gar nicht möglich. Mechner machte aus der Not eine Tugend, indem das Material teils in kleinen Fragmenten aus der Titelsequenz übernommen wurde. Je nach situativem Trigger sah er quasi leitmotivische Feedback-Klänge vor. Beispielsweise gibt es zwei mögliche musikalische Kommentare auf den Tod der Spielfigur: Ist der Protagonist im Kampf besiegt worden, wünscht Mechner ein »heroic theme«, stirbt er nach einer Unachtsamkeit des Spielers durch eine Falle oder den Sturz in die Tiefe, sieht Mechner ein Musikfragment vor, das »ignominious« (schmachvoll) klingen soll. Da Letzteres die häufigste Variante sein werde, müsse das Motiv kurz sein und dürfe sich nicht durch Wiederholung abnutzen.[41] Falls jedoch nach einer Stunde die Frist verstreiche, ohne dass das Spiel gelöst wurde, habe der Protagonist auf ganzer Linie versagt. Der Soundtrack solle ihn dem Vergessen anheimfallen lassen:

> »Perhaps this music should be an epitaph for the Princess, rather than for the hero, because it's her death that it signifies – as for our hero, he's presumably still down there in the dungeon, having failed miserably in his quest; it doesn't really matter what happens to him now.«[42]

Die Konfrontation mit dem »Shadowman« bildet in der impliziten Narration des Spiels einen eigenen Strang über die Level 4 bis 10. Mechner, der solche wiederkehrenden Motive an anderer Stelle mit Entwicklungstechniken in Beethovens Sinfonien verglichen hatte,[43] wollte die Stationen jeweils musikalisch nachgebildet wissen. Der Anblick des Zauberspiegels im vierten Level wird mit einem aus

40 Jordan Mechner an Francis Mechner, 11. Juni 1989 (wie Anm. 16).

41 Francis Mechner löste das mit einem fast amorphen Quartschritt mit Zweiunddreißigstelverzierungen.

42 Jordan Mechner an Francis Mechner, 11. Juni 1989 (wie Anm. 16).

43 »*Deer Hunter* [USA 1978] is a truly great movie. It was three hours long, but I wasn't bored at all. It was like a Beethoven symphony; I had the sense that there were relationships between different parts of the movie, and symbolism, and the same things recurring on different levels, that there was a master plan«: *The Making of* KARATEKA (wie Anm. 9), S. 16.

Jaffars und dem Magie-Motiv abgeleiteten Signal unterstrichen. Sobald die Spielfigur durch diesen Spiegel springt, wird der Shadowman erzeugt. Daher wäre es »*really* cool if this theme could be some kind of demented version of the hero's own theme«; Mechner verwies auf SEVEN SAMURAI als Vorbild. Allerdings ließ sich das Motiv erst beim zweiten Erscheinen im fünften Level vollständig spielen, da beim ersten Mal die Handlung nicht angehalten werden konnte. Auch die finale Konfrontation mit dem Shadowman und die Lösung des Rätsels wird von Musik kommentiert: Der Doppelgänger kann nicht im Kampf besiegt werden; jeder Schaden, der ihm zugefügt wird, überträgt sich auf die Spielfigur. Stattdessen muss die Spielfigur unbewaffnet in den Doppelgänger hineinlaufen, wodurch beide wieder zu einer Person verschmelzen. Im Spiel wird diese Restitution des ›kompletten‹ Helden durch das Abspielen des »hero's theme« aus der Titelsequenz kommentiert.[44] – Ferner wünschte sich Mechner einen »victory tune« nach dem Sieg über eine Palastwache, ein Schwert-Motiv (das man von Wagner übernehmen könne: »musically it would work fine, plus a few people would catch the joke and think we're really cultured, and nobody would sue«[45]), Musik zum Ende der Level, Jaffars Leitmotiv beim Kampf mit ihm als Endgegner, ein Signal nach dem Sieg über ihn sowie eine Schlusssequenz.[46]

Zwischen der ästhetischen Reduktion und diesem System von kommentierender Musik spielt sich der Score von PRINCE OF PERSIA generell ab, stets unter den Vorzeichen eines stilisierten Exotismus bzw. Orientalismus. Dass die Reduktion gerade den ästhetischen Reiz ausmachte, zeigte sich später ex negativo, als die technischen Möglichkeiten wuchsen: Auf der 16-Bit-SNES wurde das Spiel unter einem geloopten Soundtrack förmlich begraben. In der Fortsetzung THE SHADOW AND THE FLAME (Brøderbund/Brøderbund, 1993) gab es – neben Jaffars Wiederkehr – mehr von allem: mehr Konsistenz des Plots, mehr Farben, mehr Musik, Sprachausgabe, mehr Kämpfe. Die Andeutung eines im Hintergrund waltenden Schicksals gab der Handlung eine Wendung ins Mythische, die dem Game von 1989 fern lag. Die schlichte Ästhetik des ersten Teils ging durch diese Entscheidungen verloren. Trotzdem wurde im Zitat eine Verbindung hergestellt: Zur Eröff-

44 Dabei ist das Motiv, dass die Persönlichkeit aus zwei gegensätzlichen Komponenten zusammengesetzt sei, bekanntermaßen alt und gerade seit Robert Louis Stevensons *Strange Case of Dr Jekyll and Mr Hyde* (1886) vielfach belegt.

45 Der Zusammenhang wurde fragmentarisch umgesetzt: Als Schwertmotiv fungiert im Spiel eine auftaktig steigende Quarte.

46 Im fertigen Spiel wird dies noch durch ein Zaubertrank-Motiv ergänzt.

nungssequenz schrieb die Komponistin Jonelle Adkisson zwar Musik in einem nicht-europäischen Tonvorrat,[47] blendete beim Rückblick auf Teil I allerdings Anklänge an den Score von Francis Mechner ein. Jordan Mechner kommentierte trotzdem wenig enthusiastisch und mit leichter Kritik an der unklar gewordenen Verortung: »It's not bad; it sounds like Indian restaurant music.«[48]

Prince of Persia 3D (Red Orb Entertainment/The Learning Company, 1999) ging als 3D-Action-Adventure neue Wege im Gameplay, die wegen einer problematischen Steuerung jedoch wenig Anklang fanden. Hier schloss sich ein Kreis: Nachdem Mechner für Prince of Persia die Indiana Jones-Filme, namentlich den Prolog des ersten Teils, als Inspiration genannt hatte,[49] war 1996 als Gegenstück dazu die Tomb Raider-Serie (Core Design/Eidos Interactive) mit der Protagonistin Lara Croft initiiert worden. Prince of Persia 3D übernahm nun wiederum deren Spielprinzip und die Ausführung in Polygongrafik. Eine Besprechung hob zwar den »beautiful Middle Eastern meets Drum and Bass soundtrack« von Gregory Rahn hervor, aber auch ein Sounddesign, das wegen geringer Anteile von Sprachausgabe die Identifikation mit dem Helden erschwere.[50] Stellt man Mechners Erläuterung der Konzeption von 1989 dagegen, so zeigen sich die substanziellen Änderungen an der Spieleästhetik seit jener Zeit:

> »I'd chosen to present my story stripped down to its bare essentials, with characters that conveyed their personalities through gesture and action, not words. This left plenty of space for others to fill the void with their own imaginings. [...]
> ›Long ago in a certain city there lived a king...‹ The *Arabian Nights* tales rarely get more specific than that about time and place, and neither did the 1980s video games. Baghdad or Samarkand, the ninth century or the twelfth – what did it matter so long as there was a scheming vizier, a beautiful princess, and a palace on a moonlit night? On the 280 × 192 screen of the Apple II, where the characters' faces were four pixels square, such details hardly seemed to matter.«[51]

---

47 Angedeutet war das bereits in der Macintosh-Portierung (Brøderbund, 1992), die neben verbesserter Grafik ein verändertes Sounddesign erhielt.

48 Jordan Mechner, *The Making of Prince of Persia* (wie Anm. 7), S. 296.

49 Ebd., S. 102; vgl. Felicitas Kleiner, *Der Indiana-Jones-Zyklus*, in: *Filmgenres. Abenteuerfilm*, hrsg. von Bodo Traber und Hans J. Wulff, Stuttgart: Reclam 2004, S. 137–148.

50 Trent C. Ward, *Prince of Persia 3D*, in: *Imagine Games Network*, 24. September 1999, <www.ign.com/articles/1999/09/25/prince-of-persia-3d-2> (Abruf am 10. Februar 2017).

51 Jordan Mechner, *Who Is the Prince?* (wie Anm. 7), S. [196].

Reduktion und Stilisierung ins märchenhafte Orientalismus-Klischee lassen sich neben einer skizzierten Einschreibung in die Idee des Monomythos also als Kennzeichen des Ausgangspunkts, insbesondere des ersten Titels von 1989, festhalten: Die Funktion von *Tausendundeiner Nacht* zur »Konstruktion eines romantischen Orientbildes«[52] wird in PRINCE OF PERSIA als einem spielbaren Märchenbuch fortgeschrieben.

Die SANDS OF TIME-Spiele

Mit THE SANDS OF TIME (Ubisoft Montreal/Ubisoft, 2003) begann die zweite Reihe von PRINCE OF PERSIA. Vom direkten Vorgängertitel wurde die Konzeption als 3D-Action-Adventure übernommen. Technisch lässt sich das Spiel mit dem Apple-II-Game von 1989 kaum vergleichen:[53] Für Sonys PlayStation 2, Microsofts Xbox, Nintendos GameCube und Game Boy Advance sowie die gängigen Windows-Systeme waren fast 14 Jahre nach dem ersten Titel die Voraussetzungen ganz andere. Musik in CD-Qualität, von der Mechner früher nur geträumt hatte,[54] war nunmehr problemlos verfügbar. Mit der Finanzkraft von Ubisoft im Rücken wurde ein auch außerhalb der Spielebranche tätiger Komponist engagiert: Stuart Chatwood, auf den die Wahl vermutlich wegen seiner Arbeit als Bassist und Keyboarder der kanadischen Band The Tea Party fiel. Seit ihrer ersten Albenveröffentlichung im Jahre 1991 hatte sich die Gruppe für die Amalgamierung ›orientalischer‹ (»Middle Eastern«), indischer und europäisch/amerikanischer Idiome einen Namen gemacht; in der Presse wurde das als »Moroccan roll« bezeichnet.[55] Chatwood konnte diese Idiome in THE SANDS OF TIME differenziert einsetzen, weil das Spiel zugleich kulturell breiter und spezifischer angelegt war: Die neue Handlung dreht sich sowohl um einen (nach wie vor namenlosen) persischen Prinzen als auch um die indische Prinzessin Farah.

---

52 Claudia Ott, *Nachwort* (wie Anm. 6), S. 642.

53 Charles McGrath empfand im Jahre 2010 »[t]he original Prince of Persia« als »almost touching in its primitiveness, closer to Pong [Atari/Atari, 1972] than to Gungrave [Red Entertainment/Red Entertainment, 2002] or Steel Battalion [Capcom/Capcom, 2002]«: *A Gamer's World* (wie Anm. 1).

54 Jordan Mechner, *The Making of KARATEKA* (wie Anm. 9), S. 90.

55 *The Tea Party*, <en.wikipedia.org/wiki/The_Tea_Party> (Abruf am 10. Februar 2017).

Chatwood sollte allerdings nicht den vertrauten Klang als Identifikationsangebot aufgeben: »I was asked by Ubisoft to create something that included modern beats and some guitar, so as not to alienate Western gamers that are turned off by unfamiliar sounds.«[56] Dafür setzte er zum Teil authentisches Klangmaterial ein. Um generell nicht in übergroße Typisierung zu verfallen (»Most games don't pay attention to the region and will throw in anything that has an Oriental feel«[57]), informierte er sich über das regionale Instrumentarium, seine soziale Schichtung und räumliche Verbreitung. Hörbar ist der Wechsel der Instrumente immer dann, wenn es um die Hauptfiguren geht; die Differenzierung indischer und persischer Klänge ist unmittelbar zu erkennen.[58]

Generell argumentierte Chatwood mit der Ausdehnung des Sasanidenreichs. Das spätantike Persien war ein Vielvölkerstaat gewesen, sein Territorium reichte am Beginn des siebten Jahrhunderts vom Mittelmeer (einschließlich Gebieten der heutigen Türkei und Ägyptens) über den Norden und Osten der Arabischen Halbinsel und die Gebiete des heutigen Irak und Iran sowie das südliche Mittelasien bis an die Grenze Indiens.[59] Chatwood kombinierte Instrumentalklänge aus allen

---

56 Im Rahmen eines Hauptseminars an der Universität Bern (*Repräsentationen des ›Orients‹ in Film- und Videospielmusik*) hat Ann-Barbara Rothen im Dezember 2010 ein Interview mit Chatwood geführt, aus dem ich hier zitiere.

57 Mechner instruierte seinen Vater noch: »I think we should try to avoid any overt similarity to the *Karateka* music. I've already stolen enough from that game and I'm too young to start making *homages* to myself«: Brief vom 11. Juni 1989 (wie Anm. 16). Das lässt sich so verstehen, dass er sonst wenig Probleme mit der Übernahme von Musik aus einem japanischen Setting in ein Spiel mit persischer Lokalisierung gesehen hätte.

58 Eine solche Konstruktion war in der Film(musik)geschichte bereits seit 1926 bekannt, als der Komponist Wolfgang Zeller für Lotte Reinigers Die Abenteuer des Prinzen Achmed eine ähnliche doppelte Lokalisierung – im ›Orient‹ und in China – zur Aufgabe gestellt bekam.

59 Vgl. Michael Axworthy, *Iran. Weltreich des Geistes* (2007), Lizenzausgabe Frankfurt am Main, Zürich und Wien: Büchergilde Gutenberg 2011, S. 47–83. – Mechner datierte die Handlung des Spiels in »ninth century Persia – a time of warfare and intrigue«: *Who Is the Prince?* (wie Anm. 7), S. [199]. In dieser Zeit könne der Protagonist in mündlicher Erzählung die Sagenstoffe um den Helden Rostam kennengelernt haben, die um die Wende vom zehnten zum elften Jahrhundert im »Königsbuch« *Schāhnāme* zusammengefasst wurden. Damit war nun die »heroic fantasy« in das Konzept des Spiels integriert: »The *Shahnameh* represents a different tradition from *The Arabian Nights*. Its epic tales of kings and heroes are to the East what Norse mythology is to northern

diesen Regionen: Die Flöte Nay und die Langhalslaute Tar ebenso wie die Kurzhalslaute Oud, die Santur (ähnlich dem Psalterium), die Langhalslaute Saz und die Bechertrommel Tombak. Wie solche Instrumente in der gegenwärtigen Musik eingesetzt wurden, hörte er auf CD-Aufnahmen und durch den Streamingdienst Radio Darvish. Vor allem für die emotionalen Augenblicke der Handlung kam die aus Hollywood bekannte Streicher-Untermalung hinzu. Gleich in den ersten Szenen sind diese der Filmmusik entlehnten Tonfälle für die »Western gamers« zu hören: Wenn der Protagonist in der Schatzkammer den Dolch in die Hand nimmt, dessen Suche die erste Handlungseinheit gilt, erklingt prononciert eine übermäßige Sekunde. Die folgende Zwischensequenz ist im Schnitt und in der Underscoring-Technik deutlich auf Konventionen des Kinos bezogen; Chatwood bemüht sich um eine Einheit dieser Idiome mit den Klangfarben regionaler Instrumente.

Aber im Folgetitel WARRIOR WITHIN (Ubisoft Montreal/Ubisoft, 2004) vollzog Ubisoft eine Kehrtwendung: Die Handlung spielt auf der mystischen Island of Time, der Plot erfüllt zahlreiche Negativklischees von brutalen und sexistischen Computerspielen.[60] Zur Untermalung sollte Chatwood einen Soundtrack mit Hard-Rock- oder Heavy-Metal-Anklängen liefern, was er nur widerwillig erfüllte.[61] Als zweiter Komponist wurde ihm der israelische Musiker Inon Zur an die Seite gestellt, der zuvor etwa für BALDUR'S GATE II: THRONE OF BAAL (BioWare/Black Isle Studios und Interplay Entertainment, 2001) gearbeitet hatte. Die Reaktionen fielen gemischt aus; trotz einiger positiver Stimmen äußerte sich nicht nur die *New York Times* ablehnend über das Gameplay und die Musik. Im Vergleich

---

Europe.« Vgl. Jürgen Ehlers, *Nachwort*, in: Ferdausi, *Schāhnāme. Die Rostam-Legenden*, übers. und hrsg. von Jürgen Ehlers, Stuttgart: Reclam 2016, S. 379–405, hier S. 382–384.

60 Paradigmatisch ist etwa die Antagonistin Shahdee, die sich dem *male gaze* in sexualisierter Darstellung als »ultimate warrior« präsentiert (siehe den Beitrag von Hanna Fink zum vorliegenden Band, S. 57–72, hier S. 60). – Insofern kann man mit Nasser Al-Taee (»Historians and musicologists have recognized that the over-arching themes of Orientalism centered on violence and sensuality«: *Representations of the Orient in Western Music*, wie Anm. 18, S. 20) auch argumentieren, dass hier (wohl unwissentlich) der Kern orientalistischer Stereotype herausgearbeitet sei.

61 Jordan Mechner schloss sich der Kritik an – »the story, character, dialog, voice acting, and visual style were not to my taste«: zitiert nach Chris Kohler, *They Did What to My Game?!*, in: *Wired*, 12. Januar 2005, <www.wired.com/2005/12/they-did-what-to-my-game> (Abruf am 10. Februar 2017).

zu THE SANDS OF TIME, »a magical adventure game of beauty and wonder«, empfand Charles Herold WARRIOR WITHIN als »a betrayal of its predecessor«:

> »[T]he tone of the game has gone from an Arabian Nights fantasy to something akin to a Marilyn Manson music video. In dark and grimy settings, the once gallant prince curses and jeers as he swings his sword at demons whose decapitations are lovingly shown in slow motion to a soundtrack of screeching guitars.«[62]

Im Schlussteil der zweiten Reihe, THE TWO THRONES (Ubisoft Montreal und Ubisoft Casablanca/Ubisoft, 2005), wurde im Rückgriff auf THE SANDS OF TIME allerdings wieder die ›orientalisierende‹ Gestaltung integriert. Abermals komponierten Chatwood und Zur die Musik. Diesmal urteilte Herold wohlwollender, indem er das Spiel und seine Musik zwischen den zwei Vorgängertiteln einordnete:

> »The game is darker than Sands of Time, but the blood, murky visuals and screaming guitars of Warrior Within are gone in favor of the Eastern music and luminous visuals of the original.«[63]

So stehen die Soundtracks der zweiten Gruppe – später vom Prequel THE FORGOTTEN SANDS (Ubisoft Montreal, Quebec, Singapur und Casablanca/Ubisoft, 2008) erweitert – im Spannungsfeld von Exotismus, orientalisierender Fantasy, klanglichem Authentizitätsanspruch und kalkulierten Identifikationsangeboten zur Involvierung der Spielerinnen und Spieler.

Prinz und Assassine

Als mit PRINCE OF PERSIA (Ubisoft Montreal/Ubisoft, 2008; dazu 2009 ein EPILOGUE als DLC) eine dritte Reihe begonnen wurde, geschah das bereits parallel zu ASSASSIN'S CREED. So stellt sich das Spiel einerseits als Reboot dar, das in der Gegenüberstellung zur jüngeren Franchise die spezifische Reihenkonzeption

62 Charles Herold, *A Sequel Takes the Gloves Off*, in: *The New York Times*, 6. Januar 2005, <www.nytimes.com/2005/01/06/technology/circuits/a-sequel-takes-the-gloves-off.html> (Abruf am 10. Februar 2017).

63 Ders., *Confronting the Demon Within, and Other Good Fun*, in: dass., 24. Dezember 2005, <www.nytimes.com/2005/12/24/sports/othersports/confronting-the-demon-within-and-other-good-fun.html> (Abruf am 10. Februar 2017).

schärfte. Der magische »Sand der Zeit« ist ebenso verschwunden wie der Schwerpunkt der Kampfsequenzen, der ›Prinz‹ ist wie im ersten Teil kein Königssohn. Seine Begleiterin Elika erweist sich zwar als die obligatorische Prinzessin, wird in einer Umkehrung des ersten Teils jedoch zur ständigen Lebensretterin des Protagonisten. Die Handlung spielt wie gewohnt in einer märchenhaften Vergangenheit, die mit mythologischen und religiösen Elementen neuerlich ins Phantastische gerückt ist. Insbesondere bezieht sich die Hintergrundgeschichte auf das Weltbild des Zoroastrismus: Im Spiel wird das als Dualismus von Ormazd (dem Lichtgott Ahura Mazda) und Ahriman verstanden,[64] woraus sich eine Metaphorik um Licht und Dunkelheit ableitet. Andererseits scheint auch ASSASSIN'S CREED bzw. dessen als Teil der PRINCE OF PERSIA-Franchise geplanter Nukleus in mancher Hinsicht durch. So ist das Game in einer Offenen Welt angelegt (was freilich generell dem Trend der Zeit entsprach), baut gleichfalls auf der Scimitar-Engine auf und stattet den Helden mit einem neuen Utensil aus: einem Handschuh, mit dessen Hilfe er steile Wände emporklettern kann.[65]

Das Spiel erhielt einprägsame ästhetische Komponenten. Für die »lovely ambient music, which sounds more Persian than the very American-sounding Prince«[66] wurden erneut Chatwood und Zur engagiert, die ihr Konzept von regionalen Klangfarben und einem an der Filmmusik – im speziellen Fall mit Anklängen an LAWRENCE OF ARABIA – geschulten Tonfall aktualisierten. Die auffälligste Entscheidung betraf jedoch das Grafikdesign: Mit Cel Shading und einer Pastell- oder Aquarell-Palette bekam PRINCE OF PERSIA im Jahre 2008 einen neuen Anstrich. Die Serie war damit und mit der starken Betonung des Übernatürlichen endgültig im Fantasy-Genre angesiedelt, das die »Aussetzung des Unglaubens« durch Rekurse auf Mythisches und Märchenhaftes bewerkstelligt – und in der Zeitschrift *PC Games* wurde die »einfach wunderbar verträumt[e]« Musik eigens als Faktor in diesem Gesamtprogramm erkannt.[67]

---

64 Vgl. Michael Stausberg, *Zarathustra und seine Religion*, München: Beck 2005, S. 16–18.

65 Zudem konnte optional Altaïrs Kleidung freigeschaltet werden: <assassinscreed.wikia.com/wiki/Altaïr_Ibn-La'Ahad's_robes> (Abruf am 10. Februar 2017).

66 Kevin VanOrd, *Prince of Persia's Shimmering Veneer and Joyous Platforming Will Cast a Spell on You*, in: *GameSpot*, 2. Dezember 2008, <www.gamespot.com/reviews/prince-of-persia-review/1900-6201827> (Abruf am 10. Februar 2017).

67 Felix Schütz, *Prince of Persia-Test. So gut ist das Prinzen-Abenteuer wirklich*, in: *PC Games*, 11. Dezember 2008, <www.pcgames.de/Prince-of-Persia-Spiel-16312/Tests/Prince-of-Persia-Test-670187/4>, S. 4 (Abruf am 10. Februar 2017).

Dagegen hatte ASSASSIN'S CREED (Ubisoft Montreal/Ubisoft, 2007) im Rahmen eines Plots, der zwischen einem Science-Fiction-Rahmen um die Firma Abstergo Industries und deren Animus-Computer, der das Durchleben ›genetisch gespeicherter Erinnerungen‹ erlaubt, und einer historischen Kernhandlung wechselte, auf zumindest partielle Rekonstruktion mittelalterlicher Stätten und Lebenswelten Wert gelegt.[68] Die Kernhandlung des ersten Teils spielt während des Dritten Kreuzzugs im Jahre 1191. An verschiedenen Schauplätzen in der Levante zeigt ASSASSIN'S CREED eine Auseinandersetzung der Assassinen mit den Templern (die sich im Plottwist als Betreiber von Abstergo Industries entpuppen) auf der Suche nach dem dramaturgischen MacGuffin der »Pieces of Eden«. Im Spiel bereist der Assassine Altaïr Ibn La'Ahad[69] von Maṣyāf aus (dem historischen Sitz des »Alten vom Berge«, Rāšid ad-Dīn Sinān, als Leiter der syrischen Assassinen[70]) die Städte Akkon, Damaskus und Jerusalem sowie kurz die Kreuzfahrerfestung Arsūf. Akkon, Damaskus und Jerusalem werden dabei im Soundtrack als Zentren dreier Kulturen porträtiert: das nach mehrjähriger Belagerung von den Kreuzrittern eroberte Akkon als Zentrum einer europäischen Kultur und des Christentums,[71] Damaskus als Zentrum einer arabischen Kultur und des Islam, Jerusalem als Zentrum einer christlich-jüdisch-muslimischen Hybridkultur. In diesem Setting wird wie in einem Historischen Roman mit Referenzen zu geschichtlich dokumentierten Ereignissen und Personen eine fiktive Geschichte erzählt. Sie führt zu einer eigenwilligen Interpretation der Vergangenheit und zum »claim that they [die ASSASSIN'S CREED-Spiele] offer players a critical view of history«;[72] das Motiv einer jahrhundertelangen Verschwörung, das geradewegs einem Roman von Dan

---

68 »Assassin's Creed provides a sensational and plausible representation of a Middle-Eastern environment as it may have existed almost thousand years ago«: Magy Seif El-Nasr u. a., *Assassin's Creed: A Multi-Cultural Read*, in: *Loading... The Journal of the Canadian Game Studies Association* 2/3, 2008, S. 1–32, hier S. 4.

69 Übersetzt »Altaïr, Sohn von Niemandem«.

70 Vgl. Heinz Halm, *Kalifen und Assassinen. Ägypten und der Vordere Orient zur Zeit der ersten Kreuzzüge 1074–1171*, München: Beck 2014, S. 250–254.

71 In der Originalfassung sprechen die Bewohner Akkons Britisches Englisch. Der Protagonist spricht demgegenüber akzentfreies Amerikanisches Englisch, die weiteren arabischen Charaktere sprechen Amerikanisches Englisch mit nahöstlichen Akzenten.

72 Zur Geschichtskonstruktion der Serie vgl. Adrienne Shaw, *The Tyranny of Realism: Historical Accuracy and Politics of Representation in »Assassin's Creed III«*, in: *Loading... The Journal of the Canadian Game Studies Association* 9/14, 2015, S. 4–24.

Brown entsprungen scheint, und die Tradition der »Pseudogeschichte«,[73] die sich seit jeher um die Templer rankt, schaffen alle Möglichkeiten, einen »revisionist approach« einzuschlagen[74] und angeblich tiefere, geheime Begründungen historischer Geschehnisse zu konstruieren.

Jesper Kyd, der Komponist des vielfach ausgezeichneten Soundtracks, bekam eine komplizierte Aufgabe gestellt: verschiedene Kulturen des 12. Jahrhunderts unterscheidbar zu profilieren, eine grundsätzliche Soundscape zu definieren,[75] dies mit adaptiver Musik zu ergänzen und zudem die Rahmenhandlung zu integrieren. Diese dringt als Überlagerung ein: Wie es insbesondere in den Kampf- und Fluchtszenen simulierte Bildstörungen und Einblendungen naturwissenschaftlich/technisch konnotierter Zeichen gibt – Formeln und Moleküldiagramme, die an die Doppelhelix der DNS erinnern –, so wird auch die Musik von futuristisch wirkenden, elektronisch synthetisierten Klängen durchzogen. Das erweist sich als geschickter Schachzug, indem Interface-Geräusche – insbesondere Statusänderungen der »Synchronisierung« als der Metapher für den Schadensstatus – auf der zweiten Ebene der Diegese als In-Game-Klänge fungieren.[76] Die elektronische Komponente dient somit der ständigen Erinnerung an die Rahmenhandlung und das ›Gemachte‹, Uneigentliche der Kernhandlung.

Damit erweist sich die Musik in Korrespondenz mit Raumgestaltung und Architektur als Werkzeug des ›World Building‹ – in Fantasystoffen im Kino von Die Nibelungen (D 1924, Musik: Gottfried Huppertz) bis The Lord of the Rings (USA/NZ 2001–03, Musik: Howard Shore) vorgeprägt – und des Leveldesigns. Das lässt sich durchaus verallgemeinern; insbesondere in Spielen mit mehreren

73 Alain Demurger, *Die Templer. Aufstieg und Untergang 1120–1314* (1985), München: Beck 2007, S. 10–12.

74 So drückte es die Ubisoft-Produzentin Jade Raymond aus, zitiert nach Magy Seif El-Nasr u. a., *Assassin's Creed: A Multi-Cultural Read* (wie Anm. 68), S. 7.

75 Kirk Hamilton beschrieb sie als »somewhat cold, a mix of middle eastern instruments, chanting, open drones and strings [...] that [...] fit in very well with the open, windswept sound design«: *The Uncertain Musical Fate of »Assassin's Creed«*, in: *Kotaku*, 19. Juli 2012, <kotaku.com/5927538/the-uncertain-musical-fate-of-assassins-creed> (Abruf am 10. Februar 2017).

76 Vgl. auf die Levelstruktur bezogen dazu Stephen Totilo, *»Assassin's Creed« Has a Hidden Agenda: to Justify Video Game Cliches*, in: *MTV News*, 14. November 2007, <www.mtv.com/news/1574280/assassins-creed-has-a-hidden-agenda-to-justify-video-game-cliches> (Abruf am 10. Februar 2017).

Schauplätzen ist diese Funktion offenkundig. Dazu zählen aufgrund ihrer Reihenspezifik etwa der in Deutschland indizierte First-Person-Shooter GOLDENEYE 007 (Rare/Nintendo, 1997), in dessen Ägypten-Level eine »Zigeunermoll«-Skala mit Nay-Klängen und dem *Bond Theme* im Bass kombiniert wird, oder bereits das Point-and-Click-Adventure INDIANA JONES AND THE FATE OF ATLANTIS (LucasArts/LucasArts, 1992), das zu arabischen Schauplätzen die entsprechenden Klangsymbole gleichfalls zuverlässig zitiert: Die Musik ist in solchen Fällen auch eine Funktion des Raums. Die in »Okzident« und »Orient« geteilte Welt von ANNO 1404 (Related Designs und Blue Byte/Ubisoft, 2009) ist gleichfalls von entsprechenden Klängen untermalt, die von einem (für das Jahr 1404 so oder so historisch deplatzierten) Orchesterscore verbunden sind. Stets, auch in Games, die solche Schauplatzwechsel nicht kennen wie etwa PHARAOH (Impressions/Sierra, 1999, mit Erweiterung CLEOPATRA: QUEEN OF THE NILE: BreakAway/Sierra, 2000) oder TOMB RAIDER IV: THE LAST REVELATION (Core Design/Eidos Interactive, 1999) und sogar in den sonst wenig traditionellen einstimmigen Tonfolgen am Beginn der C64-Portierung des Platformers THE PHARAOH'S CURSE (Synapse/Synapse, 1983), wird dieser ›europäische‹ Hintergrund gegeben: Musik, die emotionale Reaktionen auslösen soll, muss verstanden werden, um zu wirken. Soll sie noch dazu World Building betreiben, muss es ihr mithin gelingen, die virtuelle Welt zugleich als eine klanglich fremde und strukturell oder topisch vertraute auszuweisen.

In einer Hinsicht ging Jesper Kyd in ASSASSIN'S CREED aber von anderen Voraussetzungen aus als Chatwood: Indem seine Musik das emotionale Erleben Desmond Miles' ausdrücken soll, Altaïrs Nachfahren im Animus, konnte er die Kombination regionaler Instrumente der mittelalterlichen Levante mit später etablierten Zeichen aus dem Plot heraus legitimieren. Die Schichtung der Ebenen geschieht im Lauf des Spiels je nach Schauplatz und Situation stets unterschiedlich. Beispielsweise wird Damaskus visuell und akustisch gleichermaßen imposant eingeführt (im Soundtrack heißt das anderthalbminütige Stück *Spirit of Damascus*): Aus einer Schlucht reitend, sieht Altaïr zunächst eine Befestigung mit hohen Stadtmauern. Dazu werden nach stilisierten Windgeräuschen zunächst perkussive Schläge gespielt, gefolgt von einem im synthetisierten Chorklang crescendierend gesungenen übermäßigen Dreiklang *e/gis/his*. Die Synthesizer-Vokalise löst sich im Sinne einer dominantischen Funktion, weiter über Perkussionsinstrumenten, zum im Unisono der Blechbläser gespielten Thema in einer A-Dur-Tonleiter mit tiefalterierter Sekunde und Sexte auf: der als »Zigeunerdur« bekannt gewordenen Skala, mit zwei übermäßigen Sekundschritten dem klassischsten aller orientalisierenden Zeichen der europäischen Musik.[77] Das Thema wird nach der initialen Darstellung von Monumentalität leiser, vermutlich von einer Mizmar mit Gitarren- oder Lauten- bzw. Oudbegleitung wiederholt, bevor es sich in Flöten- bzw. Nay- und Streicherklängen auflöst und in freier Rhythmik und futuristisch anmutenden elektronischen Sounds ausgeblendet wird. Die Intervallik und die Instrumentenwahl zunächst mit Perkussion (Pauken, Becken und Schellen) und Blechbläsern,[78] dann mit Zupfinstrumenten charakterisieren Damaskus als kulturellen Kosmos des Arabischen.[79]

Akkon dagegen wird nach der Eroberung durch die Kreuzritter ganz anders porträtiert: Die Stadt ist düster und einschüchternd, das Sounddesign vermittelt das Gefühl von Enge. In *Acre Underworld* ist eine längere Introduktion perkussiv und geräuschhaft gestaltet, durchzogen vom Klang eines gedämpften Glockenspiels. Fragmente eines stilisierten Choralgesangs werden ebenso einmontiert wie verfremdete Klavierklänge – auch Effekte, die an ein präpariertes Klavier erinnern – und stilisiertes Flüstern. Andere Akkon-Musikstücke sind mit Harfen und Violinen besetzt. Ein stabiles Thema wird in dieser ›europäischen‹ (freilich neuzeitlichen statt mittelalterlichen) Klangwelt nicht etabliert, wohl aber wie im Damaskus-Track eine Grundtonzentrierung auf A, hier jedoch der Charakterisierung der Stadt entsprechend in mollarem Kontext.

Jerusalem wird optisch durch die Goldkuppel des Felsendoms eingeführt, musikalisch zunächst durch ein helles, freundliches Sounddesign. Auch in diesem Stück erinnern einige melodische Figuren an Lawrence of Arabia, ohne allerdings die Monumentalität des Filmscores nachzuvollziehen. Arabisch konnotierte Klänge werden mit westeuropäisch konnotierten Strukturen zusammengeführt;

77 In einigen Momenten werden auch nicht-europäische Skalenmodelle benutzt. Kyd sprach das im Interview an: »I am already fairly comfortable writing in different music scales. [...] [S]elect Assassin's Creed 1 tracks uses [sic] ancient Persian scales«: *Under the Assassin's Hood*, in: *Tracksounds*, Dezember 2010, <www.tracksounds.com/specialfeatures/Interviews/interview_jesper_kyd_2010.htm> (Abruf am 10. Februar 2017).

78 Die Instrumentation entspricht wohl nicht zufällig dem Janitscharenmusik-Topos des 18. Jahrhunderts.

79 In Damaskus ist auch im nachträglich erschienenen Roman die einzige Szene angesiedelt, in der Musik eine (kleine) Rolle spielt: Bei einem Fest des »Merchant King« Abu'l Nuqoud werden »the sounds of *al'ud* and *rebec* played by musicians below a grand balcony« erwähnt: Oliver Bowden, *Assassin's Creed: The Secret Crusade*, London u. a.: Penguin Books 2011, Kapitel 20, S. 149f.

die Exotismen sind weitaus dezenter als in der Damaskus-Musik gesetzt. Die Stadt, in der sich Christentum, Islam und Judentum treffen, wird somit auch musikalisch als Amalgam beschrieben: Im *City of Jerusalem*-Track der Audio-CD verbinden sich beispielsweise stilisierte Choralgesänge mit Gitarren-/Lautenbegleitung; zwei Mal öffnet der Harmonieschritt a-Moll–As-Dur–a-Moll weite harmonische Räume.[80] In Verbindung mit dem leichten Sounddesign mit Flötenklängen (außerhalb des Mittelteils im imitierten Choralidiom) wirkt das im Unterschied zur kompakten Soundscape von Damaskus und der finsteren Zeichnung Akkons wie das Porträt einer Utopie des Multikulturellen, was allerdings dem Gameplay nicht entspricht. Wenn Choralgesang von Zupf- oder Perkussionsinstrumenten begleitet wird, kommen dabei musikalische Elemente zusammen, die miteinander eigentlich nichts zu tun hatten: Statt ›historischer Korrektheit‹ stehen Semantik und emotionale Lenkung im Vordergrund.

Die Musik ist in diesen Momenten also darauf abgestellt, dass sich Stimmungseindrücke und semantische Assoziationen unterschwellig mitteilen und mit den Schauplätzen verbinden. Vergleichbar gilt das für die leitmotivische Verklammerung, aus der insbesondere das die Assassinen bezeichnende Motiv hervortritt, das in späteren Titeln der Reihe als *Brotherhood Theme* wiederkehrt. Anders, nämlich durchaus vordergründig, sind die adaptiven Einblendungen intendiert. Stücke wie das *Chase Theme*, *Trouble in Jerusalem*, *Flight Through Jerusalem* und *Masyaf in Danger* setzen als wahrnehmbarstes Moment auf geräuschhaft verfremdete Perkussion in schnellem Puls, daneben auf schrille Klangfarben, hektische Streicherfiguren und dissonante Klänge in raschem Wechsel. Die elektronischen Komponenten werden in ihnen am deutlichsten, wie sich dort auch optisch der Animus-Computer durch Bildstörungen am meisten bemerkbar macht. Über die Lenkungs- und Signalfunktion hinaus[81] verbreiten diese Tracks Unruhe: Die ohnehin unübersichtliche Flucht wird durch die Musik nochmals erschwert – von den Beschleunigungen bei SPACE INVADERS (Taito/Taito, 1978) bis zu den SUPER

80 Dabei ist der As-Dur-Dreiklang – vielleicht durch den Nachhall des vorigen Akkords – verfremdet. Der Intervallschritt *a–as–a* kehrt als *a–gis–a* in der Schlussformel der stilisierten Psalmodie wieder, von der Begleitung durch *a–b–a* beantwortet.

81 »The epic music for the Assassin's Creed games [...] guides the player through gameplay by way of musical navigation«: Isabella van Elferen, *Analysing Game Musical Immersion. The ALI Model*, in: *Ludomusicology. Approaches to Video Game Music*, hrsg. von Michiel Kamp, Tim Summers und Mark Sweeney, Sheffield: Equinox Publishing 2016, S. 32–52, hier S. 38f.

Mario-Spielen (Nintendo/Nintendo, seit 1985) eine lange erprobte Strategie von Spielemusik. In mehrfacher Zuspitzung – Aktionen im ›unauffälligen Modus‹ sind nur durch Ambientsound unterlegt, bei auffälligen Aktionen erntet Altaïr verwundertes Sprach-Feedback, für Kampf und Flucht werden die je nach Stadt verschiedenen nondiegetischen Stücke eingeblendet – dient die interaktiv und adaptiv gestaltete Musik von Assassin's Creed mithin über das World Building hinaus auch der situativen Lenkung.

Medienkonvergenzen: Film und Spiel

Assassin's Creed bearbeitete ein brisantes Thema: Wer nach 2001 mit Stoffen über Kreuzzüge und religiöse Differenzen im Nahen Osten operierte, konnte das nicht naiv machen.[82] Beispielsweise war das Rundenstrategie-Spiel Medieval: Total War (The Creative Assembly/Activision, 2002) im August 2001 noch als Crusader angekündigt worden; als Mechanik war auch zum Release noch das Ausrufen eines Heiligen Kriegs (je nach Religion eines Dschihad oder eines Kreuzzugs) integriert. Im Jahre 2005 hatte Ridley Scott in seinem Historienfilm Kingdom of Heaven dagegen einen anderen Ton angeschlagen: Mit losem Bezug auf historische Quellen folgt der Film dem französischen Schmied Balian im Jahre 1184 bis nach Jerusalem.[83] Schon hier traten die Templer als kriegstreiberische Antagonisten auf, und als grundlegende Aussage schält sich die Forderung nach religiöser Toleranz heraus.

Zwei Jahre später war die Frage noch immer aktuell, die Alan Riding angesichts von Scotts Film in der *New York Times* gestellt hatte: »[I]s this really a good time to show warring Christians and Muslims as entertainment?«[84] Wenn er von den Kingdom-Produzenten 20th Century Fox schrieb, die Firma sei »hardly in business of offering $140 million lessons in history and morality«, lässt sich das auf den Publisher Ubisoft übertragen: Auch in Assassin's Creed ist die doppelte

82 Vgl. den von Magy Seif El-Nasr, Maha Al-Saati, Simon Niedenthal und David Milam verfassten Artikel *Assassin's Creed: A Multi-Cultural Read* (wie Anm. 68).

83 Der Protagonist ist frei nach dem historischen Balian von Ibelin gestaltet, der auch in Medieval II: Total War (The Creative Assembly/Sega, 2006) auftritt.

84 Alan Riding, *The Crusades as a Lesson in Harmony?*, in: *The New York Times*, 24. April 2005, <www.nytimes.com/2005/04/24/movies/the-crusades-as-a-lesson-in-harmony.html> (Abruf am 10. Februar 2017).

Strategie offenkundig, zum einen eine nach »9/11« und den Kriegen in Afghanistan und im Irak gegen den Strich antimuslimischer Stimmungen gebürstete Geschichte zu erzählen, zum anderen den Stoff attraktiv in »a rich spectacle of costumes, horses, swords and endless desert« einzubetten.

Ubisoft blendete am Beginn von ASSASSIN'S CREED dazu eigens eine Botschaft ein: »This work of fiction was designed, developed and produced by a multicultural team of various faiths and beliefs.« Deutlicher ließ sich kaum anzeigen, dass der frankokanadische Verlag hier ein potenzielles Problem gar nicht erst aufkommen lassen wollte. In der Handlung sind Gut und Böse demonstrativ nicht entlang der »axis of evil« angeordnet, die fünf Jahre zuvor von Teilen der US-amerikanischen Politik ausgerufen worden war: Grundsätzlich erweisen sich die Templer als die Antagonisten, denen die Assassinen sich in den Weg stellen. Im Plottwist erweist sich aber auch Altaïrs Mentor Al Mualim (»der Lehrer«), die Repräsentation des »Alten vom Berge«, als Fanatiker und Opponent, der Altaïr – ähnlich wie Jaffar – schließlich mit Magie bekämpft, und zu den neun zu eliminierenden Gegnern gehören ein zu beiden Seiten illoyaler Waffenhändler, ein Arzt, der im Stil eines mittelalterlichen Dr. Mengele Experimente an Menschen durchführt, ein Sklavenhändler, ein Kriegsgewinnler und ein Gelehrter, der durch Bücherverbrennungen alles Wissen vernichten will. So werden statt eines »clash of civilizations« Dichotomien von Gut und Böse, mit dem Beitrag von Josef Köstlbauer und Eugen Pfister zum vorliegenden Band (S. 89–106, hier S. 100) auch von »Liberalismus und Ordnung, Freiheit und Sicherheit« konstruiert.

PRINCE OF PERSIA musste sich der Debatte um die Repräsentation des ›Orients‹ ebenfalls stellen, als es 2010 als PRINCE OF PERSIA: THE SANDS OF TIME in die Kinos kam. Der Regisseur Mike Newell hoffte, dass der Film keine Kritik provozieren würde, und die Datierung im »pre-Islamic Persia – part historical, part fantasy« im sechsten Jahrhundert wurde ihm zum wichtigsten Argument:[85]

> »In unserer Welt wollten wir nicht den Einfluss der Muslime zeigen, auch wenn sie tatsächlich direkt nach dem Untergang der Perser kamen. Wir waren in dieser Beziehung sehr vorsichtig. Es ging uns nicht darum, muslimische Empfindlichkeiten zu stören.«[86]

85 Charles McGrath, *A Gamer's World* (wie Anm. 1).

86 Interview mit Mike Newell, in: *moviepilot*, 21. Mai 2010, <www.moviepilot.de/news/regisseur-mike-newell-ueber-prince-of-persia-der-sand-der-zeit-106486> (Abruf: 10. März 2017).

So gestaltete Newell den Film – in dem durchweg amerikanische und britische Schauspieler_innen wie Gemma Arterton, Jake Gyllenhaal und Ben Kingsley die zentralen Rollen der persischen Figuren übernahmen – als märchenhaftes Fantasy-Spektakel, das lose auf den Spielen der zweiten Gruppe basierte. Jordan Mechner war als Drehbuchautor beteiligt. Vielleicht sind deswegen Zitate aus eben den Bezugspunkten enthalten, die er schon 1989 genannt hatte: Ein Sonnenaufgang in der Wüste, der den Film rahmt, erinnert an die entsprechende Szene aus LAWRENCE, und die diesmal zu rettende Prinzessin heißt zwar nicht Pamina, aber doch – nach Tahmīne, einer Figur aus dem Schāhnāme[87] – Tamina.

Harry Gregson-Williams unterstützte Newell als Komponist. Er setzte den Film konzeptuell von KINGDOM OF HEAVEN ab, das er gleichfalls vertont hatte: Dort sei es um ein historisches Setting zur Zeit der Kreuzzüge gegangen, bei dem auch »a lot of religious overtones« im Spiel waren. PRINCE OF PERSIA dagegen sei »completely fantastical«: »It's all pretend, it's all made-up. And I think you can hear that in the music.« So hätten ihm aus dem ersten Film nur ältere Überlegungen geholfen »whether I should be writing a Middle Eastern tune with a more conventional Western arrangement or whether I should be writing a Western [score] with a Persia[n] arrangement around it.«[88] Schließlich habe er sich für Anklänge an die Filmmusik der 1950er und 1960er Jahre entschieden. Er tat das freilich modernisierend; explizite Orientalismen sind weit zurückgeschraubt. Gleich am Beginn des Titeltracks lässt sich das beobachten: Zwar sind die Zeichen der orientalischen Lokalisierung nicht zu überhören, ihr bekanntestes Element, die übermäßige Sekunde, wird aber nur versteckt im Oktavabstand zwischen getrennten Stimmen gesetzt.

In einer Zeit, in der mit ›dem Orient‹ nicht mehr naiv umgegangen werden konnte, wurden also unterschiedliche Wege eingeschlagen: von der bewussten Fiktionalisierung in PRINCE OF PERSIA bis zur Reflexion kultureller Diversität, einer versuchten Synthese und einer Abkehr von älteren Stereotypen. ASSASSIN'S CREED wandte sich in den späteren Titeln – auch im Kinofilm von 2016 – zumeist

87 Tahmīne ist die Tochter des Königs von Samangān: Ferdausi, *Schāhnāme* (wie Anm. 59), S. 112–114. Auch der Name des Protagonisten, Dastān, stammt aus dieser Quelle.

88 Jérémie Noyer, *Composer Harry Gregson-Williams Takes Us Far, Far Away, from »Prince of Persia« to »Shrek Forever After«*, in: *Animated Views*, 12. Juli 2010, <animatedviews.com/2010/composer-harry-gregson-williams-takes-us-far-far-away-from-prince-of-persia-to-shrek-forever-after> (Abruf am 10. Februar 2017).

anderen Schauplätzen zu, so dass die Konfrontation von Assassinen und Templern weithin dekontextualisiert wurde.[89]

*
**

Prince of Persia und Assassin's Creed lenken aufgrund der vergleichsweise langen Zeit, die die Serien umspannen, den Blick sowohl auf Kontinuitäten als auch auf Änderungen an Konventionen der Spielemusik. Sieht man – ungeachtet der von Jordan Mechner aufgeworfenen Frage, ob sie auch eine neue Kunstform seien – digitale Spiele als Teil der zeitgenössischen Medienkultur, der sich wiederum in das kulturelle Gedächtnis einschreibt, so fallen insbesondere die Echokammer-Effekte auf, die die Anfangszeit der ersten Serie bestimmten. Dass es ein grundsätzliches Kennzeichen von Zeiten des Medienwandels sei, wenn neue Medien die älteren fortschreiben, ist verschiedentlich festgestellt worden. Auch Mechner verglich »the early days of video games to the days of silent film and says that he had to learn some of the storytelling lessons as, say, Georges Méliès, the French special effects pioneer«.[90] So fällt bei aller Neuheit des Mediums doch auf, wie konsequent Prince of Persia – obwohl im Jahre 1989 gewiss nicht mehr am Anfang der Videospielgeschichte stehend – solche kulturellen Anknüpfungspunkte suchte: »[E]ven in the latest, most modern new media, the cultural vocabulary accumulated over the course of history makes its presence felt at almost every turn«.[91] Mechners Experimente mit dem, was wenig später als »Cinematic

89 Eine Rückkehr in den Nahen Osten des beginnenden 16. Jahrhunderts erlebte die Serie in Assassin's Creed: Revelations (Ubisoft Montreal/Ubisoft, 2011). Hier wird mit der Figur von Marco Polos Vater Niccolò in einer Rückblende ins 13. Jahrhundert schließlich auch die Überlieferungsgeschichte der Assassinenlegende thematisiert, die – inklusive der Erzählungen um den »death-leap« der Assassinen, der im Spiel zum inflationär eingesetzten »leap of faith« umgemünzt wurde – als »Erbe der Kreuzfahrerzeit« europäischen Ursprungs ist: Heinz Halm, *Die Assassinen. Geschichte eines islamischen Geheimbundes*, München: Beck 2017, S. 118–124.

90 Charles McGrath, *A Gamer's World* (wie Anm. 1), oder mit Diedrich Diederichsen: »Nicht überall, wo Altbekanntes bloß ein bisschen besser flutscht, bildet sich deshalb geich neue historische Substanz« (*Körpertreffer. Zur Analyse der nachpopulären Künste. Frankfurter Adorno-Vorlesungen 2015*, Berlin: Suhrkamp 2017, S. 44).

91 Seth Schiesel, *Even Escapist Fare Can't Escape Some Real-World Questions*, in: *The New York Times*, 24. Dezember 2008, <www.nytimes.com/2008/12/25/arts/television/25pers.html> (Abruf am 20. März 2017).

Platformer« bezeichnet wurde und zu Spielen wie ANOTHER WORLD (Delphine Software/U.S. Gold, 1991) führte, bedeuteten eine Anlehnung an den Film, die im Material durch das Rotoskopieverfahren, in der Struktur durch die Parallelmontage, im Plot durch den Rekurs auf typisierte Handlungsmuster mit Berührungspunkten zu Campbells Heldenreise, in der Ästhetik durch Rekurse auf Abenteuerfilme durchgeführt wurde. In der Grafik kamen Konventionen der Märchenbuch-Illustration hinzu,[92] in der Musik ein Pool an Vorbildern seit dem 18. Jahrhundert und in der musikalischen Dramaturgie eine durch die Filmmusik vermittelte Konzeption ähnlich Wagners Leitmotiven.

Der stoffliche Hintergrund zeigt zudem, wie ungebrochen mediale Konventionen des Orientalismus lange Zeit wirkten. Edward Said hat in seinem so einflussreichen wie kontrovers diskutierten Buch *Orientalism* von 1978 eine Kriterienliste dazu erstellt:[93] ›Der Orient‹ als Projektionsfläche werde in westlichen Repräsentationen in der Regel als radikal Anderes gezeigt, als gefährlich, triebgesteuert, geschichtslos und als immergleiches Abziehbild aus *Tausendundeiner Nacht*. Den Ausgangspunkt solcher Darstellungen bilde in der Regel nicht die Beobachtung der Lebenswelt: Stattdessen liege seit dem 18. Jahrhundert ein Kreislauf vor, in dem ältere Repräsentationen die jüngeren formten, so dass resultierend eine Reihe von Stereotypen beharrlich perpetuiert werde.[94] Der blonde Abenteurer aus der Ferne, der sich tödlichen Fallen stellt, den Lüstling und Magier Jaffar bekämpft, eine persische »Damsel in Distress« befreit und dabei von Musik begleitet wird, die auf Opern, Filmscores und Symphonische Dichtungen zurückgreift, könnte das kaum besser bestätigen. Stuart Chatwoods Kontakte zu Ubisoft legen nahe, dass solche Entscheidungen einem Kalkül um die Schaffung von Identifikations-

---

92 Die dem Film entlehnte Metapher des illustrierten Märchenbuchs mit Schrift in einem stilisiert ›fremden‹ Alphabet wird in Verbindung mit der stereotypen Intervallik in den musikalischen Skalen beispielsweise auch im Intro zu MAGIC CARPET (Bullfrog Productions/Electronic Arts, 1994) aufgerufen.

93 Edward Said, *Orientalism* (1978), New York: Vintage Books [2003], siehe etwa S. 95f. und S. 300f.

94 Am Beispiel des Films siehe etwa Murat Akser, *From İstanbul with Love: The New Orientalism of Hollywood*, in: *Whose City is That? Culture, Design, Spectacle and Capital in İstanbul*, hrsg. von Dilek Özhan Koçak und Orhan Kemal Koçak, Newcastle upon Tyne: Cambridge Scholars Publishing 2014, S. 35–46; allgemein Brian Lee u. a., *Orientalism in Modern Pop Culture*, <modernorientalism.weebly.com>, mit Kapiteln über PRINCE OF PERSIA und ASSASSIN'S CREED (Abruf am 10. Februar 2017).

flächen entsprangen.[95] In späteren Titeln von PRINCE OF PERSIA und ASSASSIN'S CREED wurden im ersten Jahrzehnt des 21. Jahrhunderts diese Ausgangspunkte in der Folge eines politischen und gesellschaftlichen Wandels nach und nach modifiziert.[96] Insofern erscheinen Videospiele und ihre ästhetischen Codes noch in einer weiteren Hinsicht als eine Echokammer: Sie speichern unterschiedliche Wertesysteme und Umgangsweisen mit Kultur(en), die in ihnen folgenreich nachhallen.

95 Insofern steht dies als auditives Gegenstück zu Umberto Ecos Theorie der visuellen Codes: Die Dekodierung setzt auch hier die Kenntnis des Zeichens und seiner Bedeutung aus einem anderen (medialen) Kontext voraus; siehe dazu den Beitrag von Alexandra Vinzenz in diesem Band, S. 249–265, hier S. 249. Isabella van Elferen sprach in diesem Sinne von »audio-visual literacies«, die das Dechiffrieren solcher Codes voraussetze: *Analysing Game Musical Immersion* (wie Anm. 81), S. 36f. – Mindestens ebenso wie in Film und Fernsehen kommen im digitalen Spiel die partizipatorischen Leistungen der Fankultur hinzu, die der Zuschreibung zum Kontext passiv konsumierter ›Kulturindustrie‹ entgegen weitere Schichten der Auseinandersetzung bilden. Die Beschäftigung damit, ob und wie in Fan Fiction, Fan Art und Fan-Made Music eine Auseinandersetzung mit orientalistischen Stereotypen geführt wird, würde den Rahmen dieses Artikels aber vollends sprengen.

96 Auch zur Genderkonstruktion können die nach und nach emanzipierter agierenden Frauenfiguren genannt werden; ASSASSIN'S CREED III: LIBERATION (Ubisoft Sofia und Ubisoft Milan/Ubisoft, 2012) wartete auf der PlayStation Vita erstmals in der Seriengeschichte mit einer weiblichen Hauptfigur auf. – Die genannte Beobachtung scheint allerdings wesentlich Genre-abhängig zu sein, wie ein Text von Kathrin Trattner nahelegt: *Von Terroristen und Schurkenstaaten. Bilder des Islam und des Nahen Ostens im Military Shooter*, in: *Spiel Kultur Wissenschaften. Mythen im Digitalen Spiel*, hrsg. von Eugen Pfister, 19. Mai 2017, <spielkult.hypotheses.org/1430> (Abruf am 8. Juli 2017).

Höranalytische Perspektiven auf die Musik Amon Tobins

Untersuchungen zu Tom Clancy's Splinter Cell: Chaos Theory und inFAMOUS

Krystoffer Dreps

Der vorliegende Text beschreibt einen möglichen Weg, sich mit Hilfe der Höranalyse der komplexen Musik von Amon Tobin zu nähern und ihr dadurch verschiedene Erkenntnisse abzugewinnen. Es handelt sich um die Zusammenfassung vieler Versuche, diese Musik zu beschreiben, und stellt eine Zwischenstation auf einem bisher kaum ausgetretenen Pfad der musikanalytischen Methodik dar.

Amon Tobin ist ein Musikproduzent[1] und DJ mit brasilianischen Wurzeln, der in London – einem der weltweit wichtigsten Orte für verschiedene Strömungen der elektronischen Popularmusik – musikalisch sozialisiert wurde und derzeit in San Francisco lebt. Sein Œuvre, das Genres wie Drum & Bass, TripHop oder Dubstep berührt, wird mittlerweile verallgemeinernd der »Intelligent Dance Music« (IDM) zugeordnet.[2] Sein erstes Album unter eigenem Namen erschien im

1 Musiker_innen, die elektronische Popularmusik kreieren und komponieren, bezeichnen sich meist als (Musik-)»Produzent_innen«. Ich betrachte sie als Komponist_innen, die sich mit Hilfe des Computers kreativ mit Möglichkeiten elektronischer Klangverformung und -genese auseinandersetzen und solche Klänge zu eigenen Stücken arrangieren. Anstelle konventioneller Notation setzen Musikproduzent_innen jedoch Audiospuren in ein digitales, partiturähnliches Raster, das von einer Digital Audio Workstation bereitgestellt wird.

2 Siehe auch Kwinten Crauwels, *Musicmap*, <www.musicmap.info> (Abruf am 8. Mai 2017).

Jahre 1997 (*Bricolage*), das bisher letzte 2011 (*ISAM*). Er selbst sagt über den Ausgangspunkt seiner Entwicklung, dass seine früheren Alben »about changing sounds, opposed to creating sounds« seien.[3] Tobin arbeitete zunächst also ähnlich wie viele DJs und Produzent_innen, indem er Musik anderer Künstler_innen sampelte und verfremdete. Dieses Verfahren hat er seitdem auf verschiedenste Klangtypen (generiert etwa von Gegenständen und Tieren, extravaganten Instrumenten, Selbstgebautem usw.) ausgeweitet. Sein erster Auftrag für ein Videospiel datierte aus dem Jahre 2005, als er (unterstützt von Jesper Kyd) für Ubisoft den dritten Teil der Stealth-Shooter-Reihe SPLINTER CELL vertonen sollte. Vier Jahre später erschien der Soundtrack zu Sonys INFAMOUS, exklusiv für die PlayStation 3. Ohne näher auf die Funktionalität seiner Musik innerhalb der Videospiele einzugehen, zeige ich im Folgenden, wie ich mich analytisch einer nicht notierten Musik, deren einzige Recherche-Ressource ihr Klang selbst ist, genähert habe.

TOM CLANCY'S SPLINTER CELL: CHAOS THEORY

In TOM CLANCY'S SPLINTER CELL: CHAOS THEORY (Ubisoft Montreal/Ubisoft, 2005) werden dem Agenten Sam Fisher als Protagonisten des Games verschiedene Geheimmissionen zugeteilt, in denen es um gezieltes Ausschalten von Personen sowie Sabotageakte geht, die dazu beitragen, eine Welt der bösen Machenschaften zu bekämpfen. Sam Fisher ist als Soldat speziell für verstecktes Agieren trainiert und wird für seine Missionen mit allerlei Spezialwerkzeugen ausgestattet. Während der Missionen bewegt er sich in der Regel gebückt und wartet in dunklen Ecken auf die Gelegenheit, feindliche Personen hinterrücks zu überfallen, zu verhören und zu töten.

Klanglich basiert das Spiel zum größten Teil auf Umgebungsgeräuschen. Fast immer ist es daher relativ ruhig; in diese Stille klingen beispielsweise Schritte, Gesprächsfetzen, Regen- und Motorengeräusche oder leise Radioklänge. Der Fokus des Spiels liegt auf dem ›Stealth gameplay‹, dem unentdeckten, möglichst

3 Enrico Morales, *Amon Tobin – Foley Room Part 1*, 24. August 2011, <www.youtube.com/watch?v=R-YEeRGgteU> (01:54); Miurf, *Amon Tobin Latest Interview about ISAM*, 7. Januar 2012, <www.youtube.com/watch?v=gHbj3dQxqIM> (ab 02:50); Amon Tobin, *Amon Tobin Interview*, 4. April 2014, <www.youtube.com/watch?v=oxVVm75k_8Q> (ab 03:35; Abruf jeweils am 28. März 2017).

lautlosen Operieren. Nur in besonderen Gefahrensituationen, auch da jedoch eher hintergründig, ertönt die für das Spiel komponierte Musik.

Displaced

Das Stück *Displaced* lässt Assoziationen zu diesem Kontext von Geheimhaltung, Abwarten und Spannung zu. Es erscheint nicht positiv, nicht freundlich, nicht aufbrausend, sondern zurückhaltend und kühl. Damit unterstreicht es sowohl die Eigenschaften des Charakters Sam Fisher als auch die Grundidee des Spiels selbst. Das Gros der klanglichen Grundlagen bildet ein Pool aus konventionellen Instrumenten – sowohl akustischen als auch synthetischen –, die sich verhältnismäßig leicht identifizieren und in Partiturform darstellen lassen (siehe S. 369).

Notiert sind hier alle mehr oder minder eindeutig identifizierbaren Klangerzeuger. Die kompositorische Basis besteht aus taktlangen Loops, die oft mit Pausen voneinander getrennt sind. Der Gesamtsound ist modal auf as-Phrygisch basiert. Formal fügt der Abschnitt über dem ersten Loop nach und nach weitere Schichten hinzu. Drumset und Templeblocks sorgen für Bewegung und füllen den gesamten Takt. Vor der nächsten Wiederholung oder Steigerung steht dann eine sechstaktige Unterbrechung, in der das perkussive Element reduziert wird und teilweise komplett fehlt, so dass nun längere Klänge im Vordergrund stehen. Es scheint mithin, als gäbe es hier drei Phrasen, die aufeinander aufbauen, Spannung erzeugen, verlängern und auf diese Weise mit der Erwartungshaltung der Hörer_innen spielen. Dabei erhält die Musik durch die Loop-Technik eine gewisse Versatilität, die auf den jeweiligen Spielverlauf Rücksicht nehmen kann. Auf diese unterschiedlichen Intensitäten werde ich später noch eingehen.

Das erste Notat zeigt allerdings noch nicht alles das, was Tobin gleichsam im Hintergrund dazusetzte, um den Klangeindruck von *Displaced* zu komplettieren. Ich habe daher versucht, diesen Hintergrund ›instrumentatorisch‹ zu denken und assoziativ die am deutlichsten hörbaren Elemente der Partitur hinzugefügt. Diese weiteren Elemente berücksichtigen teils sehr unterschiedliche Aspekte der Klanggestaltung. Mit Hilfe von Synthesizern (ob analog oder softwarebasiert) ist es möglich, eine große Vielfalt an Klängen zu realisieren. Viele Hersteller solcher Klangplattformen (Native Instruments, Spectrasonics, iZotope usw.) bieten Presets an, die es den Nutzer_innen ermöglichen, innerhalb von Klangkategorien assoziativ zugeordnete Sounds zu finden. Beispielsweise wäre »atmosphärisch« eine mögliche Kategorie, in der unterschiedliche hierzu passende Klänge angeboten werden. Über die von mir gewählte allgemeine Bezeichnung »Atmo-Synth« hinaus scheint es jedoch kaum möglich zu sein, exaktere Angaben zum Klang zu machen. Meine Bezeichnung »Streichen über dünnes Metall« ist beispielsweise assoziativ entstanden. Die übrigen Assoziationen sind offensichtlicher, wobei ich noch die vermutlich eingesetzten Produktionstechniken ergänzt habe. »Reversing« bedeutet dabei, ein aufgenommenes Audiosignal von hinten nach vorne abzuspielen.

Alle Notenbeispiele und Abbildungen zu diesem Artikel stehen auf der Homepage des transcript Verlags als Downloads zur Verfügung: <www.transcript-verlag.de/978-3-8376-4002-1/digitale-spiele>.

C
Click
Nylon-
Gitarre
"Multiphonic"
E-Bass
Tambourin
Drumset
"Atmo-Synth"
"Click
reversing"
15ma
mf
pp
(+Synth im Hintergrund)
versch. Becken vereinzelt angespielt

Insgesamt ist dadurch eine Sammlung von Hör-Parametern entstanden, die sich weniger mit der Problematik der Notation befasst als vielmehr mit dem Klang und seiner Wirkung. Diesen Ansatz halte ich gerade deswegen für vertiefenswert, weil diese (ebenso wie die meiste) elektronisch produzierte Musik den Fokus eben nicht auf diejenigen Parameter legt, die mit der traditionellen Notenschrift erfasst werden, sondern auf den Klang. Dementsprechend wäre eine Transkription ausschließlich auf Basis konventioneller Notationsformen nicht aussagekräftig genug. Vielmehr ist es wünschenswert, sich auf den Klang als solchen zu konzentrieren und sich ihm zu nähern.

Tobin verwendet in *Displaced* sehr unterschiedliche Sounds in kleinen und kurzen Fragmenten. Insbesondere die Bearbeitung dieser Klänge mit Effekten im Kontext des Stereo-Panoramas genießt einen hohen Stellenwert. So lässt sich festhalten, dass Amon Tobin sich in diesem Stück im Kontext der oben angesprochenen Leitlinie von »changing sounds« bewegt: Instrumente wurden von Musiker_innen eingespielt, von Tobin gesampelt und manipuliert und dann als Basis der Komposition verwendet. Ob diese Instrumentalparts als Improvisation oder auf der Basis vorproduzierter Skizzen generiert wurden, lässt sich am klanglichen Ergebnis nicht mehr ablesen.

INFAMOUS

Im Videospiel INFAMOUS (Sucker Punch Productions/Sony Computer Entertainment, 2009) muss in einem postapokalyptischen Szenario der ehemalige Fahrradkurier Cole MacGrath in der durch eine Explosion zerstörten Stadt Empire City die öffentliche Ordnung wiederherstellen. Er selbst erhielt durch die Explosion Superkräfte, die ihn besonders weit springen und klettern lassen und zudem seinen Arm zu einer Art Elektronengewehr mutiert haben, mit dem er gegnerische Figuren eliminieren kann. Empire City wurde durch die Regierung von der Außenwelt abgeriegelt, nur hin und wieder erhalten die Bewohner_innen Versorgung aus der Luft. Sonst bleiben sie sich selbst überlassen. Es herrscht ein chaotisches Machtvakuum, in dem verschiedene Gangs Herrschaftsansprüche stellen. Die visuelle Ebene von INFAMOUS ist entsprechend düster und von Zeichen der Zerstörung bestimmt. Generell herrschen Verzweiflung und Missgunst. Auch die Klangwelt sollte dem Developerteam zufolge diesen Eindruck verstärken:

»The aesthetics of the world dictated the production techniques we were gonna apply. A lot of it was just a bunch of sound objects.«

Mit »›wounded‹ sounds« ging es um das klangliche Porträt einer »city that was in agony«.[4]

Im Interview gibt das Developerteam Hinweise auf ein kompositorisch-formales ›System‹, das die Intensität eines Kampfes misst und auf die musikalischen Geschehnisse überträgt. Hierfür wurden zunächst die Einzelspuren einer jeden Komposition in eine von drei Intensitätsstufen eingruppiert (geringe, mittlere und hohe Intensität). Sie werden dann, der aktuellen Handlungsdichte folgend, so verwendet, dass immer diejenigen Teile des Stückes erklingen, die eben diese handlungsbasierte Situation am besten unterstützen. Dabei ist zu bedenken, dass das Stück bzw. der Abschnitt eigentlich aus nur einem Teil besteht. Die Intensitätsstufen steuern daher weniger den zeitlichen Verlauf der Musik direkt als vielmehr die Anzahl der simultan abgespielten Klänge. Das System arbeitet also analog einer Layeringtechnik strukturakkumulativ bzw. -reduktiv. Die Komponisten[5] wurden über diese Technik jedoch nicht vorab informiert, sondern in ihrem Schaffen möglichst wenig beeinflusst. Die Vermutung liegt somit nahe, dass das Developerteam sowohl einschlägige Electronica-Künstler gesucht als auch deren Klangprodukte selbstständig in die Dramaturgie des Spielverlaufs implementiert hat.

Dass dabei die Wahl auch auf Amon Tobin fiel, überrascht kaum: Tatsächlich erscheint seine Klangwelt auch außerhalb von INFAMOUS ähnlich düster, zerklüftet und entrückt. Seine zum Soundtrack beigesteuerten Titel[6] stellen daher keine Extravaganz in seinem sonstigen Schaffen dar. Vielmehr ergibt sich eine Fortführung dessen, was er in seinem Album *Foley Room* schon im Jahre 2007 begonnen hatte: das Sampeln von nicht primär musikalisch-instrumentalem Material und dessen anschließende Manipulation. Nahm Tobin für *Foley Room* noch Klänge aus unterschiedlichsten Bereichen auf (Tierlaute, Maschinengeräusche

4 Wired, *Amon Tobin and the Music of »Infamous«*, 6. Juni 2009, <www.youtube.com/watch?v=yqWvheuVf6w> (Abruf am 21. März 2017).

5 Neben Amon Tobin zählten dazu noch Jim Dooley, Mel Wesson, JD Mayer und Martin Tilman.

6 Von den insgesamt 23 Tracks hat Amon Tobin sechs eigene und weitere vier in Kooperation mit den anderen Produzenten beigesteuert.

usw.), so lag der Fokus in INFAMOUS klar auf dem Paradigma der verwundeten, gequälten Stadt, dem es klanglich nahezukommen galt.

Im genannten Videointerview demonstriert das Sony-Personal den Klang eines alten Metallregals, dessen Böden durch Streichen mit einem Violoncello-Bogen in Schwingung versetzt werden. Ferner sieht man eine selbstgebaute, auf dem Rücken liegende große Trommel, auf deren Membran lose verteilt eine Handvoll Erbsen liegt; die Membran wiederum wird von einem gespannten Gummiband durch Ziehen und Loslassen zum Klingen gebracht. Solche »invented sounds« bilden das klangliche Rückgrat der Musik zu INFAMOUS. Über die ursprünglichen Klangerzeuger kann im Folgenden allerdings nur spekuliert werden: Im Vordergrund steht abermals die Klangwirkung.

Stampton Bridge

Eine konventionelle, auf der Partiturdarstellung basierte Analyse ist hier – ähnlich wie bei einer Vielzahl popularmusikalischer Klangbeispiele – nicht möglich. Kann man aber sonst oftmals immerhin auf Transkriptionen der Instrumentalstimmen zurückgreifen, so steht man bei einem Stück wie *Stampton Bridge* vor der Frage, wie sich das Gehörte *überhaupt* in eine oder mehrere Notenzeilen übertragen lassen soll: Da die Mehrzahl der Klänge nicht in Tonhöhen oder Rhythmen spezifiziert ist, ergibt ein ›klassischer‹ Transkriptionsansatz wenig Sinn.

Elektronische Musik lebt wie kaum ein anderes Pop-Genre vom *Sound*: von Effekten und vom Effekt, sicherlich auch vom Affekt. Im Zentrum meiner Untersuchung stehen somit der Klang und seine Gestaltungsprinzipien, weniger seine Herkunft. Ich schlage in diesem Zusammenhang vor, verschiedene Hörperspektiven einzunehmen, um dadurch auf möglichst differenzierte Weise Informationen über einzelne Klangphänomene zu sammeln. Systematisieren möchte ich sie folgendermaßen:

- frei assoziatives Hören (Bilder, Stimmungen, Atmosphäre etc.)
- instrumentalassoziatives Hören
- gegenstandsassoziatives Hören
- aktionsassoziatives Hören (etwa ›Rühren‹ oder ›Reiben‹)
- grafisches Hören (durch direktes Zeichnen beim Hören)
- traditionelle Hörtechniken (Rhythmen, Tonhöhen, Formabschnitte, Dynamik)
- produktionsorientiertes Hören (durch die Bezugnahme auf übliche Produktionstechniken wie Reversing, Verzerrung, Filtering, Panning etc.)

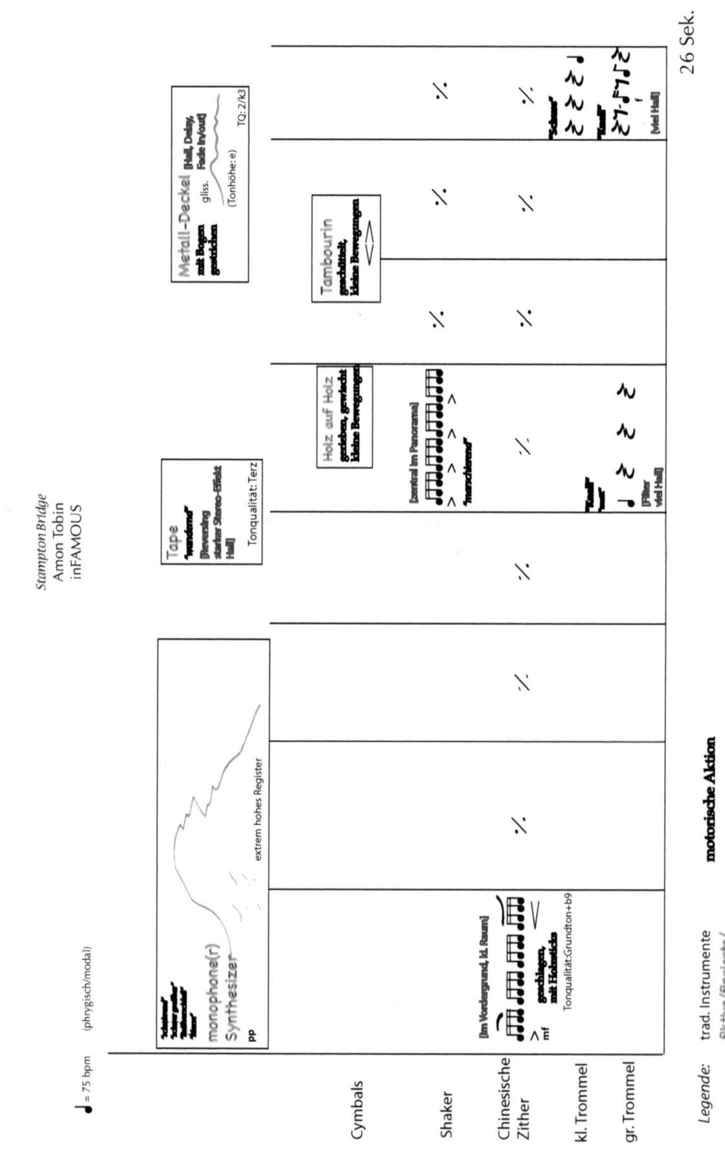
Stampton Bridge
Amon Tobin
inFAMOUS
♩ = 75 bpm
(phrygisch/modal)
monophone(r) Synthesizer
pp
extrem hohes Register
[im Vordergrund, kl. Raum]
mf
geschlagen, mit Holzsticks
Tonqualität:Grundton+b9
Tape
„wandernd“
[Reversing starker Stereo-Effekt Hall]
Tonqualität: Terz
Holz auf Holz
gerieben, gewischt kleine Bewegungen
[zentral im Panorama]
„marschierend“
[Filter viel Hall]
Tambourin
geschüttelt, kleine Bewegungen
Metall-Deckel
mit Bogen gestrichen
gliss.
[Hall, Delay, Fade in/out]
(Tonhöhe: e)
TQ: 2/k3
f
[viel Hall]
26 Sek.
Cymbals
Shaker
Chinesische Zither
kl. Trommel
gr. Trommel
Legende:
trad. Instrumente
fiktive/fingierte/imaginierte Instrumente
[Produktionstechniken]
motorische Aktion
„Assoziationen“
trad. Parameter

- strukturadditives Hören (welcher Klang kommt hinzu, welcher wird entfernt etc.)
- synthspezifisches Hören (Wellenformen, Filter-Typen, Attack-Intensität etc.)

Dadurch erhält man Einblicke in verschiedenste Strukturen und Strukturierungen eines Stückes. Ich möchte zwei kurze Ausschnitte vorstellen, die ich auf dieser Basis phänomenologisch-höranalytisch untersucht habe. Die links abgebildete Klangübersicht ist zunächst in acht ›Takte‹ eingeteilt. Sie unterscheidet die eindeutiger zuzuordnenden Klänge am linken Rand von den weniger klaren Klangschichten in den rechteckigen Kästchen. Sofern für die Rhythmik konventionelle Notation genutzt werden konnte, wurde davon auch Gebrauch gemacht. Die oben genannten Hörperspektiven stehen voneinander getrennt; jede soll ein Klangphänomen auf ihre jeweils spezifische Weise den Hörperspektiven entsprechend beschreiben. Die Transkription stellt somit eine Hybridlösung aus konventioneller Notation und multi-assoziativer Klangbeschreibung dar.

The Courier

In meiner zweiten Skizze auf der folgenden Seite schlage ich einen weiteren Abstraktionsgrad zur Charakterisierung und Ordnung unterschiedlicher Klangtypen vor. Darunter verstehe ich überwiegend perkussive, flächige, geräuschhafte und tonhöhenspezifische Klangphänomene. Nicht immer sind sie klar voneinander zu trennen, aber gleichwohl halte ich die Unterscheidung mit Blick auf eine Veranschaulichung trotz recht subjektiver Bewertungskriterien für hilfreich und daher sinnvoll. Neben wenigen Aspekten konventioneller Notation finden sich hier Rahmen, die entsprechend ihrer Klangtypen vertikal, ihrer Klangdauern horizontal geordnet sind. Jedes einzelne Kästchen enthält sodann möglichst viele Ansätze zur Beschreibung des Klangphänomens:

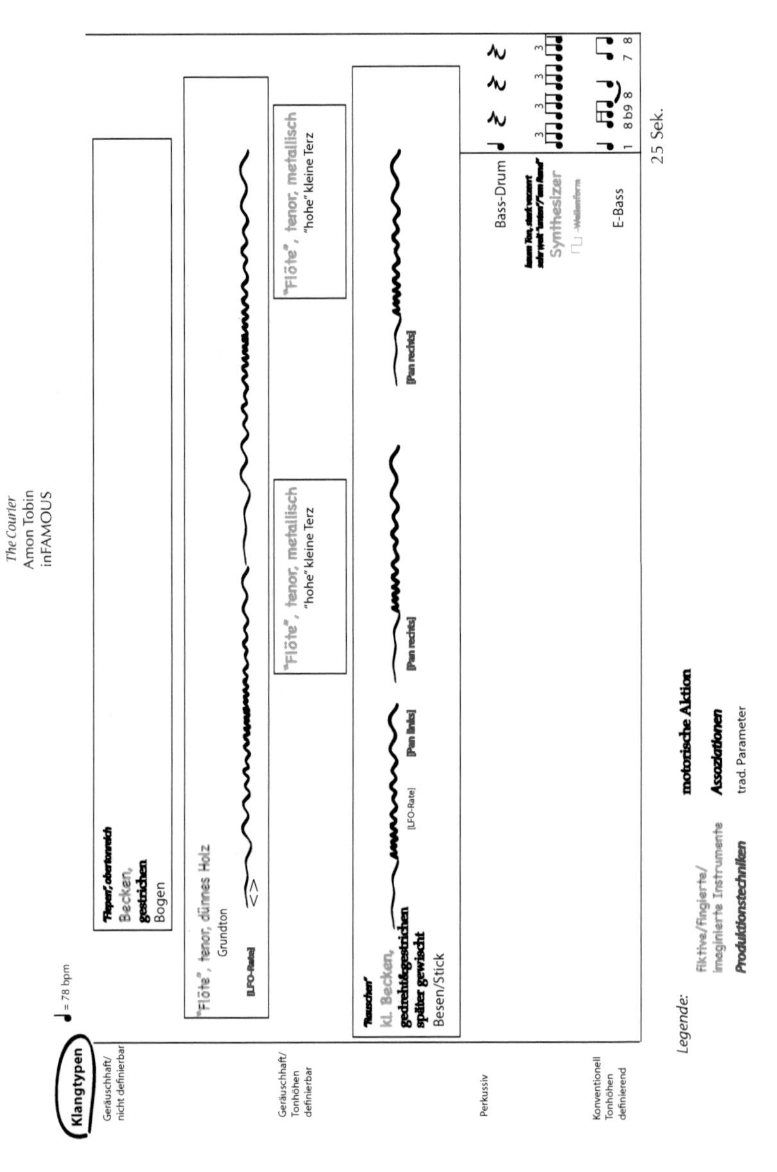
The Courier
Amon Tobin
inFAMOUS
Klangtypen
= 78 bpm
Geräuschhaft/ nicht definierbar
Geräuschhaft/ Tonhöhen definierbar
Perkussiv
Konventionell Tonhöhen definierend
"Papier", obertonreich
Becken, gestrichen
Bogen
"Flöte", tenor, dünnes Holz
Grundton
[LFO-Rate]
"Flöte", tenor, metallisch
"hohe" kleine Terz
"Flöte", tenor, metallisch
"hohe" kleine Terz
"Rauschen"
kl. Becken, gedreht&gestrichen später gewischt
Besen/Stick
[LFO-Rate]
[Pan links]
[Pan rechts]
[Pan rechts]
Bass-Drum
Synthesizer
E-Bass
1 8 b9 8 7 8
25 Sek.
Legende:
fiktive/fingierte/ imaginierte Instrumente
Produktionstechniken
motorische Aktion
Assoziationen
trad. Parameter

Erweitert man abschließend den Betrachtungswinkel nochmals, so ergibt sich auf Basis der Höranalysen ein Gesamtbild, in dem ich meine Hypothesen zu Klangfeldern in der (neueren) Musik Amon Tobins in vier Ebenen zusammenfasse.

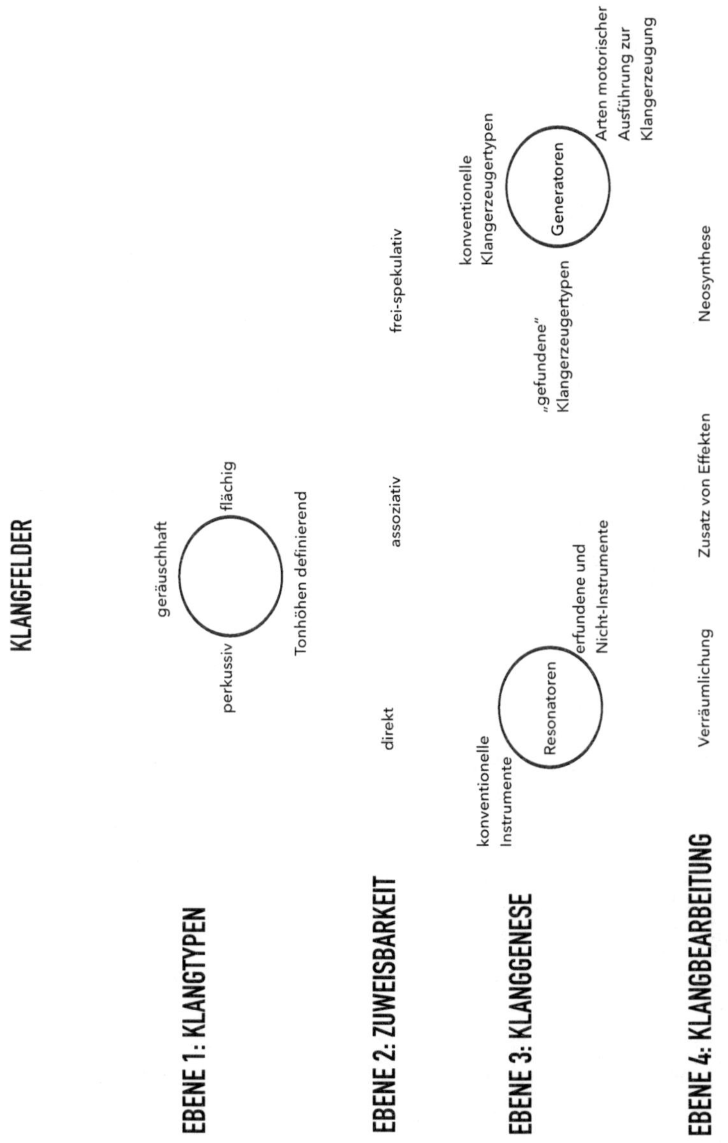

Ebene 1 beschreibt den unmittelbaren Höreindruck und teilt ihn in vier grundsätzliche Klangtypen ein. Auf Ebene 2 unterscheide ich zwischen verschiedenen Zuweisbarkeiten, um den Grad der Abstraktion und der subjektiven Perspektive zu verdeutlichen. Ebene 3 differenziert die Kategorien von Klangresonatoren und Klanggeneratoren. Die vierte Ebene betrifft schließlich die Klangbearbeitung mittels digitaler oder sonstiger elektronischer Hilfsmittel, die sich von der Verräumlichung eines Klangs über das Hinzufügen von klangmodulierenden Effekten bis hin zur radikalen Neosynthese von Audiosamples erstrecken kann.

Diese Aufstellung etabliert somit ein Netz, das, mal grob- und mal feinmaschig, Hilfestellungen beim hörenden Erfassen solcher Musik geben kann. Die Reihenfolge der Ebenen orientiert sich dabei gewissermaßen an einem typischen Vorgehen des Produzenten: Zunächst werden verschiedene Klangquellen (Klangtypen) gesucht und gefunden, durch unterschiedliche Spielweisen zum Klingen gebracht und schließlich aufgenommen. Erst dann kommt es zur digitalen Bearbeitung, die sehr unterschiedlich ausfallen kann und letztlich zur Folge hat, dass die (Wieder-)Erkennung der Klänge teilweise sehr schwierig gerät. Auf diese Weise lässt sich einer Musik, die zuvorderst aus Soundcollagen und weniger aus ›klassischen‹ Tonzusammenhängen besteht, über ihr wichtigstes Anliegen begegnen, nämlich den Klang. Daher habe ich in meinen Skizzen den Tonsatz (sehr häufig sind Amon Tobins Stücke monothematisch gebaut und modal mit einem Hang zum Phrygischen organisiert) und die damit zusammenhängenden Aspekte nur rudimentär beachtet und festgehalten.

***

Im Schaffen von Amon Tobin stellt der Computer das wichtigste Werkzeug dar. Tobin speist ihn mit einer Vielzahl selbst erdachter und aufgenommener Sounds und nutzt ihn dann zur weiteren Manipulation dieser Klänge. Dieser Do-it-yourself- und Sample-basierte Zugang ist in der zeitgenössischen Elektroszene recht populär, weil er individuelle Klangmerkmale quasi garantiert, gleichzeitig aber von der Mehrzahl der Produzent_innen (und DJs) stets ähnlich – nämlich für die Erstellung von Drum-, Bass-, Lead- oder Pad-Sounds – eingesetzt wird. Bei Amon Tobin sind diese Elemente bzw. Instrumente nur rudimentär zu erkennen, durch die Fülle der unterschiedlichen Klänge sogar teilweise dekonstruiert. Im Bereich der »Intelligent Dance Music« vertritt er damit einen besonders individuellen Musik- und Kunsttypus, der mittlerweile – auch als Weiterentwicklung aufwändig gestalteter Cover-Art – live von visueller Performance begleitet wird. Diese

Entwicklung zur Verbildlichung seiner Klangwelten schlägt eine Brücke zurück zu seinen früheren Produktionen, auch zu seiner Videospielmusik. Es scheint, als hätten Tobins Beiträge zu CHAOS THEORY und INFAMOUS seine Vorliebe für düstere, gleichsam rissige Klangwelten aufgenommen und ihm durch ihre visuelle Ebene sowie die mit ihr verbundene Klangfindung zu einer neuen Ebene seines Schaffens verholfen: Der Titel seines letztes Albums, *ISAM* (2011), ist ein Akronym von »Invented Sound Applied to Music«, und die Musik wird bei Liveaufführungen stets von einem VideoJockey unterstützt.[7]

***

Mit Hilfe der im vorliegenden Beitrag vorgeschlagenen Klangfelderanalyse ist es möglich, schrittweise einen Zugang zu dieser Musik zu finden. Dieser Zugang geht von Klangassoziationen aus und verbindet diese auf unterschiedlichen Ebenen und Hörschwerpunkten. So entsteht im Prozess des Hörens eine immer genauere, ›greifbare‹ Übersicht über das Material. Die letztlich nicht überprüfbaren, auf subjektiver Erfahrung basierenden Ergebnisse setzen dieser Methode zugleich Grenzen: Es lässt sich beispielsweise kaum eruieren, wie Amon Tobin einen konkreten Klang im Einzelnen erzeugt hat – schließlich gehört dieses Wissen auch zum ›Geschäftsgeheimnis‹, und in Interviews werden lediglich fragmentarische Einblicke in die Arbeitsweise geboten. Betrachtet man meinen Zugang aber generell als Methode, so lässt sich durchaus ein Mehrwert ausmachen, mit dessen Hilfe man auch im Bereich der Hörschulung sowohl verschiedene Praktiken des Produzierens als auch den Umgang mit ›unkonventionellen‹ akustischen und synthetischen Instrumenten (in den hier untersuchten Beispielen von der chinesischen Zither bis zu den Standard-Wellenformen für Basssynthesizer) beschreiben kann. Andererseits könnte dieser Ansatz auch Möglichkeiten zur Erschließung einiger Klangwelten der ›Neuen Musik‹ bieten: So lassen sich beispielsweise nicht-tonhöhenspezifische Klangtypen in der »musique concrète instrumentale« aus dieser multiplen Perspektive höranalytisch erfassen. In diesem Sinne verstehe ich die hier vorgestellten Analyseversuche als vom Genre unabhängigen Ausgangspunkt für weiterführende Untersuchungen von Klang bzw. Sound.

---

7 Dibbletikijr, *Amon Tobin ISAM 1.0 Live HD DVD Quality*, 16. Dezember 2012, <www.youtube.com/watch?v=4Q_BDH2eQP4> (Abruf am 28. März 2017).

Nachwort

Musik und Computerspiele, oder: Wie das »Ludo-« in die Musikologie kam

Melanie Fritsch

Am 7. Februar 2007 führten Nicholas Tam (NT) und Guillaume Laroche (GL) ein Adium-Chat-Gespräch.[1] Für ein studentisches Sommerprojekt erdachten sie darin einen Neologismus, für den die beiden Gesprächspartner zwei Varianten vorschlugen:

> »*GL*: I kind of like the phrase ›ludological musicology‹ – I Googled it, and there are no hits. I can be a founding member of its academic study.
> *NT*: I prefer ›Ludomusicology‹. You'd be less likely to be targeted by a hit squad of linguists.
> *GL*: Ooh, I like it, too! [A minute's silence] No Google hits! Fabulous!«[2]

Heute, zehn Jahre später, bezeichnet dieses Wort tatsächlich eine ganze (kleine) Subdisziplin mit einem eigenen Literaturkorpus[3] und internationalen Forschungs-

1 Adium ist ein kostenloser Messengerdienst für macOS X.

2 Nicholas Tam, *Ludomorphballogy*, in: *Ntuple Indemnity. A Dossier of Fluctuating Curiosity*, 7. September 2007, <www.nicholastam.ca/2007/09/07/ludomorphballogy> (Abruf am 25. September 2017).

3 Vgl. zum Beispiel *Music and Game. Perspectives on a Popular Alliance*, hrsg. von Peter Moormann, Wiesbaden: Springer 2013; *Music in Video Games. Studying Play*, hrsg. von Kevin J. Donnelly, William Gibbons und Neil Lerner New York u. a.: Routledge 2014; Michael Austin, *Introduction – Taking Note of Music Games*, in: *Music Video Games. Performance, Politics, and Play*, hrsg. von dems., New York u. a.: Bloomsbury 2016 (Approaches to Digital Game Studies 4), S. 1–22; *Ludomusicology. Approaches to Video Game Music*, hrsg. von Michiel Kamp, Tim Summers und Mark Sweeney, Sheffield: Equinox Publishing 2016.

gruppen.[4] Die akademische Erforschung von Computerspielmusik war allerdings schon damals kein Novum mehr: Forscher_innen wie David Bessell, Zach Whalen, Nils Dittbrenner oder Karen Collins hatten bereits Artikel zum Thema publiziert oder sich in Abschlussarbeiten mit Themen wie Musik in Computerspielen oder Soundchipmusik befasst.[5] Folgerichtig stellte Michiel Kamp in seiner Ende 2016 vorgenommenen Auswertung des in der Bibliografie der Society for the Study of Sound and Music in Games gesammelten Literaturkorpus fest: »[T]he field did only really get off the ground in the early 2000s, with only sporadic publications in the 1980s and 1990s.«[6] Die bis dahin übliche Erzählung, dass der Gegenstand Computerspielmusik erst nach 2008 nachhaltiges Interesse auf sich zog, muss auf Basis von Kamps Erhebung korrigiert werden.

Dennoch markieren die Jahre 2007 und 2008 in zweierlei Hinsicht entscheidende Wendepunkte: Zum einen kamen 2008 mit Collins' Monografie *Game Sound* und dem von ihr herausgegebenen Sammelband *From Pac-Man to Pop Music* erstmals ganz dem Themenfeld Computerspielmusik bzw. Interactive Audio[7] gewidmete Publikationen heraus,[8] die von einem breiten Publikum inter-

---

4 Vgl. hierzu die Websites der Ludomusicology Research Group (seit 2012: <www.ludo musicology.org>), der North American Conference of Video Game Music (seit 2014: <www.vgmconference.weebly.com>), der AMS Ludomusicology Study Group (seit 2015: <www.gamemusicstudies.org>), der Ludomusicological Society of Australia (seit 2017: <www.ludomusicologysociety.com.au>) sowie der Dachorganisation Society for the Study of Sound and Music in Games (seit 2016: <www.sssmg.org>).

5 David Bessell, *What's that Funny Noise? An Examination of the Role of Music in »Cool Boarders 2«, »Alien Trilogy« and »Medievil 2«*, in: *Screenplay. Cinema/Videogames/Interfaces*, hrsg. von Geoff King und Tanya Krzywinska, London: Wallflower Press 2002, S. 136–144; Zach Whalen, *Play Along – An Approach to Videogame Music*, in: *Game Studies – The International Journal of Computer Game Research* 4/1, 2004, <www.game studies.org/0401/whalen> (Abruf am 19. September 2017); Nils Dittbrenner, *Soundchip-Musik. Computer- und Videospielmusik von 1977 bis 1994*, Magisterarbeit, Universität Lüneburg 2005; Karen Collins, *From Bits to Hits. Video Games Music Changes its Tune*, in: *Film International* 12/1, 2005, S. 4–19.

6 Michiel Kamp, *Bibliography Reflections*, 19. Dezember 2016, <www.sssmg.org/wp/2016/ 12/19/bibliography-reflections> (Abruf am 25. September 2017).

7 Anders als die Ludomusicology interessiert sich die Forschung zu Interactive Audio auch für interaktive Musiksysteme jenseits von Computerspielen, zum Beispiel funktionale Klänge oder interaktive Sound Art. Die Forschung zu Game Audio (Musik, Sprachausgabe, Soundeffekte) bildet darin einen Teilbereich, während sich die ludo-

national wahrgenommen wurden. Zum anderen wurde im August 2007 auf der Website der University of Alberta in den »Faculty News« über Laroches oben genanntes Sommerprojekt berichtet, in dessen Rahmen er sich mit Kōji Kondōs Kompositionen für die LEGEND OF ZELDA-Serie (Nintendo/Nintendo, seit 1986) befasste. Dieser Bericht ist die erste bekannte Quelle, in welcher der im oben genannten Chat-Gespräch erdachte Neologismus genannt und definiert wurde:

> »Over the summer, Laroche has been doing research on an area that is both unique and relatively unheard of – ludomusicology. An emerging research area, ludomusicology is the study of video game music from an academic perspective.«[9]

Neun Monate später, im Mai 2008, fand sich im Programm des EthNoise!-Symposions zum Thema *Musical Meaning and its Media[tion]* an der University of Chicago der Vortragstitel »*Rock Band* and the Birth of Ludomusicology«. Der Vortragende war Roger Moseley, der den Begriff unabhängig von Laroche ebenfalls erdacht hatte. Wenngleich das Wort in Zusammenhang mit Laroches Projekt schon vor Moseleys Vortrag verwendet wurde, hat Letzterer die Perspektive des Feldes bereits zu dieser Zeit über den Gegenstand ›Musik in Computerspielen‹ hinaus erweitert:

> »Whereas Laroche's deployment of the term has reflected a primary interest in music *within* games, I am more concerned with the extent to which music might be understood as a mode of gameplay. [...] Bringing music and play into contact in this way offers access to the undocumented means by which composers, designers, programmers, performers, players, and audiences interact with music, games, and one another.«[10]

---

musikologische Forschung auf die Musik konzentriert, jedoch auch die Verwendung außerhalb digitaler Spiele als weiteren Gegenstandsbereich einbezieht.

8 Karen Collins, *Game Sound. An Introduction to the History, Theory, and Practice of Video Game Music and Sound Design*, Cambridge, Mass., und London: MIT Press 2008; *From Pac-Man to Pop Music. Interactive Audio in Games and New Media*, hrsg. von ders., Aldershot: Ashgate 2008.

9 University of Alberta, *Music To a Gamer's Ears*, 22. August 2007, <www.ualberta.ca/arts/faculty-news/2007/august/musictoagamersears> (Abruf am 25. September 2017).

10 Roger Moseley, *Playing Games with Music (and Vice Versa). Ludomusicological Perspectives on »Guitar Hero« and »Rock Band«*, in: *Taking It to the Bridge. Music as Performance*, hrsg. von Nicholas Cook und Richard Pettengill, Ann Arbor: University of Michigan Press 2013, S. 279–318, hier S. 283.

Diese Grundidee hat Moseley in seinem 2016 veröffentlichten Buch *Keys to Play*[11] ausführlich weiterverfolgt, wobei ihm die zum Spielen benötigte Tastatur der jeweiligen Instrumente und Spielapparaturen als verbindendes Element der Betrachtung diente. Er war und ist jedoch bei weitem nicht der einzige, der sich für solche Fragen interessiert: Heute, im Jahre 2017, ist die Ludomusicology vor allem im englischsprachigen Raum fest etabliert. Neben den eingangs erwähnten speziellen ludomusikologischen Jahrestagungen und Forschungsgruppen gibt es mittlerweile auch auf Symposien wie zum Beispiel der Jahreskonferenz der britischen Royal Musical Association eigene Panels, die unter diesem Label abgehalten werden. Neben der Musik in Computerspielen selbst, Musikspielen und musikalischen Praktiken der Computerspielkultur jenseits der Spiele (wie zum Beispiel Live-Konzerte, Chiptunes, fankulturelle Formen wie Gamefilk[12] oder Tribute Songs) rückt der sowohl von Laroche als auch von Moseley angesprochene und im Begriff der *Ludo*musicology bereits verankerte Konnex zur (Computer-) Spielforschung – und in der Folge die Frage nach einem Verständnis von Musik als spielerischer Praxis – immer stärker in den Fokus des Interesses.

Umso erstaunlicher ist daher, dass Ludomusikolog_innen und Computerspielforscher_innen bislang eher nebeneinander her existierten. Obschon die Game Studies bzw. die Computerspielforschung aufgrund der Hybridität ihres Gegenstandes ausgesprochen interdisziplinär sind, wie es der vorliegende Band geradezu paradigmatisch demonstriert, rekrutiert sich die Ludomusicology bis auf wenige Ausnahmen noch immer vornehmlich aus den Reihen der Musikwissenschaft. Dabei zeigen die hier versammelten Beiträge, wie sehr eine Betrachtung solcher Teilaspekte des Mediums Computerspiel wie der Musik aus *unterschiedlichen* Perspektiven (Musikwissenschaft, Musiktheorie usw.) und eine Gegenüberstellung der Zugänge und Erkenntnisse verschiedener Fächer lohnt. Entsprechend groß war das Vergnügen, den vorliegenden Band zu lesen, der nicht nur diese weite ›Hafenrundfahrt‹ unternimmt, sondern zugleich der Beschäftigung mit

11 Roger Moseley, *Keys to Play. Music as a Ludic Medium from Apollo to Nintendo*, Oakland: Luminosa 2016.

12 Vgl. Karen Collins, *Playing with Sound. A Theory of Interacting with Sound and Music in Video Games*, Cambridge, Mass.: MIT Press 2013, S. 108–111; Melanie Fritsch, *»It's a-me, Mario!« Playing with Video Game Music*, in: *Ludomusicology. Approaches to Video Game Music*, hrsg. von Michiel Kamp, Tim Summers und Mark Sweeney, Sheffield: Equinox Publishing 2016, S. 92–115.

Musik, die in Game-Studies-Bänden sonst eher am Rande vorkommt, ausführlicheren Raum gibt.

Dieses Nachwort ist insofern als Aufruf zu verstehen, die Vielfalt der am Gegenstand Computerspiel untersuchbaren Teilphänomene auch in Bezug auf klangliche Aspekte als eine Chance zu begreifen, über Fachgrenzen und (vermeintliche) ›Zuständigkeiten‹ hinauszudenken. Während dies in der Computerspielforschung nach anfänglichen Grabenkämpfen, die unter dem Label der »Ludologie vs. Narratologie«-Debatte[13] berühmt-berüchtigt geworden sind, inzwischen immer mehr der Fall ist, könnte eine Beschäftigung auch mit den genannten ludomusikologischen Gegenständen zum Beispiel aus Perspektive der Philosophie, der Designforschung, der Literaturwissenschaft sowie der Fan-, Gender- oder Performanceforschung neue Zugänge und Erkenntnisse zu Tage fördern, die in dieser Form bisher vielleicht noch gar nicht verhandelt worden sind. Umgekehrt könnten ludomusikologische und musik-/theaterwissenschaftliche Fragestellungen für den Diskurs der Computerspielforschung fruchtbringend sein und das Nachdenken über Phänomene des Spiels und Spielens befeuern.

Wenngleich es allzu verführerisch wäre, weiter ins Detail zu gehen, will ich mich im Folgenden darauf beschränken, einige Aspekte aus der ludomusikologischen Debatte aufzugreifen, um mögliche Einstiege und Anknüpfungspunkte für solche zukünftigen Betrachtungen aufzuzeigen.

Sowohl Michael Austin[14] als auch Anahid Kassabian und Freya Jarman[15] weisen auf Ähnlichkeiten von Musik und (Computer-)Spielen hin, wobei sie vor allem auf eine Betrachtung der Musik als spielerischer Praxis fokussieren. In beiden Fällen handele es sich um flüchtige Phänomene, die auf einem Set von Regeln basieren und erst *durch das Spielen*, das heißt durch die aktiven Handlungen von Spieler_innen bzw. Performer_innen, in einer wie auch immer gearteten Aufführung eine besondere ästhetische Wirkung entfalten.[16]

---

13 Vgl. hierzu z. B. Benjamin Beil, *Game Studies – eine Einführung*, Berlin: LIT 2013, S. 26 bis 32; Jesper Juul, *Half-Real. Video Games between Real Rules and Fictional Worlds*, Cambridge, Mass.: MIT Press 2005, S. 15–17; Frans Mäyrä, *An Introduction to Game Studies. Games in Culture*, London: Sage UK 2008, S. 8–10.

14 Vgl. Michael Austin, *Introduction – Taking Note of Music Games* (wie Anm. 3).

15 Anahid Kassabian und Freya Jarman, *Game and Play in Music Video Games*, in: *Ludomusicology. Approaches to Video Game Music*, hrsg. von Michiel Kamp, Tim Summers und Mark Sweeney, Sheffield: Equinox Publishing 2016, S. 116–132.

16 Vgl. hierzu auch den Beitrag von Britta Neitzel in diesem Band (S. 179–192).

»Playing music, especially for fun, can be uncertain and even make-believe, giving the singer or instrumentalist freedom to experiment or even improvise or compose new music; likewise, video games allow players to unlock new levels previously unknown to them, and they introduce players to fantasy worlds and narratives that are often far from the realities of day-to-day life. [...] And finally, both games and music are governed by rules. Not only are games governed by the stated rules [...], but games are also regulated by rules that are left unstated [...]. Music is also bound by a corresponding set of explicit and implicit rules: Pianists are taught to sit a certain way and play with ›proper technique‹, playing the music the ›correct way‹ (itself governed by traditions, part-writing rules, harmonic conventions, etc.).«[17]

Bei einer Annäherung aus ludomusikologischer Perspektive geht es also darum, den *Prozess* des Spielens und die ästhetische[18] Wirkung mit in die Betrachtung einzubeziehen. Dabei gilt es zugleich soziokulturelle Kontexte zu berücksichtigen, in deren Rahmen das Spielen eines Musikstücks oder eines Spiels stattfindet. Statt also *ausschließlich* nach einer wie auch immer gearteten, im Objekt oder im ›Werk‹ verborgenen Bedeutung zu fragen, die vermittelt werden soll und die von den Rezipient_innen entweder ›richtig‹ oder ›falsch‹ verstanden werden kann, kommt vielmehr eine Betrachtung unter dem Vorzeichen einer Ereignisästhetik[19] zum Zuge, wie auch Graeme Kirkpatrick allgemein in Bezug auf Computerspiele formuliert:

---

17 Vgl. Michael Austin, *Introduction – Taking Note of Music Games* (wie Anm. 3), S. 4f.

18 Zur Frage der Ästhetik vgl. Daniel Martin Feiges Beitrag in diesem Band (S. 15–33, hier S. 25–33).

19 Mit »Ereignis« beschreibt die Theaterwissenschaftlerin Erika Fischer-Lichte »eine je bestimmte, meist nur bedingt beeinflußbare Konstellation, aus der heraus etwas geschieht, das sich so nur dieses eine Mal ereignen kann. [...] Für die Ereignishaftigkeit der Aufführung ist die Emergenz dessen, was geschieht, wichtiger als das, was geschieht, und als die Bedeutungen, die man ihm später, d. h. nach dem Ereignis beilegen mag«: *Performativität und Ereignis*, in: *Performativität und Ereignis*, hrsg. von ders. u. a., Tübingen: Francke 2003, S. 11–37, hier S. 16f. – Zum Verständnis vom Spielen von Computerspielen als einer Form der Aufführung vgl. auch das Kapitel von Britta Neitzel im vorliegenden Band (wie Anm. 16); außerdem Melanie Fritsch, *Live Performance Games? Musikalische Bewegung sehen, hören und spielen*, in: *Bewegungen zwischen Hören und Sehen. Denkbewegungen über Bewegungskünste*, hrsg. von Stephanie Schroedter, Würzburg: Königshausen & Neumann 2012, S. 609–624.

»Every ›what's that?‹ is always attended by a ›what am I going to do?‹, or a doing. [...] Good game play is a dance, a form involving inner-subjective and outer-objective dimensions equally at each moment. For this reason we can say that the semblance in game interfaces is not a semblance (simulation, representation) *of* anything but the game itself.«[20]

An dieser Stelle ist jedoch einem Missverständnis vorzubeugen: Eine solche Perspektive verneint weder die Notwendigkeit objektbezogener Betrachtungen noch das grundsätzliche Vorhandensein von designseitig im Artefakt oder Text angelegten intendierten Bedeutungen, denn

»[t]o design is to create *meaning*. [...] The meaning of a sign does not reside within the sign itself, but from the surrounding system of which it is part. The meaningful play you provide for your players emerges from the designed system of a game – and how the game interacts with larger social and cultural systems.«[21]

Es geht also um eine Erweiterung des Blickwinkels und die Suche nach einem adäquaten Vokabular zur Beschreibung der Spiel-Erfahrung, was über das simple ›richtige‹ oder ›falsche‹ Verstehen der im Werk vermuteten Bedeutungen hinausgeht und es zugleich erlaubt, soziokulturelle Kontexte mit in die Analyse einzubeziehen. Neben spielerseitig vorhandenem Wissen um solche außerspielerischen Kontexte von Spielen und Musik, zum Beispiel aufgrund der Sozialisation in einem bestimmten Kulturkreis oder Vorerfahrungen mit bestimmten musikalischen Genres, Topoi oder Stereotypen,[22] können diesbezügliche Kenntnisse außerdem während des Spielens erworben werden, wenn etwa durch semiotische Aufladung der Konnex zwischen einem bestimmten Gegner und dessen musika-

20 Graeme Kirkpatrick, *Aesthetic Theory and the Video Game*, Manchester und New York: Manchester University Press 2011, S. 83.

21 Katie Salen und Eric Zimmerman, *Rules of Play. Game Design Fundamentals*, Cambridge, Mass.: MIT Press 2004, S. 46.

22 Isabella van Elferen spricht dabei insbesondere von »audio-visual literacies«, da im Computerspielbereich häufig auf bekannte Strategien der Vertonung aus anderen Medien wie etwa Film und Fernsehen zurückgegriffen wird. Vgl. hierzu ausführlich Isabella van Elferen, *Analysing Game Musical Immersion. The ALI Model*, in: *Ludomusicology. Approaches to Video Game Music*, hrsg. von Michiel Kamp, Tim Summers und Mark Sweeney, Sheffield: Equinox Publishing 2016, S. 32–52; siehe auch den Beitrag von Christoph Hust in diesem Band (S. 337–366).

lischem Leitmotiv hergestellt oder ein Gameplay-Ereignis, ein Ort oder eine Handlung mit einem bestimmten Musikstück verknüpft wird. Dies wird in Alexander Faschons in diesem Band vorgenommener Analyse des Musikspiels Loom (Lucasfilm Games/Lucasfilm Games, 1990; siehe S. 325–335) deutlich, wobei er zu Recht schreibt, dass Spieler_innen sich im Verlauf des Spiels einen diatonischen Tonvorrat *erarbeiten* (S. 329), den sie auf dem innerspielerischen Zauberstab spielen müssen, um in der Welt des Spiels handeln zu können. Die Notwendigkeit des Memorierens und der korrekten Repetition, das heißt die exakte Wiederholung der Tonfolgen, spielt dabei für das erfolgreiche Fortschreiten im Spiel eine zentrale Rolle.[23] Musik wird somit zu einem Codesystem, mit dessen Hilfe sich Spieler_innen die diegetische Welt des Spiels erschließen. Für das Spielen von Loom gilt deshalb gleichermaßen, was Kassabian und Jarman für das Spielen von Musik bemerkt haben, nämlich jene auch von Austin angesprochene Sichtweise von Musik als disziplinatorischem Akt und als Lernerfahrung:

> »In this sense, play means to have acquired the capacity to be creative with sounds, in many (but by no means all) musical contexts after years of study, whether alone or with a teacher.«[24]

Diese Aspekte des Erlernens und Erarbeitens, der beständigen Wiederholung und der Disziplinierung tauchen analog im Diskurs um Computerspiele auf.[25] Zudem verweist Loom durch die spezielle designseitige Einbindung von Musik als zentralem Element des Gameplays auf eine Reihe verschiedener Aspekte westlicher Musikgeschichte, die Carolyn Abbate in ihrem 2004 erschienenen Aufsatz *Music – Drastic or Gnostic?*[26] als paradox herausstellte: Werde Musik zum einen als ver-

---

23 Diesen Aspekt der Notwendigkeit einer fehlerfreien Wiedergabe von Vorgegebenem zeigt William Cheng anhand der Opern-Szene in Final Fantasy VI (Square/Square, 1994) auf. Durch eine solche Einbindung von Musik ins Computerspiel werde zugleich das repetitive Element in und das Denken über ein traditionelles Bild von ›westlicher Kunstmusik‹ paraphrasiert, die auf einem feststehenden Text basiere, den es möglichst unverfälscht wiederzugeben gelte. Vgl. hierzu William Cheng, *Soundplay. Video Games and the Musical Imagination*, New York u. a.: Oxford University Press 2014 (Oxford Music/Media), S. 73f.

24 Anahid Kassabian und Freya Jarman, *Game and Play* (wie Anm. 15), S. 121.

25 Vgl. hierzu den Beitrag von Markus Rautzenberg in diesem Band (S. 47–55).

26 Vgl. Carolyn Abbate, *Music – Drastic or Gnostic?*, in: *Critical Inquiry* 30/3, 2004, S. 505 bis 536.

klausuliertes Codesystem betrachtet, welches nur die entsprechend Geübten und mit den Codierungsregeln Vertrauten ›richtig‹ entschlüsseln bzw. lesen können und welches in der Folge mit technisch anmutenden Metaphern umschrieben wird, werde ihr zugleich eine Art magischer, entgrenzender Macht zugesprochen, eine Sichtweise, die sich zum Beispiel in Schriften von E. T. A. Hoffmann oder Arthur Schopenhauer wiederfindet.[27] Es ist genau jenes Spannungsfeld von disziplinatorischen/einengenden und liberatorischen/entgrenzenden Zuschreibungen, auf welche auch Austin sowie Kassabian und Jarman im weiteren Verlauf ihrer Betrachtungen verweisen. Abbate beklagt darüber hinaus, dass ein aus ihrer Perspektive wichtiger Aspekt in der wissenschaftlichen Beschäftigung mit Musik nicht vorgekommen sei, nämlich die Frage der aktiven körperlichen Involvierung eines Musikperformers während des Spielvorgangs und vor allem der ästhetischen Wirkung, die Musik auf den Körper sowohl der Performer_innen als auch der Rezipient_innen haben könne, »its capacity to inspire awe«.[28] Genau diese Fragen nach Embodiment,[29] der aktiven körperlichen Involvierung von Spieler_innen in den Spielvorgang[30] und nach einem »sensual play«[31] stellen sich ebenso im Diskurs der Computerspielforschung. Im Zusammenhang von Computerspielen und Musik rückt dieser Umstand allerdings besonders in den Vordergrund:

27 Siehe auch Nicholas Cook, *Beyond the Score. Music as Performance*, New York u. a.: Oxford University Press 2013.

28 Carolyn Abbate, *Music – Drastic or Gnostic?* (wie Anm. 26), S. 509.

29 Der Begriff der Verkörperung bzw. des Embodiments »eröffnet ein neues methodisches Feld, in dem der phänomenale Körper, das leibliche In-der-Welt-Sein des Menschen als Bedingung der Möglichkeit jeglicher kultureller Produktion figuriert. Das Konzept der Verkörperung soll entsprechend als eine methodische Korrekturinstanz gegenüber dem Erklärungsanspruch von Begriffen wie ›Text‹ oder ›Repräsentation‹ fungieren«: Erika Fischer-Lichte, *Performativität und Ereignis* (wie Anm. 19), S. 153f.

30 Vgl. hierzu z. B. Gordon Calleja, *In-Game. From Immersion to Incorporation*, Cambridge, Mass.: MIT Press 2011.

31 Simon Niedenthal, *What We Talk About When We Talk About Game Aesthetics*, in: *Breaking New Ground. Innovation in Games, Play, Practice and Theory. Proceedings of DiGRA 2009*, hrsg. von der Digital Games Research Association, <www.digra.org/wp-content/uploads/digital-library/09287.17350.pdf> (Abruf am 8. September 2017); vgl. auch Graeme Kirkpatrick, *Between Art and Gameness. Critical Theory and Computer Game Aesthetics*, in: *Thesis Eleven* 89/74, 2007, <the.sagepub.com/content/89/1/74> (Abruf am 20. September 2017).

> »Although the goal of many game developers is to create an immersive experience, the body cannot be removed from the experience of video game play [...] Unlike the consumption of many other forms of media, in which the audience is a more passive ›receiver‹ of a sound signal, game players play an active role in the triggering of sound events in the game.«[32]

Bei Musikspielen, die den Körper von Spieler_innen aufgrund der Gestaltung ihrer Peripheriegeräte auch für Außenstehende eindeutig sichtbar aktiv einbeziehen, wird der Aspekt der aktiven Involvierung besonders augenfällig. In der öffentlichen Debatte um Spiele wie GUITAR HERO (Harmonix Music Systems/Red Octane, seit 2006) oder ROCK BAND (Harmonix Music Systems/Electronic Arts, seit 2007) hat diese aktive Einbeziehung und die daraus resultierende Sichtbarkeit aufgrund des in allen Designelementen referenzierten kulturellen Kontextes der Rock- und Metalkultur zu hitzigen Diskussionen geführt.[33] Spieler_innen wurde vorgeworfen, sich ein Erlebnis zu ergaunern, welches ihnen nicht zustünde: das Rockstar-Erlebnis. Während ›echte‹ Rocker sich jahrelang mit Schweiß und Tränen mühsam hocharbeiteten, nähmen Spieler_innen einfach die Abkürzung über das Spiel, anstatt eine Gitarre zu ergreifen und es sich durch ›ehrliches‹ Üben zu verdienen.

Spieler_innen sahen sich in der Folge zu einer vorauseilenden Verteidigungshaltung gezwungen, indem sie zum Beispiel darauf verwiesen, dass sie durch das Spiel schließlich auch ›nützliche‹ Fertigkeiten und Kompetenzen wie Hand-

---

32 Karen Collins, *Game Sound* (wie Anm. 8), S. 3.

33 Zur Debatte um GUITAR HERO, ROCK BAND etc.: Kiri Miller, *Schizophonic Performance. Guitar Hero, Rock Band, and Virtual Virtuosity*, in: *Journal of the Society for American Music* 3/4, 2009, S. 395–429; dies., *Playing Along. Digital Games, YouTube, and Virtual Performance*, New York u. a.: Oxford University Press 2012; David Roesner, *Der »Guitar Hero« zwischen Musizieren und Performen*, in: *Bewegungen zwischen Hören und Sehen. Denkbewegungen über Bewegungskünste*, hrsg. von Stephanie Schroedter, Würzburg: Königshausen & Neumann 2012, S. 591–607; Melanie Fritsch, *Live Performance Games?* (wie Anm. 19); Melanie Fritsch und Stefan Strötgen, *Relatively Live: How to Identify Live Music Performances*, in: *Music and the Moving Image* 5/1, 2012, S. 47–66; Roger Moseley, *Playing Games with Music (and Vice Versa)* (wie Anm. 10); David Arditi, *Virtual Jam. A Critical Analysis of Virtual Music Game Environments*, in: *Music Video Games. Performance, Politics, and Play*, hrsg. von Michael Austin, New York: Bloomsbury 2016, S. 177–194.

Augen-Ohr-Koordination oder dergleichen erwerben.[34] Dass das Spielen von GUITAR HERO und Co. seinerseits der Übung bedarf und sich Spieler_innen in langer, teils nicht minder mühsamer Arbeit die Songs auf den verschiedenen Schwierigkeitsstufen nach und nach erschließen, wurde dabei entweder übersehen oder mit Bemerkungen wie »hast du denn kein Leben?« ins Lächerliche gezogen.[35] Dabei rückt ein Umstand in den Blick, den Daniel Martin Feige in seinem Text in diesem Band anspricht, nämlich die spezifische Medialität von Spielhandlungen.[36] Dass dies bei solchen Musikspielen noch genauerer Betrachtung bedarf, hat Kiri Miller herausgearbeitet, denn »shooting another character in a video game doesn't put a real bleeding corpse in your living room, but pressing buttons or hitting drum pads on game-controller instruments brings forth real music.«[37] Zwar *produzieren* die Spieler_innen die Musik nicht, sondern sorgen mit Hilfe ihrer Spielfertigkeiten lediglich dafür, dass die Aufnahme eines anderen Musikers (im Falle von GUITAR HERO: des Studiogitarristen) erklingen könne, so Miller weiter. Zudem sei ihnen deutlich bewusst, dass es sich um ein Spiel handele. Dennoch werde das Musik-Erlebnis »as ›real‹ as the other musical experiences«[38] wie zum Beispiel das Hören von aufgezeichneter Musik empfunden. Solche Fragen der »realness«, Authentizität und Echtheit von spielerischen Musikperformances, die auf diese Weise hervorgebracht werden, und in der Folge die Frage nach dem Verhältnis der Spieler_innen zu Spiel und Musik beschäftigen den ludomusikologischen Diskurs nach wie vor.

Verkürzen wir an dieser Stelle: Die ludomusikologische Forschung geht mittlerweile über Musik in Computerspielen und Musikspiele hinaus und fragt gleichermaßen danach, wie die Musikforschung von einer Betrachtung ihrer Gegen-

---

34 Vgl. hierzu ausführlich Kiri Miller, *Schizophonic Performance* (wie Anm. 32).

35 Vgl. hierzu ebd., S. 405f. Bei männlichen Spielern, die ihre Spielfertigkeiten auf YouTube präsentieren, werden mit schnippischen Fragen wie »hast du keine Freundin?« oder mit der Vermutung von Homosexualität häufig auch Rückschlüsse auf deren Sexualleben versucht. Miller vermutet dahinter eine direkte Verbindung zu Männlichkeitsdiskursen und -symbolen der Referenzkultur; vgl. ebd., S. 419f. Zu Genderaspekten im Computerspiel vgl. auch den Beitrag von Hanna Fink in diesem Band (S. 57–72).

36 Vgl. dazu den Beitrag von Daniel Martin Feige zum vorliegenden Band, S. 15–33, hier S. 23.

37 Kiri Miller, *Schizophonic Performance* (wie Anm. 32), S. 408.

38 Ebd.

stände unter dem Vorzeichen des Spielerischen profitieren könnte – wie Isabella van Elferen mit Bezug auf Abbate zusammenfassend formuliert hat:

> »Ludomusicology can lead to a New Drastic Musicology: an intellectual engagement with videogame music that is just as rooted in immediacy, interactivity and playfulness as the object with which it concerns itself.«[39]

Es war mein Ziel, im Rahmen dieses Nachwortes aufzuzeigen, wie nahe die in diesem Feld aufgeworfenen Fragestellungen und Überlegungen an den übrigen Diskursen der Computerspielforschung liegen, und dazu einzuladen, einen interdisziplinären Dialog fortzusetzen, der das »Ludo-« im Neologismus »Ludomusicology« aufgreift und vielleicht noch einmal neues Licht auf die unter diesem Label bisher angestellten Überlegungen wirft.

---

39 Isabella van Elferen, *Ludomusicology and The New Drastic*, Vortrag im Rahmen der Tagung *Ludomusicology 2014*, <www.academia.edu/10373287/Ludomusicology_and_The_New_Drastic> (Abruf am 20. September 2017).

Anhang

Über die Autorinnen und Autoren

Ineke Borchert ist freiberufliche Kulturmanagerin sowie Lektorin mit dem Schwerpunkt wissenschaftliches Lektorat in den Kunst-, Kultur- und Geschichtswissenschaften und studiert Musikwissenschaft in Leipzig. Seit 2011 arbeitet sie als wissenschaftliche Hilfskraft an den Instituten für Musikwissenschaft der Universität Leipzig und der Hochschule für Musik und Theater »Felix Mendelssohn Bartholdy«. Derzeit leitet sie das Künstlerische Betriebsbüro des Internationalen Festivals für Vokalmusik »a cappella« Leipzig und ist Assistentin des Geschäftsführers beim Internationalen Jazzfestival Women in Jazz in Halle (Saale). Mehr unter <www.ineke.de>. E-Mail: ineke.borchert@googlemail.com.

Barbara Büscher ist Professorin für Medientheorie, Mediengeschichte und Intermedialität an der Hochschule für Musik und Theater »Felix Mendelssohn Bartholdy« Leipzig. Sie wurde 1985 promoviert und habilitierte sich 2003 an der Universität Leipzig mit einer Arbeit über *Live Electronic Arts und Intermedia – die sechziger Jahre. Über den Zusammenhang von Performance und zeitgenössischen Technologien, kybernetischen Modellen und minimalistischen Kunst-Strategien*. Ihre aktuellen Forschungsschwerpunkte sind die Medialität der Artefakte von Performance-Archiven, Schnittstellen zwischen Theater/Performance und Medien sowie Raum als konstituierender Parameter von Kunst-Anordnungen. Von 2012 bis 2017 leitete sie gemeinsam mit Franz Anton Cramer (Universität der Künste Berlin) das Forschungsprojekt *Verzeichnungen. Medien und konstitutive Ordnungen von Archivprozessen der Aufführungskünste*. Seit 2017 leitet sie gemeinsam mit Annette Menting (Hochschule für Technik, Wirtschaft und Kultur Leipzig) das Forschungsprojekt *Architektur und Raum für die Aufführungskünste: Entwicklungen seit den 1960er Jahren*. Sie ist Initiatorin und Mitherausgeberin des Online-Journals *MAP – Media | Archive | Performance*, <www.perfomap.de>. Aktuelle Veröffentlichung: *Fluid Access. Archiving Performance-Based Arts* (2017, hrsg. gemeinsam mit Franz Anton Cramer). E-Mail: barbara.buescher@hmt-leipzig.de.

ANDREAS CAPEK, geboren 1985 in Wien, studierte Deutsche Philologie und Theater-, Film- und Medienwissenschaft an der Universität Wien. 2013 schrieb er seine Diplomarbeit zum Thema *Interactive Fiction als literarische Form* (<urn:nbn:at:at-ubw:1-30098.20061.204259-5>). Er war Gründungsmitglied des von 2010 bis 2014 bestehenden Videospielgeschichte-Blogs und -Podcasts *Bildschirmsprünge* (Archiv unter <bildschirmsprung.net/podcast>) und als Vortragender an der Veranstaltungsreihe *Zockotron* im Wiener Museumsquartier beteiligt. Heute ist er als freier Journalist tätig (u. a. für VICE Austria) und betreibt den Podcast *#gamerdate* unter <www.gamerdate.at>. E-Mail: andreas.capek@univie.ac.at.

KRYSTOFFER DREPS, aufgewachsen im Ruhrgebiet, studierte ab 2003 zunächst Musik und Politikwissenschaft in Berlin, nach einem Aufenthalt als DAAD-Stipendiat in Kolumbien (2006) dann von 2007 bis 2014 in Leipzig Jazztrompete (Diplom 2011), Musiktheorie und Komposition. Er ist als freischaffender Komponist, Trompeter und Pädagoge tätig und nimmt Lehraufträge für Musiktheorie, Gehörbildung, Arrangement, Komposition und Improvisation in Leipzig, Münster und Osnabrück wahr. Seit 2017 arbeitet er als Lehrkraft für besondere Aufgaben an der Musikhochschule Münster. 2010 erschien sein Buch *Béla Bartók im Jazz. Zur Bedeutung des Komponisten im Schaffen von Richie Beirach und Woody Shaw.* Mehr unter <www.krystoffer.com>. E-Mail: krystoffer@posteo.de.

DANIEL ERNST (geb. 1988) studierte Schulmusik und Musiktheorie in München sowie Musikwissenschaft in Leipzig. Im Studienjahr 2011/12 war er als ERASMUS-Student im Fach Klavier an Det Kongelige Danske Musikkonservatorium in Kopenhagen zu Gast. 2007 erhielt er den Kulturförderpreis seiner Heimatstadt Straubing. Er war bzw. ist für verschiedene Institutionen wie das Bayerische Staatstheater am Gärtnerplatz, den Bayerischen Rundfunk und die Musikhochschule in München tätig. Darüber hinaus verfasst er Einführungstexte zu Musik des 16. bis 21. Jahrhunderts und widmet sich in verschiedenen Arbeiten historischen Traktaten (beispielsweise Meinrad Spieß' *Tractatus Musicus*), slawischer Musik, Orchestergeschichte sowie populärer Musik, speziell der des Zeitraums zwischen 1900 und 1950. Mehr unter <www.daniel-ernst.com>. E-Mail: daaernst@gmail.com.

ALEXANDER FASCHON studiert Musikwissenschaft in Leipzig. Bis 2016 war er wissenschaftliche Hilfskraft am Institut für Musikwissenschaft der Universität Leipzig und am GRASSI Museum für Musikinstrumente. Seit 2017 arbeitet er als wissenschaftliche Hilfskraft an der Hochschule für Musik und Theater »Felix

Mendelssohn Bartholdy«. Zu seinen Schwerpunkten zählen neben der Musik im Videospiel insbesondere die Geschichte der Musiktheorie (18. bis 20. Jahrhundert), Musikästhetik und die Musik des 18. bis 20. Jahrhunderts. E-Mail: ac.faschon@hotmail.de.

Daniel Martin Feige studierte zunächst Jazzpiano in Amsterdam, dann Philosophie, Germanistik und Psychologie an den Universitäten Gießen und Frankfurt am Main. 2009 wurde er an der Johann Wolfgang Goethe-Universität Frankfurt am Main im Fach Philosophie promoviert. Von 2009 bis 2015 war er wissenschaftlicher Mitarbeiter im Sonderforschungsbereich 626, *Ästhetische Erfahrung im Zeichen der Entgrenzung der Künste*. Seit 2015 ist er als Juniorprofessor für Philosophie und Ästhetik unter besonderer Berücksichtigung des Designs an der Staatlichen Akademie der Bildenden Künste in Stuttgart tätig. 2017 habilitierte er sich an der Freien Universität Berlin und erhielt die Venia legendi in Philosophie. Seine Forschungsschwerpunkte sind die Philosophische Ästhetik und Philosophie der Kunst, Deutscher Idealismus, Philosophische Hermeneutik, Theoretische Philosophie und Philosophie des Designs. Monografien: *Kunst als Selbstverständigung* (2012), *Philosophie des Jazz* (2014), *Computerspiele. Eine Ästhetik* (2015), *Design. Eine philosophische Analyse* (2018). E-Mail: daniel.feige@abk-stuttgart.de.

Hanna Fink studierte Kunstgeschichte und Musikwissenschaft an der Universität zu Köln sowie aktuell Musiktheorie und Musikwissenschaft an der Folkwang Universität der Künste in Essen. Mitte 2016 rief sie dort die Studierendengruppe *Gender@Folkwang* ins Leben. Ihre Forschungsschwerpunkte sind Neue Musik, Gender Studies sowie historische Musiktheorie. Neben ihrer universitären Laufbahn betätigt sie sich im Kulturmanagement und ist u. a. Managerin des Ensembles *hand werk* in Köln. Sie spielt Klavier und Cembalo und ist nebenamtliche Kirchenmusikerin in Köln und im Ruhrgebiet. E-Mail: hanna.fink@web.de.

Melanie Fritsch war von 2008 bis 2013 als wissenschaftliche Mitarbeiterin am Forschungsinstitut für Musiktheater der Universität Bayreuth in Forschung und Lehre tätig, wo sie nach dem Magisterabschluss an der Freien Universität Berlin ihre Dissertation zum Thema *Performing Bytes. Musikperformances der Computerspielkultur* schreibt. Sie ist Herausgeberin der Ausgabe 2 von *ACT – Zeitschrift für Musik und Performance* (*Playing Music – Video Games and Music*, 2011) sowie des *Cambridge Companion to Video Game Music* (zusammen mit Timothy Summers, in Vorbereitung) und war von 2014 bis 2015 Mitglied des vom britischen Arts and

Humanities Research Council geförderten Netzwerks *Guitar Heroes in Music Education? Music-Based Video Games and Their Potential for Musical and Performative Creativity.* Ferner ist sie im Organisationsteam der Ludomusicology Research Group sowie des researching games BarCamp aktiv und ist Mitbegründerin und Vorstandsmitglied der Society for the Study of Sound and Music in Games. Weitere Forschungsschwerpunkte sind Liveness, virtuelle Welten, Musik als Performance, Tanz- und Theatergeschichte. Twitter: @myfritsch, E-Mail: melaniefritsch@arcor.de.

Arno Görgen studierte von 2001 bis 2008 an der Universität Augsburg Europäische Kulturgeschichte. Nach dem Masterabschluss arbeitete er an den medizinhistorischen Instituten der Universitäten Ulm und Köln, seit 2012 ist er Mitglied des Fellowship-Programms *Innovationen in der Hochschullehre* des Deutschen Stifterverbandes und der Baden-Württemberg-Stiftung. Derzeit ist er am Institut für Geschichte, Theorie und Ethik der Medizin der Heinrich-Heine-Universität in Düsseldorf beschäftigt. Dort forscht er vorrangig zu medizin- und medienhistorischen Diskursen der Gewalt an Kindern sowie zu Repräsentationen biomedizinischen Wissens in popkulturellen Artefakten. Twitter: @pachukipachuki, E-Mail: arno.goergen@uni-duesseldorf.de.

Christoph Hust studierte Musikpädagogik, Musiktheorie, Musikwissenschaft, Anglistik und Buchwissenschaft. 2003 wurde er im Fach Musikwissenschaft promoviert, 2008 habilitierte er sich. Nach Tätigkeiten in Mainz und Bern arbeitet er seit 2011 am Institut für Musikwissenschaft der Hochschule für Musik und Theater »Felix Mendelssohn Bartholdy« Leipzig, seit 2016 dort am gemeinsamen Zentrum für Musikwissenschaft der Universität und Musikhochschule. Monografien: *August Bungert – ein Komponist im deutschen Kaiserreich* (2005), *»Gründlich und mit Geschmack gesezt«. Untersuchungen zur Sinfonie im ›nördlichen Deutschland‹ um 1790* (2011), *Athanasius Kircher und die Verzeichnung der Musik. Zur Konzeption, Ordnung und Repräsentation des musikalischen Universalwissens zwischen 1630 und 1650* (2015). E-Mail: christoph.hust@gmx.de.

Josef Köstlbauer ist Historiker an der Universität Bremen. Er studierte Geschichte, Kunstgeschichte sowie Publizistik und Kommunikationswissenschaften in Wien, New Orleans und Berlin. 2011 wurde er mit einer Arbeit zu kolonialen Grenzräumen in Nordamerika in der Frühen Neuzeit an der Universität Wien promoviert. Zu seinen Forschungsschwerpunkten zählen die Geschichte der Atlantischen Welt von 1600 bis 1800, Kulturgeschichte des digitalen Spiels, Grenzen und Grenzziehungsprozesse, Europabegriffe und Europavorstellungen der Frühen Neuzeit. Von 2012 bis 2015 war er Mitarbeiter des FWF-Projekts *Diskurs- und kunsthistorische Untersuchung barocker Erdteilallegorien im Süden des Heiligen Römischen Reiches*. Seit Mai 2016 ist er Mitarbeiter des ERC-Projekts *The Holy Roman Empire and Its Slaves* an der Universität Bremen, wo er eine Arbeit zu Mission und Sklaverei in der Herrnhuter Brüdergemeine im 18. Jahrhundert vorbereitet. E-Mail: josef.koestlbauer@uni-bremen.de.

Juliane Männel arbeitet seit 2008 als Produktionsleiterin und Dramaturgin für Rimini Protokoll. Außerdem ist sie Mitglied des Künstlerkollektivs Savoy um den Bühnenbildner und Regisseur Dominic Huber. Als Regie-Assistentin und Produktionsleiterin betreute sie Projekte von Hans-Werner Kroesinger, Hannah Hurtzig / Mobile Akademie sowie Peaches / Solistenensemble Kaleidoskop. Von 2003 bis 2007 studierte sie Dramaturgie an der Hochschule für Musik und Theater in Leipzig und arbeitet dort seit Juni 2016 an einer Dissertation zum Thema *Spielmaterial Archiv: Performative Spielanordnungen als Formen der Wissensaneignung und als Zugänge zu Archivprozessen von Aufführungen*. E-Mail: j.maennel@gmx.de.

René Meyer arbeitet in Leipzig als Journalist mit dem Schwerpunkt Computer und digitale Medien, vor allem für die *Frankfurter Allgemeine Zeitung*. Er ist Autor von mehr als 60 Fachbüchern. Sein 1992 gegründetes Redaktionsbüro *Die Schreibfabrik* betreibt eine Reihe von Online-Magazinen rund um Computerspiele. Sein Privatmuseum *Haus der Computerspiele* wurde als weltgrößte Sammlung von Spielkonsolen ins *Guinnes-Buch der Rekorde* aufgenommen und stellt regelmäßig auf Messen und Festivals aus. Mit Partnern wie der Hochschule für Technik, Wirtschaft und Kultur Leipzig und der Koelnmesse richtet er Veranstaltungen wie die Lange Nacht der Computerspiele in Leipzig und die Retro-Schau auf der Gamescom in Köln aus. Meyer ist Mitglied der Jury des Gamescom Awards. Neben seinen Aktivitäten rund um das *Haus der Computerspiele* wird er zu Vorträgen und Diskussionen sowie von Fernseh- und Radiosendern eingeladen. Mehr unter <www.schreibfabrik.de>. E-Mail: meyer@schreibfabrik.de.

Britta Neitzel ist Medienwissenschaftlerin mit den Arbeitsschwerpunkten Game Studies, mediale Räume und Orte sowie Intermedialität des Performativen. Sie wurde im Jahre 2000 in Weimar promoviert und schloss ihre Habilitationsschrift im Jahre 2017 ab. Sie war wissenschaftliche Mitarbeiterin an der Bauhaus-

Universität Weimar, der Universität Kassel und der Universität Siegen, Vertretungsprofessorin für Medientheorie und Mediengestaltung an der Technischen Universität Chemnitz, Vertretungsprofessorin für Medienwissenschaften an der Johann Wolfgang Goethe-Universität Frankfurt am Main, Gastprofessorin an den Universitäten Tampere und Linz sowie Gastwissenschaftlerin für Techniktheorie und -geschichte an der Hochschule für Bildende Künste Braunschweig. Sie gründete gemeinsam mit Rolf F. Nohr die AG Games der Gesellschaft für Medienwissenschaft. – Veröffentlichungen (Auswahl): *»The Cake Is a Lie!« Polyperspektivische Betrachtungen des Computerspiels am Beispiel von Portal* (2015), hrsg. gemeinsam mit Rolf F. Nohr und Thomas Hensel; *Performing Games – Intermediality and Videogames*, in: *Handbook of Intermediality*, hrsg. von Gabriele Rippl (2015); *Theorien des Computerspiels. Zur Einführung* (2012, gemeinsam mit Benjamin Beil, Philipp Bojahr, Thomas Hensel, Timo Schemer-Reinhard und Jochen Venus). Mehr unter <www.britta-neitzel.de>. E-Mail: mail@britta-neitzel.de.

Eugen Pfister lehrt Geschichte an der Universität Wien und ist wissenschaftlicher Mitarbeiter am Institut für Kulturwissenschaften und Theatergeschichte der Österreichischen Akademie der Wissenschaften. Er hat Geschichte und Politikwissenschaft an der Universität Wien und an der Université Paris IV – Sorbonne studiert. 2013 wurde er in co-tutelle an der Università degli Studi di Trento und an der Johann Wolfgang Goethe-Universität Frankfurt am Main promoviert. Zu seinen Forschungsschwerpunkten zählen Digitale Spiele, Politische Kommunikation, Mediengeschichte, Geschichte der Europäischen Integration, Kulturwissenschaften, Kollektive Identitäten und Gedächtniskultur. Er ist Gründungsmitglied des Arbeitskreises Geschichtswissenschaft und Digitale Spiele und betreibt unter der URL <spielkult.hypotheses.org> den Blog *Spiel Kultur Wissenschaften. Mythen im digitalen Spiel.* 2014 erschien sein Buch *Europa im Bild. Imaginationen Europas in Wochenschauen in Deutschland, Frankreich, Großbritannien und Österreich 1948 bis 1959*. E-Mail: eugen.pfister@univie.ac.at.

Markus Rautzenberg ist Philosoph und Medientheoretiker und wurde 2007 nach einem Studium der Germanistik, Philosophie und Theaterwissenschaften als Stipendiat des Graduiertenkollegs *Körper-Inszenierungen* im Fach Philosophie mit einer Arbeit zum Thema *Zeichen – Störung – Materialität* promoviert. Dem schloss sich ein Postdoc-Stipendium am Graduiertenkolleg *InterArt* an, worauf eine Anstellung als wissenschaftlicher Mitarbeiter am Institut für Philosophie der Freien Universität Berlin folgte. Von 2011 bis 2014 leitete er dort das Projekt

Evokation. Zur non-visuellen Macht der Bilder der Deutschen Forschungsgemeinschaft. Seit 2016 ist er Professor für Philosophie an der Folkwang Universität der Künste in Essen. Forschungsschwerpunkte: Medientheorie, Bildtheorie, Ästhetik, Epistemologie, Philosophie des Computerspiels. – Veröffentlichungen (Auswahl): *Ungründe. Perspektiven prekärer Fundierung* (2016, zusammen mit Juliane Schiffers); *Hide and Seek. Das Spiel von Transparenz und Opazität* (2010) und *Trial and Error. Szenarien medialen Handelns* (2014, beide zusammen mit Andreas Wolfsteiner); *Die Gegenwendigkeit der Störung. Aspekte einer postmetaphysischen Präsenztheorie* (2009). E-Mail: markus.rautzenberg@folkwang-uni.de.

Clarissa Renner schloss an der Abteilung für Alte Musik der Hochschule für Musik und Theater »Felix Mendelssohn Bartholdy« Leipzig ein Gesangsstudium mit Auszeichnung und am Herder-Institut der Universität Leipzig das Studium »Deutsch als Fremdsprache« ab. Aktuell belegt sie zudem den Masterstudiengang Musikwissenschaft. Sie schrieb ihre Bachelorarbeit über die Gemeinsamkeiten des Rhythmus in Sprache und Musik und erstellte eine kritische Edition der Litanei in C von Johann Franz Xaver Sterkel. In letzter Zeit hat sie intensiv zur Musikpraxis bei den Piraten des 17. und 18. Jahrhunderts geforscht. Neben ihrer wissenschaftlichen Tätigkeit ist sie weiterhin auf verschiedenen Bühnen zu erleben und leitet Integrationskurse. E-Mail: clarissa.thiem@gmx.de.

Klaus Rettinghaus wuchs in Berlin als Sänger beim Staats- und Domchor auf. Zunächst absolvierte er ein Physikstudium an der Technischen Universität Berlin. Nach dem Diplom studierte er Musikwissenschaft und evangelische Theologie an der Humboldt-Universität zu Berlin. 2012 wurde er mit einer Arbeit zu Otto Nicolais geistlichen Werken promoviert. Ab 2002 war er als Notenwart und wissenschaftlicher Berater beim Staats- und Domchor Berlin beschäftigt, 2004/05 zusätzlich Teil einer Projektgruppe am Staatlichen Institut für Musikforschung. Seit 2011 ist er wissenschaftlicher Mitarbeiter des Projekts *Bach Repertorium* der Sächsischen Akademie der Wissenschaften zu Leipzig, angesiedelt im Bach-Archiv Leipzig. Außerdem arbeitet er als Lehrbeauftragter an der Hochschule für Musik und Theater »Felix Mendelssohn Bartholdy« in Leipzig. Er ist Mitglied im Technical Team der *Music Encoding Initiative* und als Herausgeber tätig (Schwerpunkt geistliche Chormusik). Zudem entwickelt er Tools für die Digital Humanities. Twitter: @rettingklaus, E-Mail: klaus.rettinghaus@gmail.com.

MARTIN ROTH studierte Japanologie sowie Kommunikations- und Medienwissenschaften an der Universität Leipzig und an der Waseda University (Japan). Von 2010 bis 2014 forschte er als angestellter Doktorand im VICI-Projekt *Beyond Utopia – New Politics, the Politics of Knowledge, and the Science Fictional Field of Japan* (Prof. Dr. Chris Goto-Jones) an der Universität Leiden und als Gastforscher an der Tokyo University an seinem Dissertationsprojekt zu den politischen Ausdrucksmöglichkeiten japanischer Videospiele. 2014 wurde er an der Universität Leiden mit dieser Arbeit promoviert (*Disruptive Conflicts in Computopic Space. Japanese SF Videogames as Sources of Otherness and Radical Political Imagination*). Seit Januar 2015 ist er Juniorprofessor für Japanologie an der Universität Leipzig und arbeitet zum Themenfeld »Japan im Zeitalter der neuen bzw. digitalen Medien«. Er ist Gründer der Initiative zur Erforschung japanischer Videospiele *[j]Games* und koordiniert die Arbeitsgruppe *#digitalegegenwart* an der Universität Leipzig. Seit 2014 ist er bei der Fachzeitschrift *Asiascape: Digital Asia* verantwortlich für Rezensionen. E-Mail: martin.roth@uni-leipzig.de.

STEFAN SCHUBERT arbeitet als wissenschaftlicher Mitarbeiter am Institut für Amerikanistik der Universität Leipzig. Nach seinem Masterabschluss in Amerikanistik mit einer Arbeit zur Narrativität und Interaktivität in Videospielen (2011) promoviert er zum Thema *Narrative Instability in Contemporary American Popular Culture* innerhalb der amerikanistischen Literatur- und Kulturwissenschaft. Zu seinen weiteren Forschungsinteressen zählen Populärkultur, Game Studies, Gender Studies sowie zeitgenössische und postmoderne US-amerikanische Literatur. 2011 war er Mitausrichter der Konferenz *American Pornographies. Consumerism, Sensationalism, and Voyeurism in a Global Context*, seit 2009 war er mehrmals Mitherausgeber, zuletzt General Editor von Ausgaben des Graduiertenjournals *as/peers. emerging voices in american studies*, <www.aspeers.com>. Zuletzt erschien sein Aufsatz *Objectivism, Narrative Agency, and the Politics of Choice in the Video Game BIOSHOCK* (in: *Poetics of Politics. Textuality and Social Relevance in Contemporary American Literature and Culture*, hrsg. von Sebastian M. Herrmann u. a., 2015). E-Mail: stefan.schubert@uni-leipzig.de.

STEPHAN SCHWINGELER ist Professor für Game Design an der Media Akademie – Hochschule Stuttgart. Er gehört international zu den Vorreitern der Game Studies. Sein erstes Buch mit dem Titel *Die Raummaschine* (2008) analysiert Raum und Perspektive in Computerspielen. Sein zweites Buch *Kunstwerk Computerspiel – Digitale Spiele als künstlerisches Material* (2014) untersucht die Strategien der

Game Art. Er leitete das GameLab der Staatlichen Hochschule für Gestaltung Karlsruhe und hat das Next Level Festival als Beiratsmitglied und Berater begleitet. Als Kurator war Schwingeler u. a. verantwortlich für die Ausstellung *ZKM_Gameplay* im ZKM | Zentrum für Kunst und Medien. Schwingeler hat zahlreiche internationale Ausstellungen verantwortet. Die Ausstellung *Global Games* untersuchte Games als politische Medien, während *New Gameplay* die Kunstform des Computerspiels im Nam June Paik Art Center in Südkorea zeigte. Gemeinsam mit dem Goethe-Institut kuratierte er die Ausstellung *Games and Politics*, die in einer Welttournee in 40 Länder um den Globus reist. Zudem kuratierte er die *GameZone* des Internationalen Trickfilmfestivals Stuttgart und bereitet derzeit eine Ausstellung im Ludwigforum in Aachen vor. E-Mail: stephanschwingeler@gmail.com.

Jasmin Solfaghari, geboren in Freiburg im Breisgau, wuchs in Teheran / Iran und in ihrer Heimatstadt auf. Sie absolvierte ihr Regie-Studium bei Götz Friedrich in Hamburg. Es folgten u. a. Stationen als Spielleiterin an der Hamburgischen Staatsoper, inszenierende Oberspielleiterin am Stadttheater Bremerhaven und Oberspielleiterin an der Deutschen Oper Berlin. Sie inszeniert ein sehr umfangreiches Repertoire von Barock bis Moderne im In- und Ausland. Seit 2005 ist sie Mitglied der Künstlerischen Leitung der Festlichen Operngala der Deutschen AIDS-Stiftung an der Deutschen Oper Berlin und seit 2013 Jury-Vorsitzende des Nachwuchspreises der Richard-Wagner-Stiftung Leipzig. Jasmin Solfaghari ist ebenso im Bereich der Opernvermittlung tätig. Sie kreierte die Erzählerfigur Luna, mit der sie bereits *Figaros toller Tag, Der Ring in 100 Minuten, La Cenerentola* und *Der Freischütz für Kinder* von Wien über Leipzig bis Berlin sehr erfolgreich auf die Bühne brachte. Die ehemalige Professorin der Hochschule für Musik und Theater »Felix Mendelssohn Bartholdy« Leipzig ist seit vielen Jahren in der Ausbildung junger Sängerinnen und Sänger tätig. Sie leitet internationale Meisterkurse und hält Vorträge in Deutschland, Italien, Israel, den USA und in Brasilien. Ein langjähriger Lehrauftrag verband sie mit der Hochschule für Musik Dresden. Aktuell arbeitet sie an ihrer Dissertation über Getränke auf der Opernbühne am Musikwissenschaftlichen Institut der Universität Tübingen. Jasmin Solfaghari ist Autorin des *Opernführers für Einsteiger. Deutsch-Alemannisch und Deutsch-Sächsisch*, der 2017 im Schott-Verlag erschienen ist. Mehr unter <www.solfaghari.com>. Twitter: @solfaghari, E-Mail: jasmin@solfaghari.de.

Yvonne Stingel-Voigt studierte Musikwissenschaft und Germanistik an der Humboldt-Universität und der Technischen Universität Berlin. Nach ihrer Tätigkeit in der Presse- und Öffentlichkeitsarbeit u. a. für die Technische Universität Berlin (*sound and music computing conference* 2008) wurde sie 2013 mit der Dissertation *Musik in Videospielen* an der Freien Universität Berlin promoviert, die 2014 als *Soundtracks virtueller Welten. Musik in Videospielen* veröffentlicht wurde. Danach folgten ein Referendariat und das Zweite Staatsexamen zur Lehrerin mit fachwissenschaftlicher Ausbildung in zwei Fächern. Aktuell ist sie im Berliner Schuldienst tätig und unabhängige Forscherin in den Bereichen Jugend- und Medienforschung und Musik, Sound und Sprache in Videospielen. Publikationen und Vorträge zu Computerspielen, zur Musikgeschichte und zur Medienpädagogik. Mehr unter <www.yvonne-stingel.de>. E-Mail: info@yvonne-stingel.de.

Asita Tamme studierte zunächst Schulmusik und Französisch (MA) an der Hochschule für Musik und Theater »Felix Mendelsohn Bartholdy« und der Universität Leipzig (mit einer Abschlussarbeit im Fach Musikwissenschaft zum Exotismus in John Williams' Indiana Jones-Scores) sowie Integrative Musiktheorie (MA) und Komposition mit dem Schwerpunkt Pop (BA) an der Folkwang Universität der Künste in Essen. Sie ist als freischaffende Musikerin, Komponistin, Musiktheoretikerin und Musikpädagogin tätig. Neben zahlreichen musikalischen Projekten wie dem Bowriders String Quartet und Theaterproduktionen gilt ihr Interesse der aktuellen Musiktheorie sowohl in der Lehre als auch in der Forschung. An der Würzburger Hochschule für Musik lehrt sie Musiktheorie und Gehörbildung. Mehr unter <www.asitatamme.de>. E-Mail: asita.tamme@googlemail.com.

Alexandra Vinzenz ist nach ihrem Studium der Kunstgeschichte und Musikwissenschaft an der Universität Mainz seit 2015 als wissenschaftliche Mitarbeiterin am Institut für Europäische Kunstgeschichte der Universität Heidelberg beschäftigt. Zuvor arbeitete sie von 2012 bis 2014 und 2009/10 am Kunstgeschichtlichen Institut der Philipps-Universität Marburg. 2014 wurde sie an der Johannes Gutenberg-Universität Mainz mit der Dissertation *Vision ›Gesamtkunstwerk‹. Performative Interaktion als künstlerische Form* promoviert, die 2018 im transcript Verlag erscheinen wird. Sie ist Mitherausgeberin des Sammelbandes *Neue Körper – Neue Räume* (2012, gemeinsam mit Franziska Maria Scheuer und Christiane Starck) und eines Buchs zur *Mainzer Universitätsarchitektur 1938–1998* (2008, gemeinsam mit Birgit Kita, Laura Heeg und Catharina Lathomus). Ihre Forschungsschwerpunkte liegen in Kunst und Kunsttheorie der Moderne, der Ästhetik des Stummfilms und der Architekturgeschichte des 20. Jahrhunderts. E-Mail: a.vinzenz@zegk.uni-heidelberg.de.

Personenregister

Wird eine Person nur in den Anmerkungen genannt, so ist die Seitenzahl mit * markiert.

A

Abbate, Carolyn | 392f., 395
Abraham, Michael | 292
Adamowsky, Natascha | 201, 212f.
Adkisson, Jonelle | 350
Adorno, Theodor W. | 109, 123f.. 158*
Agamben, Giorgio | 121f.
Anderson, Tim | 145
Anthropy, Anna | 150
Arendt, Hannah | 111–113, 116, 123f.
Arneson, Dave | 145
Arterton, Gemma | 363
Atkinson, Clinton | 228
Austin, Michael | 389f., 392

B

Babieno, Peter | 249*
Bach, Johann Sebastian | 285, 288, 340
Badasov, Edward | 339*
Balian von Ibelin | 361*
Balzac, Honoré de | 258
Barlow, Sam | 142
Barthes, Roland | 146, 260*
Bataille, Georges | 54
Bates, Robert (Bob) | 143
Bateson, Gregory | 51f.
Baumgarten, Alexander Gottlieb | 25
Beethoven, Ludwig van | 30, 220, 221, 224, 225, 340, 348
Berlioz, Hector | 224, 228
Beuys, Joseph | 38
Bhabha, Homi | 112f., 118
Bielatowicz, Peter | 249*
Bizet, Georges | 341
Blank, Marc | 145
Bloch, Robert | 255
Blow, Jonathan | 46*
Böhmermann, Jan | 292
Bonnet, Stede | 232
Bonny, Anne | 244f.
Borges, Jorge Luis | 139f., 145, 146
Bosch, Hieronymus | 49, 259
Bowden, Oliver | 359*
Brahms, Johannes | 341
Brasiliano, Rock | 238*
Brecht, Bertolt | 121
Breton, André | 256
Brown, Dan | 356f.

Butler, Judith | 52, 70
Byron, George Gordon | 228

C

Cage, John | 201, 203
Čajkovskij, Pëtr Il'ič | 330f., 333
Campbell, Joseph | 346f., 365
Cavanagh, Terry | 279
Cervantes, Miguel de | 145
Charpentier, Albert | 269f.
Chatwood, Stuart | 351–354, 355, 365f.
Chopin, Fryderyk | 224, 340
Clark, Andrew | 296f.
Coleridge, Samuel | 346
Collins, Karen | 386f.
Corrie, Julian | 287
Courbet, Gustave | 259
Crowther, William | 141, 143, 144, 146, 148
Curtiz, Michael | 227*

D

Dalí, Salvador | 256
Daniels, Bruce | 145
Danto, Arthur C. | 30, 37*, 44*
Defoe, Daniel | 227*
Delacroix, Eugène | 25
Deleuze, Gilles | 116, 146
Derrida, Jacques | 146
Dille, Flint | 108
Dinkla, Söke | 42f., 44
Djawadi, Ramin | 287
Dooley, Jim | 374*
Drake, Francis | 237*
Duchamp, Marcel | 38, 46
Dvořák, Antonín | 341
Dylan, Bob | 288

E

Ebert, Roger | 35*, 36, 37*
Eco, Umberto | 249, 264, 366*
Egg, Augustus Leopold | 258

F

Fanon, Frantz | 112f.
Feng Mengbo | 38f.
Ferdausi | 352f.*, 363*
Fitzgerald, Ella | 341, 343
Fontana, Lavinia | 258f.
Foucault, Michel | 146, 199f., 260*
Freeman, Kyle | 343
Freud, Sigmund | 50, 255, 260*
Friedrich, Caspar David | 261
Füssli, Johann Heinrich | 258. 260
Furukawa, Kiyoshi | 45

G

Gage, Zach | 22
Gilbert, Ron | 246f.
Goffman, Erving | 51f.
Gogh, Vincent van | 25
Goodman, Nelson | 33
Goscinny, René | 339*
Gould, Irving | 277*
Goya, Francisco de | 258, 259, 260f.
Gregson-Williams, Harry | 363
Guattari, Félix | 146

Gygax, Gary | 145
Gyllenhaal, Jake | 363

H

Händel, Georg Friedrich | 340
Harrison, Avril | 345*
Haug, Helgard | 208
Haydn, Joseph | 223
Haywood, Thomas | 228
Heartscape, Porpentine Charity | 141, 150f.
Heemskerk, Joan | 31, 38
Hegel, Georg Wilhelm Friedrich | 18*, 26
Hegen, Hannes | 227*
Herman, David | 159
Herri met de Bles | 259
Herrmann, Bernard | 341
Hesiod | 332f.
Hirst, Damian | 38
Hitchcock, Alfred | 255, 341
Hobbes, Thomas | 112*
Hoffmann, Ernst Theodor Amadeus 283, 393
Holland, Tom | 254*
Homer | 145
Horkheimer, Max | 158*
Houston, James | 286, 287
Huber, Dominic | 208, 210
Hülsbeck, Chris | 276, 290, 291
Huizinga, Johan | 43, 96
Huppertz, Gottfried | 357

I

Ingold, Jon | 152
Iser, Wolfgang | 250, 263
Itō, Mamoru | 116f.

J

Jackson, Steve | 142
Jameson, Fredric | 108, 122
Jarman, Freya | 389, 392
Jarre, Maurice | 342, 343
Johnson, Charles | 227*, 230*, 244f.*
Johnson, Robin | 143
Joyce, Michael | 141, 142, 147

K

Kaegi, Stefan | 210*
Kant, Immanuel | 20, 25
Kaprow, Allan | 194, 203
Karatani, Kōjin | 108
Kassabian, Anahid | 389, 392
Kemp, Wolfgang | 250
King, Stephen | 256
Kingsley, Ben | 363
Kirkpatrick, Graeme | 390f.
Kirnberger, Johann Philipp | 297
Kjellberg, Felix Arvid Ulf | 190f.
Klimas, Chris | 149
Klotz, Heinrich | 42, 43
Kojima, Hideo | 110, 119
Kondō, Kōji | 287, 290, 292, 312, 387
Kopas, Merritt | 150
Koster, Raphael (Raph) | 118
Krueger, Myron | 42f.

Kubrick, Stanley | 256–258, 284
Kyd, Jesper | 357–361, 368

L

Land, Michael | 299f., 327
Lang, Fritz | 254
Laroche, Guillaume | 385, 387, 388
Lebling, Dave | 145
Lessing, Gotthold Ephraim | 29
Livingstone, Ian | 142
Lucas, George | 342*, 346

M

Martin, Trayvon | 85
Marx, Karl | 48
Mayer, JD | 374*
McConnell, Peter | 299f., 327
McIntosh, Jonathan | 60, 62
Mechner, Francis | 341–346
Mechner, Jordan | 337*, 338f.*, 339–350, 351, 352*, 353*, 363, 364
Meier, Sid | 245
Méliès, Georges | 364
Mendelssohn Bartholdy, Felix | 223, 340
Mersch, Dieter | 209, 213, 216, 265
Meyer, René | 130
Moholy-Nagy, László | 283
Morgan, Henry | 227*
Moriarty, Brian | 36*, 325, 330
Morland, George | 261
Moseley, Roger | 387f.
Mozart, Wolfgang Amadé | 222, 225, 297, 340, 341
Mubarak, Hosni | 106
Münch, Wolfgang | 45
Murillo, Bartolomé Esteban | 259
Murnau, Friedrich Wilhelm | 253
Murray, Janet | 32f., 166*

N

Nelson, Graham | 140, 149
Neumann, John von | 50, 52
Newell, Mike | 362f.
Nietzsche, Friedrich | 53

O

Offenbach, Jacques | 225
Orff, Carl | 341

P

Packard, Edward | 142
Paesmans, Dirk | 31, 38
Paik, Nam June | 45
Pålsson, Magnus | 279
Papathanassiou, Evangelos | 341
Pašitnov, Aleksej | 32
Pepusch, Johann Christoph | 227*
Pereda, Antonio de | 261
PewDiePie ▸ Felix Arvid Ulf Kjellberg
Piranesi, Giovanni Battista | 340
Platon | 48, 332
Plotkin, Andrew | 141
Pocock, John Greville Agard | 100
Poe, Edgar Allan | 255
Polo, Niccolò | 364*
Pope, Lucas | 86

Porpentine ▸ Porpentine Charity Heartscape
Portwood, Gene | 338
Pythagoras | 331–333

Q

Quinn, Zoë | 150

R

Rachmaninov, Sergej | 341
Rahn, Gregory | 350
Rakow, Christian | 208
Ranke, Leopold von | 90, 246
Ravel, Maurice | 341
Raymond, Jade | 357*
Read, Mary | 244f.
Reagan, Ronald | 92
Reikowski, Arkadiusz | 254
Reiniger, Lotte | 352*
Rembrandt van Rijn | 258, 259
Reni, Guido | 258, 259
Rettig, Tom | 344*
Reynolds, Joshua | 259
Rimskij-Korsakov, Nikolaj | 341f., 346
Roberts, Bartholomew | 237*, 240
Rohrer, Jason | 46*
Rosa, Salvator | 258
Rózsa, Miklós | 342, 346
Russell, Steve | 43

S

Said, Edward | 341*, 365
Salen, Katie | 198, 391
Santiago, Kellee | 36
Sarkeesian, Anita | 60, 62
Sartre, Jean-Paul | 112f.
Schmitt, Carl | 112*
Schoonjans, Anthonin | 259
Schopenhauer, Arthur | 393
Schostakowitsch, Dmitri ▸ Dmitrij Šostakovič
Schubert, Franz | 340
Scott, Ridley | 361
Seldes, Gilbert | 36
Shaw, Jeffrey | 43, 44
Shore, Howard | 357
Sinān, Rāšid ad-Dīn | 356, 362
Siodmak, Robert | 227*
Skinner, Quentin | 100
Sontag, Susan | 54
Sorel, Georges | 112
Šostakovič, Dmitrij | 341
Spielberg, Steven | 99
Steinberg, Sigfrid | 89
Stevenson, Robert Louis | 227*, 237f., 349*
Stockhausen, Karlheinz | 30, 282*
Stravinskij, Igor | 341
Sullivan, Arthur | 240*

T

Tabary, Jean | 339*
Tam, Nicholas | 385
Terveen, Fritz | 89
Therien, James | 64
Tilman, Martin | 374*
Tobin, Amon | 367–381
Tolkien, John Ronald Reuel | 342*
Tramiel, Jack | 270

Treue, Wilhelm | 89f.
Trinh, Minh-ha | 51f.
Tschaikowski, Peter ▸ Pëtr Il'ič Čajkovskij
Turing, Alan | 50, 52

V

van der Hamen, Juan | 258f.
van Eyck, Jan | 259
Vangelis ▸ Evangelos Papathanassiou
Velázquez, Diego | 259
Verdi, Giuseppe | 228, 341
Verne, Jules | 152
Viola, Bill | 38f.
Vivaldi, Antonio | 340

W

Wagner, Richard | 29, 30, 301, 314, 334, 335, 340f., 342, 346, 347, 349, 365
Warhol, Andy | 38
Wesson, Mel | 374*
Whiteside, George | 285
Wiene, Robert | 253
Wilde, Oscar | 259, 261f.
Williams, John | 301, 341, 347
Worley, Richard | 233*

Y

Yannes, Robert | 271, 273

Z

Zadrożniak, Paweł | 287
Zeller, Wolfgang | 352*
Zimmerman, Eric | 37*, 198, 205, 391
Zur, Inon | 353f., 355
Zuur Platten, John | 108

Titelregister

Das Register nennt die Titel von Spielen, Bewegtbildmedien (Film und Fernsehen), Performance und Theater, Medienkunst, analoger und digitaler interaktiver Literatur sowie Software und Publishingplattformen.

Für die Sortierung werden Artikel und Präpositionen ignoriert; so steht THE LEGEND OF ZELDA beim Buchstaben L. Spielereihen erscheinen in chronologischer Ordnung. Wird ein Titel ausschließlich in den Anmerkungen genannt, so ist die Seitenzahl mit * markiert.

0–9

2001: A SPACE ODYSSEY (1968) | 284
80 DAYS (2014) | 141, 152, 153
9 EVENINGS: THEATRE AND ENGINEERING (1966) | 203

A

DIE ABENTEUER DES PRINZEN ACHMED (1926) | 352*
ADVENTURE (1976) | 141, 143, 144–146
AFTERNOON, A STORY (1987) | 141, 142, 147, 148, 152
AISLE (1999) | 142
ALADDIN (1992) | 342*
ALGORITHMEN (2014) | 211–213
AMADEUS (1984) | 341
AMONG THE SLEEP (2014) | 82
ANNO 1404 (2009) | 358
ANOTHER WORLD (1991) | 365
ASSASSIN'S CREED (2007ff.) | 99f., 229*, 246, 337–339
– ASSASSIN'S CREED (2007) | 356–366
– ASSASSIN'S CREED: REVELATIONS (2011) | 364*
– ASSASSIN'S CREED III: LIBERATION (2012) | 366*
– ASSASSIN'S CREED IV: BLACK FLAG (2013) | 229–247
– ASSASSIN'S CREED: PIRATES (2013) 236
– ASSASSIN'S CREED: UNITY (2014) 64, 91
– ASSASSIN'S CREED: SYNDICATE (2015) | 61, 64
– ASSASSIN'S CREED (2016) | 363

B

Baldur's Gate (1998ff.)
- Baldur's Gate (1998) | 22
- Baldur's Gate II: Throne of Bhaal (2001) | 353

Battlefield 1 (2016) | 91, 189
Bayonetta 2 (2014) | 61
Beyond Good and Evil (2003) | 63
BioShock (2007ff.) | 169*
- BioShock (2007) | 83, 85

Bloodborne (2015) | 49
Braid (2008) | 46*
Bubbles (2001) | 45

C

Das Cabinet des Dr. Caligari (1920) 253, 254*
Call of Duty (2003ff.) | 52
- Call of Duty: Infinite Warfare (2016) | 23
- Call of Duty: WWII (2017) | 91

Cavern (1988) | 130
Child's Play (1988) | 254
Choose Your Own Adventure (1976ff.) | 142
Choral (1992) | 288
Close Encounters of the Third Kind (1977) | 341
Command & Conquer (1995) | 28f., 30
Computerstunde (1987/88) | 128
The Crimson Pirate (1952) | 227*

D

Deer Hunter (1978) | 348*
Defense of the Ancient 2 (2013) 189
Depression Quest (2013) | 150
Detectiveland (2016) | 143
Deus Ex (2000ff.) | 85
- Deus Ex: Human Revolution (2011) | 84

Diablo III (2012) | 47–49
Dishonored 2 (2016) | 64
The Division ▸ Tom Clancy's The Division
Donkey Kong 64 (1999) | 61
Doom (1993ff.)
- Doom (1993) | 28
- Doom (2016) | 15

Dr. Mabuse, der Spieler (1922) | 254
Dungeons & Dragons (1974ff.) | 145, 148

E

E.T. the Extra-Terrestrial (1982) 341
Eat (1964) | 203
Eric the Unready (1993) | 143

F

Fallen London (2009) | 151f., 153
Fallout (1997ff.) | 74
- Fallout (1997) | 151
- Fallout 3 (2008) | 78*
- Fallout 4 (2015) | 82f.

Far Cry (2004) | 28
Fast Eddie (1982) | 298*
Fez (2012) | 46*
Fight Club (1999) | 170
Fighting Fantasy (1982ff.) | 142
Final Fantasy VI (1994) | 392*
Fran Bow (2015) | 82
Frankenstein (1910ff.) | 254*

G

Game of Thrones (2011ff.) | 287
GenJam (1994ff.) | 288
Ghostbusters (1984) | 275*
Goat Simulator (2014) | 190f.
GoldenEye 007 (1997) | 358
Gremlins (1984) | 341
Guitar Hero (2006ff.) | 292, 394f.
Gungrave (2002) | 351*

H

Hadean Lands (2016) | 141
Hatred (2015) | 23, 24*
Hausbesuch Europa (2015) | 208–211, 213, 215–217
Heavy Rain (2010) | 162–177
Hedge Knights (2013) | 207
Horizon Zero Dawn (2016) | 64
Howling Dogs (2012) | 141, 150

I

Impossible Mission (1984) | 275*
Indiana Jones (1981ff.) | 298, 341
(Indiana Jones, Forts.)
- Raiders of the Lost Ark (1981) 347, 350
- Indiana Jones and the Last Crusade (1989) | 325
- Indiana Jones and the Fate of Atlantis (1992) | 358

inFAMOUS (2009) | 373–380
Inform 7 (2006ff.) | 149

J

Jaws (1975) | 341
Journey (2012) | 46*

K

Karateka (1984) | 340, 341, 346f., 352*
Kingdom of Heaven (2005) | 361, 363

L

Labyrinth (1986) | 325
The Last of Us (2013) | 63
Lawrence of Arabia (1962) | 341, 342, 343, 355, 359, 363
Layers of Fear (2016) | 249–265
Layers of Fear: Inheritance (2016) 249
League of Legends (2009) | 220
The Legend of Zelda (1986ff.) | 132, 287, 311f., 313f., 317, 320*, 322*, 323f., 387
- The Legend of Zelda (1986) | 60
- The Legend of Zelda: Ocarina of Time (1998) | 311–324

(The Legend of Zelda, Forts.)
- The Legend of Zelda: Majora's Mask (2000) | 322
- The Legend of Zelda: Twilight Princess (2006) | 312–324
- The Legend of Zelda: Breath of the Wild (2017) | 311*
The Legible City (1988–1991) | 43, 44
Limbo (2010) | 46*
Long March: Restart (2008) | 38f.
The Longest Journey (1999) | 63
Loom (1990) | 325–335, 392f.
The Lord of the Rings (2001–2003) 357
Lose/Lose (2009) | 22

M

Mafia III (2016) | 87
Magic Carpet (1994) | 365*
Maniac Mansion (1987) | 301, 325
Mario ▸ Super Mario
Mass Effect: Andromeda (2016) | 64
Master Mind (1987) | 130
Medieval ▸ Total War
Metal Gear (1987ff.) | 110f., 114–124
- Metal Gear (1987) | 110*
- Snake's Revenge (1990) | 110*
- Metal Gear 2: Solid Snake (1990) | 110*
- Metal Gear Solid (2008) | 110*, 114–124
- Metal Gear Solid 2: Sons of Liberty (2001) | 110*, 117, 118, 120
- Metal Gear Solid 3: Snake Eater (2004) | 110*, 118f.
(Metal Gear, Forts.)
- Metal Gear Solid 4: Guns of the Patriots (2008) | 110*, 117, 118f.
- Metal Gear Solid HD Edition (2011) | 110*
Metaplay (1970) | 42
Mindwheel (1984) | 147*
Missile Command (1981) | 290
Monty Python and the Holy Grail (1975) | 341

N

Die Nibelungen (1924) | 357
The Night Journey (2010ff.) | 38f.
Nimm weg (1987) | 130
Nosferatu – Eine Symphonie des Grauens (1922) | 253

O

Oddworld: Abe's Oddyssey (1997) 82
Opera fatal (1996) | 219–226
Orlacs Hände (1925) | 253f.

P

PainStation (2001) | 38, 40
Papers, Please (2013) | 86
Passage (2005) | 46*
Pharaoh (1999) | 358
- Cleopatra: Queen of the Nile (2000) | 358
The Pharaoh's Curse (1983) | 358

Pirates! ▸ Sid Meier's Pirates!
Pirates of the Caribbean (2003ff.) 227*
Points of View (1983/84) | 43
Pong (1972) | 45, 90, 128, 133, 351*
Postal 2 (2003) | 23
Prince of Persia (1989ff.) | 337–339
- Prince of Persia (1989) | 339–349, 364–366
- Prince of Persia 2: The Shadow and the Flame (1993) | 349f.
- Prince of Persia 3D (1999) | 350
- Prince of Persia: Warrior Within (2004) | 353
- Prince of Persia: The Sands of Time (2003) | 351–353
- Prince of Persia: The Two Thrones (2005) | 354
- Prince of Persia (2008) | 354f.
- Prince of Persia: The Forgotten Sands (2010) | 338, 354
- Prince of Persia: The Sands of Time (2010) | 362
Psychic Space (1971) | 42
Psycho (1960) | 255

R

Raid over Moscow (1984) | 98
ReCore (2016) | 64
Remember Me (2013) | 83
Right of Passage (2014) | 214
Ring: The Legend of the Nibelungen (1998) | 333
Ring II: Twilight of the Gods (2002) 333
Rock Band (2007ff.) | 394f.

S

Saving Private Ryan (1998) | 99
The Sea Hawk (1940) | 227
The Secret of Monkey Island (1990ff.) | 229
- The Secret of Monkey Island (1990/2011) | 229–247, 299, 334*
- Monkey Island 2: LeChuck's Revenge (1991) | 300–309, 335
Seven Samurai (1954) | 341, 349
Shadow of the Beast II (1990) | 346*
The Shining (1980) | 256, 257f.
Sid Meier's Pirates! (1987/2011) | 229 bis 247
Silent Hill (1999ff.) | 52
The Simpsons: Tapped Out (2012) 220
The Sims (2000) | 69*
Situation Rooms (2013) | 196
The Sixth Sense (1999) | 170
The Smurfs' Village (2010) | 220
SOD (2000) | 31f.
Souls (2009ff.) | 49
- Demon's Souls (2009) | 49
- Dark Souls (2011) | 49
- Dark Souls II (2014) | 49
- Dark Souls III (2016) | 49
Soundmonitor (1986) | 291
Space Invaders (1978) | 360
Spacewar! (1962) | 43, 90
Splinter Cell: Chaos Theory ▸ Tom Clancy's Splinter Cell: Chaos Theory
Star Wars (1977ff.) | 298, 301, 341, 346f.
StarCraft (1998ff.) | 52

(StarCraft, Forts.)
- StarCraft II: Legacy of the Void (2015) | 28

Steel Battalion (2002) | 351*
Storyspace (1990ff.) | 147
Super Mario (1985ff.) | 132, 312*, 360f.
- Super Mario Bros. (1985) | 27, 290, 292

Superman (1978) | 341, 347

T

Das Testament des Dr. Mabuse (1933) | 254
Tetris (1984) | 32f.
Their Angelical Understanding (2013) | 150
The Thief of Baghdad (1940) | 341, 342, 346
To be on Top (1987) | 276*
Tom Clancy's Splinter Cell: Chaos Theory (2005) | 368–373
Tom Clancy's The Division (2016) 84
Tomb Raider (1996ff.) | 63, 350
- Tomb Raider IV: The Last Revelation (1999) | 358
- Tomb Raider: Legend (2006) | 307
- Tomb Raider (2013) | 32

Total Annihilation (1997) | 28f.
Total War (2000ff.)
- Medieval: Total War (2002) | 361
- Medieval II: Total War (2006) 361*

Toxik (2015) | 207
Turrican (1990) | 290
Twine (2009ff.) | 142f., 149–151, 153

U

Untitled Game (1998–2001) | 38
- Arena | 38
- ctrl-space | 38

V

VVVVVV (2010) | 279

W

The Walking Dead (2012ff.) | 83, 86
This War of Mine (2014) | 82
Warcraft II (1995) | 28f.
Watch Dogs (2014) | 84
Wolfenstein 3D (1992) | 31
- Spear of Destiny (1992) | 31

World of Warcraft (2004ff.) | 52, 54, 186f., 188

Z

Zak McKracken and the Alien Mindbenders (1988) | 325
Zelda ▸ The Legend of Zelda
Zork (1977) | 141, 142, 143, 144–146

Kulturwissenschaft

María do Mar Castro Varela, Paul Mecheril (Hg.)
Die Dämonisierung der Anderen
Rassismuskritik der Gegenwart

2016, 208 S., kart.
17,99 € (DE), 978-3-8376-3638-3
E-Book:
PDF: 15,99 € (DE), ISBN 978-3-8394-3638-7
EPUB: 15,99 € (DE), ISBN EPUB:978-3-7328-3638-3

Fatima El-Tayeb
Undeutsch
Die Konstruktion des Anderen
in der postmigrantischen Gesellschaft

2016, 256 S., kart.
19,99 € (DE), 978-3-8376-3074-9
E-Book:
PDF: 17,99 € (DE), ISBN 978-3-8394-3074-3

Arianna Ferrari, Klaus Petrus (Hg.)
Lexikon der Mensch-Tier-Beziehungen

2015, 482 S., kart.
29,99 € (DE), 978-3-8376-2232-4
E-Book:
PDF: 26,99 € (DE), ISBN 978-3-8394-2232-8

Leseproben, weitere Informationen und Bestellmöglichkeiten finden Sie unter www.transcript-verlag.de

Kulturwissenschaft

Andreas Langenohl, Ralph J. Poole, Manfred Weinberg (Hg.)
Transkulturalität
Klassische Texte

2015, 328 S., kart.
24,99 € (DE), 978-3-8376-1709-2

Thomas Hecken, Moritz Baßler, Robin Curtis, Heinz Drügh, Mascha Jacobs, Nicolas Pethes, Katja Sabisch (Hg.)
POP
Kultur & Kritik (Jg. 6, 1/2017)

März 2017, 180 S., kart., zahlr. Abb.
16,80 € (DE), 978-3-8376-3806-6
E-Book:
PDF: 16,80 € (DE), ISBN 978-3-8394-3806-0

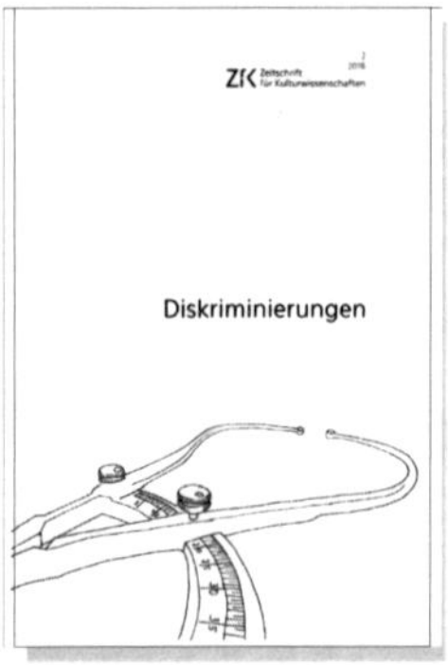

Dorothee Kimmich, Schamma Schahadat (Hg.)
Diskriminierungen
Zeitschrift für Kulturwissenschaften, Heft 2/2016

2016, 160 S., kart.
14,99 € (DE), 978-3-8376-3578-2
E-Book:
PDF: 14,99 € (DE), ISBN 978-3-8394-3578-6

Leseproben, weitere Informationen und Bestellmöglichkeiten finden Sie unter www.transcript-verlag.de